HENDRIK NEUBAUER UND ARND RÜSKAMP

Tod am Strand

KÜSTEN KRIMI

emons:

Bibliografische Information der Deutschen Bibliothek
Die Deutsche Bibliothek verzeichnet diese Publikation
in der Deutschen Nationalbibliografie; detaillierte bibliografische
Daten sind im Internet über http://dnb.d-nb.de abrufbar.

© Hermann-Josef Emons Verlag
Alle Rechte vorbehalten
Umschlagmotiv: fotolia.com/Carmen Steiner
Umschlaggestaltung: Tobias Doetsch
Satz: César Satz & Grafik GmbH, Köln
Druck und Bindung: CPI – Clausen & Bosse, Leck
Printed in Germany 2013
ISBN 978-3-95451-106-8
Küsten Krimi
Originalausgabe

Unser Newsletter informiert Sie
regelmäßig über Neues von emons:
Kostenlos bestellen unter
www.emons-verlag.de

Der Abend bei Buddenbrooks

»Tu das nicht!«, sagte die Brix. Auf dem Kopf wackelte eines ihrer Damenhütchen, das sie auch in einem Sternerestaurant nicht abnahm. Die Lachfalten um ihre blitzend blauen Augen kräuselten sich.

»Im Ernst …?«, entgegnete Hans Rasmussen ohne aufzublicken und stocherte weiter an seinem Rochenflügel herum. Das war die Tagesempfehlung des Oberkellners gewesen, und Rasmussen schwor sich zum x-ten Mal, in Zukunft nicht mehr auf diese Art Empfehlungen zu hören. Rochenflügel war nun wirklich etwas für Hungerhaken. Zudem fegte der lauwarme Kartoffelsalat mit getrockneten Tomaten den Fisch optisch und geschmacklich vom Teller.

Margarete Brix war die Kunstpause in Rasmussens Antwort nicht entgangen. Sie ließ ihren Blick durch das »Buddenbrooks« schweifen. »*Tout* Lübeck heute Abend hier versammelt«, ließ sie eher beiläufig fallen.

»Du kennst dich hier aus«, sagte ihr Gegenüber.

Das Gespräch zwischen Margarete Brix und Hans Rasmussen verlief schleppend, ungewohnt schleppend. Dabei war Rasmussens Problem weniger gewichtig, als er glaubte. Sie kannte seine ewigen Zweifel, seine ständigen Ausbruchversuche aus der vermeintlichen Enge Eckernfördes, aus der bürokratischen Enge seines Amts als Hauptkommissar. Sie versuchte, ihn ins Gleichgewicht zu bringen, indem sie eine Prise Weltläufigkeit über seine unglücklicheren Momente streute. Nicht von ungefähr lud sie ihn regelmäßig hierher, in die selbst- und kulturbewusste Hansestadt an der Lübecker Bucht, ein. Meistens gab es im Rahmen dieser kulinarischen Offenbarungen etwas zu feiern. Heute nicht.

»Nun mal ehrlich, Hanse-Security – das bist du nicht«, versuchte die Brix es noch einmal.

»Margarete, mir reicht es jetzt. Den ganzen Abend rührst du schon in dieser unappetitlichen Geschichte herum. Ich schätze dich als meine mütterliche Freundin, aber manche Mütter schießen leicht übers Ziel hinaus. Diese Moralpredigten, dieses Pulen zwischen den Zähnen. Lass es. Eigentlich schätze ich dich wegen deiner Großzügigkeit. Im Denken wie im Handeln. Du hast doch wirklich dein Leben gelebt – so frei wie kaum jemand anderer bei uns in Eckernförde. Und ausgerechnet du willst mich jetzt an die moralische Kandare nehmen …?«

»Mien Jung«, das kam mit wärmender Zärtlichkeit in der Stimme – typisch Brix, »gerade deswegen.«

Den Rest sparte sie sich, von wegen »besser wissen«. Rasmussen war heute Abend nicht zugänglich, er war nicht zu bekehren. Er drückte den Rücken durch, nestelte an seiner schwarzen Hornbrille herum und hüstelte ein paarmal in Richtung Oberkellner, wenn dieser vorbeischlich. Schließlich brachte er ihm die Rechnung, und Rasmussen schob sie in fließender Bewegung zu der Brix hinüber. Es war ihm lange schon nicht mehr peinlich, sich von der alten Dame einladen zu lassen. Sie war immerhin Gerichtspräsidentin a. D. und er ein kleiner Kriminalkommissar, der infolge allenfalls halbherziger Karrierebemühungen in seiner Geburtsstadt stecken geblieben war.

Die Brix hatte gezahlt, Rasmussen einen Espresso genossen, und nun stiegen sie in seinen blauen Volvo 240 Kombi. Das Autoradio dudelte. Auf der Höhe von Plön traten Rasmussen bei »Heart of Gold« unvermittelt die Tränen in die Augen. Nicht nur dass Neil Young sein *all-time favourite* war, ihm schossen außerdem seine Freunde, Marlene und Frauke und Eike, durch den Kopf, und er dachte verwirrt: Feuer oder Eis oder Hollywood, was willst nun eigentlich, du Stiesel? Er legte noch ein paar Tränen Verzweiflung nach, die Margarete Brix natürlich aus den Augenwinkeln sah.

Sanft legte sie ihm kurz die Hand auf die Schulter und dachte ihrerseits: So'n Schiet, Junge, reiß dich bloß am Riemen. Sie sagte aber nichts. Er machte sich falsche Vorstellungen. Da war die Brix sich sicher.

»Bereichsleiter kann ich da werden«, hatte Rasmussen ihr gleich nach dem Gruß aus der Küche offenbart und, Tonfall und Mimik ließen keinen Zweifel, auf ihren Segen gehofft. »Fast siebentausend Euro brutto, Margarete, überleg doch mal.« Er war so eindringlich gewesen, als richte sich Eikes Angebot an die Brix selbst. Rasmussen hatte gar nicht richtig gekaut, und das Carpaccio vom Holsteiner Rind war ihm immer wieder von der Gabel geglitten.

»Eike hat mir Prokura zugesichert, die Zeiten der Rückversicherung bei Frau Staatsanwältin wären damit passé, kein Gerangel um Zuständigkeiten mehr, keine Besuche in der Gerichtsmedizin, keine Anrufe morgens um drei.«

Die Brix hatte ihn mit der ebenso alten wie probaten Ablenkungsmethode zu bremsen versucht. »Hast du Frauke eigentlich zu deinem Geburtstag eingeladen?«

Aber Rasmussen war in voller Fahrt. Von mittlerweile zweihundertfünfzig Mitarbeitern wusste er zu berichten, von Kunden aus Politik und Wirtschaft, von Objektschutz und Promis aus Übersee. »Eikes Hanse-Security ist auf dem Sprung in die erste Liga, und ich kann mitspringen.«

Margarete Brix lagen Antworten auf der Zunge, die an den Sprung angeknüpft und Bauchlandungen in Aussicht gestellt hätten. Aber sie hatte geschluckt und vorgeschlagen, er könne Eike doch auch zum Geburtstag einladen. Sie hätte ihn schon seit Monaten nicht mehr gesehen. Rasmussen hatte mit den Augen gerollt. Jetzt saß er hinterm Steuer und war in rührseliger Stimmung.

»Erinnerst du dich an die kleine Maren?«

Rasmussen drehte ruckartig den Kopf nach rechts. »Das ist nicht fair, Margarete.«

»Du hast sie gefunden, du hast sie, ihre Eltern, Großeltern und Freunde glücklich gemacht, du hast ihr das Leben gerettet.« Margarete Brix schaute durch das Seitenfenster. Der Mond verwandelte das sich nur träge bewegende Wasser der Eckernförder Bucht in ein silbernes Tuch voller Anmut und Ruhe. Schon als Kind hatte sie hier gebadet, ihrem ersten Kuss am gegenüberliegenden Steilufer entgegengefiebert, und heute unternahm sie gemächliche Spaziergänge, die sie nicht selten der Lösung eines Problems näherbrachten. Die Ostsee inspirierte sie, gab ihr Halt und Lebenslust. Sie war Heimat, ein sicherer Hafen, sie war aber auch Verheißung, ein ewig wiederholtes Versprechen, der nächste Tag könne ein neues Abenteuer bringen. Der Volvo ruckelte, als sie die Bahngleise überquerten.

»Ich war damals nicht nur stolz auf dich, ich war dankbar, und ich wusste, dass du der richtige Mann am richtigen Platz bist.« Sie fuhren schweigend weiter.

»Guck dir das doch an«, schnappte Rasmussen, als er an der Stadthalle rechts auf den Jungfernstieg abbog.

»Was soll ich mir angucken?«

»Na, dieses Nichts. Jungfernstieg. Hier ist nichts los, absolut nichts.«

»Ich erinnere dich an deine nestbeschmutzenden Tiraden, wenn du mich wieder bittest, ein paar Sprotten von Rehbehn mitzubringen.«

Rasmussen stoppte Ecke Hafengang und schmollte.

»Tschüss, Rasmussen.« Die Brix stieg aus, stolzierte vor dem Volvo entlang, wackelte mit dem Hintern und verschwand Richtung Ottestraße. Sie wollte noch auf einen Absacker …

Rasmussen grinste. Nun sah sie ihn ja nicht mehr. Unglaublich diese Frau. Ein Hirn wie Einstein und Sex wie, ja, wie keine andere, jedenfalls nicht in ihrem Alter.

Eine Viertelstunde später schloss Rasmussen die Tür zu seinem Appartement im Nebenhaus des Restaurants »Schlei-Terrassen« auf. Nach der Polizeischule hatte er nicht zurück zu seinen Eltern gewollt. Die Beziehung zur Kollegin aus Hamburg war in die Brüche gegangen, und als vorübergehende Bleibe schien ihm ein Zimmer mit Verpflegung aus dem Restaurant nur eine Treppe tiefer damals genau richtig. Daran hatte er sich gewöhnt und war Dauermieter geworden.

Wenn er in der Saison freihatte, ging er Erika, der Besitzerin, in der Küche zur Hand. Er hatte ein Kanu im Schilf liegen und fuhr als Anlieger umsonst mit der Fähre nach Angeln rüber, von hier aus die kürzeste Verbindung nach Schleswig. Eigentlich fühlte er sich in Missunde richtig wohl. Unerwartet gut gelaunt schlief Hans Rasmussen ein. Aber der Schlaf währte nicht lange.

Erster Tag: Montag

Endstation Aschau

»Kommen Sie sofort nach Aschau!« Es war Hinrichsen, das Urgestein der Eckernförder Polizei mit Wohnsitz in Lindhöft, der ihn alarmierte und erst nach kleiner Pause ein »Bitte« anfügte. »Wir haben eine Leiche unten am Swingerstrand.«

Rasmussen sparte sich das Nachfragen. Er würde gleich im Tiefflug nach Eckernförde rauschen. Morgens um fünf war das noch kein Problem, während tagsüber in der Saison selbst mit Blaulicht kaum ein Durchkommen war. Rasmussen wälzte sich mehr schwer als willig aus dem Bett, sprang in die Klamotten, ging ins Bad und legte das iPhone auf den Spülkasten. Seitdem er nicht mehr rauchte, ekelte er sich vor dem Geruch von Morgenurin, und er atmete durch den Mund. Schon wieder klingelte das Mobiltelefon. Die Kriminalen um die Eckernförder Bucht wurden wach.

Er jonglierte das Telefon mit der linken Hand zum Ohr und machte sich mit der anderen Hand die Hose zu: »*Bonjour.* Immer mit der Ruhe, Madame Calloe. Isch bin wach und startklar, bis gleisch.« Warum er mit der Kriminalassistentin immer französelte, wusste er eigentlich selbst nicht. Er tat es und hatte Spaß dabei, vor allem wohl deshalb, weil die junge Dame dann sehr schmallippig wurde. Yvonne Calloe war erst vor vier Monaten aus der Polizeischule in Schleswig zu seinem Team gestoßen. Manchmal erschien sie ihm übereifrig, und so nahm er dann und wann mit Albernheiten ein bisschen Fahrt raus.

Jetzt allerdings holte Rasmussen wieder einmal alles aus dem alten Volvo heraus. Wie erwartet, waren die Straßen um diese Uhrzeit frei, und er konnte durchrauschen. Dabei hatte er einen wachen Blick auf die Felder und die dort äsenden Rehe. Wildunfälle waren quasi an der Tagesordnung und endeten manchmal auch für die Autofahrer tragisch. Nach zwanzig Minuten bog er von der B 76 auf die Nebenstrecke in Richtung Kiel ab.

Als er linker Hand nach Aschau hinein und zum Strand hinunterfuhr, erkannte er schon von Weitem den schwarzen Toyota-Pick-up von Martens. Mit der Schnauze zum Wasser, so als wolle er gleich mal los. Rasmussen wendete den Volvo in einem Zug. Der Rückwärtsgang machte Probleme.

Rasmussen stieg aus und schaute Richtung Strand. Es war ihm wichtig, einen ersten Eindruck zu gewinnen, sich einen Überblick zu verschaffen. Auf der Motorhaube des Pick-up lag ein Mensch. Nein, er lag nicht, er war drapiert. Nackt, wie Gott ihn geschaffen hatte, fast wie ein Gekreuzigter, leuchtete ihm der weiße Körper im grellen Sonnenlicht entgegen. Als Rasmussen näher kam, erkannte er den nackten Mann, dessen Hände und Füße mit roten Tüchern an das Auto fixiert waren. Lars Martens. Wächsern die Haut und auf den ersten Blick unversehrt.

Jetzt war es also passiert. Dieser Küstenstreifen genoss über die Grenzen Schleswig-Holsteins hinaus einen unsäglichen Ruf. Nicht nur Dänen und Schweden kamen für Blind Dates an dieses Stück Strand, auch süddeutsche und hanseatische Swinger ließen es hier krachen. Dass dabei immer wieder unschuldige Badegäste zu Zeugen des wilden Treibens wurden, lag in der Natur der Sache. Unlängst hatte die Lokalpresse wieder eine Reihe von Empörungsartikeln losgetreten, die dankbar vom großstädtischen Boulevard weiterverbreitet worden waren. Und jetzt war der Ort der Lust zum Tatort geworden.

Rasmussen sah die spröde Schönheit Calloe und Hinrichsen, das alte Schlachtross, an Martens' Toyota stehen. Lars Martens, du alter Schmierlappen, jetzt hat es dich erwischt, schoss es ihm durch den Kopf, und er wusste nicht einmal mehr, ob er den Satz nicht tatsächlich ausgesprochen hatte. Martens war der unternehmerische Shootingstar der letzten zehn Jahre gewesen, die Fleisch gewordene Gier. Er beherrschte die Geschäfte rund um den Hafen Eckernfördes wie kein anderer. Und an manchem Tresen zerriss man sich das Maul über ihn, sowohl über seine geschäftlichen als auch über seine sexuellen Eskapaden.

Rasmussen, der im Umgang mit Frauen als nicht einfach, aber dennoch als Charmeur und Frauenversteher galt, hatte diese miese, geifernde Ratte geradezu gehasst. Das war einer, der, wenn er sich auf Pirsch befand, schon nach Sperma stank und die Frauen gleich mit den ersten Blicken schamlos auszog. Jetzt lag dieser Widerling gefesselt und nackt auf seiner Motorhaube. Und tot dazu.

»Habt ihr euch schon umgesehen? Gibt es irgendwelche Spuren? Und ist Wiesel schon verständigt?«, erkundigte sich Rasmussen, nachdem sich die drei erst einmal angeschwiegen hatten.

Calloe suchte verschämt den morgendlichen Horizont mit ihren Blicken ab.

»Das sind ganz schön viele Fragen auf einmal, und das zu dieser frühen Stunde. Erst mal ganz sutsche«, versuchte Hinrichsen, Rasmussens gefürchtetes Tempo zu bremsen.

»Ja, was denn nun, habt ihr die ganze Zeit hier herumgestanden und Däumchen gedreht?«, knurrte Rasmussen, dessen Miene sich aber im gleichen Moment aufhellte, als er Wiesels giftgrünen 911er aus Richtung Kiel kommen sah. Pathologe Dr. Amos Wiesel war sein Leuchtturm, Retter in der Not und gelegentlicher Zechkumpan. Eckernförde besaß keine eigene Pathologie und war für diese Dienste in Kiel angedockt. Das war gut so.

»Einen wunderschönen guten Morgen, die Dame und die Herren. Unser Mordopfer hält ja schon sein Public Viewing ab, bevor ich ihn für tot erklären kann.« Auch Dr. Wiesel war von Martens' Anblick auf dem Pick-up, dem offensichtlichen Gruß in die Landschaft, beeindruckt. »Das sieht verdammt nach einem Ritualmord aus. Jedenfalls sollen wir das Ganze dafür halten.«

»Oh ja«, kam es fast einstimmig von Calloe und Rasmussen zurück. Hinrichsen grummelte. Irgendetwas.

Gut gemeint

»Margarete, mit Verlaub, das ist nicht mal eine Schnapsidee.« Der dicke Fiete lehnte sich zurück und verschränkte die Arme über seinem Bauch.

Betretenes Schweigen in der Runde. Friedrich »Fiete« Burmester hatte es gewagt, der Brix zu widersprechen. Ein ziemlich einmaliges Ereignis. Zwar war Fiete ein ganzer Kerl, ein Baulöwe wie aus dem Bilderbuch, und das Brüllen gehörte zu seinen leichtesten und leider auch liebsten Übungen, aber der Brix Kontra zu geben, war schon vermessen.

Allein das Plätschern des künstlichen Bachlaufs begleitete die Stille. Über dem Glasdach der kleinen Orangerie prangte ein blauer Himmel, und nur wenige Schäfchenwolken warfen kleine Schatten. Fritze Köppen und Jörn Jensen warteten gespannt auf die Replik der Brix. Zwar hielt die Viererbande für gewöhnlich zusammen wie Pech und Schwefel, eine Meuterei jedoch schien Fritze und Jörn nicht ohne Unterhaltungswert.

Vor etwa fünf Jahren hatten die drei Männer Margarete Brix gebeten, den informellen Vorsitz der Rentnerbande zu übernehmen, und die Brix hatte sofort angenommen. Sie war daran gewöhnt, dass ihre natürliche Autorität durch ein Amt nicht geschwächt werden konnte. In den langen Jahren als Richterin und später als Gerichtspräsidentin hatte sie stets ihre starke Persönlichkeit in die Waagschale werfen können. Auf hierarchisches Gehabe war die Brix nicht angewiesen.

Der dicke Fiete war es gewesen, der die ungleiche Bande zusammengebracht hatte. Er musste als Zeuge in einer landesweit beachteten Schmiergeldaffäre aussagen, und die Richterin hatte Gefallen an der ruppigen und lebensklugen Art des Selfmade-Millionärs gefunden. Als Fietes Frau gestorben war, schlug er seinen besten Freunden, denen also, die übrig geblieben waren, und der Brix einen zumindest wohntechnisch gemeinsamen Lebensabend im Eckernförder Ykaernehus vor, das Fiete zu diesem Zeitpunkt als Generalunternehmer in Hafennähe gebaut hatte. Eine weitläufige Seniorenwohnanlage mit hohem Freizeitwert.

Keine vier Wochen später hatte Fritze Köppen die Runde zum ersten Doppelkopfabend im neuen Zuhause zu Gast gehabt. Alle waren aus unterschiedlichen Gründen alleinstehend und genossen die abwechslungsreiche und harmonische Gesellschaft.

Nun aber war Fiete vielleicht einen Schritt zu weit gegangen. Der verbale Vergeltungsschlag konnte nicht mehr lange auf sich warten lassen, und tatsächlich griff Margarete Brix für ihre Verhältnisse ungewöhnlich tief in die Disziplinarkiste.

»Papperlapapp« war alles, was sie sagte. Dabei sah sie Fiete so lange an, bis dieser mit den Schultern zuckte und sein linkes Knie einer ausführlichen Betrachtung unterzog. »Natürlich wird Hans sich zieren, er wird ein schiefes Gesicht ziehen, überflüssigerweise eine kritische Bemerkung machen, aber nach dem zweiten Pils und der dritten Hurra-Runde wird er dankbar sein, dass wir eine Überraschungs-Geburtstagsparty für ihn organisiert haben.«

Die Brix blätterte eine Seite in ihrem Notizbuch um, das sie stets bei sich führte. »Fiete, du kümmerst dich um die Räumlichkeiten, Fritze macht das Catering klar, und du, mein lieber Jörn, sorgst für tanzbare Musik. Ich stelle die Gästeliste zusammen und kümmere mich um die Einladungen. Noch Fragen?«

Jörn und Fritze schüttelten den Kopf, Fiete traute sich, die Augenbrauen ein wenig zu lupfen. »Prima, dann können wir ja loslegen. Wir haben drei Wochen.«

Dann erklang Papagenos Vogelfänger-Arie. Das Smartphone der Brix pflegte sich so zu melden. Sie ging ran. »Die Brix.« Kurze Pause. »Ja, Augenblick, ich gehe mal eben vor die Tür.«

Die Männer sahen sich wissend an. »Einer ihrer Informanten. Sie kann's nicht lassen«, erklärte Jörn, was alle wussten oder doch zumindest ahnten. Wann immer Margarete Brix geheimnisvoll tat, ging es um ein Verbrechen, und nicht immer schienen die Anrufe von Rasmussen zu kommen. Die Brix verfügte über ein weit gespanntes Netz, und ihr Rat war auch sechs Jahre nach ihrer Pensionierung gefragt.

Ihr Frühstück blieb unangetastet. Niemand hätte sich getraut, das Ei der Brix zu köpfen. Schließlich hätte sie zurückkommen können.

Die Witwe

Vierzehn Kilometer südlich nahm Rasmussen den Kaugummi aus dem Mund, atmete tief durch und drückte auf den Klingelknopf. Auf dem polierten Messingschild darüber las er »Birte und Lars Martens« und dachte, dass Birte dieses Schild nie wieder blank wienern würde. Er hörte Schritte aus der Diele.

»Wie erklärt man einer Ehefrau, dass irgendjemand durchknallt und ihren toten Gatten nackt auf der Motorhaube fixiert«, grummelte er vor sich hin und klopfte noch einmal auf die Fotos in der Innentasche seiner Sommerlederjacke. Da sprang die grüne Haustür schon auf.

»Hans, du, so früh …?« Die Sehestedter Kirchturmuhr schlug neun Mal.

»Ja, Birte, ich habe keine guten Nachrichten, darf ich reinkommen?« Das war immerhin ein Anfang.

»Was ist los? Ist was mit Lars?«

»Deinem Mann ist etwas – zugestoßen.« Das traf den Sachverhalt, wie Rasmussen fand, wenn es ihn auch noch nicht vollständig widerspiegelte.

Birte entglitten die Gesichtszüge beinahe unmerklich. Die beiden Falten über ihrer Nasenwurzel zogen sich zuckend zusammen. Mehr aber auch nicht. Das hier sollte wohl Betroffenheit signalisieren, schoss es Rasmussen durch den Kopf. Es war nur ein kurzer Gedankenblitz in der drückenden Beklommenheit, die er gegenüber seiner alten Freundin empfand.

»Komm, lass mich bitte erst mal rein«, versuchte er es bemüht gleichmütig und drückte kurz ihren Unterarm.

Sie traten in die Diele des Resthofes. Er folgte der Hausherrin in die geräumige Wohnküche, die geradewegs aus einem Noch-Schöner-Wohnen-Sonderheft zu stammen schien. Es verblüffte ihn immer wieder, wie die Neureichen es schafften, aus dem letzten Resthof einen Showroom für exklusive Möbelhersteller zu machen. Er ließ sich in einen der klinisch anmutenden Schalensessel fallen. Man saß irgendwie wie auf einem alten Trecker. Kalt und unbequem.

Birte Martens nahm gegenüber Platz. Blutleer ihr Gesicht, der Blick ausdruckslos. Und dann starrten sie beide auf die polierte Nussbaumplatte. Auf drei Metern fünfzig Länge und einem Meter achtzig Breite spiegelte sich die Wohnküche, die auch gut als Operationssaal hätte durchgehen können. Minutenlang saßen sie so da. Die breite, bis zum Boden reichende Fensterfront und das flackernde Morgenlicht hinter Rasmussen sorgten kongenial für ein schon fast dramatisch anmutendes Lichtspiel.

»Schlimm oder schlimmer?«, fragte Birte Martens. Das war einer dieser Sprüche von früher.

Der Kommissar sah sich in der Tischplatte und beobachtete, wie sich seine Lippen immer wieder lautlos öffneten und schlossen. Wie ein Fisch auf dem Seziertisch. Durch das Gesicht von Birte Martens, das er so gut kannte wie kaum ein Zweiter, liefen nun irritierende Zuckungen. Die Lichtstrahlen brachen sich in der windbewegten alten Kastanie im Inneren der Hofanlage und warfen ein bizarres Vexierspiel auf den polierten Tisch. Immer wieder trafen sich ihre Augen für einen Moment in diesem Spiegel.

Der Kommissar und die Witwe, die beiden alten Freunde, erschienen der Wirklichkeit und dem, was da nun kommen musste, vollkommen entrückt. Wenn denn jemals Leben in dieser Küche gewesen war – jetzt war davon nichts mehr zu spüren.

Dann, plötzlich, schrie sie: »Raus mit der Sprache! Was ist passiert? Was hat er schon wieder angestellt, das Schwein, sag es mir, ich halte das nicht mehr aus.« Die Worte kamen stoßweise aus ihrem Mund, es klang wie ein kehliges Bellen, das durch den Hall im Raum verstärkt wurde. Die Idee, dass ihr Gatte vollkommen schuldlos um sein Leben gekommen sein sollte, erschien seiner Ehefrau genauso abwegig wie dem Ermittler.

»Du musst nichts mehr aushalten, zumindest nichts, was dein Mann tun könnte«, wurden seine Gedanken zu Worten. Auch er schrie so laut, dass sie beide zusammenzuckten. Im selben Moment hätte er sich ohrfeigen können. Und doch schob er noch hinterher: »Lars ist tot, du bist jetzt ...«

Wie gut, dass er sich die »Witwe« gespart hatte. Denn diese stieß einen gellenden Ruf aus, sackte augenblicklich nach vorn und fing ihren Oberkörper erst kurz vor der Tischplatte mit beiden

15

Armen ab. Ihr Kopf lag auf der rechten Wange, und sie weinte hemmungslos, immer wieder unterbrochen von Schluchzern. Dabei stammelte sie so etwas wie: »Es ist vorbei, es ist vorbei.«

Rasmussen fasste in die Innentasche seiner Jacke. Er legte behutsam die Fotos auf den Tisch. Verkehrt herum. In ihre Griffweite. Er sah, wie sich langsam ein Tränensee auf dem Nussbaum ausbreitete. Sie drehte das Gesicht in seine Richtung. Der Tisch lieferte nun ein Standbild, da sich hinter seinem Rücken wohl eine große Wolke vor die Sonne geschoben hatte. Der Kommissar konnte sich nicht daran erinnern, professionell einmal so gewackelt zu haben.

Er stand auf. Er griff nach den Fotos und steckte sie ein. »Kann ich irgendetwas für dich tun?« Rasmussen war wieder in der Routine angekommen.

»Lass mal … geh einfach, bitte, Hans, geh.« Ihre Stimme klang auf einmal wieder gefasster, wenn auch ihr Kopf auf der Platte liegen blieb.

Hier und jetzt hatte er keine Chance, Birte zu befragen. Rasmussen ging. Aber richtig glauben konnte er nicht, was er in der letzten halben Stunde erlebt hatte. Eine kontrollierte Krisenintervention sah anders aus, eine tief trauernde Witwe aber auch. Seine Unsicherheit, ihr Gefühlschaos. Die Situation war ihm entglitten. Es war das erste Mal, dass er als Polizist einem nahestehenden Menschen eine Todesnachricht überbracht hatte. Hoffentlich war es das letzte Mal.

Die Haustür fiel ins Schloss, sein Blick schweifte über den Nord-Ostsee-Kanal. Eigentlich schön hier.

Tanz in den Mai

Wie oft war Rasmussen Mitte der 1990er Jahre in seinem roten R4 nach Sehestedt gefahren, um Birte von dem Hof ihrer Eltern abzuholen? Überall waren sie zu zweit aufgetaucht und waren doch kein Paar. Sie fuhren in die »Lila Eule« nach Kappeln, in das »Wagenrad« nach Groß Rheide und nach Kiel in den »Hinterhof«. Ob Disco oder Livemusik war ihnen ziemlich egal gewesen, sie waren jedes Wochenende auf der Rolle, und wenn es ging, hatten sie auch den Beamtensonntag mitten in der Woche mitgenommen. Sie beide hatten diese platonische Beziehung gesucht und gefunden, um sich von ihrer Sturm-und-Drang-Zeit zu erholen. »Tainted Love« von Soft Cell hatte sie überallhin begleitet.

Rasmussen fingerte nach der selbst gebrannten CD mit dem vielversprechenden Titel »Wundertüte« und schob sie in den Schacht des CD-Spielers. Die Zeilen *»Once I ran to you, now I'll run from you ...«* hauten ihn nach ihrer jüngsten Begegnung einfach um. Und als er jetzt den Refrain mitgröhlte, liefen ihm die Schauer den Rücken nur so hinunter:

I love you though you hurt me so
Now I'm gonna pack my things and go
Tainted love (oh)
Tainted love (oh)

Sollten sich jetzt die Rollen umgekehrt haben? Hans Rasmussen war Birte damals auf eine Art nahe gewesen, wie er es davor und danach nie wieder erlebt hatte. Beide waren sie immer wieder ausgeflogen, um dann zurückzukehren ins platonische, ins sichere Nest. Birte war seinerzeit der ruhende Pol in seinem Leben gewesen, wobei er eigentlich nie so genau wusste, was er für Birte war.

Dann aber war ihre gemeinsame Fahrt zum Tanz in den Mai nach Bistensee in den »Baumgarten« gekommen, eine in den 1990er-Jahren selbst in Hamburg bekannte Disco, in der es auch regelmäßig Livemusik gab. Im Eifer des Gefechts hatte er Birte aus den Augen verloren, als er sich mit Marlene knutschend in einer Ecke des langen Ganges zwischen Künstlergarderobe und Toiletten herumgedrückt hatte.

Mit Marlene, dem Traum seiner schlaflosen Nächte, verabredete er sich nicht, mit Marlene rauschte er zusammen, wenn sie sich zufällig auf der Piste trafen. So auch an diesem Abend. Sie hatte ihn zu »Gamma Ray« von Birth Control auf die Tanzfläche gelockt und weichgeklopft, um ihn dann am Schlafittchen zu nehmen und in diese dunkle Ecke zu ziehen. Das war alles nicht besonders romantisch. Aber geil. Hans hatte beide Hände in Marlenes Jeans vergraben und die Lust genossen. Bis es rumste und blitzte.

Plötzlich war die Tür zum Hinterhof aufgeflogen und ein Typ an ihnen vorbeigestürmt. Die Brandschutztür schwang noch ein- oder zweimal nach. Von draußen knallte das Flutlicht des Hinterhofs herein. Hans fühlte sich vor Schreck wie an die Wand genagelt, und Marlene wurde stocksteif unter seinen Händen.

»Das war doch Lars?«, stammelte Hans.

Marlene starrte ihn nur an. Sie hatte mit dem Rücken zur Tür gestanden.

»Komm, raus hier. Was ist da los?«

Hans und Marlene waren hinaus auf den Hof gerannt. Geblendet vom gleißenden Flutlicht, sahen sie erst einmal gar nichts. Aber bei den Mülltonen gab es ein Gerumpel, eine Tonne stürzte um. Wenige Sekunden später rannte jemand hinunter zum Parkplatz, sie hörten noch eine Autotür schlagen und Reifen durchdrehen. Da musste ein Auto mit laufendem Motor gewartet haben.

Birte war splitterfasernackt gewesen. Sie lag zwischen den Tonnen. Wie bewusstlos. Marlene hatte sich sofort hinter sie gekniet und ihren Kopf auf ihren Schoß genommen. Hans hatte seine graue Schimanski-Jacke über sie geworfen. Aus Birtes Nase rann Blut. Ansonsten schien sie äußerlich unversehrt.

»War Lars das?«, schrie Hans.

Birte schaute ihn aus leeren Augen an. Sie war vollkommen zu.

»Bleib du hier, ich hole schnell den R4«, rief Hans in die Nacht.

Marlene und er kamen gar nicht auf die Idee, die Polizei zu rufen. Ein schwerer Fehler, der Hans nach seinem späten Abitur als Polizeianwärter umso mehr schmerzte. Aber zu dieser Zeit und in diesem Milieu galt, wir rufen doch nicht die Bullen, wenn wir das selbst regeln können. Die Täter waren über alle Berge. Birte war wieder mal hoffnungslos zu. Neu war, dass ihre Freundin nackt und hilflos auf dem Hinterhof eines Musikclubs lag. Marlene und Rasmussen hatten im Affekt agiert und waren mit dieser Situation überfordert gewesen, mochten sie sich im Nachhinein noch so viele Vorwürfe machen.

Als die beiden Birte in ihrem Jugendzimmer in Sehestedt ins Bett legten, half alles nichts. Sie lebte, blieb aber weiterhin nicht ansprechbar. Aus Birte war auch später nichts herauszubekommen. Sie hatte einen Vollrausch und ein Blackout gehabt. So stellte sie den Abend jedenfalls dar. Für Hans war jedoch klar, zwei Jungs hatten sie missbraucht. Ob Lars dabei gewesen war, ließ sich trotz aller Verdächtigungen und Nachforschungen nicht beweisen. Hans war ja auch irgendwie von Sinnen gewesen, jedenfalls konnte er sich nicht sicher sein, einen der Täter erkannt zu haben. Birte ahnte wohl, dass etwas Außergewöhnliches passiert sein musste, aber sie sprach mit niemandem in der Clique darüber, auch nicht mit ihrem engsten Vertrauten.

Von diesem Tag an hatte sich Rasmussen Birte nie mehr nähern können, ohne an jene Nacht im Mai zu denken. Und wann immer er Lars sah, ekelte es ihn.

Rasmussen war so in seinen Gedanken gefangen, dass er rechts in Brusthöhe Richtung Armaturenbrett griff, um zu schalten. Eine Revolverschaltung aber hatte nur der alte R4 gehabt, nicht jedoch sein Schwedenpanzer. So griff er nun ins Leere, fand das rasend komisch und kicherte hysterisch los. Er lachte ein albernes und befreiendes Lachen.

Zweiter Tag: Dienstag

Der blaue Tod

Mit Kopfschmerzen und einem vagen Misstrauen gegenüber Birte und ihrer ersten Reaktion wachte Rasmussen sehr früh auf. Gewohnheitsmäßig durchsuchte er die Tageszeitung nach einem Hinweis auf den Fall, aber noch hatte kein Redakteur Wind von der Sache bekommen. Er würde versuchen, ein bisschen Zeit zu gewinnen. Die Spuren am Tatort waren gesichert, hatten aber noch keine eindeutigen Ergebnisse geliefert. Hatte Lars vor seinem Tod noch Geschlechtsverkehr gehabt? Falls ja, mit wem? Auf der Motorhaube oder am Strand? Sie mussten Augenzeugen finden.

Montagmorgen hatten sie Lars gefunden. Die Stoßzeiten am Strand von Aschau erstreckten sich über den Zeitraum von Mittwochnachmittag bis Sonntagnachmittag. Das hatte er selbst beobachtet, denn wenn er zu seinen Treffen mit Amos nach Kiel fuhr, nahm er gern die Nebenstrecke. Und seitdem das Treiben am Strand in der Stadt ruchbar geworden war, hatte sich sein Kopf jedes Mal fast automatisch zum Parkplatz an der Landstraße gedreht. Bulle Rasmussen checkt die Belegung am Swingerstrand, dachte er manchmal so bei sich. Aber er war nicht allein. Gerade neulich war er einem Opel Astra mit RD-Kennzeichen gefolgt, der auf Höhe des Parkplatzes seine Fahrt auf Tempo dreißig drosselte. Dabei hatten die Insassen gestikuliert und deutlich in Richtung Wasserkante gezeigt. Ob Opel- oder Volvo-Fahrer, in der Neugier sind sie alle gleich.

Nun hatte Rasmussen allen Grund, seinem beiläufigen Interesse professionell nachzugehen. Seine erste Amtshandlung an diesem Dienstagmorgen war, noch einmal am Tatort vorbeizuschauen. Er stellte den Volvo wenige Meter neben dem Platz ab, an dem Lars auf seinem Toyota aufgebahrt gefunden worden war. Ob Hinrichsen oder Calloe wohl den Mülleimer dort gecheckt haben?, dachte er und kramte auch schon im Fremdenverkehrsmüll.

Unter den Cola-Dosen und Caprisonnentüten fanden sich

Hygieneartikelreste, Taschentücher, Binden und Kondome. DNA-Träger, die er samt Mülltüte mitnahm. »Röda Drömmen« blinkte mittendrin ein Produktschild mit dem blaugelben Logo des verrückten Möbelhauses. Er streifte einen Einmalhandschuh über und fischte das Pappschild aus der Matsche: »Ikea. Made in Turkey«. Einen Kassenbon entdeckte er auch noch.

Hatte Lars nicht rote, oder auf gut schwedisch »röd«, Fuß- und Handfesseln gehabt? Wo hatten diese Schnarchsäcke von Kollegen ihre Augen? Ihm fielen Calloe und Hinrichsen ein, wie sie mit den Händen in ihren Taschen fröstelnd auf dem Kies herumgestanden hatten. Er holte eine Plastiktüte aus der Seitentasche seiner Lederjacke und ließ das Beweisstück aus seinen spitzen Fingern gleiten. Was sich hier im Gebüsch sonst noch verbergen mochte? Die Beantwortung dieser Frage würde er Hinrichsen überlassen, dem er eine kurze SMS schrieb. Sollte der sich mal durch die Dornen wühlen. Er war sicher noch nicht unterwegs, und Aschau lag auf seinem Weg ins Büro. Noch keine sieben Uhr.

Rasmussen folgte dem Weg auf die kleine Anhöhe. Hier lagen die Anwesen von Aschauhof. Er wusste, dass sich Lars Martens' Konkurrent Hoffmann hier eingekauft hatte, und der dicke schwarze Audi vor dem Neubau in Richtung Wendehammer verriet sofort dessen Wohnsitz. Geschätzte fünftausend Quadratmeter Rasenfläche umgaben einen weißen, überdimensionierten Klotz, der wie ein Ufo in Richtung Wasser lag. Wie hatte der hier wohl eine Baugenehmigung bekommen?

Ein Zaun und ein Backsteinhaus grenzten das Grundstück vom Parkplatz am Wendehammer ab. Dieses Stück Wiese gehörte dem alten Weinmann. Der hatte nicht mehr viel zu tun und setzte sich zu Stoßzeiten gern an einen Campingtisch auf die Wiese, um die Swinger abzukassieren. Da hatte er einen geregelten Tagesablauf, Ansprache und ein kleines Zubrot. Ob das wohl alles rechtens war? Ich bin doch nicht beim Finanzamt, sagte Rasmussen zu sich selbst.

An diesem Morgen war der Parkplatz leer. Es herrschte Totenstille. Rasmussen nahm das iPhone und tippte die Stichworte »Konkurrent Lars«, »Parkplatz Aschau« und »Razzia Swingerstrand«

ein. Er marschierte rund um die Lagune, dann setzte er sich an den schmalen und steinigen Strand meerseits. Er nahm Witterung am Tatort auf.

Als Rasmussen kurz vor zwölf in den Hof der Polizei-Zentralstation einbog, hätte er beinahe die Brix auf die Haube genommen. Da hätte sie dann gelegen wie gestern Morgen Lars Martens. Rasmussen brachte das Auto keine dreißig Zentimeter hinter ihr zum Stehen. Margarete Brix rührte sich nicht. Gott, war diese Frau stur. Ihr gegenüber stand Calloe und nestelte peinlich berührt an ihrer Umhängetasche herum. Was hatten die beiden wieder miteinander zu bereden? Rasmussen nahm demonstrativ das »Eckernförder Tageblatt« vom Beifahrersitz und begann zu lesen. Mal sehen, welche der beiden Damen sich mit welcher unplausiblen Erklärung an ihn wenden würde.

Gefühlte drei Minuten später – das schwache Geschlecht ließ ihn schmoren klopfte es an der Seitenscheibe.

»Hast du was geraucht oder warum parkst du hier mitten auf dem Hof?«

Rasmussen schaute überrascht in das leicht rattenhaft wirkende Gesicht von Amos Wiesel. Die Frauen waren verschwunden.

»Komm, ich hab da was.«

Rasmussen startete den Motor, fuhr schwungvoller als nötig in die Parklücke und stieg aus. »Was?«, fragte er den Pathologen.

»Ich würde gern einen Happen essen, lass uns rüber in die ›Siegfried Werft‹, dann erzähle ich in Ruhe.«

Sie entschieden sich, am Strand entlangzugehen. Rechts lag die Ostsee friedlich, so weit das Auge reichte. Für Ende Juni war es heute eher kühl. Zwischen den bunten Strandkörben tobten ein paar Kinder umher, und eine dreiste Möwe versuchte, einer Dame in beigefarbenen Senioren-Shorts das Eis aus der Hand zu stibitzen. An manchen Tagen tat die Idylle, so süßlich sie auch war, richtig gut. Wiesel und Rasmussen umrundeten die Hafenspitze und hatten den Westwind jetzt im Gesicht. Rasmussen grüßte den Chef der Bonbonkocherei, dann schlenderten sie über die Klappbrücke hinüber in die »Siegfried Werft«.

Sie bekamen einen Tisch am Fenster, bestellten, schauten auf das bunte Treiben im Hafen, und Rasmussen spürte, wie er sehr müde wurde – bis Wiesel mit seinen neuen Erkenntnissen rausrückte.

»Eure Leiche ist den blauen Tod gestorben.« Er liebte Rätsel.

»Ach«, erwiderte Rasmussen. Pause.

»Viagra«, erlöste ihn Wiesel.

»Viagra? Lars? Der war gerade mal achtunddreißig.«

»Tja«, war alles, was Dr. Wiesel noch beizutragen hatte, bevor er sich über das Kartoffel-Lauch-Rahmsüppchen mit Krabbenfleisch hermachte. Rasmussen wusste, dass er weitere Details erst nach dem Dessert erfahren würde.

Eine halbe Stunde später entschied sich Rasmussen für rote Grütze, Wiesel wählte den warmen Apfelstrudel mit Vanilleeis und Sahne. Beinahe gleichzeitig strichen sich beide Männer zufrieden über ihren jeweiligen Bauchansatz.

Amos Wiesel teilte die wesentlichen Ergebnisse der Obduktion mit. Rasmussen wiederholte zur Sicherheit: »Lars hatte also eine hohe Dosis Sildenafil im Blut. Vermutlich hat er mehrere Viagra-Pillen eingeworfen, weil er am Swingerstrand seinen Mann stehen wollte. Das hätte ihn aber sehr wahrscheinlich nicht umgebracht?«

»Vielleicht hätte er Hautabschürfungen davongetragen«, kalauerte Wiesel.

Rasmussen ignorierte den Herrenwitz. »Zusätzlich habt ihr Isosorbiddinitrat nachweisen können.«

»Genau, ein Wirkstoff, der zur Behandlung von Angina Pectoris, also einer Durchblutungsstörung des Herzens, gegeben wird. In Kombination mit Sildenafil kommt es beinahe unweigerlich zu massivem Blutdruckabfall.«

Rasmussen schüttelte den Kopf. »Ich kann mir kaum vorstellen, dass Lars herzkrank war.«

»War er auch nicht«, bestätigte Wiesel.

»Umso lieber würde ich wissen, warum Lars dieses Iso, dieses Isosowieso geschluckt hat.«

»Wer sagt, dass er das Medikament bewusst eingenommen hat?«

Rasmussen nickte. »Und warum sollte jemand Lars heimlich ein Medikament unterjubeln, das die Durchblutung seines Herzens fördert?«

Amos Wiesel zuckte die Schultern.

Auf dem Weg zurück zum Parkplatz schwiegen sie. Wiesel hatte seinen automobilen Traum hinter Rasmussens skandinavischer Kombi-Ikone geparkt. Der 911er war ein Targa von 1973 mit zwei Komma vier Litern Hubraum und einhundertneunzig PS. Eine Augenweide, vor allem aber ein Ohrenschmaus. Als Wiesel den Boxer im Hof zum Leben erweckte, bekam Rasmussen eine Gänsehaut. Welch ein Klang … Dann gab er sich einen Ruck und strebte dem rückwärtigen Eingang des Polizeigebäudes zu. Siebzehn Liter Super, dachte er trotzig, jeder auf seine Art unzeitgemäß, teuer, umweltschädlich und – überhaupt.

Als er im ersten Stock an einem offenen Fenster vorbeikam, hörte er, wie Wiesel in den zweiten Gang hinunterschaltete, um die Ampel am Bahnhof noch bei gefühltem Hellrot zu erwischen.

»Das schaff ich mit meinem 240er auch«, versicherte er seinem Ego und öffnete die Tür zur Herrentoilette. »Aber locker.«

Zwölf Wochen

Rasmussen stand am Waschbecken und überlegte, ob er sich wirklich noch die Hände waschen sollte. Bei den letzten Malen, wenn er kurz vor einer Besprechung noch flugs zur Toilette gegangen war und dann die nassen Hände mit diesen grünen Papierhandtüchern zu trocknen versucht hatte, war er fürchterlich gescheitert. Noch auf dem Flur hatte er sich die Hände an den Hosen oder, noch schlimmer, an der Jacke abgewischt. Es gab nichts Unangenehmeres, als eine nasse Hand zu drücken. Er selbst fühlte sich dabei von seinem Gegenüber immer ein wenig angepisst.

Er entschloss sich also, das Händewaschen sein zu lassen, drehte aber den Wasserhahn weit auf, wurschtelte am Seifenspender und zerknüllte drei grüne, faserige Fetzen aus dem Papierspender. Das tat er gewissermaßen nur für Hinrichsen, der in Kabine drei thronte. Dessen blaue Prinz-Heinrich-Mütze hing außen am Türgriff. Er nahm sie stets ab, bevor er den Ort der Verrichtung enterte. Hinrichsens Toilettengang bekam so etwas beinahe Sakrales.

»*Bonjour*, Calloe. Bewegen Sie sich schon mal in den Hafen und interviewen Sie unsere Angelkutscher.«

»Angelkutscher?«

»Ja, Angelkutscher. Die Angeltourenanbieter, Lars Martens' Konkurrenten. Alle, die sich jetzt die Hände reiben könnten, weil der Platzhirsch aus dem Rennen ist. Heute ist Dienstag, da starten die ersten Touren meist um dreizehn Uhr«, raunzte er seine Assistentin im Vorbeigehen an, als er sich auf dem Weg zum Vernehmungsraum befand. Yvonne Calloe konnte er nicht gebrauchen, wenn er die Witwe Martens verhörte.

Seine Assistentin nickte nur und entfernte sich, als es im nächsten Moment in seiner Hose vibrierte. Originelle Klingeltöne hatte er sich schon längst abgewöhnt, und da er das iPhone sowieso immer am Mann trug, reichte tagsüber der Vibrationsalarm. Ein Blick auf das Display verriet: »Marlene«. Er antwortete seiner langjährigen Beischlafpartnerin nicht, denn jetzt war Birte Martens angesagt, die sicherlich schon in Raum 207 wartete. Margarete Brix hatte sich bereits gemeinsam mit der Staatsanwältin in ihrem Hobbyraum, dem »Darkroom« nebenan, verschanzt, davon hatte er sich vorhin überzeugt. Sein Auftritt bei Birte in Sehestedt steckte ihm noch in den Knochen, und er brauchte unbedingt Rückendeckung.

»Birte, schön dich zu sehen«, sagte Rasmussen, als er die Tür von 207 ins Schloss fallen ließ. Birte Martens stand vor der Panzerglasscheibe des Darkrooms mit dem Rücken zum Raum. Wie ein Strich hob sie sich in ihrem hellbeigen Trenchcoat von der schwarzen Panzerglasscheibe ab.

Nicht schon wieder diese Spiegelnummer, dachte Rasmussen, wobei er sich über ihre fliederfarbenen Chucks und die Jeans wunderte. Das war nicht Birtes Style der letzten Jahre. Es hatte fast den Anschein, als sei sie in die hinterletzten Winkel ihres Kleiderschrankes gestiegen und hätte die Schätze von früher gehoben. Die Chucks aber stammten definitiv aus dieser Saison. Ruckartig drehte sie sich um und streckte beide Arme nach ihm aus. Er hob nur die rechte Hand. Eine Umarmung vor den Augen der Brix, vor allem vor der Staatsanwältin hinter der Scheibe, kam natürlich nicht in Frage.

Sie setzten sich an den Tisch, dessen Resopalplatte im Gästeblock einen halbkreisförmigen Schmutzfleck zeigte. Feuchte, klebrige Hände hatten hier nach Halt und Antwort gesucht. Tränen waren gefallen und getrocknet. Rasmussen hatte in den Jahren seiner Fragestunden immer wieder erlebt, dass auch zunächst sehr lässig wirkende Gegenüber nach zwei oder drei bohrenden Fragen und zweifelnd gelupften Augenbrauen die Kontrolle über ihre Hände verloren und zu wischen, pressen und reiben begannen. Birte lag auf der Lässigkeitsskala noch sehr weit vorn. Sie drückte den Rücken durch, streckte ihm die beträchtliche Oberweite in Kaschmir entgegen und fing an zu plappern.

Ihr Redeschwall haute ihn um. Alles hätte er erwartet, nur das nicht. Die letzten fünfzehn Jahre hatte zwischen ihnen Eiszeit geherrscht. Jetzt war dieses Arschloch von Ehemann tot, und schon plapperte sie so los wie früher. Scheinbar unbeschwert und ohne Unterlass. Der Ton war der gleiche wie früher, nur dass sie auf einer vollkommen anderen Wellenlänge sendete und er ihr überhaupt nicht zuhören konnte. Ihre Worte gingen zum einen Ohr rein und zum anderen hinaus. Stichworte wie »Wahrhaftigkeit«, »Zufall«, »Missverständnis«, »Begierde«, »Vertrauensbruch«, »Trauer«, »Freigabe der Leiche«, »zwölf Wochen« drangen an sein Ohr. Einmal blitzte »gute alte Zeiten« auf. Er starrte auf das Aufzeichnungsgerät, einen Telefunkenrekorder aus dem vorigen Jahrhundert. Die Zeiger für das Recording-Level schlugen nicht aus. Jetzt streckte er den Zeigefinger aus, drückte auf die Aufnahmetaste, und die Kassette fing an, sich zu drehen.

»Hör mir mal bitte zu«, sagte Rasmussen, »wenn du glaubst, du kannst mich plattreden …«

»Hans, ich war im letzten halben Jahr oft allein und hatte genug Zeit nachzudenken. Es war nicht alles so schlecht, wie du immer gedacht hast. Lars hatte einen guten Kern. Im Prinzip war ich mit zwei Männern verheiratet. Es gab den Prinzen des Lichts und den Werwolf der Nacht.«

»Birte, ehrlich, das ist doch lächerlich.«

»Hör doch auf, du elender Misanthrop. Du hast doch noch nie einen Menschen geliebt. Vielleicht auf deine verschrobene Weise. Aber du weißt doch gar nicht, was Hingabe ist. Wenn man sich total fallen lässt und sich einem Menschen absolut ausliefert«, ihr anfangs ruhiger Ton wurde nun langsam schriller, »dann spielen Gut und Böse, Richtig und Falsch keine Rolle mehr.«

Das reichte eigentlich erst einmal. Die Frau gehörte in Therapie. Und doch setzte Rasmussen noch einen drauf: »Dein Mann war seelisch grausam, er hat dich geschlagen, er hat dich betrogen. Im Grunde genommen hat er dich über ein Jahrzehnt lang missbraucht.«

»Hans, akzeptier das doch. Lars hat mich wie kein anderer geliebt. Im Grunde warst du eigentlich immer nur eifersüchtig. Immer kühl, immer ein abgeklärter Spruch. Deinen Zynismus finde ich zum Kotzen. Ich habe ihn noch nie ertragen. Du liebst die Menschen einfach nicht. Dir fehlt das Urvertrauen.«

»Du redest wirr«, entgegnete er und versuchte die Kurve zu bekommen, um das Gespräch zu beenden. Er würde sich gleich im Anschluss an ihr Gespräch um einen Psychiater kümmern. Seiner alten Freundin musste geholfen werden. »Klär mich doch bitte auf, was hat es mit den zwölf Wochen auf sich?«

»Ich bin schwanger«, antwortete Birte Martens.

Ihm fehlten die Worte für ihren Blick. Satanisch, das traf es am ehesten.

Eine Spur?

»Ehm, Herr Rasmussen, ob wir mal eben ...« Es war die Staatsanwältin, deren Satz wie so oft ein bisschen ungelenk mit »Ehm« begann und am Ende im Nichts hängen blieb.

Rasmussen unterstellte ihr Methode. Sie angelte mit einer Wortfliege. Ganz gleich, was sie sagte, die Form war auffällig, und man schnappte unwillkürlich danach. Die Staatsanwältin und er kannten sich lange genug. Rasmussen wusste, dass das letzte Satzfragment eine Aufforderung zum Rapport war, und folgte der Frau, die er kaum hätte beschreiben können, so unauffällig war ihr Äußeres, ans Fenster. Sie tat gerade den ersten tiefen Lungenzug. Rasmussen bekam sofort Schmacht. Echter Nichtraucher würde er wohl nie werden.

»Warum haben Sie Frau Martens hier einbestellt? Ist ja komplett verwirrt, die Arme. Konzentrieren Sie sich doch bitte auf diese Sextouristen aus, was weiß ich, Hamburg oder so. Der Aschauer Bürgermeister wäre dankbar, wenn diesem Treiben ein Ende gesetzt werden könnte.« Sie inhalierte ein zweites Mal, schnippte die Kippe aus dem Fenster und ging.

Autismus, vielleicht ist sie autistisch, erklärte sich Rasmussen das Verhalten seiner Vorgesetzten.

Aus dem Augenwinkel sah Rasmussen, wie sich am Ende des Ganges die Glastür schloss. Hinter ihr verschwand die unverkennbare Silhouette von Margarete Brix, die auf dem Revier auf gar keinen Fall öffentlich in Erscheinung treten sollte. Was hatte es vor zwei Jahren im Fall »Teetzen« für einen Wirbel gegeben, nachdem das »Eckernförder Tageblatt« getitelt hatte: »Pensionierte Richterin löst Betrugsaffäre im Müllskandal«. Mangold, der Schmierfink, hatte den Nagel auf den Kopf getroffen und den Ruf des Kommissariats nachhaltig beschädigt.

Solange die Brix jedoch mit der Staatsanwältin hinter geschlossener Tür im Darkroom hockte, war alles in Ordnung. Die beiden Damen waren einander in einer wohltemperierten Hassliebe verbunden und profitierten voneinander. Die Staatsanwältin schätzte Brix' messerscharfen Verstand und ihre Loyalität, die Brix hatte ihrerseits großen Respekt vor der Hartnäckigkeit der Staatsanwältin, die einen Fall unbeirrt verfolgte, sobald sie ihn erst mal ausreichend ernst nahm. Davon war sie, was Martens anging, noch weit entfernt. Die Aktivitäten am Swingerstrand waren ihr grundsätzlich zuwider, und wenn Martens dort verkehrt hatte, nun, dann musste er eben auch die Konsequenzen tragen. Mal ganz davon abgesehen, dass sie um die Nöte des Aschauer Dorfvorstehers wusste. Der war auf jeden einzelnen Bewohner angewiesen. Und je zwielichtiger der Ruf seiner Siedlung würde, desto geringer war die Chance, anständige Bürger in Aschau zu halten. Das Thema Swingerstrand musste vom Tisch, durfte keinen Raum in der Tagespresse bekommen. Martens war tot, und das Thema Swingerstrand wollte die Staatsanwältin, so schnell es ging, ebenfalls beerdigen.

Im Büro seines Teams herrschte konzentrierte Stille. Hinrichsen saß vor dem Bildschirm, und Calloe blätterte in bunten Flyern. Rasmussen setzte sich auf die Kante des Calloe'schen Schreibtisches und erntete einen abschätzigen Blick.

»Perverses Pack«, krakeelte Hinrichsen. »Weiße Cabrios, wer fährt schon ein weißes Cabrio?«

Alle taten, als sei es eine rhetorische Frage gewesen. War es wohl auch.

Und so schlug Hinrichsen gleich weiter in die Populär-Kerbe. »Alles Homos, diese Swinger, muss sich keiner wundern über Aids und Tripper. Und wer bezahlt? Der Steuerzahler, der bezahlt. Den Martens hat da jemand hingelockt. Unsereins legt sich doch nicht freiwillig auf sein Auto. Nackt. Das war einer von diesen Spacken aus Winterhude. Die schmeißen doch auch Viagra ein und Poppers und an Drogen, was sie kriegen können. Das hab ich im Urin, das spür ich.«

»Männliche Intuition?«, fragte Rasmussen.

»Na und?«, schnappte Hinrichsen.

»Intuition ist die Bestätigung von Vorurteilen.« Rasmussens Worte trafen genau ins Ziel.

Hinrichsens Miene gefror. »Oder Lebenserfahrung, Herr Hauptkommissar.«

Calloe tat, als gehe sie das Gespräch nichts an, und tippte auf dem

Taschenrechner herum. »In den letzten beiden Jahren hat Martens seine Preise um fünfundzwanzig Prozent gesenkt. Hochseeangeln zum Pauschalpreis. Die anderen haben mit Sonderfahrten für Kleingruppen reagiert. Vier Leute fahren, zwei zahlen. Das ist auf Dauer ruinös. Ich versuch mal, die Einkommensteuererklärungen von Martens zu bekommen. Hoffmann, sein größter Konkurrent, hat übrigens jeden Niedrigpreis von Martens unterboten. Der hat wohl Geld von Haus aus, aber irgendwann lohnt sich das für keinen mehr.«

Rasmussen nickte zustimmend. »Konkurrenz und Futterneid als Motiv, nicht auszuschließen. Hinrichsen, was machen die Reifenabdrücke? So langsam könnten die ja mal hier auf den Tisch.«

»Ah«, machte Hinrichsen, »auf den Tisch. Ich war heute Morgen damit im Hafen.«

»Und?«

»Ein Abdruck passt zu Torsten Hoffmanns Q7, aber das ist auch nicht weiter verwunderlich. Hoffmann ist ja letztens umgezogen und wohnt jetzt drüben in Aschau. Nur warum parkt er seinen Wagen dort unten am Strand? Wahrscheinlich –«

»Wahrscheinlich«, fiel Rasmussen dem Kollegen ins Wort, »wahrscheinlich war der Verurteilte schuldig. Wieder Lebenserfahrung?«

Hinrichsen kniff die Augen unter seiner Prinz-Heinrich-Mütze zusammen.

Rasmussen griff seine Jacke. »Ich fahr runter nach Strande. Der Hoffmann hat da noch mindestens ein privates Boot liegen. Mal hören, was getratscht wird.«

Auf dem Weg zur Tür konnte er noch rasch eine Botschaft loswerden, die für Calloe und Hinrichsen gleichermaßen bestimmt war: »Chapeau, Calloe, gut gemacht.«

Schuss in den Ofen

»Torsten, kommst du nachher noch auf einen Aperol?«

Torsten Hoffmann saß mit dem dänischen Reeder Rune Bendixen zusammen an einem der vorderen Tische im Strander Jachtclub, in der ersten Reihe und mit Meerblick, als Frauke Burmester ihn quer durch den Gastraum grüßte. Die meisten hier riefen Torsten Hoffmann sowieso nur Totti. Die Ähnlichkeit mit dem römischen Fußballer in dessen Frühphase war aber auch frappierend. Hoffmanns Lifestyle tat sein Übriges, der hätte jedem jungen Römer der oberen Zehntausend zur Ehre gereicht.

Hoffmann nickte Frauke nur zu, strich mit beiden Händen die gegelten halblangen Haare zurück und wandte sich mit konspirativer Stimme wieder dem Dänen zu: »Rune, werter Freund und Geschäftspartner, du musst mir zur Seite springen. Ich kann dich nur vielmals und inständig bitten, die ›Ischia‹ zurückzunehmen. Der Vogel ist einfach Spitzenklasse, du weißt, wie zufrieden ich mit diesem Katamaran bin, ein Schmuckstück und echtes Sportgerät, aber die Zeiten haben sich geändert.«

»Surücknehmen?«

»In Zahlung nehmen, mein Lieber, du hast das Prachtstück selbst gebaut und kaufst keine Katze im Sack. Ist doch alles kein Thema, im Gegenzug kaufe ich dann einfach diesen Schoner.«

»Torsten, ich weiß wie kein anderer um die Qualität der ›Ischia‹. Ich weiß aber auch, dass ich diese Sonderedition nur sehr, sehr schwer an jemand anders loswerde. Und was die ›Sagaland‹ angeht, die steht schon im Netz.«

Hoffmann mahlte mit den Kiefern: »Die steht schon im Netz?!«

»Ja, so ist das.«

Bendixens dänisches »S mit Stoß« ging Hoffmann heute tierisch auf die Nerven. In seinem Kopf gab es nur noch dieses Echo: Sagaland, Sagaland, Sagaland. Um den Wettbewerb unter den Schiffsunternehmern in Eckernförde endgültig aufzumischen, brauchte er diesen Prachtschoner, zwanzig Meter, mit allem Schnick und Schnack für Gruppenreisen ausgerüstet. Nicht zu groß, nicht zu klein. Damit könnte er nicht nur Abenteuerreisen in die dänische

Südsee anbieten. Die anderen mit ihren umgebauten Fischkuttern hätten dann keine Schnitte mehr.

»Und ich sag dir noch eins: Es bleibt bei den 2.051.000 dänischen Kronen.« Bendixen riss Hoffmann aus seinen Träumen.

Hoffmann blieb der Mund offen stehen: »Das sind ja zweihundertfünfundsiebzigtausend Euro. Und wie viel gibst du mir für die ›Ischia‹?«

»Torsten, sei ehrlich, ich habe gehört, dass du das Boot bei eurem letzten Rat Race vor Travemünde auf Sand gesetzt und ordentlich versägt hast.« Bendixen kniff die Augen zusammen und spielte mit den Bierdeckeln. »Hast du Pech, hast du nur noch den Schrottwert.«

Hoffmanns Erzählungen

Als Rasmussen auf den Parkplatz fuhr, sah er aus den Augenwinkeln ein Taxi auf der Zufahrt vor dem Entree des Jachtclubs stehen. Er parkte seinen Volvo dicht neben dem Q7 von Hoffmann. Bei solchen Angeberkarren machte er sich schon gern mal den Spaß und blockierte mit seiner alten blauen Schüssel die Fahrerseite. Von wegen Fluchtgefahr. Über den knirschenden Kies ging er zum Haupteingang, da flog die Tür vom Jachtclub auf.

Hoffmann hielt die Tür weit offen und schrie aus vollem Hals: »Hau ab, du Halsabschneider, du Betrüger. Du wärst am besten Pferdehändler geworden. Und ich dachte, du wärst mein Freund!«

Ohne Hoffmann eines Blickes zu würdigen, trat ein Mann Mitte vierzig vor die Tür. Er steuerte auf das Taxi zu, und dann war nur noch das Klappen der Wagentüren und das Knirschen des Kieses zu hören.

»Moinsen, Herr Hoffmann, wir haben uns ja lange nicht gesehen. Interessanten Besuch gehabt?«, fragte Rasmussen. Er stand am unteren Treppenabsatz und blickte zu dem Schönling hinauf.

»Herr Kriminaldirektor, immer auf Streife, was«, ätzte der Jungunternehmer, »und das eben war eine klitzekleine Auseinandersetzung unter guten alten Freunden. Wenn man sieben Tage die Woche gegen den Wind segelt und wenn es um Millionenbeträge geht, dann können einem schon mal die Sicherungen durchbrennen. Bin nun mal kein Beamter auf Lebenszeit.«

»Haben Sie Ihren Wohnsitz etwa doch nicht nach Aschau, sondern nach Dänemark verlegt und rechnen nun ausschließlich in Dänische-Kronen-Millionen?«, wandte Rasmussen mit süffisantem Lächeln ein. »Aber ich will hier nicht lange rumeiern, Herr Hoffmann. Wie Sie sicherlich schon wissen, ist Ihr schärfster Konkurrent Lars Martens quasi vor Ihrer neuen Haustür in Aschau tot aufgefunden worden. Ich hätte Sie, ehrlich gesagt, in besserer Stimmung gewähnt.«

»Rasmussen, das ist eine schamlose Unterstellung.« Dabei stieg der Beau die Treppen hinab und versuchte mit großer Geste, dem Kommissar die Hand auf die Schulter zu legen.

Heftiger, als er eigentlich wollte, packte Rasmussen den Unternehmer am Handgelenk: »Wer von uns beiden wohl schamlos ist?«

»Ich kämpfe immer mit fairen Mitteln. Was man wohl von Martens' Mörder nicht behaupten kann. Das kann nur ein Geisteskranker getan haben. So was nenn ich schamlos.«

»Sind wir in der Kirche? Ich glaube nicht, ich versuche nur festzustellen.«

»Sie können mir alles unterstellen, aber ich bin nicht pervers und schon gar kein Mörder«, empörte sich Hoffmann zusehends.

Rasmussen ließ los. Er drehte einfach bei und ging. Als Gruß in den rückwärtigen Raum rief er einfach nur: »Das mit dem T-Shirt hätte ich nicht gemacht, das war ein Tacken zu viel.«

Er hörte kurz darauf ärgerliches Schnaufen, so wie Hoffmann die Treppe stürmte und mit der Tür knallte. In der Luft lagen »kleiner Dorfbulle« und »vollkommen durchgeknallt« und »Was will der eigentlich von mir?«.

Ungerührt schloss Rasmussen seinen Wagen auf und ließ sich in den Sitz fallen. T-Shirt? Er wusste selbst nicht, wie er darauf gekommen war. Das war ihm gerade so eingefallen und schien ihm absurd genug. Je nach Lage der Dinge setzte er eben gern auf Irritation. Manchmal brachte das ganz erstaunliche Ergebnisse, wenn dies auch ein echter Schuss in den Ofen gewesen war. Nur warum war Hoffmann der festen Überzeugung, dass es ein »Geisteskranker« und damit ein Mann gewesen war, der Lars ans Kreuz geschlagen hatte?

Der Tag war rum, Rasmussen hatte Kopfschmerzen und das Gefühl, nicht richtig weiterzukommen. Er saß in Strande bei Bruno auf einen Milchkaffee und hoffte, den einen oder anderen der ihm wohlbekannten Honoratioren anzutreffen. Die waren immer für ein paar Indiskretionen gut. Aber es war tote Hose, und noch mal in den Jachtclub wollte er nach dem kindischen Gezänk mit Hoffmann auch nicht. Rasmussen hatte nichts Greifbares. Er musste mehr über den windigen Jungspund in Erfahrung bringen. Hatte er tatsächlich ein handfestes Motiv? Konkurrenz allein reichte sicher nicht. Gleich morgen früh würde er Calloe sagen, sie möge sich zunächst auf Hoffmann konzentrieren.

Dritter Tag: Mittwoch

Ältestenrat

Vom Ykaernehus, dem Hauptquartier der Brix und ihrer drei Vertrauten, waren es nur ein paar Schritte in den Eckernförder Hafen. Nun, da die Brix, vorausschauend wie sie war, ab und zu interessierte Blicke auf die neuesten Rollatoren warf, bekam die zentrale Lage der Heimatbasis eine immer größere Bedeutung.

Fiete, Jörn und Fritze hoben gerade das traditionelle Anschnack-Pils und die Brix ihren geliebten Sanddornsaft mit Schuss. Zwei- bis dreimal pro Woche bezogen sie und die drei Knilche hier Stellung. Mal zum Frühschoppen, mal zum Dämmerschoppen, nie zum Essen, die Portionen waren zu groß. Ihre vier Stühle richteten sie immer streng im Halbkreis zum Wasser aus.

Heute Morgen war ordentlich Betrieb auf der Hafenpromenade, als Calloe ein Stück weiter am Kai bei Hoffmann an Bord ging. Sie nickte zum Gruß und verschwand dann mit Hoffmann aus dem Blickfeld. Die mobile Pölserbude verdeckte die Sicht. Margarete Brix schaute instinktiv auf die Uhr, kurz vor zehn. Sie freute sich still. Wie schön, nicht mehr in dunklen Büros und miefigen Gerichtssälen zu sitzen. Nun konnte sie ihrer eigentlichen Leidenschaft frönen und nach Herzenslust in freier Wildbahn auf die Pirsch nach denen gehen, die ihr Berufsleben Tag für Tag bestimmt hatten. Kriminelle und solche, die es noch werden würden. Und das war noch nicht einmal bloßer Selbstzweck, jedenfalls nicht, solange sie von Rasmussen oder der Staatsanwältin um Rat gefragt wurde.

»Der IF hat die Bauern aus Süderbrarup mit 37:31 nach Hause geschickt, warum kommt ihr denn nicht mal mit in die Halle? Das sind tolle Jungs und die Stimmung ist –«

»Die Stimmung ist besser als beim THW, wissen wir doch«, fiel Fiete Jörn ins Wort. Jörn berichtete nach jedem Spiel der Eckernförde Idrætsforening und verbreitete seine Begeisterung für Handball im Allgemeinen und für den IF im Speziellen seit Jahren mit missionarischem Eifer. Fiete und Fritze aber waren

Fußballfans und lebten für Holstein Kiel. Die »Störche« hielten ihre Fans seit Jahren in Sachen Erfolg ganz schön knapp, und deren Sieg im DFB-Pokal gegen Hertha BSC am 1. September 2002 wurde wieder und wieder Minute für Minute in allen Details besprochen. Jörn verließ mittlerweile den Raum, wenn einer der beiden das Wort Elfmeterschießen auszusprechen wagte. Bei »Elfme« war Jörn schon fast um die Ecke.

Fritze schnappte wie ein Fisch an Land nach Luft und wollte gerade loslegen: »Der, der, na, wie heißt er noch …«

Da übernahm die Brix und erstickte die drohende und nach den stets gleichen Regeln ablaufende Verbalschlacht im Keim. »Liebe Freunde«, begann sie verbindlich, »weder Handball noch Fußball sind euren Möglichkeiten entsprechende Sportarten.« Empörtes Gemurmel des Fußvolkes. »Ihr seid prädestiniert für die wohl vornehmste aller Sportarten, den Denksport.«

»Hört, hört«, machte Jörn die anderen aufmerksam, und Fritze bestätigte im Brustton der Überzeugung: »Da sagst du was, Maggie, da sagst du was.«

Nur Fiete witterte eine Falle und beschränkte sich auf einen skeptischen Blick.

»Sicher ist zu euch vorgedrungen, dass Lars Martens tot aufgefunden wurde.« Die Brix schaute verschwörerisch in die Runde. Fiete schnaubte, sich selbst und seine Vermutung bestätigend.

»Meine Herren. Wir brauchen Herausforderungen. Ihr wisst schon, nur um beim Schnackbier nicht einzuschlafen und geistig rege zu bleiben. Mittwochs Doppelkopf und sonntags Tanztee ist nett. Doch wer wie ihr die Stadt und den Hafen wie die eigenen Westentasche kennt, der ist geradezu auserwählt, Justitia unter die Arme zu greifen!«

»Schönes Bild«, hüstelte Jörn.

»Jörn, denk an deinen Bluthochdruck. Also zur Sache. Wer Lars Martens kannte, der kannte auch seine Feinde«, bemerkte Margarete Brix leicht indigniert. Sexistische Anspielungen fand sie für gewöhnlich langweilig. Drangen sie aus dem Mund von Freunden an ihr Ohr, konnte sie auch ärgerlich reagieren.

»Die Mienen seiner Konkurrenten haben sich sichtlich aufgehellt«, bemerkte Fiete und drehte den Kopf in Richtung des gelben Kassenhäuschens. »Im Hafen jedenfalls scheint wieder die Sonne.«

»Die Angelunternehmer waren offensichtlich auf dem besten Wege, sich gegenseitig zu ruinieren. Aber Mord, traut ihr das irgendeinem von den Jungs da drüben zu? Ecktörn zwo, Ecktörn neun, Solen und Schnelle Schnute? Wenn einer Martens das Wasser reichen kann, dann der verschlagene Hoffmann, die anderen sind doch alle welche von uns«, stieg Fritze in das Thema ein.

»Das bringt doch nichts. Verschaffen wir uns erst einmal einen sachlichen Überblick und lassen uns nicht von irgendwelchen Vorannahmen leiten. Wer weiß denn, ob es überhaupt Mord war?«

Jetzt war es schon wieder passiert. Margarete Brix hatte sie in die Pflicht genommen, und alle drei wussten, dass sie nun wieder tagelang in Archivalien stöbern, komische Anrufe machen und im Regen an Hausecken rumstehen mussten. Und am Ende lud die Brix ihren Rasmussen zum Essen ein. Eine Schweinerei war das. Aber was sollten sie machen?

Calloe vs. Hoffmann

Calloe folgte Hoffmann ins Ruderhaus. Sie war eine echte Land-
ratte und wunderte sich, dass es hier nicht nach Fisch stank. Es gab
sogar eine kleine Eckbank, auf der sie jetzt Platz nahm.

»Espresso, Latte oder vielleicht einen Cappuccino?«, fragte
Hoffmann mit einem Unterton, der wenig gastfreundlich war
und Calloe nicht gefiel.

»Ihren aktuellen betriebswirtschaftlichen Kurzbericht hätte ich
gern gesehen und natürlich die letzte Bilanz.«

»Ich hätte auch ein Wasser für Sie.« Hoffmann legte eine kleine
Wirkungspause ein, »Ein stilles vielleicht?«

Langsam fing dieser Hoffmann an, Calloe Spaß zu machen.
»Sie kennen die Clubs der Region?«

»Selbstredend.«

»Prima, dann versuchen Sie es doch auch weiterhin dort mit
ihren bemühten Anspielungen.« Das saß. Nun brauchte Hoffmann
für das Voss-Mineralwasser, das er sich just eingoss, keine Zitrone
mehr. Calloe hatte beim Friseur gelesen, dass Madonna nur dieses
Wasser trank. Sie nahm sich vor, dafür zu sorgen, dass diesem Snob
schon bald das Wasser im Hintern kochen würde.

»Sie haben Passagiere verloren, Herr Hoffmann? Ihr Umsatz ist
rückläufig. Herr Martens hat Ihnen das Wasser abgegraben. Was
wollten Sie dagegen tun? Wie wollten Sie Ihr Geschäft wieder ans
Laufen bringen?«

Hoffmann nahm noch einen Schluck, bevor er antwortete. Er
blies sich auf wie einer, der sich seiner sicher ist. »Frau Calloe, Sie
arbeiten doch nicht etwa nebenberuflich für eine Bank? Bisher
ging ich davon aus, dass Sie den Tod des geschätzten Kollegen
Martens aufklären wollten. Und nun geht das hier irgendwie in
eine ganz komische Richtung. Soll ich jetzt etwa meinen Businessplan rausholen?«

»Ja, den nehme ich auch gern zur Akte.«

»Zur Akte, zu welcher Akte?«

Calloe griff in ihre Umhängetasche und förderte eine blassrosa Mappe zutage. Auf deren Deckel stand in Großbuchstaben

»T. HOFFMANN«. »Zu dieser Akte, Herr Hoffmann, Sie wissen doch, wie Akte aussehen, oder?« Sie hatte »Akte«, statt »Akten« gesagt, ein Freud'scher Versprecher. Sie hätte sich die Zunge abbeißen können.

Und prompt fing Hoffmann sich schneller, als Calloe das erwartet hatte. Er lehnte am Ruder und verschränkte die Arme hinter dem Kopf. »Tatsächlich bin ich sogar ein ausgesprochener Liebhaber impressionistischer Akte. Kennen Sie Renoirs ›Diana als Jägerin‹? Warum komme ich nur gerade auf dieses Motiv?«

»Herr Hoffmann, Sie wissen meinen Besuch nicht zu schätzen. Und Sie ahnen nicht, wie zäh es sein kann, auf dem Flur vor meinem Büro zu sitzen. Aber Sie werden es ja vielleicht erleben, wenn Sie morgen um sieben Uhr dreißig bei mir klopfen. Zimmer 225.« Calloe lächelte und ging.

Direkt an der Hafenmauer saß noch immer die Brix mit ihren Rentnern. An einem Tisch, den die Mitarbeiter des »Luzifer« eigens dort hinzustellen pflegten. Die Bedienung musste zwar jeweils zwanzig zusätzliche Meter dorthin machen, aber die Brix war eben die Brix. Die werden sie später noch in Stein meißeln, schoss es Calloe in den Sinn, und sie überlegte mal wieder, ob sie sich nicht nach Hamburg bewerben sollte. Mit raschen Schritten war sie bei ihrem Mountainbike, stieg in den Sattel und fuhr los.

Unterdessen blätterte Hoffmann wohl in seiner blassrosa Akte. Calloe hatte sie auf dem Tisch vergessen.

Die Brix und die Knilche

»Öhö, ehö …« Jörn hüstelte ein Hüsteln, das er zur Steigerung der Aufmerksamkeit einsetzte. Über die Jahre hatte er eine eigene Hüstelsprache entwickelt. Vom Hüsteln, das an ein Räuspern erinnerte und eine Peinlichkeit überspielen sollte, reichte sein erstaunliches Repertoire bis hin zu einer Vorstufe des Hustens, mit der er seine Entrüstung auszudrücken pflegte.

Die Brix, Fritze und Fiete hatten geschulte Ohren und drehten ihre Köpfe interessiert in Jörns Richtung.

»Warum schwadroniert ihr über mögliche Motive des Konkurrenten Hoffmann und über eine Ehefrau, die vielleicht eine Lebensversicherung kassieren könnte, solange nicht ausgeschlossen ist, dass es gar keinen Täter gibt? Martens scheint mir den Swingerstrand in eindeutiger Absicht aufgesucht zu haben, und Martens war es gewöhnt, Erfolg zu haben. Also hat er auf pharmazeutischem Weg das Fundament für den Erfolg gelegt, und das ist ihm nicht bekommen. Ein Unfall.«

»Nein, nein«, befand Fritze. »Du hast Margarete nicht zugehört. Martens hatte Isosorbiddinitrat im Körper. Es war die Kombinationswirkung der beiden Stoffe, die ihn umgebracht hat.«

»Das spielt doch keine Rolle.« Jörn war unbeirrt. »Martens hat beide Medikamente selbst geschluckt. Vielleicht litt er an Angina Pectoris. Stress, Alkohol, Zigaretten als Auslöser und Isosorbiddinitrat zur Therapie. Wer liest schon Beipackzettel? Er wusste nicht, was er tat.«

»Margarete«, meldete sich der dicke Fiete zu Wort, »kannst du rausfinden, wer Martens' Hausarzt war? Gut möglich, dass ich ihn kenne.«

»Sicher kennst du ihn. Martens hatte denselben Hausarzt wie du und ich. Letzte Woche erst habe ich ihn im Wartezimmer gesehen.«

»Na, da mache ich doch gleich mal einen Termin«, freute sich Fiete. In diesem Moment schob ihm jemand von hinten die Segelkappe ins Gesicht.

»Frau Brix, die Herren«, flötete Frauke Burmester, die ihrem Vater die Arme um den Hals legte.

»Frauke, was machst du denn schon hier, wir waren doch erst zum Mittagessen verabredet?«

»Meine Tennispartnerin steckt noch in London fest, und so habe ich jetzt ein Zeitfenster für dich aufstoßen können.«

Jörn stand auf. »Muss dann mal los, bis später.« Er konnte Fietes aufgeblasene Luxustochter nicht ertragen und war froh, dass er die Runde verlassen konnte. Dieses affektierte Getue. Nichts hatte sie bisher geleistet. Nur Papas Geld ausgegeben, und der zuckte nicht mal. Jörn hatte zwei Exfrauen, für die er zahlte, und eine behinderte Enkelin. Das Ykaernehus war leider nicht billig, und so musste er sich zum überschaubaren Ruhegeld ein bisschen was dazuverdienen. Jörn war immer begeisterter H-Bootsegler gewesen, und sein ganzer Stolz hatte viele Jahre in der Marina Brodersby drüben in Angeln gelegen. Zwangsläufig hatte er oft mit dem Betreiber der Fähre in Missunde gesprochen, und der war nun sein Arbeitgeber. Jörn fuhr an zwei Tagen der Woche Fähre und in der Saison immer dann, wenn Not am Mann war.

»Ich begleite dich«, beeilte sich Fritze, der auch kein Freund von Fraukes Selbstinszenierungen war. »Ich habe einen Zahnarzttermin in der Landratsvilla, lass uns doch über die Brücke. Maggie, Fiete, wir sehen uns am Abend? Doppelkopf?«

Allgemeines Nicken.

»Und klärt doch unsere liebe Frauke mal über unseren neuesten Dorfklatsch auf, den Jesus von Aschau«, flötete Fritze in die verbleibende Runde. »Tschüss denn.« Jörn und Fritze gingen Richtung Brücke.

Fraukes Mundwinkel zuckten, ihr Vater fiel leicht ins Platt: »Jo, mien Deern, du warst jo immer schon büschen genant.«

Die Brix griente, blieb auf unverfängliche Weise aber im Thema, indem sie Fiete noch einmal erinnerte. »Du hakst also bei Doktor Sievers nach?«

»Mach ich, Margarete, gleich morgen.«

Die Brix war zufrieden, schob ihr Damenhütchen – heute hatte sie sich für ein grünes mit kecker Feder entschieden – in Position und orderte mit kurzer Handbewegung einen zweiten Sanddornsaft.

»Sagen Sie, Frau Brix«, wandte sich Fietes Töchterchen an sie.

»Hans hat doch bald Geburtstag, und ich würde ihm so gern Konzertkarten schenken. Wie ist das mit dem Dienstplan bei der Polizei? Könnte Hans da flexibel reagieren? Nicht dass die Karten verfallen, nur weil jemand tot umgefallen ist.«

Margarete Brix lächelte freundlich. »Frauke, rufen Sie doch zur Sicherheit im Kommissariat an. Sicher kann Ihnen dort Yvonne Calloe weiterhelfen. Mit diesem Alltagstüdelüt kenne ich mich nicht aus.«

»Ja, das mache ich dann, wäre ja zu schade. Ob Hans sich über Karten für Bon Jovi freuen würde?«

»Solange Sie dabei sind, Frauke.«

Fiete schaute seine Tochter warnend an. Ihr fehlte einfach das Gespür für andere Menschen und deren Befindlichkeiten. Die Brix war offensichtlich genervt.

Fiete erhob sich ächzend. »Margarete, du siehst, die Pflichten eines Vaters rufen. Ich muss mich zum Essen ausführen lassen. Bis heute Abend also.«

»Tschüss, Frau Brix«, trällerte Frauke mit spitzem Mund und einer lächerlichen Kopfbewegung nach vorn, die Margarete Brix bei Vögeln gesehen hatte. Sie nahm ihr Handy zur Hand und wählte Rasmussens Nummer.

Die Lakrids-Connection

»Der Jesus von Aschau, nicht schlecht, mein Freund.« Jörn blinzelte in die Sonne.

»Für eine wie Frauke hätte ich früher eine Kneifzange genommen«, raunte Fritze Jörn zu.

Die beiden mussten an der Klappbrücke warten, weil eine Jacht in den Hafen einlief. Neben ihnen standen zwei Dänen, die sich angeregt unterhielten. Jörns Augen wurden immer größer. Fritze blickte ihn fragend an. Jörn hob nur leicht die Hand, um anzudeuten, dass er weiter zuhören wollte. Sein Schul-Dänisch reichte allemal, um der angeregten Unterhaltung zu folgen.

Die beiden Typen, Mitte zwanzig, schienen verunsichert durch die beiden Rentner. Sie blickten immer wieder zu ihnen hin, unterhielten sich aber weiterhin lautstark. Der eine hatte eine Brugsen-Plastiktüte in der Hand, die schlug ab und an gegen das Holzgeländer. Es raschelte und klapperte irgendwie. Dann senkte sich die Brücke wieder, und die Dänen überquerten sie.

»An diesen Typen ist alles zu groß und zu laut. Ihre Pullover, die aberwitzigen Hosen. Und dann dieses fürchterliche Geplapper, als hätten sie eine Kartoffel im Mund«, lamentierte Fritze. Er und seine Dänenphobie.

»Hör ma, Fritze, das ist eine ganz heiße Spur in unserem Fall.«

»Sach ich doch.« Worauf sich Fritze ein Hüsteln der energischen Art einfing.

»Öh, öh … Die beiden Spritzer eben redeten die ganze Zeit von Lakritz und Lieferschwierigkeiten. Es fiel auch ein paarmal der Name Torsten. Wenn ich es richtig rausgehört habe, dann verkaufen die am Swingerstrand so eine Art Viagra, also nicht Viagra, sondern den Wirkstoff. Importiertes Dreckszeug. Und nun, nach Martens' Tod, haben sie Sorge, dass die Polizei rumschnüffelt und ihnen das Geschäft mit ihrem Spezial-Lakritz vermasselt. Vielleicht hat Martens ja verunreinigte Tabletten geschluckt und ist deshalb gestorben.«

»Und wo wollten die Jungs jetzt hin?«

»Wenn ich es richtig verstanden habe, dann beliefern die auch das Sonnenstudio oben in Borby«, nörgelte Jörn, der es nun eilig hatte.

»Auch so eine Lasterhöhle da oben. Die Lakrids-Connection also«, dröhnte Fritze.

»Geh du mal zum Zahnarzt. Ich geh ins Ykaernehus, hol die BMW und fahr dann zum Spätdienst nach Missunde.«

Jörn hatte schon fast wieder in Richtung Promenade und Heimat beigedreht, da haute Fritze noch den alten Kalauer raus: »Lakritz macht spitz! Tschüssing.«

»Früher waren deine Witze nicht besser, sondern schneller. Pass auf dich auf, Junge.«

Gewogen und befragt

»Guten Tag, Euer Ehren, guten Tag, Frau Brix«, pflegte Edda Brodersen mit sirenenhafter Stimme die Honoratiorin in der Sparkassenhalle anzukündigen. Dabei dehnte sie jeden Vokal bis ins Unerträgliche. Frau Brodersen hatte als Mädchen für alles den Überblick. Hausintern hatte sie den Spitznamen »Martinshorn« weg.

Margarete Brix brauchte keinen Termin. Sie war Mitglied des Verwaltungsrates. Und nun saß sie beim Chef der Eckernförder Sparkasse. Dr. Heiner Gierlich war nicht nur smart, er war auch schwul. Nicht dass die Brix Vorurteile gehabt hätte, aber sie hing noch an diesen alten, knorrigen Direktoren aus dem vorigen Jahrhundert. Die hatten ihr zwar alle an die Wäsche gewollt, aber solche Männer konnte sie besser einschätzen. Gierlich stand nun für eine neue Zeit. Nur, wie ist diese Zeit?, fragte sich die Brix immer öfter.

»Sie haben es sicherlich schon gehört. Der Leichenfund in Aschau. Sehr unschön, nicht wahr. Nun, es ist ja, wie es ist, Herr Doktor Gierlich, wie steht es denn um die Finanzen des Herrn Martens?«

»Ich mache es kurz, Frau Brix, Herr Martens hat erst vor Kurzem zwei Lebensversicherungen gekündigt, um flüssig zu sein. Sein Konto ist bis zum Limit von zweihunderttausend Euro überzogen, sein Haus und seine beiden Kutter sind beliehen. So wie ich das sehe, hätte er unter Umständen sogar wegen Insolvenzverschleppung belangt werden können. Der Preiskampf im Hafen war ruinös. Die Einnahmen deckten nicht die Kosten, geschweige denn die Verpflichtungen gegenüber uns.«

Gierlich sang mehr, als dass er sprach. Sein fliederfarbenes Hemd sprengte geradezu seinen schwarzen Anzug. Dazu Ton in Ton Krawatte und Einstecktuch. Der Brix war seine Erscheinung äußerst sympathisch, charakterlich wusste sie ihn gar nicht einzuschätzen. Allerdings hatte sie zur Kenntnis genommen, wie respektvoll einflussreiche Kreise in Eckernförde von Gierlich sprachen.

»Ich gehe davon aus, dass unser Hauptverdächtiger auch ein Konto bei uns hatte?«, fühlte sie weiter vor.

»Sie meinen Hoffmann, Torsten. Der hat seine Konten zwar auch bei der Sparkasse, aber in Kiel. Ich komme da dran, aber nicht so fix.«

»Wie kommen Sie so direkt auf Hoffmann?«, reagierte die Brix schon etwas verwundert.

»Gnädige Frau, das pfeifen doch die Spatzen von den Dächern. Oder spricht man hier von Möwen? Jedenfalls war Torsten Hoffmann mehrmals bei mir, um über diverse Finanzierungen zu sprechen. Wir sind allerdings nie handelseinig geworden, sehen uns aber regelmäßig im Strander Jachtclub. Segelfreunde, sozusagen.« Das »sozusagen« hing butterweich zwischen den beiden Gesprächspartnern.

Margarete Brix schüttelte sich innerlich, wie immer, wenn sie mit »Gnädige Frau« angeredet wurde. Sie erhob sich zackig und steckte beide Hände entschlossen in die Außentaschen der Kostümjacke. Passend zum Hütchen war dieses in knackfrischem Spargel-Grün gehalten.

»Auf Wiedersehen, mein lieber Gierlich, Sie haben mir sehr geholfen«, hauchte sie ihm von der Türschwelle aus zu und war dankbar, dem obligatorischen Handkuss entronnen zu sein.

Neue Zeiten. Auch in der Sparkasse.

Erika, die Brix und Matjes Hausfrauenart

Rasmussen stierte mit leerem Blick auf die Schlei. Die Fähre fuhr hin und her und her und hin, ohne jemals Land zu gewinnen. Das erschien ihm sinnbildlich für sein Leben. Seit Jahren löste er Fälle oder auch nicht. Die Welt war nicht besser geworden und schlechter auch nicht. Am Ende eines Monats überwies ihm sein Dienstherr Geld, Mitte des nächsten Monats war es ausgegeben. Er aß und er schied aus. Er war bald vierundvierzig und hatte keine Frau, jedenfalls keine ihm angetraute, von Nachwuchs nicht zu reden. Auf der anderen Schleiseite, hinter Burg, ungefähr da, wo Schleswig war, also jenseits von Föhr, oder eigentlich noch hinter Großbritannien, ging die Sonne auch gerade unter. So wie er, Hans Rasmussen. Und dann noch dieser unerfreuliche Fall, bei dem er nicht vorankam.

Rasmussen nahm noch einen Schluck vom guten Flens und legte die Füße auf die Fensterbank. Er war im Augenblick der einzige Gast. Kaum hatte er es sich bequem gemacht, kam Erika in den Wintergarten der »Schlei-Terrassen«, und die Chefin hatte es gar nicht gern, wenn man sich nicht anständig benahm.

»Hans, Füße runter, und dann kannst du gleich mitkommen. Zwiebeln schneiden.«

Seit seine Mutter mit ihrem zweiten Mann in Spanien lebte, ihn also im Stich gelassen hatte, stieß er nur noch auf Frauen, die ihn herumkommandierten. Als er sich aufraffte, sah er, wie Jörn Jensen sein altes BMW-Gespann auf dem Parkplatz abstellte. Er hatte wohl eine Spätschicht auf der Fähre vor sich. Die Welt war schon sehr überschaubar hier.

»Hans, kommst du jetzt mal, bitte?!«

Und vorhersehbar war sie auch. Zwiebeln schneiden, der aufregende Auftakt eines sicher ebenso wilden Abends. Rasmussen atmete tief durch und sah zu, dass Erika nicht noch mal nach ihm rufen musste.

»Gestern hat mich so ein Jungscher vom Radio angerufen.« Erika wartete nun darauf, dass Rasmussen nachfragte. Machte er.

»Und?«

»Moin, Frau Schnüs, hier spricht Kevin Irgendwer, wir sind auf der Suche nach dem besten Matjesrezept des ganzen Nordens, und da sind wir natürlich auch auf Sie gestoßen.«

»Kannst du was gewinnen?«

»Das ist es ja, ein Wellness-Wochenende für zwei Personen in Bad Zwischenahn.«

»Viel Glück.«

Erika schaute, als sei Rasmussen ein dummer Schuljunge, und klärte ihn darüber auf, dass sie nun erst mal ein wenig herumprobieren müsse, dann würde sie das Rezept einreichen. Im nächsten Schritt dürfe sie vielleicht zum Matjes-Contest nach Kiel, und wenn sie es dort schaffen könnte, unter die ersten zwanzig zu kommen, sei sie dem Sieg schon ganz nah. Recall in Neumünster und schließlich das große Matjesfinale in Glückstadt. Und darum solle er ihr zur Seite stehen. In den kommenden zwei Wochen könnten sie doch, gewissermaßen als Team, abends jeweils ein oder zwei Rezepte testen. Rasmussen wurde es ein bisschen schwarz vor den tränenden Augen.

»Die Zwiebelringe feiner, Hans, das ist doch keine Bauernküche hier.«

Der Smutje tat, wie ihm geheißen. Die Soße war bereits fertig, die Äpfel gewürfelt. Fehlten nur noch die Bratkartoffeln. Margarete würde in zwanzig Minuten hier sein. Perfekt. Rasmussen hörte, wie sich die Tür zum Wintergarten öffnete. Gäste. Er war erlöst. Erika sah ihn fragend an.

»Erika, den Rest schaffe ich allein, verlass dich auf mich.«

Mit wehenden Rockschößen verließ die kommende Matjeskönigin ihr Reich.

Blaue Stunde. Alle Gäste waren gegangen. Der Matjes war vorzüglich gewesen. Rasmussen zapfte mittlerweile sein fünftes großes Pils. Leicht angeschlagen saß er nun wieder bei Margarete Brix am Personaltisch in der Küche. Es kam nicht allzu oft vor, dass sie den weiten Weg raus nach Missunde fand. Wenn, dann hatte sie meistens ein Anliegen. Oder zwei.

»Hast du eigentlich inzwischen überlegt, ob du deinen Geburtstag feiern willst?« Die Brix fragte beiläufig. Nach Rasmussens

Geschmack ein wenig zu beiläufig. Und er hatte sich nicht geirrt. »Es wäre doch wirklich schön, wenn Eike auch kommen könnte. Ich bin schon neugierig. Hanse-Security klingt eindrucksvoll.«

»Margarete!«

Wenn Rasmussen so knötterte, gab es eigentlich nur einen Ausweg. Die Brix wurde dienstlich. Sie hatten seit Birtes Verhör in der Zentralstation nicht allzu viel Zeit gehabt, sich auszutauschen.

»Fritze spricht jetzt immer vom Jesus aus Aschau.«

»Recht hat er ja, so wie Martens auf der Haube lag«, sagte Rasmussen knapp, um dann aber ganz verbindlich zu werden. »Sag mal, Margarete, Birte, die tickt doch nicht ganz richtig? Was meinst du?«

»Was erwartest du von einer Witwe, die jahrelang misshandelt wurde und die, von wem auch immer, schwanger ist.«

»Von wem auch immer – du glaubst doch nicht, dass diese Frau noch ein eigenes Leben hat führen können, geschweige denn ein Verhältnis hat haben können?« Rasmussen hielt sich an seinem Bierglas fest.

»Täusch dich nicht. Und lass dich vor allem von Birte nicht täuschen. Sie ist nicht das Opfer, das sie vorgibt zu sein. Sie hat ihren Lars von Fall zu Fall auch so konditionieren können, dass er Dinge tat, die sehr gut in ihren Plan passten.« Die Brix blinzelte in Richtung Küchenfenster.

»Was soll das für ein Plan gewesen sein? Sie war hilflos diesem Dreckschwein ausgeliefert«, entrüstete sich Rasmussen aus alter Verbundenheit, die ihn in dieser Intensität selbst überraschte.

»Unbestritten. Lars Martens war ein raffgieriges Schwein. Der hätte jeden über den Tisch gezogen. Aber auch Birte ist nicht ohne. Man kann das auch verstehen. Ihr brutaler Vater, der einzig Wohlverhalten honorierte, der Birte nur dann in Frieden ließ, wenn sie exakt tat, was er von ihr verlangte. Und dann Lars, der nicht minder brutal war, aber Wohlverhalten immerhin mit Wohlstand belohnte. Birte tat das ihr Mögliche, um den Status abzusichern. Der Status ersetzte die Geborgenheit. Und aus dieser Motivation heraus hat sie Lars mit Sicherheit auch unterstützt und angetrieben, wenn es um den Ausbau des Geschäfts ging.«

»Alles, was recht ist«, warf Rasmussen ein.

»Alles, was half, Martens' Angeltouren an den Konkurrenten vorbeizubringen, war willkommen.« Die Brix lüftete bedeutungsschwanger ihr Hütchen. »Gewalt war dabei eigentlich nicht vorgesehen. Aber wie hat Birte ihren Lars neulich noch bezeichnet: mein Prinz des Lichts und Werwolf der Nacht. Ich fresse einen Besen, wenn Lars keine Gewalt gegen Birte ausgeübt hat. Physisch oder psychisch oder meinetwegen beides? Das werden wir im Nachhinein nicht erfahren. Von einer Ehefrau, die über ihre Horrorbeziehung das Mäntelchen der Liebe wirft? Wie oft habe ich das vor Gericht von misshandelten Frauen gehört: Aber er liebt mich doch. Was ich sagen wollte: In einer Beziehung, in der Gewalt latent wohl immer eine Rolle spielte, ist nicht auszuschließen, dass beide in schweigendem Einvernehmen auch Gewalt gegen andere gutgeheißen haben.«

»Moment, eheliche Gewaltorgien hinter den Ardo-Gardinen von Sehestedt?!« Rasmussen wusste, dass Margarete Brix intuitiv den Nagel auf den Kopf getroffen hatte, und wollte es dennoch nicht zugeben. Er folgte einfach dem alten Reflex, immer die schützende Hand über Birte halten zu müssen. »Lars war früher sicher nicht zimperlich, aber ich denke, das ist vorbei. Oder sagen wir mal, er hat sich andere Opfer gesucht und den Schauplatz verlagert. Warum sonst sollte er am Strand so aktiv geworden sein? Und überhaupt: Woher nimmst du das?«

»Nicht zimperlich? Hans, sei mir nicht böse, aber du guckst bewusst vorbei. Und was Birte angeht, schon in eurer Jugend hat sie ab und an meine Nähe gesucht. Außerdem habe ich mit Birtes Frauenarzt gesprochen. Inoffiziell. Und ich werde dir nicht sagen, welcher Arzt seine Schweigepflicht gebrochen hat. Quellen muss man schützen. Was nun die Ehe der beiden angeht, zitiere ich noch mal Birte. Im Verhör hat sie zu dir gesagt, Lars sei ihr Prinz des Lichts und ihr Werwolf der Nacht. Noch Fragen?«

Rasmussen hob lauschend den Kopf und schaute irgendwie alarmiert zum Küchenfenster. Schwere Schritte zunächst auf der Außentreppe, dann klapperte die Tür, sondierendes Hüsteln. Rasmussen entspannte sich. Schritte vom Wintergarten zur Theke, erneutes Hüsteln, und dann stand Jörn Jensen in der Küche.

»Hab ich mir gedacht, dass ihr hier seid.« Er wandte sich an die

Brix: »Hab dich kommen sehen. Gut, dass ich euch erwische. Ich denke seit Stunden an nichts anderes. Fritze und ich haben nämlich zufällig ein Gespräch belauscht.«

»Jörn, setz dich doch erst mal, du bist ja büschen außer Atem.« Rasmussen schob Jörn einen Stuhl an den neuen Wärmeschrank aus Alu heran.

Es war schon seltsam, dass sie hier, inmitten der beinahe klinischen Atmosphäre der Küche, einen Stammplatz für ihren Klönschnack gefunden hatten. Vielleicht war es der geschützte, der jedenfalls nicht öffentliche Raum, der die nötige vertraute Stimmung schuf. Außerdem gab es immer etwas zu essen. Jörn setzte sich und griff sich Rasmussens Pils. Der ließ ihn gewähren.

»Es ist wegen der Dänen, die an der Klappbrücke standen, die haben Dreck am Stecken. Handeln mit so einer Art Viagraverschnitt.«

Jörn erzählte ausführlich, erwähnte, dass die Dänen den Namen Torsten benutzt hatten, und Rasmussen konnte nicht umhin, Jörns Bericht als Spur zu erkennen, der er nachzugehen hatte. Morgen.

Ein bisschen unübersichtlich war die Lage, daran gab es keinen Zweifel. Hoffmann kam in Frage. Motiv: Geldnot. Birte kam in Frage. Motiv: Das wollte Rasmussen eigentlich gar nicht wissen. Jetzt diese Dänen. Oder doch der große Unbekannte? Martens selbst kam natürlich in Frage. Er hatte sich vielleicht nur blöd angestellt.

»Sag mal, Margarete, kannst du nicht informell herausfinden, ob Martens Vorerkrankungen hatte und ob er problematische Medikamente nahm? Ich habe keine Lust, mir schon wieder das Gesabbel über die Schweigepflicht anzuhören.«

»Ja, kann ich, Fiete ist schon dran. Ich halte dich auf dem Laufenden«, schäkerte die Brix kokett, zwinkerte Knilch Jörn zu und griff nach ihrem Mantel. »Jörn, kannst du mich mitnehmen? Die Nacht ist jung, die Luft ist lau.« Sie winkte Erika zu, die in der hinteren Ecke des Wintergartens über einem ihrer geliebten Kreuzworträtsel brütete, und hauchte Rasmussen ein Küsschen auf die Wange.

Gemeinsam gingen sie zum kleinen Parkplatz. Links plätscherte das Wasser der Schlei silbern auf das Kopfsteinpflaster. Margarete

Brix kletterte in den Beiwagen, und Rasmussen staunte wieder einmal, wie beweglich die alte Dame noch war.

»Wie findest du eigentlich Bon Jovi?«

Rasmussen entging nicht, wie scheinheilig die Brix fragte. Es war klar, dass sie mit Frauke gesprochen hatte. »Warum meint ihr eigentlich alle, ich steh auf Bon Jovi, diese Heulsuse in Lederjacke?«, grummelte er.

»Denk mal ganz scharf nach, mein Lieber.« Margarete Brix' Antwort wurde fast vom Boxersound der BMW verschluckt. Jörn drückte den ersten Gang rein, es klackte, das Gespann ruckte ein kleines Stückchen nach vorn. Jörn ließ die Kupplung kommen, die Brix griff mit dem rechten Arm sichernd nach ihrem Hütchen, und so verschwanden die drei Oldtimer im Dunkel. Ohne Helm. Wenn das die Polizei sähe.

Nach- und Vorspiel

»War ein langer Tag«, dachte Rasmussen, schloss die Tür hinter sich und stieg die Treppe zur Mansarde empor. Auf halbem Weg hielt er inne. Unter seiner Tür hinweg fiel Licht in den kleinen Flur. So schlampig er war, Elektrogeräte und Lampen pflegte er bei Nichtgebrauch auszuschalten. Weniger, weil er sparsam war, als vielmehr, weil er das als kleinsten Beitrag zur Stabilisierung des Weltklimas betrachtete. Gewohnheitsmäßig tastete er unter der linken Achsel nach seiner Waffe, aber die lag im Tresor in Eckernförde.

Rasmussen tat einen kontrollierten Schritt nach oben und vermied dabei die knarrende vorletzte Stufe. Auf dem Treppenabsatz machte er halt. Der Lichtschein flackerte, aber vielleicht bildete er sich das auch nur ein. Er atmete ruhig und lauschte. Nichts zu hören, außer dem Rascheln des Schilfs am Ufer der Schlei und dem typisch pfeifenden Fluggeräusch der Schwäne.

Vorsichtig drehte Rasmussen den Knauf der massiven Eichentür. Lautlos öffnete er die Tür einen Spalt weit. Noch immer war nichts zu hören. Aber es roch ungewohnt. Würzig, aber auch süßlich. Er wünschte sich, ein oder zwei Bier weniger getrunken zu haben. Er war angespannt, konnte die Situation nicht einschätzen. Die Luft kam ihm feuchter vor als sonst. Langsam durchquerte er die kleine Diele.

Jetzt sah er, dass die flackernde Lichtquelle im Bad sein musste. Kurz dachte er an einen Brand, aber dazu passte der nun intensivere Duft nicht. Bedächtig streifte Rasmussen die Stiefel ab und schlich zur Badezimmertür hinüber. Die Tür hatte ein Bullauge. Aber das Glas war beschlagen. Er dachte nach. Wer sollte sich in seiner Wohnung ein Bad eingelassen haben? Wer hatte überhaupt einen Schlüssel? Erika natürlich und Hinrichsen. An beide Möglichkeiten wollte er lieber nicht denken. Beherzt öffnete er die Tür und blickte direkt in die schönen braunen Augen der blonden Marlene.

»Oh, kein Warmwasser in Eckernförde?«, gab sich Rasmussen betont cool.

»Doch, schon, aber ich habe niemanden zum Einseifen gefunden«, quengelte Marlene.

Rasmussen hatte das T-Shirt bereits abgelegt und schob gerade die Jeans mit dem Fuß unters Waschbecken. »Nein, das ist ja fürchterlich. Gut, dass du dich mir anvertraust. Wenn ich mich auf etwas verstehe, dann aufs Einseifen.«

»Oh, Hänschen, das hatte ich so gehofft«, giggelte Marlene.

»Sag nicht Hänschen zu mir, und außerdem, wie bist du eigentlich hier reingekommen?« Sein Ton wurde streng.

»Ich habe Erika gefragt.«

»Nein!«

»Doch, sie hat gesagt, ein bisschen Damenbesuch könne dir bestimmt nicht schaden.«

»Das hat sie nicht gesagt.«

»Hat sie doch gesagt.«

»Das hat ein Nachspiel«, drohte Rasmussen und stieg hinter ihr in die Badewanne.

»Nachspiel«, gluckste Marlene, »so weit sind wir noch lange nicht.«

Rasmussen spürte die samtene Haut ihrer Oberschenkel an den seinen und wusste, was sie meinte. Dann griff er zur Seife.

Vierter Tag: Donnerstag

Verhör ungefähr um Viertel nach sieben

Morgens um Viertel nach sieben auf diesem Revier, da gab es nur eins: aus dem Fenster starren. So früh im Internet, da überschlagen sich höchstens mal die Nachrichten aus Übersee, dachte Yvonne Calloe, die auf den einbestellten Torsten Hoffmann wartete. Von ihrem erhabenen Posten im ersten Stock aus sah sie die Stadt aufwachen. Auf der Reeperbahn verdichtete sich langsam der Verkehr, und die Fußgänger strömten zum Bahnhof. In der Regel beruhigte sie die Aussicht, nur heute nicht. Calloe war äußerst nervös, weil sie dummerweise die Akte bei Hoffmann auf dem Boot vergessen hatte.

Halb acht. Der Bauch von Hinrichsen schob sich in das Büro. Die Prinz-Heinrich-Mütze flog in Richtung Garderobenständer. Das hatte er drauf.

»Moinsen, das riecht nach Tass Kaff?«, posaunte er ausgeschlafen in Richtung Calloe.

Es dauerte keine Minute, da flog die Tür ein weiteres Mal auf. Rasmussen betrat schweren Schrittes und nicht nur vom vorabendlichen Pils deutlich gezeichnet den Raum. Beim leisesten Anzeichen von »verkatert« standen Calloe und Hinrichsen immer gleich stramm.

Rasmussen schaute in die Runde und war offensichtlich auf Krawall gebürstet. Er blieb an der Tür stehen und kratzte sich hinter dem linken Ohr. Jetzt war richtig Gefahr im Verzug.

»Moin, allerseits.« Die Begrüßung des Chefs klang schon wie eine Kampfansage. »Das sieht hier nach Morgengymnastik aus, nicht nach Dienstantritt. Calloe, ist Hoffmann schon da?«

Calloe zuckte nur mit den Achseln und ärgerte sich über die Launen ihres Chefs. Sein »Französisch« packte er nur an Sonnentagen aus.

»Was wollen Sie mir mit Ihrem Schulterzucken sagen, junge Frau, dass der Herr Ihrer frühmorgendlichen Einladung nicht gefolgt ist? Haben Sie eigentlich überhaupt kein Gespür dafür, mit wem man solche Spielchen treiben kann?«, kam Rasmussen ihr jetzt auch noch auf die altväterliche Tour.

»Nein, Herr Hoffmann ist noch nicht da«, antwortete sie versuchsweise und ungerührt mit einem ganzen Satz.

»Dem rücken wir jetzt mal auf den Pelz. Hinrichsen, wir fahren. Calloe, Sie telefonieren … Ach, und bevor ich es vergesse, wo ist die Akte von Hoffmann?«

Das Gesicht seiner Assistentin entgleiste. »Ich habe sie auf seinem Boot liegen lassen.«

»Sie haben was? *Merde, merde, merde!* Was hat sie da eigentlich zwischen ihren Schultern?«, fragte sich Rasmussen lautstark und nahm Anlauf, um dann mit Hinrichsen zu kollidieren, der im Türrahmen stand. »Einen Luftballon«, antwortete der Kommissar sich selbst, wobei ihm bei der letzten Silbe fast die Luft wegblieb.

»Ballon«, echote Hinrichsen und rückte seine Mütze gerade. Die beiden gingen wortlos den Gang lang. Sie hörten eine Tür knallen, und sie hörten wütendes Gekeife. Es klang französisch.

»*Reste calme, ma chère*«, sagte Rasmussen, nun schon wieder lächelnd und sich am Calloe'schen Temperament erfreuend.

Von allem immer ein büschen zu viel

»Da wohnt Bürgermeister Iversen«, zeigte Hinrichsen auf den schmucken Resthof. »Und da an dem anderen Ende residiert Hoffmann.« Hinrichsen war gewissermaßen Nachbar, denn er wohnte ja nur wenige Kilometer entfernt auf der anderen Seite der Aschauer Landstraße in Lindhöft.

Rasmussen fuhr zunächst einmal bis zum Wendehammer und dann auf Iversens Parkplatz an der Lagune. Die beiden stiegen aus und warfen einen Blick auf Hoffmanns Anwesen, das auf einer leichten Anhöhe lag. Ein weiß verputzter Bauhaus-Traum mit umlaufenden Balkonen und Fensterbändern. Auf der großen Rasenfläche kreiste ein Aufsitzrasenmäher. Auf dem Mäher saß ein junger Mann mit einer orangefarbenen Hummel-Jacke und Baggy-Jeans. Ein massiger Typ, dessen Gesicht durch die in die Stirn gezogene Kappe kaum zu erkennen war.

»Komischer Gärtner«, bemerkte Hinrichsen, der heute Morgen ungeheuer gesprächig war.

In diesem Moment öffnete sich die Seitentür des Backstein-gebäudes, das direkt an den Parkplatz grenzte. Das Häuschen mit Satteldach im Holsteiner Stil sah fast wie ein Kiosk aus. Rechts und links war das Gebäude von einem Holzzaun mit ungleich breiten und langen Brettern umfasst. Ein zweiter Jüngling, genauso massig wie der Traktorfahrer und genauso auffällig gekleidet, trat vor die Tür und ging, ohne sich zu ihnen umzuschauen, schnurstracks auf die Lagune zu. In der einen Hand trug er einen knallroten Plastikeimer, in der anderen einen Picker für Müll.

»Komischer Zaun«, bemerkte Rasmussen.

Hoffmann entstammte, das hatte Rasmussen den Unterlagen entnommen, bevor Calloe diese verschlampt hatte, einem klein-bürgerlichen Milieu. Sein Vater, Sohn eines Eisenbahners, hatte mit dem Import und Vertrieb spanischer Weine ein ansehnliches Vermögen gemacht. Dessen Frau war zuvor seine Sekretärin gewesen. Hoffmann senior tat in Kiel alles dafür, die Anerkennung der oberen Tausend zu erlangen. Er war Mitglied der Gesellschaft der Freunde des Theaters, unterstützte den THW und hatte der Kieler

Tafel einen Lieferwagen geschenkt, aber in Düsternbrook nahm man ihn schlicht nicht zur Kenntnis. Ein Stachel, der offensichtlich auch bei seinem Sohn tief saß.

Der Zaun, auf den Rasmussen schaute, kam ihm vor wie ein Symbol für das stete Bemühen, nicht konventionell zu wirken. Hoffmanns Spitzname »Totti« fiel ihm wieder ein. Der Zaun war der Versuch, Tottis Lässigkeit zu materialisieren. Die etwa zwei Meter langen Bretter hatte Hoffmann nicht in Reih und Glied, sondern leicht schräg befestigen lassen. Sie überdeckten einander ungleichmäßig und konnten auf manchen Betrachter provisorisch, entspannt, fast karibisch wirken. Wer wie Rasmussen jedoch den Blick über das gesamte Grundstück schweifen ließ, spürte sofort: Bauhaus, Holsteiner Giebel und Karibik, das geht nicht auf.

Hoffmanns Zaun war allzu bemüht und enttarnte sich vor Rasmussens Auge als der gescheiterte Versuch eines Emporkömmlings, den Sylt-Effekt zu erzielen. Den beherrschten nur wenige. Jene selbstverständliche Lässigkeit, fern jeder Arroganz, war ererbt. Rasmussen kannte einen Reeder, dessen Auftreten für den Sylt-Effekt geradezu vorbildlich war. Aber dieser Zaun? Der war nicht einmal originell, geschweige denn originär, sondern lediglich abgekupfert. Rasmussen hatte einen sehr ähnlichen Zaun vorletztes Wochenende in Hamburg gesehen.

»Hinrichsen, das hier ist das Aschauer Disneyland.«

»Hansaland, Chef, äh Hansapark.« Hinrichsen schien ein wenig unruhig zu werden. »Is ja 'n schöner Zaun, aber was'n dahinter?«

Hinrichsen hatte die ganze Zeit schon auf die Tür zum Backsteinhaus gestarrt. Sie bewegten sich langsam auf das Haus zu und blieben schließlich vor dem Entree stehen. Eine Klingel ohne Namensschild und eine Überwachungskamera an der Hausecke wiesen das hier als einen Eingang zu Hoffmanns Anwesen aus. Hinrichsen hatte bereits auf den Klingelknopf gedrückt, da hörten sie von hinten das Schlurfen von übergroßen Turnschuhen.

»Gudn Dag. Wass kann ik für Ssie tun?« Da war es wieder, das »S mit Stoß«.

»Guten Tag, mein Name ist Rasmussen, Kriminalhauptkommissar, dies ist mein Kollege Hinrichsen. Kommen wir hier zu Herrn Hoffmann?«

»Im Prinssip schon. Nur glaube ik, dass Herr Hoffmann noch nicht wieder da iss«, antwortete der Müllmann im Hiphop-Look. Er lächelte weiter, während er mit dem Picker in der Hand Hinrichsens Bierbauch gefährlich nahe kam. Irgendwie war die Situation ungemütlich, im Hintergrund rumpelte der Aufsitzrasenmäher wohl in seine Garage.

»Lasse«, rief der Typ über die Schulter nach hinten und ließ dann irgendwas mit »bossen« und »hjemme« verlautbaren. Nun berührte der Picker fast Hinrichsens Bauch.

»Nej, wie Ssie hören, das wird wohl heute nichtss.«

Rasmussen nickte. »Wenn Sie Ihren Chef sehen, dann sagen Sie ihm bitte, er möchte sich dringend auf dem Revier in Eckernförde melden. Er muss wohl einen Termin übersehen haben. Wir werden ihn aber noch einmal vorladen. Und Sie passen in Zukunft besser mit Ihrem Speer in der Hand auf. Farvel.«

Ruckartig zog der Typ mit Kappe seinen Müllpikser zurück und präsentierte das Ding wie ein Gewehr. Hinrichsen zuckte unweigerlich zusammen.

»Jawoll, Herr Komissar!«, erwiderte der Däne lauter als nötig und schlug fast die Hacken zusammen. Seine Anspielung auf die deutsche Vergangenheit ignorierte Rasmussen mit kurzzeitig erhöhtem Kaudruck.

»Hej.« Mittlerweile war der Gärtner in der Tür erschienen und grüßte die Polizisten. Nun standen sie dort Schulter an Schulter, diese beiden Schießbudenfiguren.

Mit einem »Es war uns eine Freude. Auf Wiedersehen, die Herren« wandten sich Rasmussen und Hinrichsen dem Volvo zu.

Als die Türen ins Schloss fielen, sagte Rasmussen: »Das sind die Typen, die die Herren Jensen und Köppen gestern auf der Klappbrücke belauscht haben. Die stehen im Verdacht, unsere Stadt mit Anabolika, Aufputschmitteln und Aphrodisiaka zu versorgen.«

»Das kannst haben. Hinweise hatten wir ja schon genug, jetzt haben wir endlich mal einen Anpack«, sagte Hinrichsen und schob die Prinz-Heinrich-Mütze in den Nacken. »Und was fangen wir mit dem angebrochenen Morgen an? Statten wir Iversen einen Besuch ab? Sein Auto stand eben noch vor der Tür.«

Während sie an Hoffmanns Grundstück entlang zurück nach

Aschauhof fuhren, dachte Rasmussen laut vor sich hin: »Es fehlen
nur noch die Karussells, 'ne Piratenbar und die Äffchen, dann
wäre Tottis Graceland perfekt. Aber die dänischen Parkwächter
schnappen wir uns.«

»Jo«, kam es vom Beifahrersitz, und in dem Moment rutschte
die Prinz-Heinrich-Mütze gefährlich weit herunter, »mok wi.«

Iversens Bürgerwehr

»Iversen!« Kunstpause. »Wir kommen, um dich abzuholen«, begrüßte Hinrichsen seinen alten Schulfreund Dieter Iversen mit ernster Miene.

»Aber klar doch, Herr Wachtmeister. Darf ich mir kurz noch was anziehen?«, konterte Iversen ungerührt. Seitdem der Strand in Aschau als »Ferkelstrand« bundesweit Aufsehen erregt hatte, war das Bürgermeister Iversens Standardspruch.

Alle waren sie hier gewesen im Frühsommer. Das »Hamburger Abendblatt« hatte sich aus der Ferne empört. Die »Hamburger Morgenpost« schickte zwei schmucke Reporterinnen, die sich hatten anbaggern lassen. RTL raste mit einem Reporterteam von Tür zu Tür und grub sich durch die Dünen. Nachdem der Medienhype vorbei gewesen war, hatten die Ordnungshüter und der Bürgermeister es mit ehrenamtlichen Strandstreifen in der Hochsaison versucht. Sie wurden der Paarungswilligen am Strand jedoch nicht Herr. Es war zwar nicht mehr ganz so schlimm, aber immer noch reisten Swinger von nah und fern nach Aschau. Iversen sorgte zumindest dafür, dass die Sextouristen auf seinem bewachten Parkplatz an der Lagune parkten. Kaum mehrten sich die Wildparker im Dorf, rief er die Polizei. Der Abschleppdienst Raue würde es schon richten.

»Mach hinne, heute meinen wir es ernst.« Hinrichsen brachte das richtig böse, und Rasmussen bemerkte, wie ein kleiner Schrecken über Iversens Stirn huschte. Ein kurzes Zucken. Der Tod von Lars Martens zog seine Kreise. Außerdem musste Hinrichsen seinen kleinen Schreckmoment auf dem Parkplatz kompensieren. Aber dann lachte er sein dröhnendstes Männerlachen, in das die anderen beiden nur einstimmen konnten.

»Kommt rein, Männers.«

Rasmussen war schwer beeindruckt, was sich hinter den Mauern dieses Resthofs verbarg. Die Einrichtung war gediegen. Die antiken Erbstücke der Familie bestimmten den Gesamteindruck. Dazwischen blitzten die Statussymbole der Moderne. Der Fernseher von B&O, die Küche eine Poggenpohl, Schiefer auf den

Böden und im Wohnzimmer Rolf-Benz-Sitzmöbel um einen frei stehenden dänischen Kamin.

»Gehen wir auf die Terrasse, es geht eine angenehme Brise.«

Auf dem Terrassentisch standen zwei Frühstücksgedecke.

»Hattest du Besuch?«

»Ja, Hoffmann war bis vor einer halben Stunde da.«

Rasmussen schaute auf die Uhr, es war mittlerweile halb zehn.

»Weißt du zufällig, wo er hin ist? Zu Hause haben wir ihn nicht angetroffen.«

Hinter ihnen war auf einmal ein Trippeln zu hören.

»Ivana, räumst du bitte den Tisch ab. Was wollt ihr trinken? Pils, Köm, Kaffee, Tee, zur Not hätten wir auch Wasser mit und ohne Blubb. Es müssten sogar noch zwei Schokocroissants da sein.«

Sie orderten Tee und Croissants. Nachdem das Zeremonielle geklärt war, versuchte Hinrichsen, den Bürgermeister an den Haken zu nehmen. Dieser aber zappelte routiniert. Ganz der geschmeidige Politiker. Er gab vor, nicht zu wissen, wohin Hoffmann wollte. Sie hätten heute Morgen geplaudert. Das täten sie des Öfteren. Wogegen Hinrichsen einwendete, dass er in der letzten Zeit während ihrer Spielabende einen ganz anderen Eindruck gewonnen habe. Hinrichsen und Iversen waren Canastafreunde und spielten jeden Dienstag ab halb neun.

»Ich dachte, du liegst schon wieder mit ihm über Kreuz. Komm, Dieter, verarsch uns nicht. Was ist da im Busch?«

Rasmussen genoss den Meerblick und ließ Hinrichsen einfach machen. Lange schon hatte er ihn nicht mehr so agil gesehen. Die Prinz-Heinrich-Mütze hatte er ganz keck in den Nacken geschoben, und seine Augen blitzten.

»Hinnerk, ich habe Hoffmann jetzt so weit. Seit vier Wochen laufen seine dänischen Büttel am Strand Streife. Mindestens dreimal am Tag durchkämmen Sie die Dünen, und wenn ich von hier aus was entdecke«, er deutete auf das Fernglas auf dem Tisch, »dann jage ich die Jungs los. Ich habe im Internet eine digitale Spiegelreflex, ein Dreihunderter-Objektiv und einen tragbaren Drucker günstig aufgetrieben, dann können wir die Swinger gleich an Ort und Stelle zur Strecke bringen. In flagranti abgelichtet und als

Ausdruck präsentiert, das wirkt Wunder. Warum fahren die Leute Hunderte von Kilometern? Um anonym zu bleiben.«

»Ja, und was bringt das? Wie vertreiben sie die Swinger?«, erlaubte sich Rasmussen zu fragen. Er schaute Iversen mit hochgezogenen Augenbrauen an.

»Die Jungs rufen mich an, ich komme dann und erkläre diesen Gästen unserer Gemeinde, dass wir nichts gegen Nudisten haben, aber ihr Treiben ginge zu weit. Ich beende das Gespräch dann immer mit einem Angebot: Entweder trollen sich diese ungebetenen Gäste, oder wir stellen die Fotos innerhalb der nächsten Stunde auf unserer Gemeindeseite ins Internet. Das funktioniert immer.«

Rasmussen prustete los. »Das gibt's doch gar nicht.«

»Dieter, du weißt schon, dass auch ein Amtsträger wie du keine Selbstjustiz üben darf. Schon mal von Persönlichkeitsrechten gehört?«

»Wer spricht denn hier von Justiz? Wir nennen das einfach Berichterstattung. Der Aschauer, und nicht nur der, hat ein Recht, zu erfahren, was am Strand so los ist. Sanitärmeister Gummiwicht aus Saarbrücken, der hier zum Wichsen in die Dünen kommt, der kann keine Öffentlichkeit brauchen. Und tschüss, der kommt nie wieder.«

Rasmussen griente noch immer. Iversen, das war ein ganz gerissener Hund. Von dem Schlage können wir mehr gebrauchen in unseren Verwaltungen, dachte er so bei sich.

»Und habt ihr im Rahmen eurer Ermittlungen Lars oder irgendwelche anderen bekannten Gesichter am Strand gestellt?«, bohrte Hinrichsen weiter.

»Nö«, antwortete Iversen, das kam aber etwas scheinheilig rüber. »Ich habe aber etwas für euch.« Er verschwand und kam in Windeseile mit einem Pappkarton zurück, den er demonstrativ auf den Tisch knallte. »Den könnt ihr mitnehmen.«

Der Pappkarton war randvoll mit kompromittierenden Nacktfotos. Erpressungspotenzial für Jahre.

»Ist davon irgendeins veröffentlicht?«, fragte Rasmussen und erntete ein Kopfschütteln des Bürgermeisters.

Hinrichsen raunte er zu: »Noch Fragen?!«, um sich dann von

Aschaus Bürgermeister zu verabschieden: »Es war uns eine Freude«, erklärte Rasmussen.

Der entgegenkommenden Ivana, die vor ihrem großartigen Dekolleté Croissants und Tee vor sich hertrug, schenkte er ein vielversprechendes Lächeln und ein »*Au revoir!*«. Die Canastabrüder hingegen knufften sich kurz zum Abschied.

Dann fiel die schwere Eichentür hinter Hinrichsen und Rasmussen zu.

»Was meinen Sie, wollen wir den Karton Mademoiselle Calloe zur Auswertung überlassen?«, wandte sich Rasmussen an Hinrichsen.

»Zu einseitig, in der Sache braucht es auf jeden Fall den männlichen Blick«, antwortete Hinrichsen in bester Stimmung.

»Wo Sie recht haben«, murmelte Rasmussen, der beschleunigte und sich nun voll auf die Fahrgeräusche konzentrierte. Die Vorderachse muckte seit einigen Tagen.

Die Brix greift ein

Es war kurz vor dreizehn Uhr, und Rasmussen freute sich auf eine kleine Pause in der Eisdiele am Ostsee-Info-Center. Nur eine halbe, friedliche Stunde mit Walnusseis, Erdbeereis, Schokolade mit Stücken und sehr viel Sahne. Er war genervt. Als er mit Margarete und Erika Matjes gegessen und Bier getrunken hatte, natürlich zu viel Bier getrunken hatte, war die Brix wieder auf Eike zu sprechen gekommen, hatte irgendwas von seinem Geburtstag gebrabbelt, und heute Morgen hatte auch noch Fiete eine blöde Bemerkung zu diesem ungeliebten Thema gemacht. Den hatte er zu früher Stunde im Supermarkt an der Rendsburger Straße getroffen.

»Na, Fiete, senile Bettflucht oder warst du heute Nacht auf der Piste?«, hatte er den Baulöwen von der Seite angequatscht.

Der hatte locker pariert: »Och, Rasmussen, lass mal stecken. Keine drei Wochen mehr bis zu deinem Vierundvierzigsten, und deinen Gürtel hast du auch schon mal enger schnallen können, oder?« Er tätschelte Rasmussens Bauch, wandte sich dann aber der Bäckereifachverkäuferin zu und bestellte. Rasmussen war grußlos abgedampft.

Im Büro hatte es dann eine Auseinandersetzung mit Hinrichsen, dem elenden Dickschädel, gegeben, weil er keine Lust hatte, die beiden dänischen Dösbaddel zu beschatten, mit denen sie auf Hoffmanns Hof Bekanntschaft gemacht hatten. Rasmussen hätte sich wohl die Bemerkung sparen sollen, er passe doch prima ins Beuteschema der Viagraverkäufer. Hinrichsen war stinksauer geworden. Es würde dauern, bis er ihn wieder besänftigt hätte. Und nun vibrierte schon wieder das Handy.

»Moin Hans, hier ist Marlene.«

Rasmussen lächelte umgehend, und er spürte, wie er sich entspannte. »Lene, du bist der erste Lichtblick dieses grauen Tages.«

»Hans, du hast mich weggedrückt, als ich dich letztens angerufen habe. Als du mich eingeseift hast, wollte ich nicht davon anfangen.«

»Lene, ich bin Polizist.«

»Hans, ich bin neben Margarete deine beste Freundin. Kann es Wichtigeres geben?«

»Du hast natürlich vollkommen recht. Ich stehe in deiner Schuld.«

»Das sehe ich auch so, und wie es der Zufall will, kannst du deine Schuld schon bald ablösen. Möchtest du das?« Marlenes Frage klang lockend, hatte aber einen ultimativen Unterton.

Rasmussen zögerte. »Was kann ich tun?«

»Du möchtest deine Schuld mir gegenüber also ganz persönlich einlösen?«

»Lene, die Häufung des Wortes Schuld macht mich ein bisschen nervös.«

»Vertraust du mir nicht?«

»Natürlich vertraue ich dir.«

»War das ein Ja?«

»Ja.«

»Gut, dann komm doch gleich nach Dienstschluss zu mir, damit ich dich einweisen kann.« Marlenes Stimme klang wieder geschäftsmäßig, der verlockende Schmelz war auf der Strecke geblieben.

»Einweisen?«

»Genau, als Rennleiter hast du ja eine Menge Verantwortung.«

»Als Rennleiter?«

»Hm, beim GUMM-PRIX. Du machst das bestimmt ganz toll. Na ja, bevor wir uns hier verschnacken, alles Weitere heute Abend. Freu mich auf dich. Küsschen.« Knack, sie hatte aufgelegt.

Rasmussen konnte nicht glauben, dass Marlene ihn mal so eben kassiert hatte. Was machte er nur falsch? In dieser Woche war er praktisch täglich von einer Frau vorgeführt worden. Die Frau hinter der Eistheke schaute ihn erwartungsvoll an und nahm seine Bestellung entgegen.

Rasmussen setzte sich mit dem Eis auf eine der Bänke neben dem OIC. So hatte er den besten Blick auf den Sportboothafen. Dieses sehr spezielle Flair eines Jachthafens brachte ihn immer zum Träumen.

Auf einem Katamaran wurde irgendwas an den Aufbauten repariert, an Deck der im Päckchen liegenden, schon älteren Segeljacht spielten zwei Kinder miteinander, der Welt entrückt. Das Klappern der Wanten an den Masten und das Schreien der

Möwen – Rasmussen konnte sich nicht vorstellen, jemals ohne das Meer zu sein.

Hinter dem kleinen Leuchtturm schob sich ein Kutter in sein Blickfeld. Hoffmanns Kutter. Mit dem muss ich endlich mal ausführlich sprechen, dachte Rasmussen. Dann machte er große Augen und einen langen Hals, und dann stand er auf und ging ein paar Schritte näher ans Hafenbecken. Er hatte sich nicht getäuscht. Ans Ruderhaus gelehnt, stand dort, mit Sporthütchen, die Brix. Dieser Satansbraten war ihm schon wieder einen Schritt voraus.

Margarete Brix hatte sich einer Sonderfahrt angeschlossen. Einmal im Jahr lud Hoffmann seine Stammgäste ein. Dann wurde nicht geangelt, sondern getrunken, gegessen und geschnackt. Insbesondere an Letzterem war die Brix sehr interessiert.

Schon oft hatten sich Gerüchte als hilfreich erwiesen. Dabei galt es, darauf zu achten, wer sie mit welcher Intention streute. Gerüchte konnten Verdächtige gleichermaßen be- wie entlasten. Gerüchte konnten bestätigt werden oder auch nicht. Sie waren Anlass für und Schlüssel zu weiteren Informationen. Man musste nur mit ihnen umgehen können. Und die Brix war eine Meisterin. Natürlich nicht nur im Auffinden und Auswerten, sondern auch im Streuen von Gerüchten. Vor Jahren hatte sie über einen Strohmann durchsickern lassen, dass ein bestimmtes Grundstück, ein seltenes Filetstück, kurz vor Baureife und Verkauf stünde. Wer daraufhin welche Versuche unternommen hatte, Verwaltung und Verkäufer für sich zu gewinnen, war sehr aufschlussreich gewesen.

Rasch war sie als einzige Frau mit deutlichem Seniorenbonus der Mittelpunkt der Petrijünger an Bord. Der bequemste Platz. Für die Brix. Der erste Köm. Selbstverständlich auch für die Brix.

Und die knapp vierzig Angler aus ganz Deutschland sparten nicht mit Geschichte und Geschichten.

Nach gut drei Stunden, einem vorzüglichen Fischessen – Hoffmann ließ sich wirklich nicht lumpen – und nach sorgfältiger Sondierung saß die Brix nun zwischen zwei Rentnern aus dem Ruhrgebiet, die von Eckernförde aus zum Hochseeangeln starteten, seit ihre Kinder 1975 gemeinsam in den Kindergarten gegangen waren. Die Familien hatten sich angefreundet und seitdem ihre Sommerurlaube hier verbracht. Schnell stellte sich heraus, dass sie Lars Martens gut gekannt hatten. Mit seinem Vater waren sie schon in den siebziger Jahren unterwegs gewesen, hatten in Martens' Ferienwohnung in Sehestedt gewohnt und den kleinen Lars ab und zu mitgenommen, wenn sie mit den Kindern rüber nach St. Peter Ording gefahren waren.

»Der Lars war immer der Chef«, sagte Werner, der pensionierte Versicherungsmakler.

»Und geschäftstüchtig«, ergänzte Heinz, der mal eine Tankstelle gehabt hatte. »Wenn unsere Mädels Muscheln gesammelt haben, dann hat Lars gesagt, wo sie sammeln sollten, und später hat er versucht, die Dinger an Touristen zu verhökern. Sein Vater war ganz anders.«

»Sie haben ihn nicht so richtig gemocht?«, fragte die Brix.

»Meine Frau kommt aus Köln und sagt immer: Jeder Jeck ist anders.«

Werner mischte sich ein. »Ich sag mal so: Er wusste nicht, wann es genug war. Er hatte kein Gespür für Grenzen. Wenn er früher mit unseren Blagen spielte, kamen die fast jedes Mal heulend zurück.«

»Aber er machte das, was er tat, auch gut, geradezu perfekt«, ergänzte Heinz. »Ich hab ihn einige Male in der B-Jugend kicken sehen. Talentiert und ehrgeizig. Als er später das Geschäft und den Kutter von seinem Vater übernommen hatte, da glänzte und blitzte es an Bord, als sei der Kahn neu. Lars hat sich unglaublich engagiert. Wenn mal einer kein Angelglück hatte, dann nahm er das als persönliche Schlappe und hat dir den nächsten Törn für die Hälfte gelassen.«

Werner war jetzt ein wenig misstrauisch geworden. »Warum sind Sie eigentlich so an Lars interessiert?«

»Ich glaube, dass seine Witwe Unterstützung braucht. Und je mehr ich weiß, desto besser kann ich helfen. Wir sind ja nicht in der Großstadt hier. Wir schauen schon ganz gut hin.«

»Und bei uns im Pott gucken wir weg, oder was?« Werner verzog leicht genervt das Gesicht, fuhr dann aber fort. »Als Sie gerade seine Witwe erwähnten, da habe ich gedacht, dass die es bestimmt nicht leicht hatte. Einmal hat ein neuer Matrose einen

Fehler beim Anlegen gemacht. Lars ist gleich zu ihm hin, und wenn keine Passagiere an Bord gewesen wären, er hätte ihn ins Hafenbecken geschmissen. Da war ein Hass in seinen Augen. Furchterregend. Wirklich.«

»Ist das der Grund, warum Sie dann Torsten Hoffmanns Angebot getestet haben?«, wollte die Brix wissen.

»Nein«, Werner hob entschieden die Hand, »wir kamen mit Lars ja gut klar, er gehörte schon ein bisschen zur Familie, und es tat uns auch leid, dass wir ihm gewissermaßen untreu wurden. Aber in den beiden letzten Jahren stimmte das Angebot einfach nicht mehr. Er war unpünktlich, an Bord war es nicht mehr so richtig sauber, es gab manchmal nur lauwarmen Kaffee. Wahrscheinlich musste er sparen.«

Bei Margarete Brix formte sich ein Lagebild. Lars hatte Geldsorgen gehabt. Dr. Gierlichs Einschätzung ließ keinen Zweifel zu. Und Lars war durch Torsten Hoffmann immer weiter aus dem Geschäft gedrängt worden. Was die beiden Angler zu erzählen hatten, passte ins Bild.

»Wer weiß, wie das Opfer tickt, der weiß, was der Täter fühlt.« Das hatte die Brix immer wieder den Studenten gesagt, die ihre regelmäßigen Vorlesungen an der rechtswissenschaftlichen Fakultät der Kieler Universität besuchten.

Lars war offenbar schon immer kalt und berechnend gewesen. Wer von ihm in die Enge gedrängt wurde, konnte aufgeben oder sich wehren. Wen also hatte Martens so unter Druck gesetzt, dass es keinen anderen Ausweg mehr gab als Mord? Und wer war in der Lage, sich Lars mit dieser Präzision vom Hals zu schaffen? Der Täter musste wissen, dass Lars zu einem bestimmten Zeitpunkt Viagra genommen hatte, er musste auch wissen, dass die Kombination der blauen Pillen mit Isosorbiddinitrat tödlich sein konnte. Er musste das Medikament beschaffen und zum richtigen Zeitpunkt verabreichen können. Ob sie es wollte oder nicht – die Brix dachte hierbei an Birte. Hoffmann wäre nicht nah genug an Lars herangekommen.

Margarete Brix wurde von der Arie des Papageno aus ihren Gedanken gerissen. Sie fischte das Telefon aus ihrer Handtasche und erfuhr von Fiete, dass Martens keineswegs herzkrank gewesen war, vielmehr sei er trotz ungesunder Lebensweise kerngesund gewesen. Dr. Sievers, Lars' Hausarzt, hatte laut Fiete noch hinzugefügt: »Nur schade, dass er keine Kinder zeugen konnte.« Fiete hatte wie immer einen guten Job gemacht.

Die Brix war zufrieden, und sie wollte rasch wieder an Land. Birte hatte ihr gestern Nacht eine SMS geschickt und gefragt, wann wohl die Leiche ihres Mannes freigegeben würde, sie müsse ja die Beerdigung planen. Ein guter Anlass, um Birte einen Besuch abzustatten. Und auch ein Vorwand, um Rasmussen zunächst mal außen vor zu lassen.

Der Kriminalhauptkommissar lässt ermitteln

Rasmussen hatte sich nach der Wundertüte mit Sahne und Erdbeersoße wieder an den Schreibtisch gequält. Er war noch immer leicht verkatert, das Eis lag ihm schwer im Magen, Margarete Brix' Alleingang auf Hoffmanns Kutter ärgerte ihn, und die Liste der verpassten Anrufe zeigte drei Fehlversuche der Staatsanwältin. Er trat seit Tagen auf der Stelle. Wozu hatte er eigentlich Calloe und Hinrichsen? Beide waren nicht im Büro. Er ging lustlos die Notizen auf seinem iPhone durch und stieß auf die Notiz »Abfalleimer, Ikea.«

»Röda Drömmen«, genau. Lars hatten sie mit roten Bändern an Hand- und Fußgelenken gefunden. Hatte er diese bereits beim letzten Akt getragen, oder war er nachträglich mit den Bändseln auf seine Motorhaube drapiert worden? Auf jeden Fall würden sie mit dem Etikett und dem Kassenbon den Käufer ermitteln können, da musste nur einer von ihnen bei Ikea am Westring in Kiel vorstellig werden. Seine Laune besserte sich. Er selbst würde einen kleinen Ausflug zu Ikea machen. Schließlich traf man dort einen Querschnitt der schleswig-holsteinischen Frauen im paarungsfähigen Alter. Man musste sich nur lang genug in der Döschen-Blümchen-Tüddelkram-Abteilung aufhalten und auf interessiert, aber hilflos machen. Da fielen einem schmelzende Frauenherzen wie süße Zimtschnecken zu.

Wenn sich jener Käufer dann noch auf einem der Fotos fand, die sie von Iversen bekommen hatten, konnten sie den Fall abschließen. Sollte Hinrichsen derweil mal bei den Technikern ein bisschen Dampf machen? Er wählte Hinrichsens Nummer. Mailbox.

»Hinrichsen, wo stecken Sie eigentlich? Fahren Sie mal in die KTU und treten sie den Luxuskollegen ein bisschen auf die Füße. Ich will wissen, wo, wann und womit Martens gefesselt wurde.« Rasmussen legte auf.

Die Kollegen der Abteilung IV des LKA in Kiel waren ihm ein Dorn im Auge. Da werkelten die verhätschelten Damen und Herren in Deutschlands modernster Untersuchungshalle und taten immer so, als seien alle anderen blöde Dorfbullen. Rasmussen hatte

Chemie-Leistungskurs gehabt und sich unlängst einen lautstarken Streit mit einem der Chemiker geleistet. Er ließ sich kein X für ein U vormachen. Am Ende hatte er recht behalten. Seitdem musste Hinrichsen die KTU-Gänge machen. Rasmussen stand beim LKA auf der schwarzen Besserwisser-Liste.

Er zog eine Schreibtischschublade auf, drückte zwei Kopfschmerztabletten aus der Blisterpackung und zerkaute sie genüsslich. Er hatte gelernt, dass man die Dinge und Empfindungen umdeuten konnte. Man musste die Perspektive wechseln, die Bewertungskriterien ändern. Das hielt flexibel und schaffte in manchen Situationen reichlich Vorsprung. Er konzentrierte sich auf den säuerlich-bitteren Geschmack der Acetylsalicylsäure, dachte an Pampelmusen, an Campari, an Sonne und Küsse am Strand. Er schloss die Augen.

»Chef, alles klar?«

Rasmussen zuckte zusammen und nahm die Beine vom Schreibtisch. Er war eingenickt. Vor ihm stand Calloe mit einer Akte in der Hand.

»Ja sicher, habe nachgedacht. Na, Hoffmanns Akte wieder an Deck?«, versuchte er in die Offensive zu gehen.

»Nee, das sind Unterlagen von Martens' Steuerberater und vom Finanzamt. Martens war so gut wie pleite.«

Rasmussen fuhr sich mit den Händen durch die Haare, um wieder munter zu werden. »Und? Weiter.«

»Komisch ist, dass der Steuerberater keinen Anlass sah, seinen Klienten auf die Gefahr der Insolvenzverschleppung hinzuweisen. Er war ganz sicher, dass Martens schon bald wieder flüssig sein würde.«

»So, so, worauf stützt der Steuerfuzzi denn seine Überzeugung?«

Calloe schüttelte den Kopf. »Keine Ahnung, er sei einfach nur ganz sicher gewesen. Martens hätte immer einen Ausweg gefunden.«

Rasmussen stand auf, ging zum Fenster, sammelte sich und schickte Calloe wieder auf die Piste. »Sprechen Sie mit seiner Bank. Ich will alle Details über seine Vermögensverhältnisse. Und auf dem Rückweg holen Sie sich Hoffmanns Akte. Der müsste gleich wieder im Hafen sein.«

Calloe machte auf dem Absatz kehrt und sagte im Rausgehen *»Oui, mon Capitaine«.*

Rasmussen wusste nicht, ob er einen leisen ironischen Unterton hätte hören können, so er denn gewollt hätte. Er griff zum Telefon und wählte die Nummer der Staatsanwältin. Sie hob nicht ab.

Er beschloss, sich kurz für einen kleinen Einkauf die Beine zu vertreten, und traf unten im Hof auf Polizeiobermeister Schrader. Der größte Schnüffler unter Eckernfördes Sonne schlich auf ihn zu und sagte nur: »TÜV, ne!«

»Schrader, weiß ich doch.«

»Jo, weißt das seit drei Monaten, ne. Da brauch ich nur auf deine abgelaufene Plakette zu gucken.« Zur Bekräftigung seiner Aussage zog Schrader die linke Schulter hoch und sah aus wie eine abstürzende Schildkröte in Blau. Der Typ ging Rasmussen schon ewig auf den Senkel.

»Schrader, du alte Nervensäge, ich bin im Stress.« Rasmussen hörte nur noch ein »Arschloch«, aber da hatte er sich schon umgedreht und lief mit großen Schritten aus dem Hof und bog nach links in die Gerichtsstraße ein mit Kurs auf die Kieler Straße. »Beamter beleidigt Beamten« giggelte er vor sich hin und reihte sich in den Fluss der Passanten auf der Kieler Straße ein.

Es war unverkennbar Urlaubszeit. Die Touristen hatten die Vorherrschaft über die Einkaufszone übernommen, die schon im Schatten lag. Der Tag neigte sich, die Luft war lau, die Kopfschmerzen hatten sich verflüchtigt. Rasmussen freute sich auf einen entspannten Bummel.

Zielsicher steuerte er »Kloppi« an, denn er wollte noch Hygieneartikel für heute Abend und für mögliche Folgen seines Ikea-Besuches einkaufen. »Pflicht«, »Schuld«, »Einweisung«, die Reizwörter des Telefongesprächs mit Marlene konnte man auch anders interpretieren: GUMM-PRIX, ja, schon klar. Es war doch der Subtext, der entscheidend war. Es wollte Rasmussen so scheinen, als stünde auch seiner allerbesten Freundin Marlene der Sinn mal wieder nach Sinnlichem. In seinem Alter kam er nicht mehr allzu oft zum Zug, wohl nicht zuletzt auch, weil er unter einer notorischen Bindungsschwäche litt. Welche Frau, bis auf die in mancherlei Hinsicht hyperaktive Marlene, machte das schon mit? Touristinnen vielleicht, aber wer fährt bitte sehr allein nach Eckernförde und Umgebung?, dachte er bei sich und steuerte auf das Regal mit den Kondomen zu. Von der wunderbaren Vielfalt der Geschmäcker fasziniert, betrachtete er verträumt das Sortiment.

»Ich kann mich gar nicht entscheiden, ist alles so schön bunt hier«, zitierte Rasmussen halblaut Nina Hagens »TV-Glotzer«.

»Und die Scheißschokolade macht einen fetter und fetter und fetter und ach!«, zischelte es von rechts verführerisch. Dabei hatte Rasmussen noch bemerkt, wie ein dunkler Schatten neben ihn getreten war, den er nun allein schon an der Stimme erkannte. Die etwa gleichaltrige und musikalisch ganz offensichtlich ähnlich sozialisierte Staatsanwältin grinste Rasmussen ungewohnt breit an.

Ein Gebiss wie ein Pferd, schoss es ihm nicht zum ersten Mal durch den Kopf, und er holte zum Return aus: »Wenn irgendwann mal alle Stricke reißen, dann können wir auch Nina Hagen covern oder Pornofilme synchronisieren, Frau Staatsanwältin. Aber mal im Ernst, was verschlägt Sie hier in diesem Laden an meine grüne Seite?« Er griff zu dem Zwanzigerpack »London Feucht«, das war eine sichere Sache.

»Ehm. Sie gehen ja nicht ans Telefon. Da muss ich doch jede Chance ergreifen, die sich mir für ein Gespräch mit Ihnen bietet. Und mal ehrlich, dieser Ort hier ist unserem momentanen Thema Ferkelstrand doch durchaus angemessen. Ich will Ergebnisse, Herr Rasmussen. Mir scheint, Ihre Ermittlungen dümpeln so dahin. Mein wenig geschätzter Cousin, Uwe Mangold, ruft mich fünfmal am Tag an und versucht, mich über den Jesus von Aschau auszuquetschen. Ehm. So heißt der Fall nämlich im Volksmund, dämlich wie immer. Ich konnte seine Reporterinstinkte bisher noch aufgrund familiärer Bande ruhigstellen, aber das geht keinen Tag länger gut. Das ›Eckernförder Tageblatt‹ will Futter. Schnallen Sie das endlich …« So launig ihre Zwiesprache vor dem Regalständer begonnen haben mochte, so laut erhob die Staatsanwältin jetzt ihre Stimme. »Ehm. Und dann rollen RSH, RTL und SternTV über uns hinweg«, schob sie etwas leiser nach.

»Vorschlag, wir treffen uns in fünfzehn Minuten im ›Luzifer‹. Sehen wir zu, dass wir einen Strandkorb bekommen«, sagte Rasmussen in einem überzeugten Ton, der signalisierte: Ich habe verstanden: Shitstorm droht.

»Ich nehme Sie beim Wort, Herr Rasmussen, bis gleich«, sagte die Staatsanwältin und stöckelte in ihrem dunklen Kostüm davon. Wie ein schwarzer Strich rauschte sie zwischen den »Kloppi«-Regalen hindurch und winkte aufreizend nach hinten.

»Nina Hagen, ich wäre nicht drauf gekommen, aber das passt«, sprach Rasmussen nun wieder mit sich selbst und fand es erstaunlich, immer wieder neue Seiten an Vorgesetzten zu entdecken.

Tour d'Horizon

»Ehm. Noch Fragen?«, so schloss die Staatsanwältin ihr Zwiege-
spräch im Strandkorb. Langsam drang wohl die Abendkühle durch
ihr schwarzes Kostümchen.

Rasmussen hatte Rede und Antwort gestanden. Schulter an
Schulter hatten sie eine Dreiviertelstunde die Intimität der Situation geteilt und darum gerungen, dienstlich zu bleiben – die Blicke
streng geradeaus auf den Hafen gerichtet.

Rasmussen konnte mit letzten Informationen aufwarten, die
ihm Hinrichsen aus der KTU in Kiel durchgegeben hatte. Lars
war nicht auf der Motorhaube gestorben, geschweige denn dass er
zum Zeitpunkt seines Todes mit diesen lächerlichen Ikea-Bändern
gefesselt gewesen war. Lars hatte Geschlechtsverkehr gehabt, au-
genscheinlich hatte er dabei auch im Sand gelegen, selbst unter seiner Vorhaut fanden sich Körner. Unklar war, ob es auf der Haube
weitere sexuelle Handlungen gegeben hatte, nachdem Martens mit
den roten Bändern um die Handgelenke an den Seitenspiegeln
und mit den Füßen am Bullenfänger fixiert worden war.

In letzter Minute vor seinem Treffen mit der Staatsanwältin
hatte Rasmussen noch Nachricht von Calloe erhalten. Die Akte
war wieder im Besitz der Kriminalen, und Hoffmann hatte einem
Termin am nächsten Morgen in der Zentralstation zugestimmt.
Das war kein Durchbruch in Sachen Totti, aber zumindest ein
Fortschritt, denn der finanziell angeschlagene Hoffmann zählte
ohne Zweifel zum Kreis der Hauptverdächtigen.

Von der schwangeren Birte wusste er lediglich zu berichten, dass
sie durch den Wind sei. Was bei einer Witwe in diesem Zustand
vorhersehbar gewesen wäre. Er merkte, wie er mit angezogener
Handbremse über seine Jugendfreundin und ihr Verhältnis zu ihrem
Ehegatten berichtete. Er merkte aber auch, dass es in ihm bohrte.
Zu gern hätte er mal herausgelassen, was es mit der Ehestiftung
der beiden auf sich gehabt hatte. Ein Mann, der eine entfernte
Bekannte vergewaltigt – und diese dann später ehelicht. Rasmussen
und Marlene bekommen es irgendwie mit, aber keiner sagt über
ein Jahrzehnt lang einen Ton. Wie hatte er nur in diese widerliche

Situation geraten können, die ihm einen Würgereiz verursachte, wenn er nur daran dachte? Rasmussen behielt es jedoch für sich und verlor nie ein Sterbenswörtchen über den Vorfall. Mit einer Ausnahme: Wie oft hatte er mit Marlene darüber geredet! Reden müssen.

Aber das war jetzt und hier im Strandkorb kein Thema gewesen. Rasmussen war bei den Ausführungen über Birte und Lars fahrig geworden. Er hatte die Situation jedoch mit dem Hinweis auf Iversen und dessen Karton voller Foto-Sensationen gerettet. Das sei der Stich ins Wespennest, hatte er der zunehmend aufmerksamer wirkenden Staatsanwältin versichert. Eine erste Sichtung des Beweismaterials hätte im Übrigen nicht nur Erfreuliches für die Stadtgesellschaft zutage gefördert. Selbst Staatsanwältinnen-Cousin Uwe Mangold sei beim Rudelbumsen erwischt worden, Calloe hätte ihn sofort identifiziert. Was nicht nur seine öffentliche Zurückhaltung, sondern auch seine Anrufe bei der Staatsanwältin erkläre. Rasmussen verstieg sich schlussendlich zu der Behauptung, dass der Fall kurz vor der Aufklärung stünde. Überraschend flammte in ihm die Erkenntnis auf, dass er der Staatsanwältin imponieren wollte. Ein neues und irritierendes Gefühl.

Die beiden starrten noch eine Weile auf das bunte Treiben am Kai. Abschließend drehte sich die Staatsanwältin zu Rasmussen. Dabei hatte sie die übereinandergeschlagenen Beine gewechselt. Das Aneinanderreiben ihrer Seidenstrümpfe machte ein Geräusch, bei dem sich Rasmussen die Nackenhaare aufrichteten. Statt des gewohnten »Ehm« spitzte sie die vollen Lippen und stieß einen anerkennenden Pfiff aus.

Rasmussen drückte den Rücken durch und sah aus dem Augenwinkel schon wieder die dänischen Dösbaddel, die von der Promenade kommend mit ihren Brugsen-Tüten über die Klappbrücke gen Borby strebten. Er wusste in diesem Augenblick, nach all dem, was er gerade mit dem Brustton der Überzeugung vom Stapel gelassen hatte: »Wir sind noch lange nicht am Ende.«

Auf dem Weg nach Sehestedt

»Callsen, ich brauche einen Wagen, der Kutter ist um vierzehn Uhr
dreißig zurück am Kai. Aber pünktlich bitte.« Noch auf Hoffmanns
Kutter hatte die Brix ein Taxi zur »Siegfried Werft« bestellt. Nun
war sie unterwegs zu Birte. Als Freundin der Familie wollte sie
einen unangekündigten Kondolenzbesuch machen.

Callsen, der Taxiunternehmer in dritter Generation, hatte Siemsen geschickt, einen alten Hasen, dem im Straßenverkehr niemand
etwas vormachte. Seine lässige Körperhaltung, die souveräne Art,
wie er das Lenkrad durch seine Hände gleiten ließ, das Wissen um
die Ampelphasen, all das machte ihn zum Helmut Schmidt der
Landstraße. Vierzig Jahre jünger als Schmidt Schnauze, aber exakt
den Scheitel und das hanseatisch Steife. Der Typ machte was her,
das stellte Margarete Brix bei jeder ihrer Fahrten mit ihm fest.

Sie befanden sich auf der L 42 Richtung Marienthal, vor ihnen
eine junge Fahrerin eines älteren Renault Twingo, der es gelang,
den Chauffeur in Null Komma nichts aus der Ruhe zu bringen.
Sie blinkte unvermittelt, um dann doch geradeaus zu steuern,
fuhr zu langsam oder zu schnell, bediente das Radio, obwohl sie
den Verkehr hätte beobachten müssen. Eine Elevin der Straße,
die falsch machte, was falsch zu machen war. Zu gern hätte der
Fahrer sie, die allein auf sich und, das sah man an den Kopf- und
Mundbewegungen, auf die Musik konzentriert war, an die Kandare genommen, aber ihm waren die Hände gebunden. Es waren
offensichtlich schwere Minuten im Leben Siemsens.

Sie querten Hoffnungstal und Quellental, und langsam fürchtete
die Brix um die Gesundheit dieses Siemsen, denn der Twingo
blockierte noch immer die Straße. Er geriet förmlich außer sich.
Überholverbot, Gegenverkehr. Er war hinter der Twingo-Tante
gefangen. Er schimpfte, sein Nacken färbte sich rot. Allein, es
half nichts. Der Brix fiel nichts Besseres ein, als dem Fahrer ein
Gespräch aufzuzwingen.

»Fahren Sie die Strecke öfter, Herr Siemsen?«

»Jo, bis vor Kurzem schon.«

»Wie habe ich das denn zu verstehen?«, fragte die Brix und zog die Augenbrauen zusammen, was ihr immer einen sehr intensiven Ausdruck verlieh.

Siemsen schaute immer wieder in den Rückspiegel. »Es ist, wie es ist. Wollen wir mal so sagen: Die Strecke vom Eckernförder Hafen nach Martens seinen Hof hin ist meine Hausstrecke. Der Captain hat sich doch immer bei den Flatrate-Partys an Bord voll die Kante gegeben. Ab und an dann noch im Sturzflug ins ›Luzifer‹ und irgendwann dann voll wie ein Eimer heim nach Sehestedt. Was meinen Sie, was der während dieser Nachtfahrten so alles vom Stapel gelassen hat!«

Die Brix antwortete nicht gleich. Solche Typen musste man kommen lassen, sie mit gespieltem Desinteresse ein wenig auf die Folter spannen. »Ach, Herr Siemsen, das war doch sicherlich alles nur Gewäsch eines betrunkenen Geschäftsmannes, womöglich noch, entschuldigen Sie den Ausdruck, ziemlich notgeil?«

Siemsen spitzte die Lippen wissend und räusperte sich bedeutungsschwer, sich nun seines Herrschaftswissens bewusst. »Nach der x-ten Nachtfahrt, da entwickelt sich schon was. Herr Martens hat mir schon sein Herz ausgeschüttet. Das war nicht so'n Blabla. Er sagte immer zu mir, Helmut, auf Sie ist wirklich Verlass. Ihnen würde ich sogar meine Frau anvertrauen.«

»Haben Sie denn Frau Martens kennengelernt?«

»Was glauben Sie, wie oft wir meinen Fahrgast zu zweit in den ersten Stock in sein Bett gehievt haben? Ab und an haben wir dann noch einen Espresso getrunken. Über dit und dat geplaudert. Birte, äh, Frau Martens, die war immer richtig nett zu mir.«

»Haben Sie denn von Ihren Gesprächen mit ihrem Mann berichtet?«

»Nee, das hat mich sehr gewundert. Keine Fragen, eher mal, dass sie so von sich erzählt hat. Beklagt hat sie sich aber nie.«

Mittlerweile war Siemsen links in die Feldscheide Richtung Sehestedt eingebogen. Von dem Twingo war schon lange nichts mehr zu sehen. Er hatte das Taxi runtergebremst und sich eher nach hinten zur Brix hin orientiert.

Jetzt schaute er mit blitzenden Augen in den Rückspiegel: »Ich sag Ihnen was, Frau Brix. Das ist doch nicht normal, wie abgöttisch diese Frau ihren Mann geliebt hat. Und wenn sie gewusst hätte,

79

dass der feine Herr nicht nur mit anderen Frauen rumgemacht hat ...«

Sie passierten die ersten Häuser von Sehesteht. Margarete riskierte einen neugierigen Blick nach links und nahm die »Nutzkunst« in kurzen Augenschein. Vor der Scheune eines Hofes lockte allerlei Nützes und solches, was man dafür halten könnte. Margarete Brix riss sich vom inneren Kaufimpuls los.

»Das hat Martens Ihnen erzählt?«, versuchte sie nachzufassen.

Doch in diesem Moment fuhr das Taxi auf den Hof. Birte stand im Vorgarten. Sie tauchte aus dem Beet auf, als sie den Wagen hörte. Als sie den Wagen erkannte, flogen die Hände mit den grünen Gummihandschuhen hoch. Sie hielt jedoch inne, als sie sah, dass ein Fahrgast im Fond saß.

Die Brix bezahlte, und Siemsen war einigermaßen verlegen.

»Sie müssen nicht warten, ich werde abgeholt. Und im Zweifelsfall kennen Sie ja den Weg, ist ja Ihre Hausstrecke«, verabschiedete sie sich von ihrem Chauffeur.

Als die Brix ausstieg, erhob sie eine Hand zum Gruß. Birte stand da wie eine Vogelscheuche. Rosa Gummistiefel, lila Schürze und eben grüne Handschuhe, es hätte nur noch ein geblümtes Kopftuch gefehlt. Das blonde dünne Haar flatterte im Sommerwind. Die Unterlippe schob sich leicht nach vorn, es hätte nicht viel gefehlt, und Tränen wären die Wangen heruntergekullert.

»Mien Deern«, begrüßte die Brix empathisch die Witwe Martens, die eher wie ein kleines Mädchen aussah, das von ihren Erziehungsberichtigten bei verbotenen Doktorspielen erwischt worden war.

»Schwimme herrenlos in der Südsee.« Wenn Margarete Brix von einem der Knilche wieder an Land geholt, sprich: heim ins Ykaernehus chauffiert werden wollte, dann setzte sie eine SMS mit diesem gespeicherten Kurztext an Jörn, Fritze oder Fiete ab.

Im Gespräch mit Birte hatte sie nach einer halben Stunde kurz an ihrer Handtasche genestelt, Taschentuch und nebenbei Handy gezückt und unter dem Tisch dann »Südsee« plus »Bin bei Birte« an Fiete gefunkt.

Retourkutsche

Fiete Burmester war der Senior des Ykaerneteams, und das merkte man ihm langsam an. Der Mittagsschlaf war ihm heilig. Der Baulöwe war nicht mehr so gut zu Fuß und nahm in der letzten Zeit gern auch für kurze Strecken eins seiner Automobile. Er hatte als Einziger in der Tiefgarage der Seniorenresidenz vier Stellplätze reserviert.

Als die Bodenplatte des Ykaernehuses gegossen wurde, hatte er es sich als ausführender Bauunternehmer nicht nehmen lassen, den in Harz gebetteten Zündschlüssel seines ersten Käfers in den frischen Estrich zu drücken. Seine vierrädrigen Begleiter waren für ihn nicht nur eine Statusfrage, sondern auch Passion. Fiete war ein leidenschaftlicher Automobilist mit einem Faible für Antiquitäten, zu denen er aber immer einen persönlichen Draht haben musste. So nannte er nicht ohne Stolz einen Mercedes Strich 8 in der Ausführung Leichenwagen, einen Citroen DS und einen MG sowie einen R4 Kasten sein eigen. Auf den Seitenteilen des R4 klebten noch die alten Werbefolien: »Burmester Bau«. Wenn er mit diesem Wagen unterwegs war, fühlte er sich wie in einem Jungbrunnen, und vor allem ältere Semester winkten ihm in Eckernförde fröhlich zu.

Der Leichenwagen hingegen erfreute sich weder bei seinen Freunden noch bei den übrigen Bewohnern des Ykaernehuses großer Beliebtheit. »Junge Leute dürfen so was, aber Sie, Herr Burmester«, pflegte Werner Eul, der Verwaltungsleiter des Seniorenstifts, zu sagen, wenn sich wieder einmal jemand über Fiete und seinen Leichentransporter beschwert hatte, weil er gewohnheitsmäßig provokativ vor dem Portal der Altersresidenz parkte und sich diebisch freute.

»Vortäuschen letzter Fahrten« nannte Fiete die Ausritte mit dem Mercedes, von daher verbot sich das Gefährt für die Dienstfahrt nach Sehestedt von selbst. Also nahm er den DS; die Brix nannte den Wagen immer ihr fahrendes Sofa.

Um kurz nach halb fünf klingelte es an der Tür in Sehestedt. Fiete hatte den DS einfach laufen lassen. Das war so eine Unsitte von ihm, die er mit Altersschwäche der Batterie zu erklären suchte. Birte öffnete sichtbar irritiert, und der Bauunternehmer kondolierte förmlich. Die Brix hatte sich schon von hinten angeschlichen und nahm Birte in den Arm. Sie schauten sich noch einmal tief in die Augen und verloren keine Worte mehr. Fiete ging zu seinem Wagen zurück.

Die beiden ließen sich in die Polster sinken. Fiete mit einem Laut der Anstrengung, Margarete Brix mit einem Seufzer der Erleichterung. Die Türen fielen satt in die Schlösser. Die Brix streckte sich und zückte ihre Zigarettenspitze. Ab und zu hatte sie einigermaßen halbherzig versucht, das Rauchen aufzugeben, aber an Helmut Schmidts achtundachtzigstem Geburtstag hatte sie letzte Bedenken über Bord geworfen und rauchte seitdem mit neuem Genuss. Fiete legte den Gang ein, und sie schaukelten los.

»Na, hast du Frau Martens auf die Couch gelegt?«

»Fiete, ich verbitte mir solche despektierlichen Bemerkungen. Wenn du wüsstest«, sagte die Brix ehrlich empört.

»Dann leg mal los, meine Gute«, ermunterte der Fahrer seinen Gast und drückte dabei die Arme durch.

Was Friedrich Burmester in den nächsten Minuten zu hören bekam, ließ ihm mehrfach den Atem stocken. Dabei war das Schockierende nicht der Bericht der Brix über das Ehepaar Martens und dessen bizarre Beziehung. Die Witwe hatte über ihre Kindheit berichtet. Ihr Vater Adolf Gunsch war mit fünfzehn Jahren als Flüchtling aus Königsberg nach Eckernförde gekommen. Über seine Flucht und die verschollenen Eltern Herbert und Else redete er nie, dafür schwelgte Adolf ausgiebig in Erinnerungen an seine alte Heimat, das herrschaftliche Elternhaus und das gute Leben als Sohn eines angesehenen Kaufmanns. Adolf fand in Eckernförde schnell Arbeit auf einem der Boote, seinen Seelenfrieden fand er nie. Sein einziger Lichtblick war Hannelore Jessen, die als Kellnerin im »Hotel zur Post« arbeitete. Er war die Motte, sie war das Licht. 1953 heirateten die beiden, erst 1970 stellte sich Birte ein.

Adolf Gunsch war in seiner Jugend von Unzufriedenheit zerfressen gewesen, und das blieb auch so, als er die Rolle als Ehemann und Vater auszufüllen hatte. In ihrer Wohnstraße Kattsund waren

Adolfs häusliche Schreiattacken berüchtigt. Stundenlang malträtierte er von Köm und Bier befeuert Frau und Kind mit seinen Tiraden.

»Gunsch hat nie in seinem Leben zugeschlagen. Wenn er nicht mehr weiter wusste, dann schrie er. Wenn nur eine seiner ›Frauen‹ aufmuckte, dann sperrte er die Aufmüpfige in seine Fischerhütte am Hafen. Meist traf es wohl Birte, die dann stundenlang zwischen dem Arbeitsgerät ausharrte. Aber auch Hannelore wurde von Zeit zu Zeit weggesperrt. Adolf nahm dann die Delinquentin an die Hand und führte sie wie der Racheengel höchstselbst die zweihundert Meter hinüber zum Hafen. Mutter und Tochter folgten ihm ohne Widerworte. Auch in ihrem Gefängnis im Hafen verhielten sie sich mucksmäuschenstill. »Hannelore und Birte Gunsch fügten sich ihrem Schicksal namens Adolf«, resümierte die Brix ihren Bericht.

Sie fühlte sich in ihrer Einschätzung in Bezug auf Birtes Charakter bestätigt. Manches hatte sie gewusst, einige Details waren neu. »Stell dir vor, Birte war als Zwölfjährige wohl einmal eine komplette Woche im Herbst in der Hütte eingesperrt. Bei Wasser und Brot.«

»Ich kann mich dunkel an diesen Gunsch erinnern«, steuerte Fiete bei. »Nach außen war das doch so ein Duckmäuser. Das einzig Auffällige an ihm war seine riesige Hakennase. Aber ansonsten war der doch total verhuscht. In der ›Linde‹ in Borby habe ich ihn öfter am Fischerstammtisch gesehen, aber immer nur unter ferner liefen. Wie gesagt, das einzig Herausragende war seine Nase. Und irgendwann haben wir mal an seinem Fischerhaus im Kattsund den Jägerzaun gegen eine hohe Gartenmauer ausgetauscht.«

»Themawechsel. Doktor Sievers hat dir ja die Zeugungsunfähigkeit von Lars attestiert, fragt sich also, wer der Vater von Birtes Kind ist.«

»Oha …«, bemerkte Fiete, aber da fuhr der DS schon in die Tiefgarage vom Ykaernehus ein, und das Einparken in die verdammt engen Parktaschen verlangte des Fahrers volle Aufmerksamkeit. Die Brix und Fiete stiegen schweigend aus und gingen zum Fahrstuhl.

»Abendbrot?«, fragte Fiete.

Die Brix nickte. »Und einen großen Köm.«

83

Kai aus der Kiste

Calloes und Hinrichsens Büro lag nach Westen raus. Rasmussen hatte Ostseite und konnte auf die Fußgängerzone, die Stadthalle und einen schmalen Streifen Ostsee blicken, wenn er nach einer Eingebung suchte oder die Gedanken schweifen ließ. Ein Ort der Kontemplation, dessen Frieden bislang nur die Staatsanwältin gestört hatte. Hatte sich da was geändert? Nur ganz kurz flog ihn ein gewisser Parfümduft und das Rascheln ihrer Seidenstrümpfe an, als er zum Büro der Kollegen hinüberging. Dort schaute er unwillig blinzelnd in die untergehende, aber noch immer blendende Sonne des Westbüros.

»Calloe, schon mal die Fenster angeguckt? Diese Streifen. Ist ja fürchterlich. Da würd ich mal ran. Mit Zeitungspapier.«

Ungerührt und ohne aufzuschauen streckte ihm Yvonne Calloe das »Eckernförder Tageblatt« entgegen.

Na, langsam macht sie sich, dachte Rasmussen amüsiert und setzte sich mit dem Rücken zur Sonne auf die Fensterbank. »Reißt sich da jemand ums Knöllchenschreiben?«, frotzelte er weiter.

Calloe schob den Schreibtischstuhl nach hinten, griff mit links nach einem Schuhkarton und platzierte diesen süßlich lächelnd auf Rasmussens Schoß. »Vielleicht ist ja was für Sie dabei, Chef.«

Der Blick des Kommissars fiel auf die Fotos, die Iversen herausgerückt hatte. Obenauf lag das Abbild eines schätzungsweise einhundertfünfzig Kilogramm schweren Mannes mit schwarzer Ledermaske. Was die Maske verdeckte, konnte kaum so abschreckend sein wie der Rest seines Körpers. Brustwarzen und der unter einer Fettschürze verborgene Bauchnabel waren gepierct und mit einer Kette verbunden. Angeekelt stellte Rasmussen den Karton demonstrativ hinter sich auf die Fensterbank.

Hinrichsen verdrehte genervt die Augen, nahm den Karton und leerte seinen Inhalt auf dem Besprechungstisch aus. »Kein Playmate dabei. War ja auch nicht zu erwarten. Aber das ein oder andere bekannte Gesicht – auch Lars Martens ist ziemlich gut getroffen.«

Rasmussen zog sich einen Stuhl ran. »Wir sollten ein Memoryspiel daraus zusammenbasteln. Wäre auf dem Fischmarkt sicher ein Renner.«

Calloe setzte sich Rasmussen gegenüber. »Ist Ihnen das unangenehm? Wenn wir allein weitermachen sollen, Chef, kein Problem.« Sie wies mit dem Kinn auf die Pinnwand hinter Hinrichsens Schreibtisch. »Wir haben in den letzten Stunden eine erste Sichtung durchgeführt und einige Schnappschüsse herausgefischt. Vielleicht schauen wir uns zunächst diese an.«

Rasmussen nahm sich zusammen, stand auf und ging hinüber zu den Fotos. Ganz oben der nackte Martens, der lediglich blaue Fischerhandschuhe aus Gummi trug und lässig lächelnd das Wacken-Zeichen in die Kamera machte. Fotografiert zu werden war ihm offenbar vollkommen gleichgültig – als genösse er in der Eckernförder Gesellschaft Immunität, als sei ihm die Loyalität oder gar die Liebe seiner Frau nicht zu nehmen. Links von Martens erkannte Rasmussen den berüchtigten Lokalreporter Mangold. Ein Foto, das ihm bei seiner ersten Durchsicht des Kartons schon aufgefallen war. Mangolds glatt rasierter Schädel war schweißnass, sein Gesicht stark gerötet, und auch sonst machte der Schmierfink einen abgekämpften Eindruck. Daneben die Konterfeis zweier einschlägig vorbestrafter Damen vom Fach, was Rasmussen zu der Bemerkung veranlasste: »Das hätten wir uns ja auch denken können. Die hatte Mangold sicherlich im Schlepptau.«

»Ha, der Ivo!« Jetzt wusste Rasmussen auch, wo der Geschäftsführer der größten Diskothek am Platz seine Freizeit verbrachte – auch er hing hier an der Wand. Schwierigkeiten hatte er mit einem drahtig gebauten Typ, der jedoch eine total verfilzte Matte zu haben schien.

Calloe bemerkte das, stieß Rasmussen in die Seite und prustete: »Kalle, der alte Stadtstreicher.«

Kopfschüttelnd wandte sich Rasmussen der rechten Seite der Wand zu. Ein strohblonder Adonis mit einem Schwanz wie ein Pferd war im Anflug auf die Dame seiner Wahl abgelichtet worden.

Hier wimmelte es vor lauter unbekannten Teilnehmerinnen und Teilnehmern des Wechselspielchens, aber alle mit Merkmalen, denen man nachgehen könnte. Tätowierungen, Narben, Piercings, auffällige Kleidungsstücke. Calloe und Hinrichsen hatten einen guten Job gemacht. Trotz der großen Zahl von Besuchern des Aschauer Strandes könnten sie unter den hier an der Wand aufgespießten sicher den ein oder anderen ausfindig machen und weitere Informationen gewinnen. Dabei war es äußerst hilfreich, dass Bürgermeister Iversens Hightech-Gerätschaften für Datum und Uhrzeit auf den Rückseiten der Fotos gesorgt hatten.

»Ich möchte, dass die Fotos vom Tag der Tat an die Kollegen auch jenseits der Grenze gehen.« Rasmussen musste das Heft jetzt mal in die Hand nehmen. »Wann kommt Hoffmann morgen zu Ihnen, Calloe?«

»Halb neun.«

»Danke, schönen Feierabend.«

Rasmussen wandte sich zum Gehen, doch Hinrichsen hielt ihn noch zurück und bat ihn, bei Wiesel nachfragen zu dürfen, wo Martens zu Tode gekommen war, wenn denn nicht auf der Motorhaube.

»Bin ich dran, Hinrichsen, ich treffe Doktor Wiesel heute noch.«

Wiesel und Rasmussen auf St. Pauli

Nachdem Wiesel ihm seine neuesten Ergebnisse aus der Pathologie mitgeteilt hatte, nutzte Rasmussen die Fahrt nach Hamburg, um Wiesel erstmals Birtes Geschichte zu erzählen. Ihre familiären Probleme, sein eigener Versuch, sie da herauszuholen, und dann die fatale Entwicklung, die ihr Leben nach dem Tanz in den Mai im »Baumgarten« genommen hatte. Rasmussen empfand sein Nicht-Handeln in dieser Situation immer mal wieder als Offenbarungseid und sprach das jetzt auch offen aus.

»So ein Quatsch«, sagte Amos Wiesel und parkte seinen giftgrünen 911er genau vor Eikes Wohnhaus in der Simon-von-Utrecht-Straße. Damit war das Thema für den Abend dann auch durch, denn Eike stand auf dem Balkon seiner Hamburger Dachgeschosswohnung und schien schon auf seinen Besuch von der Küste zu warten.

»Jungs, ich komme sofort runter.«

Rasmussen und Wiesel schauten sich fragend an. In der Regel wurde erst einmal mit Blick über die Dächer von St. Pauli vorgeglüht. Nun blieben sie einfach im Porsche sitzen.

»Petra geht es nicht gut, sie hat so fürchterliche Kopfschmerzen, sie erträgt heute keine fremden Menschen«, offenbarte Eike seinen beiden Gästen, die noch versuchten, sich nach anderthalb Stunden Fahrtzeit einigermaßen elegant aus dem Sportwagen zu schälen.

»Wer ist Petra?«, kam es fast unisono aus dem Porsche, und beinahe wären die beiden vor Lachen wieder in die Schalensitze gesunken.

»Wir haben uns ja schon lange nicht mehr gesehen. Ähm, Petra wohnt schon länger bei mir. Sie ist meine Büroleiterin.«

»Die Schrapnelle mit der kieksigen Stimme? Die kommt ja am Telefon allein schon akustisch als absolute Nervensäge rüber«, bollerte Rasmussen los, um dann mit Blick auf Eike seinen Ausbruch gleich zu bereuen. Sie waren keine fünfundzwanzig mehr, das konnte er an Eikes säuerlichem Mienenspiel ablesen.

Vor knapp zwanzig Jahren hatten sie sich bei der kurz entschlossenen Wahl des Partners für die Nacht das eine oder andere

Mal vergrüßt, die abschätzigen Kommentare hatte es dann am nächsten Tag frei Haus gegeben. Mit Anfang oder Mitte vierzig wurde aber wohl aus so mancher Stippvisite eine feste Beziehung. Dass Eike nun seine Büroleiterin Petra auf die Hörner nehmen musste, das stimmte Rasmussen wenig optimistisch. Eines wusste er mittlerweile: Die falsche Freundin konnte die besten Freundschaften atmosphärisch nachhaltig beeinträchtigen. Außerdem wollte er heute Weichen für seine berufliche Zukunft bei der Hanse-Security stellen. Eine weitere leitende Angestellte in der Firma mit enger Bindung zu Eike passte so gar nicht in Rasmussens Pläne. Dieser Platz war doch für ihn reserviert. So hatte er es jedenfalls immer verstanden.

»Stößt Petra denn im Laufe des Abends noch zu uns?«, erkundigte sich der stets um Harmonie bemühte Wiesel, dem nichts so sehr stank wie mundfaule und knötterige Freunde am Abend. Kaltes Schweigen umgab ihn schon tagsüber in der Pathologie.

»Das wird sich zeigen, eher nicht. Für Frauen mit Migräne braucht man einen Waffenschein. Gehen wir doch erst einmal einen Happen essen. Ich habe da schon so eine Idee, lasst euch überraschen«, lenkte Eike nun ein und griente Wiesel und Rasmussen schelmisch wie sonst auch an. Im selben Moment hob er den Arm, und ein Taxi hielt, als habe der Fahrer nur auf Eikes Zeichen gewartet.

»Bullerei«, Lagerstraße 34b«, gab Eike dem Fahrer als Ziel an. Wiesel und Rasmussen saßen im Fond und schauten sich nur fragend an, sagten aber nichts.

Der Fahrer wühlte sich durch das Einbahnstraßengewirr, irgendwann sahen sie das Millerntor-Stadion rechts liegen, in dem sie schon so manchen bunten Nachmittag verbracht hatten. 2007 war die Mannschaft endlich wieder aufgestiegen in die zweite Liga und hielt seitdem die Klasse. Die Stimmung war immer spitze, und schon ewig schien der Jolly Roger über den Rängen zu wehen, unabhängig von der Spielklasse. Die Piraten aller Ligen waren hier zu Hause. Es war noch gar nicht lange her, da hatte Eike ihnen per E-Mail einen Artikel aus dem britischen Fan-Magazin »Loaded« geschickt: *»Never mind the Ballacks. Here's St. Pauli.«*

»Am dreizehnten Juni gab es hier eine Demo unter dem Motto

›Die Stadt gehört allen‹. Eine Demonstration gegen die Gentrifikation auf St. Pauli und im Schanzenviertel. Da ging hier richtig die Post ab. Der Ausverkauf der Viertel um das Heiligengeistfeld hat schon längst begonnen, aber alles hat auch seine Grenzen. Ende Juli gibt es einen St.-Pauli-Kongress mit Fans und Funktionären, auf dem geht es unter anderem um die Vermarktung der Namensrechte für das Stadion. Ich schwör's euch, das Millerntor bleibt eine Bastion, das bekommen die Seelenverkäufer nicht durch, Astra-Arena oder so'n Schiet, und dann wechselt jede Saison der Name … Halt, stopp!« Eike stieß dem Fahrer seinen Ellenbogen in die Seite und gestikulierte wild herum.

Der Wagen hielt. Luxuskarossen, Menschengewühl. Hier war die Hölle los.

»Wie willst du hier noch reinkommen?«, frage Rasmussen, aber im gleichen Moment sah er die Türsteher, die ihren Security-Chef schon ins Visier genommen hatten. Im Gänsemarsch zwängten sich die drei an der Schlange vorbei und wurden am Eingang in Empfang genommen: »'n Abend, Chef, kommn Se rein.«

»Vielleicht habt ihr schon von Tim Mälzer gehört, der hatte mit der Oberhafenkantine schon unheimlichen Erfolg, aber das war ja der Laden seiner Mutter. Jetzt hat er sich mit der ›Bullerei‹ hier auf dem alten Schlachthof auf eigene Füße gestellt. Ich sitze manchmal neben ihm im Stadion, da ist es Ehrensache, dass ich für die ersten Tage nach der Eröffnung meine Leute abstelle. Das Ding hat übrigens heute erst den dritten Tag auf.«

Und schon wurden sie in Empfang genommen und platziert. Eike grüßte, wohin er nur konnte. Es waren vier Gedecke aufgelegt, Petra war also fest eingeplant gewesen.

Rasmussen nahm das wahr, sagte aber erneut nichts. Er schaute sich um, fand diesen Loft- und Industriechic der ausgedienten Viehhallen proper. Das Publikum sagte ihm nichts, irgend so eine Wundertüte aus Promis, It-Girls, Werbefuzzis, Geldsäcken und Künstlervolk. »Sag mal, Eike, wir sind auch schon uriger essen gegangen. Das hier sieht eher nach einer Bastion der Gentrifizierung aus«, moserte er.

»Ihr Bullen gehört einfach in die ›Bullerei‹.«

Die Landeier lächelten ob so viel Sprachwitz gequält.

»Wie viele von den Leuten hier zählen eigentlich zu deiner Kundschaft? Hans und ich wollten gern einen gemütlichen Abend mit dir und kein verdecktes Geschäftsessen.« Das waren für Amos Wiesel doch recht deutliche Worte.

»Manchmal geht es eben nicht anders. Aber nachher ziehen wir noch so richtig durch«, versprach Eike.

»Wenn du damit meinst, dass du wie immer in den Puff willst«, entgegnete Rasmussen eher gelangweilt als aufgeregt, »vergiss es. Wann kapierst du das endlich? Ich habe keinen Bock auf Nutten.«

In diesem Moment trat die lang beschürzte brünette Kellnerin an den Tisch. Und Rasmussens letztes Wort hallte noch nach. Er hätte erwartet, dass die Bedienung peinlich berührt war. Stattdessen strahlte sie ihn an, nahm die Getränkebestellung auf, ohne den Blick groß von ihm zu wenden. Rasmussen lehnte sich zufrieden zurück. Vielleicht war der Laden ja doch nicht übel.

»Wenn die Küche so gut ist wie der Service cool, dann geht hier was.« Beinahe hätte er sich vergessen und Eike vor lauter Wohlgefühl nach einer Zigarette gefragt. Der hatte sich gerade eine angesteckt.

Wiesel merkte, dass der eine wie der andere Freund ihren Frieden mit dem Abend geschlossen hatte. Ihr Gespräch wurde nur ab und an durch kurze Kundengespräche Eikes unterbrochen. Rasmussen und Wiesel nahmen das aber leicht, und die Kumpels bahnten sich in Erinnerungen schwelgend eine Schneise durch ihren Kosmos, den sie sich in den letzten zwei Jahrzehnten mehr oder weniger hart und meist gemeinsam erarbeitet hatten. FC St. Pauli, Metallica, alte Autos und Frauen. Darum kreisten ihre Anekdoten, und die Assoziationsketten überschlugen sich, von gelegentlichen Lachkaskaden unterbrochen. Rasmussen konnte ja so herrlich dreckig lachen, das war den anderen immer eine Freude.

Das ambitionierte Essen wurde beinahe zur Nebensache, wäre da nicht die unglaublich zarte Ochsenbacke mit Meerrettich gewesen, die Rasmussen beinahe um den Verstand gebracht hätte. Die Brünette sorgte für ununterbrochenen Rotwein- und Pilsnachschub. Pils für Eike und Rasmussen, Rioja für Wiesel. Allemal.

Das hier war ein anderer Schnack als das Abpumpen in der

Kieler Sparkassenarena beim »Metallica«-Konzert kürzlich im Mai. Bei »The Day That Never Comes« hatten sie sich bierselig in den Armen gelegen. Krieger der Nacht. »Love is a four letter word.« Wiesel schrieb jetzt diese Zeile auf die blank polierte Tischplatte, denn er hatte immer einen Permanent-Stift in der Innentasche seines Tweed-Jacketts stecken. Es gab ja auch noch andere Dinge, als Leichensäcke zu beschriften. Mit Tischgraffiti stoppte er Eike, der die Luxusprobleme mit seiner Petra ausbreiten wollte.

Petra. Eike. Das hörte sich für Rasmussen sowieso falsch an. Es war, als hätte sich ein Keil zwischen sie geschoben. Bis 1999 waren er und Eike beste Kollegen gewesen und wären es sicherlich noch bis heute, wenn Eike sich nicht diesen Lapsus erlaubt hätte. Er hatte von polnischen Autoschiebern in Eckernförde eine Art Schutzgeld kassiert. Im sich anschließenden Disziplinarverfahren war herausgekommen, dass die Bande unter Eikes Obhut jahrelang ungestört operieren konnte. Auf ihre Freundschaft hatte all das keine Auswirkungen gehabt. Rasmussen hieß nicht gut, dass Eike sich bereichert hatte, aber er hatte erlebt, wie Eike sein Leben für das anderer Menschen eingesetzt hatte. Das wog schwerer. Und mit dem wachsenden Erfolg von Hanse-Security, das gab Rasmussen unumwunden zu, kam der Hauptkommissar in Eckernförde des Öfteren über seine beruflichen Alternativen ins Grübeln.

»Amos, hast du eigentlich was dagegen, wenn Eike und ich uns mal kurz an die Bar zurückziehen?«, fragte Rasmussen.

Wiesel murmelte: »Bei diesen Aussichten hier kein Problem, aber bitte ordert mir einen neuen Rioja.«

Die beiden schlenderten an die Bar, und Eike verteilte auf dem Weg noch ein paar Bussis an die eine oder andere ältliche Blondine.

»Eike, ich muss unbedingt mit dir reden.«

»Hast du die Fleischtheke dieser drallen Blonden eben gesehen?«

»Ja, Eike, aber ich habe was auf dem Herzen.« Er konnte nicht umhin, ein wenig zu grienen. »Dein Angebot von vor acht Wochen, steht das noch? Ich überlege ernsthaft, bei dir einzusteigen und Prokura bei Hanse-Security zu übernehmen.«

»Hör mal, Hans. Darauf kannst du dich felsenfest verlassen. Du glaubst doch wohl nicht, weil ich gerade meine Büroleiterin am Haken habe, dass ich meinen alten Kumpel und meine Versprechen vergesse. Petra hat ganz andere Qualitäten. Ich brauche neben mir einen Partner mit ausgezeichneten Beziehungen zu den Behörden und zur Polizei. Hanse-Security muss sich in Zukunft in dieser Richtung besser absichern«, sagte Eike ganz unaufgeregt und auf einmal wieder vollkommen nüchtern.

Rasmussen gefiel der Tonfall. Und ihm gefiel die Richtung, die das Gespräch nahm. Für ihn war Eike in den letzten zwei Jahrzehnten neben Margarete Brix ein wichtiger Ratgeber gewesen. Eike hatte eine sehr pragmatische Ader. Wenn er seinen Freund denn mal zu fassen bekam, was in den letzten Jahren nicht immer so einfach gewesen war, dann beruhigte ihn nicht nur dessen sonore Stimme.

»Für alles gibt es eine Lösung«, das war Eikes Credo. Dazu stand er auch, denn er hätte alles, was in seinen Kräften stand, in Bewegung gesetzt, wenn es darum ging, Rasmussen aus der Patsche zu helfen. Manchmal hörte Rasmussen Eikes Stimme, und dann sah die Welt schon wieder freundlicher aus.

»Du musst dir aber auch darüber im Klaren sein, dass du einen Bürojob haben wirst. Zwar an einem superschicken Arbeitsplatz in der HafenCity. Auslauf so wie jetzt wirst du aber nur haben, wenn du unsere institutionellen Partner betüddelst und mit ihnen essen, trinken oder was auch immer gehst. Klar, dass ich dich auf Spaßtouren mit Promis mitnehmen werde, aber das ist mein Revier.«

»Das ist auch gut so«, antwortete Rasmussen und ließ seinen Blick über das Publikum schweifen. Er blieb an Wiesel hängen, der es sich mittlerweile am Nebentisch gemütlich gemacht hatte und in ein lebhaftes Gespräch mit zwei sehr ansehnlichen Frauen verwickelt schien.

»Wiesel«, sagte Eike anerkennend und stellte sein leeres Pilsglas auf die Theke. »Weißt du eigentlich, wie der das immer schafft?«

»Nö«, lachte Rasmussen.

Sie schauten sich noch einmal einvernehmlich in die Augen. Rasmussen trank aus.

Fünfter Tag: Freitag

Calloe vs. Hoffmann (Verlängerung)

Yvonne Calloe schwitzte. Sie schwitzte selten, denn sie war eine gut trainierte Ausdauersportlerin. Calloe wusste, dass Hoffmann wusste, dass sie schwitzte und warum sie schwitzte. Das machte es nicht besser. Kommissar Rasmussen stand in den Türrahmen gelehnt. Wort- und grußlos. Sie rückte das Aufnahmegerät zurecht, prüfte noch mal, ob es tat, was man von ihm erwartete, legte den Bleistift von der linken Seite der Akte auf die rechte, und dann schaute sie Torsten Hoffmann direkt in die Augen.

Hoffmanns blaue Augen strahlten, seine langen blonden Haare bildeten einen perfekten Rahmen für das kantige gebräunte Gesicht. Unter dem blassblauen Poloshirt zeichneten sich wohlproportionierte Muskeln ab. Er sah unverschämt gut aus.

»Na, Frau Kommissar, alles beisammen, oder sollen wir uns noch mal vertagen?«

»Wozu brauchen Sie so viel Geld, Herr Hoffmann?«

»Woher wissen …« Totti fing sich rasch. »Geld, viel Geld, das ist ja relativ. Wer oben nichts reinschmeißt, bekommt unten nichts raus, aber BWL ist sicher kein Unterrichtsfach auf der Polizeischule, oder?«

»Im zweiten Quartal des laufenden Jahres liegt Ihr Umsatz knapp drei Prozent über dem des Vorjahreszeitraumes. Ihre Kosten hingegen sind um fast vierzig Prozent höher. Um die Darlehen zu tilgen und nicht nur Zinsen zurückzuzahlen, müssen Sie Ihren Umsatz deutlich steigern. Das könnte jetzt, ohne Herrn Martens, gelingen, bevor der Herbst kommt.«

Hoffmann lächelte zufrieden. »Das ist vollkommen richtig. Sieht gut aus für mich, aber wissen Sie, eigentlich sah es schon immer gut aus für mich.«

»Nix is fix«, setzte Calloe nach und fragte die Klassikerfrage: »Wo waren Sie Sonntag zwischen neunzehn und dreiundzwanzig Uhr, Herr Hoffmann?«

»A 24, auf dem Rückweg aus Berlin.«

»Zeugen?«

»Sicher, all jene, die mir weichen mussten. Ich war eilig. Eine Frau erwartete mich. Beinahe hätte ich das Date vergessen. Passiert nicht nur Ihnen, so was.«

Calloe hörte, wie ihr Chef den Raum verließ. Sie entspannte sich und knipste das Aufnahmegerät aus. »So, Herr Hoffmann, Sie haben mich vorgeführt. Das war nicht schön für mich. Aber Sie werden mir jetzt meine Fragen beantworten, und ich habe viele Fragen, denn ich muss mein Missgeschick durch akribische Recherche vergessen machen. Und dann, also später, dann dürfen Sie gehen, und ich denke mir in aller Ruhe aus, wie ich Ihnen das Leben schwer machen kann.« Sie knipste das Aufnahmegerät wieder an und verschränkte die Arme hinter dem Kopf, sodass Hoffmann freien Blick auf die handtellergroßen Schweißflecken hatte.

Hoffmann rümpfte die Nase. »Ob wir mal lüften können, Frau Kommissar?«

»Leider nein, das Fenster lässt sich nicht öffnen. Manchmal haben wir hier richtige Spitzbuben und müssen natürlich vorsichtig sein. Das verstehen Sie bestimmt.«

Polizeiarbeit

Rasmussen hatte Hoffmann über. Wäre er nicht gegangen, er hätte ein Disziplinarverfahren und eine Strafanzeige riskiert, nur um diesem selbstgefälligen Lackaffen ein einziges Mal sein vorlautes Maul zu stopfen.

Er hämmerte die Tür hinter sich zu und schlug mit der rechten Faust auf seinen Schreibtisch. Die Vibrationen verursachten in Verbindung mit Restalkohol und Schlafmangel einen spontanen Kopfschmerz, der sich, an den Schläfen beginnend, wie ein Krake über den Hinterkopf bis in den Nacken ausbreitete. Ein Kopfschmerz, dem Rasmussen jetzt nachgeben könnte. Wie schön wäre es, sich unter die Bettdecke zu kuscheln und sich nur auf das eigene Ein- und Ausatmen zu konzentrieren. Nach wenigen Minuten käme der Schlaf, und nach vier Stunden würde er schmerzfrei erwachen. Aber er gab nicht nach. Er lächelte bewusst in den Spiegel über dem kleinen Waschbecken, erinnerte den wilden Männerabend auf St. Pauli und die süßen Stunden mit Marlene in der Nacht davor.

»Man lebt nur einmal«, zitierte Rasmussen sich selbst die alte Binse und nahm sich dann konzentriert die Tatortfotos vor.

Die Kratzspuren unter Martens' Achseln konnten das Ergebnis leidenschaftlicher Zuneigung sein, aber das war unwahrscheinlich. Wahrscheinlich war, dass sie beim Transport des Körpers entstanden waren. Allerdings lagen zwischen Leichenfundort und dem eigentlichen Strand doch ein paar Meter. Trotz Allrad hatte Martens den tiefen Sand gescheut und war mit der Hinterachse auf der festeren Zufahrt geblieben, und vom Strand gab es nur wenige Aufnahmen. Rasmussen musste Schleif- und Reifenspuren finden. Reifenspuren von Martens' Pick-up. Er griff zum Telefon und bat die Kollegen, ihm hochaufgelöste Fotos auf den Rechner zu schicken.

Eine halbe Stunde später wurde er fündig. Die Kollegen hatten in weiser Voraussicht ein Kranfoto gemacht, das den in Frage kommenden Strandabschnitt von oben zeigte. Rasmussen vergrößerte das Foto auf zweihundert Prozent und entdeckte Reifenspuren.

Er verglich sie mit den von Martens' Toyota gesicherten Spuren und war sicher, einen Treffer gelandet zu haben.

In Verlängerung der Reifenspuren konnte er zwei schmale Schleifrinnen erkennen. Vielleicht zehn Meter lang und vermutlich von Martens' Fersen in den Sand gedrückt. Dort, wo die Schleifspuren endeten, oder vielmehr begannen, war der Sand auf einer Fläche von etwa zwei mal drei Metern platt gedrückt. So als hätte dort eine Decke gelegen. Es schien denkbar, dass Martens nach dem Akt auf der Decke zum letzten Akt auf seine Motorhaube verbracht wurde und dass dann im Verlaufe der nächsten Minuten der Vorhang endgültig für ihn gefallen war. Aber warum? Rasmussen hatte keine Erklärung für ein derart absurdes Unternehmen. Mörder, die ihr Opfer vom Ort der Tat wegschaffen, wollen den Verdacht fernhalten. Unauffällig.

Rasmussen raufte sich die Haare. Was also hatte er? Eine Leiche, den Fundort, einen möglichen Tatort, die Todesart. Kein klares Motiv, sah man von Hoffmanns Vorteil durch Martens' Tod ab. Was Birte anging, stocherte er ebenfalls im Nebel. Höchst unbefriedigend.

Er brauchte Zeugen. Gestern hatte ihm Amos vom rot gefärbten Haar berichtet, das er zwischen Martens' Schamhaaren gefunden hatte. Rasmussen holte sich die Swingerfotos auf den Monitor. Bisher hatte er es vermieden, wirklich genau hinzuschauen, aber es half nichts. Da musste er jetzt durch.

Aber vorher würde er Hoffmann noch einen mitgeben. Vorhin hatte er in seiner Wut vergessen, die Untersuchung von Hoffmanns Fingernägeln anzuordnen. Mit Elan stand er auf, stürmte über den Gang, stieß die Tür zum Verhörraum auf und stellte sich hinter Hoffmann, der noch immer Fragen zu seinen Finanzen beantwortete.

Rasmussen stützte sich mit beiden Händen auf Hoffmanns Schultern ab und wandte sich an seine Mitarbeiterin. »Bitte veranlassen Sie, dass Herrn Hoffmanns Fingernägel auf Hautpartikel untersucht werden. Ist ja nicht auszuschließen, dass er sich an sein Vorbild rangemacht hat.« Er sah Hoffmanns Gesicht im Spiegel gegenüber. Es zuckte nicht einmal.

»Ach, Herr Rasmussen, Sie greifen aber auch nach jedem Strohhalm. Was wird die Presse sagen, wenn deutlich wird, wie hilflos die Eckernförder Polizei ist?«

Rasmussen machte links um und verließ den Raum. In seinem Büro angekommen, drosch er zum zweiten Mal auf seinen Schreibtisch ein. Wirklich schlimm war, dass Hoffmann recht hatte.

Zwei Stunden später hatte er Rotkäppchen gefunden. Besonders freute ihn, dass die unerwartet ansehnliche Frau Mitte dreißig ein knappes T-Shirt trug, das sich bei näherer Betrachtung als Wink mit dem Zaunpfahl zu erkennen gab. Auf dem linken Ärmel las Rasmussen »Crew Menja«, und er wusste sofort, wo er Rotkäppchen suchen musste.

Sechster Tag: Samstag

Dienstreise mit Risted Hotdog

Es gab Tage, da meinte es das Leben gut mit einem. Da fügten sich die Dinge, da war man vom Glück beschienen. Die Kunst lag darin, diese Tage zu erkennen und zu genießen. Rasmussen hatte erkannt und genoss. Er hatte eine Handvoll jener CDs gegriffen, die er für gewöhnlich unter Verschluss hielt. Lauter Mädchenmusik. Nun sang er mit Carole King »... *one more song about moving along the highway* ...« und ließ sich in diese bittersüße Melancholie gleiten. Er dachte: Dass ich jetzt an Marlene denke, ist doch ein Zeichen. An wen soll ich auch sonst denken, nach wem soll ich mich sehnen? Marlene war die einzige Frau, die sein Kumpel war und nach der er sich dennoch mit schöner Regelmäßigkeit die Finger leckte. Carole King sang den Refrain »*You're so far away*«, und die Haare auf seinem Unterarm stellten sich auf. Er klemmte die Thermoskanne zwischen die Beine, schraubte den Verschluss auf und goss sich vom heißen Tee ein. Dann den Blinker rechts und runter von der Autobahn.

Abenraa ließ er rechts liegen. Nun stand die Sonne hinter ihm an diesem frühen Morgen und tauchte die dänische Landschaft in zartes Streiflicht. Nach den ersten Klavierakkorden versprach Carole King »*You've got a friend*«. Innerhalb einer Woche spürte Rasmussen zum zweiten Mal, wie ihm die Tränen in die Augen stiegen. Er war ein rührseliger, alternder alleinstehender Träumer. Dänemark hatte ihm schon immer geholfen, die Dinge klarzukriegen. Hier fühlte er sich ruhig und beschützt. Eine tiefere Beziehung zu einem Land? Seltsam war das schon, aber genau so fühlte es sich an. Vermutlich war er im ersten Leben Wikinger gewesen.

Amy Winehouse und »*Will you still love me tomorrow?*«. Rasmussen drehte die Anlage bis zum Anschlag auf, lenkte mit den Knien und dirigierte den Soundtrack seiner Kindheit. Seine Mutter hatte die Originalversion der Girlgroup Shyrells aus den Sechzigern gespielt, wenn sie bügelte, und er kannte und liebte jedes Wort. Rechts vorn erkannte er durch die arg verschmierte Windschutzscheibe schon Dänemarks älteste Stadt Ribe. Noch eine halbe Stunde, und er würde am Fähranleger in Esbjerg stehen.

Die Kollegen der dänischen Polizei hatten Rotkäppchen rasch als Hanne Mogensen identifiziert. Mogensen war neunundzwanzig, alleinerziehende Mutter von zwei Töchtern, hatte Schlosserin gelernt und vor fast dreizehn Jahren eine Reihe von Wohnungseinbrüchen begangen. Sie schien eine Frau der Tat zu sein. Nun stand sie auf Rasmussens Liste der Personen, die Lars Martens als Letzte gesehen haben mussten. Seit zwei Jahren jobbte sie bei Fanø Færgen halbtags als Mädchen für alles. Sie war auf Fanø gelandet, weil ihr eine dortige Schule, die Fanø Efterskole, einen Job als Hausmeisterin und eine Wohnung angeboten hatte. Nun arbeitete sie vormittags für die Fährgesellschaft und erledigte am Nachmittag kleine Reparaturen in der Schule, die auch ihre beiden Töchter besuchten. Ein bisschen Ruhe war in ihr Leben eingekehrt. Aber was brachte sie an den Swingerstrand und zu Lars Martens?

Rasmussen hoffte auf Antworten. Im Geiste ging er die Begrüßung durch, auf Dänisch natürlich. Die Sprache der Nachbarn hatte er einige Jahre gelernt, aber sie war ein bisschen eingerostet.

Von Süden kommend, war das große Kohlekraftwerk mit seinem zweihundertfünfzig Meter hohen Kamin, dem höchsten des ganzen Landes, Esbjergs augenfälligste Landmarke. Früher waren es Leuchttürme und Kirchen, dachte Rasmussen wehmütig, schob die nostalgische Anwandlung aber gleich wieder zur Seite. Was war nur los mit ihm?

Wenige Minuten später hatte er die Hafenanlagen erreicht. Die »Menja«, jene Fähre, die ihn sofort auf die richtige Spur gebracht hatte, machte gerade fest. Als er Hanne Mogensens T-Shirt mit dem Aufdruck »Crew Menja« gesehen hatte, war sofort klar gewesen, dass er nach Fanø musste. Zwischen fünfundzwanzig und fünfunddreißig war er mit seiner Clique zu Pfingsten und Silvester nach Fanø gefahren, um dort zu feiern. Bei Danibo hatten sie sich große, strandnahe Häuser, meist in Fanø-Bad, gemietet. Sie hatten miteinander nächtelang Karten gespielt, gealbert, heiße Diskussionen geführt, lange Strandspaziergänge unternommen, und manche hatten einander geliebt. Marlene war damals immer dabei gewesen, und die anderen hatten öfter als einmal gefragt, wann Marlene und er denn heiraten würden.

Rasmussen lenkte den Volvo die leicht ansteigende Straße hinauf Richtung Zentrum. Er wollte das Auto nicht mit auf die Insel nehmen. Stattdessen würde er sich in Nordby ein Fahrrad leihen.

Wenig später knisterte der heiße Motorblock in der Nähe des Kunstmuseums am kleinen Stadtpark. Von der Anhöhe aus konnte Rasmussen zur Insel hinüberschauen. Unten im Hafen sah er, wie die letzten Autos von der Fähre herunter an Land fuhren, und nun musste er sich sputen. Im Laufschritt kam er am Gebäude von Fanø Trafikken an, kaufte eine Fahrkarte und ging als einer der Letzten an Bord. Sofort erklomm er die Stufen zum Oberdeck und fand noch einen freien Stehplatz an der Reling. Von hier aus hatte man den besten Blick auf die Insel.

Die Fahrt dauerte nur zwölf Minuten, aber es war eine Überfahrt und versetzte Rasmussen schlagartig in einen anderen Modus. Er fühlte sich entspannter, glücklicher, und er spürte, dass sein Magen knurrte. Kein Wunder, ging es doch auf Mittag zu. Da käme ein Hotdog im kleinen Havnekiosken gerade recht. Ihm blies der milde Fahrtwind ins Gesicht. Es roch nach Nordsee, und die Möwen kreischten.

»Na, glücklich?«, fragte ihn eine ältere Dame, die links neben ihm stand und sein breites Grinsen bemerkt hatte. Rasmussen nickte nur und dachte schon wieder an Marlene.

Die »Menja« legte an, und Rasmussen betrat Inselboden. Ein Gefühl, dass er wirklich liebte. Beschwingt schritt er aus, öffnete die Tür zum Pølser Paradies, orderte ein Risted Hotdog, Pommes mit Remoulade und nach kurzem Zögern ein grünes Tuborg. Er hatte noch fast zwei Stunden bis zu seiner Verabredung mit Hanne Mogensen.

Mit dem geliehenen Rad strampelte Rasmussen ruber nach Fanø Bad. Der Westwind war kräftig, und der Kommissar musste sich anstrengen. Nach wenigen Minuten spürte er, wie ihm der Schweiß aus den Poren trat. Auf der Stirn, im Nacken und auf der Brust. Er fühlte sich großartig. In diesem Augenblick seltenen

Wohlbefindens überholten ihn zwei Teenager, schwatzend und mit nur einer Hand am Lenker. Rasmussen nahm ein, zwei Tritte raus, hielt innere Zwiesprache, vernachlässigte die Körperspannung, fing sich dann aber wieder. Er war verwirrt. Von zwei Mädels auf dem Rad so abgehängt zu werden? Der Impuls, darüber nachzudenken, verschwand so schnell aus seinem Bewusstsein wie die jungen Dinger aus dem Blickfeld.

Eine letzte Linkskurve nach der langen Geraden, und er konnte den wunderbaren, weiten Strand von Fanø Bad sehen. Die Asphaltstraße ging unvermittelt in Sand über. Dieser aber war so hart, nicht zuletzt, weil hier der Bus am Strand verkehrte, dass man an manchen Tagen nicht vom Rad absteigen musste. Zügig fuhr Rasmussen noch hundert Meter weiter, lehnte sein Rad an einen der Holzpfosten, krempelte sich die Hose hoch, zog die Schuhe und die Socken aus und schritt tief inhalierend dem Wassersaum entgegen. Dabei wählte er einen Weg, der ihn nordwestlich von Fanø Bad wegführte.

Nach zehn Minuten sah er keine Menschenseele mehr. Rechts in großer Entfernung die Dünen und ansonsten nur Sand. Nicht mal die Nordsee konnte er sehen. Das Gefühl unbeschwerter Freiheit war überwältigend. Warum bloß war er so lange nicht mehr hier gewesen? Frei und unabhängig zu sein, das war ihm immer so wichtig gewesen, oder doch zumindest, die süße Illusion von Freiheit zu empfinden. Er grinste und legte sich in den Sand. Auf den Rücken mit weit ausgestreckten Armen und Beinen, voller Vertrauen und mit nichts als der Weite des blau scheinenden Universums über sich.

Neunzig Minuten währte die Auszeit, dann radelte Rasmussen mit Rückenwind nach Nordby zurück, und pünktlich um vierzehn Uhr bog der deutsche Kommissar in die Mellemgaden ein. Am Haus mit der Nummer 17 machte lediglich das runde Schild mit weißer Schrift auf grünem Grund deutlich, dass hinter der Backsteinfassade und unter dem Reetdach die dänische Staatsmacht in Person von Politikommissaer Anders Vendelhaven Recht und Ordnung verteidigte. Rasmussen lehnte sein Rad an den Gartenzaun, und hinter Stockrosen, Spalierobst und im Wind trocknender

Wäsche sah er »Rotkäppchen« und den dänischen Kollegen beim Kaffee in der Sonne sitzen.

Hanne Mogensen sah umwerfend aus, und das war nicht nur ihm aufgefallen. Anders Vendelhaven bemerkte ihn erst, als er ihm auf die Schulter tippte. Man stellte einander vor, Rasmussen setzte sich und rief sich sein Schuldänisch in Erinnerung.

»Ssüß«, war das Erste, was die zu Befragende äußerte. »Sso ssüß, wenn deutsche Männer dänisch sprechen.«

Rasmussen nahm einen Schluck Kaffee. »Frau Mogensen, wir machen es wie im Fernsehen. Wo waren Sie letzten Sonntag zwischen achtzehn und zweiundzwanzig Uhr?«

Hanne Mogensen grinste. »Wenn Sie so fragen, wissen Sie das doch, oder täusche ich mich?«

»Bei Frauen kann man sich nie sicher sein«, erwiderte Rasmussen.

»Ich war in Deutschland.«

»Wo genau?«

»Im Himmel.«

»Wie bitte?«

»Gibt es was Himmlischeres als Sex *on the beach*?«

»In welchem Verhältnis stehen Sie zu Lars Martens?«

»Lars, Sie kennen Lars? Lars ist ein Wikinger, wenn Sie wissen, was ich meine.«

»Ein toter Wikinger.«

Hanne Mogensens Mimik machte eine dramatische Veränderung durch. Rasmussen erkannte blankes Entsetzen. So hätte Birte Martens reagieren sollen. Er glaubte im selben Moment zu wissen, dass Mogensen nicht die Täterin war. Gefühle ersetzten jedoch niemals Erkenntnisse.

Vendelhaven legte seine Hand auf Mogensens Unterarm. »Sollen wir eine Pause machen?« Hanne Mogensen schüttelte kaum sichtbar den Kopf, die rote Haarpracht wippte leicht nach.

Rasmussen setze nach: »Haben Sie Herrn Martens am letzten Sonntag gesehen?«

Mogensen straffte sich. »Gesehen? Ja, gesehen habe ich ihn auch.« Ihre Stimme war verändert. Kehlig geworden und – rau. »Vor allem habe ich ihn gespürt, warm und lebendig.«

102

Rasmussen verstand die beinahe inbrünstige Reaktion nicht. Bislang war er davon ausgegangen, dass sich am Strand in Aschau emotional und intellektuell unterentwickelte, notgeile Randfiguren der Gesellschaft ohne jeden Bezug zueinander trafen.

»Lars war ein gerader Kerl, ein Wikinger eben. Er war hart, aber ehrlich.«

Für Rasmussen wurde die Lage langsam unübersichtlich. Schon die zweite Frau, die Martens geschätzt zu haben schien. »Seit wann kannten Sie Lars Martens?«

»Seit ziemlich genau drei Jahren.« Die Antwort kam ohne jedes Zögern. »Wir haben uns am vierten Juli 2006 in Dortmund kennengelernt.«

»Wie bitte?«

»Deutschland – Italien, Halbfinale. Deutschland verlor null zu zwei nach Verlängerung. Meine Mutter ist Italienerin.«

»Und?«

»Wir standen in der Pause am Imbiss, er hat mich nach dem Spiel in seinem Auto mitgenommen. Wir sind bis Hannover gekommen. Da haben wir ein Hotelzimmer genommen. Drei Tage später war ich wieder in Dänemark.«

Die Kommissare schauten einander ratlos und verlegen an. Beide zweifelten insgeheim an ihrer Männlichkeit.

»Noch mal nach Aschau. Wann sind Sie dort eingetroffen, und wann haben Sie Lars Martens getroffen?«

»Wir sind zusammen nach Aschau gefahren. Lars hat mich wie immer am Bahnhof in Eckernförde abgeholt.«

»Ist Ihnen etwas an seinem Verhalten aufgefallen?«, mischte sich nun Anders Vendelhaven ein. Rasmussen verdrehte die Augen. Auf Standardfragen gab es Standardantworten. Dachte er.

»Ja, er war aufgekratzt, unglaublich ...«, sie suchte nach dem richtigen Wort, »unglaublich geil. Heute würde er mir ein besonderes Geschenk machen, hat er gesagt.«

»Ein Geschenk?«

»Ich habe das auch erst später verstanden. Er stand immer so unter Leistungsdruck, selbst beim Sex. Als wir in Aschau ankamen, hatten wir gleich Verkehr und dann später noch mal.«

Rasmussen unterbrach. »Waren Sie denn zwischenzeitlich weg?«

Mogensen verzog das Gesicht. »Herr Rasmussen, Aschau ist ein Swingertreffpunkt. Da gehen nicht etwa verliebte Paare händchenhaltend in trauter Zweisamkeit auf und ab.«

Rasmussen verstand.

»Als wir uns also auf der Decke wiedertrafen, da schaute Lars stolz an sich herab, und ich glaube, er erwartete ein Lob. Er war tatsächlich von verblüffender Standkraft an diesem Tag.«

Rasmussen wurde die Befragung zunehmend unangenehm. »Wie spät war es, als sie sich zum zweiten Mal – trafen?«

»Es muss ungefähr acht gewesen sein.«

»Und Martens war gesund und munter?«

»Kann man sagen.«

»Was passierte dann?«

»Lars hat sein Auto an den Strand geholt, er wollte Musik hören. Ich habe ihn noch geküsst und bin früher weg, weil ich eine Mitfahrgelegenheit bis Flensburg hatte.«

»Haben Sie Martens danach noch einmal gesehen, mit ihm telefoniert oder sonst wie Kontakt gehabt?«

»Nein, wir wollten uns am übernächsten Wochenende wieder treffen.«

»In Aschau?«

»Ja.«

Rasmussen rutschte auf dem Stuhl hin und her. Wäre doch Calloe jetzt hier. So von Frau zu Frau könnte die Erforschung der Vergangenheit leichter über die Bühne gehen.

»Kop Kaffee?«, wollte der dänische Kollege wissen und verschwand, bevor er eine Antwort erhalten hatte.

Rasmussen machte sich ein paar Notizen. Als er wieder in Hanne Mogensens Gesicht blickte, wischte sie sich gerade eine Träne von der Wange. »Lars Martens war für Sie mehr als … als ein Sexpartner?«

Sie schaute ihn direkt an, ein Blick, der klar und ohne Scheu war. »Ja, wir hatten wunderbaren, vorbehaltlosen Sex, keine wechselseitigen Ansprüche, keine Abhängigkeiten, und wir haben es sehr genossen. Aber das wäre nicht möglich gewesen, hätten wir nicht ein paar wichtige Grundeinstellungen geteilt. Lars und ich hatten in unserem jeweiligen Leben reichlich Probleme. Andersgelagerte Probleme, aber wir haben sie ähnlich zu lösen versucht. Wir waren beide tough, aber wenn ein anderer am Boden lag, haben wir nicht nachgetreten.«

»Kennen Sie seine Frau?«

»Nicht persönlich, aber er hat viel von ihr erzählt. Er hat sie wirklich geliebt und sie ihn auch. Sie hielten zusammen. Irgendwas schweißte sie aneinander. Aber im Bett klappte es wohl nicht. Lars hat mal gesagt, sie sei scheu. Er konnte sich das nicht erklären.«

Rasmussen wurde heiß und kalt. Er dachte an die Vergewaltigung. Sie hatte Birtes Leben verdorben, und Birte selbst wusste nicht einmal davon. Er musste hier weg. Eine Frage schob er aber noch nach. »Hatte Lars Geldsorgen?«

Hanne Mogensen lachte. »Geldsorgen? Ihm stand das Wasser bis zum Hals. Das hat ihn gequält. Monatelang. Er fühlte sich als Versager. Aber vor zwei Wochen haben wir telefoniert, und er erzählte, dass Birte und er das Geldproblem gelöst hätten.«

Rasmussen hakte nach. »Birte und er – er hat gesagt, dass sie das Problem gemeinsam gelöst hätten?«

Hanne Mogensen nickte.

»Hat er gesagt, wie sie das Problem lösen konnten?«

»Nein, Lars hat nur Andeutungen gemacht. Zu Weihnachten käme der Braten aus der Röhre.«

Die beiden Polizisten schauten sich an. »Der Braten käme aus der Röhre?«

»Zu Weihnachten kommt der Braten aus der Röhre, ja, genau so hat er es gesagt.«

Andeutungen nannte Hanne Mogensen das. Vermutlich war das dem Umstand geschuldet, dass sie keine Muttersprachlerin war. Seit dem letzten Verhör Birtes wusste Rasmussen: Birte würde Ende Dezember Mutter werden. Martens hatte diesen Umstand als Lösung seiner Geldprobleme dargestellt. Wollte er sein Kind etwa verkaufen?

Rasmussen hatte den Faden verloren. »Frau Mogensen, ich danke Ihnen sehr für Ihre Offenheit. Ich möchte Sie bitten, mir eine Liste mit den Namen der Leute zu schicken, die in Aschau immer mit dabei waren. Wir behandeln das absolut diskret.« Er überreichte seine Visitenkarte, verabschiedete sich etwas überhastet bei Anders Vendelhaven und schwang sich aufs Fahrrad.

Die Erinnerung an schmerzhafte Ereignisse aus der Vergangenheit hatte ihn kalt erwischt. Die Ankündigung, Birte und Lars hätten einen Plan für die Zukunft gehabt, hatte ihn sogar verletzt. Er konnte sich trotz Margarate Brix' Einschätzung noch immer nur schwer vorstellen, dass Birte wissentlich und planvoll gemeinsame Sache mit Lars hätte machen wollen. In seinen Augen war sie das Opfer, das nicht anders konnte. Andere Möglichkeiten hatte er bisher nie erwogen, obwohl er wusste, dass Margarete die Rolle Birtes ganz anders sah. Und überhaupt: Welche Möglichkeiten sollten das schon sein?

Tief verunsichert und irritiert verließ er Nordby und radelte in südliche Richtung. Bewegung half ihm, die Dinge zu sortieren. Vor ein paar Jahren hatte er entdeckt, dass es vor allem der monotone Rhythmus einer Bewegung war, der ihn beruhigte.

Fünfundvierzig Minuten später stand er verschwitzt, aber mental aufgeräumt vor der malerischen Fassade des Sønderho Kro, und im selben Augenblick beschloss er, das Wochenende hier zu verbringen. Die Lage gleich hinterm Deich, die ruhige Atmosphäre und nicht zuletzt die ambitionierte Küche machten diesen Gasthof zu einem lohnenden Ziel. Rasmussen nahm sich vor, die Brix hierher einzuladen, am besten anlässlich der Lösung des Martens-Falles.

Die Hausherrin Charlotte Sullestad gab ihm »Olgas Zimmer«. Ein Zimmer mit Aussicht. Rasmussen setzte sich aufs Bett, und sein Blick ging über das Wattenmeer hinweg bis hinüber zum Kirchturm von Ribe auf dem Festland. Als er seine Kuriertasche öffnete, um zu schauen, ob er an Wäsche zum Wechseln gedacht hatte, segelte eine Packung »Salzige Seesterne« heraus, ein starkes Lakritz, das er für sein Leben gern aß. Die beste aller Vermieterinnen wusste das und hatte noch einen Zettel draufgeklebt. »Moin Hans, nix gegen Lakritze, aber Matjes sind auch nicht schlecht. Wir müssen noch ein bisschen üben. Das erste Casting in Kiel ist nächsten Freitag. Also, komm Montagabend mal in die Küche. Deine Erika.«

Rasmussen seufzte und ergab sich der Müdigkeit.

Die roten Haare flatterten im Wind, und der Hauch von Sommerkleid umspielte den Körper der Fahrradfahrerin. Rasmussen war noch nicht ganz wach und balancierte gerade auf der Grenze zwischen Traum und Wirklichkeit, da vibrierte sein Handy auf der Tischplatte, die als Resonanzkörper diente und den ganzen Raum mit einem archaischen Brummen erfüllte. Die Sonne war dabei unterzugehen und tauchte das Zimmer langsam in ein stilles Dunkel.

Es war Calloe, und die klang ziemlich ernüchtert. Sie hatte Hoffmanns Bilanzen und Kontoauszügen abenteuerliche Geschichten anzudichten versucht, war aber an dessen BWL-gestählter Argumentation abgeglitten. Calloe hatte außer einem vagen Gefühl und ihrer massiven Abneigung nichts gegen den neuen Star des Hafens vorzubringen.

»Und wissen Sie, wer ihn abgeholt hat? Im offenen Porsche?«

Rasmussen verneinte.

»Das Töchterchen Ihres Bauunternehmers.«

»Meines bitte was?«

»Frauke Burmester, dabei ist die locker zehn Jahre älter als Hoffmann.«

»Sieht aber fünf Jahre jünger aus«, konnte Rasmussen sich nicht verkneifen. Mehr hatte er Calloe nicht zu sagen, die nun durch ihr kurzes Schweigen einen Bericht von ihm einzufordern suchte.

Rasmussen schwieg.

»Tut ja auch nichts zur Sache. Ich fahre am Wochenende zu Freunden nach St. Peter. Nur damit Sie Bescheid wissen, bin also übers Handy erreichbar.« Calloe legte auf.

Der Reisende sackte wieder zurück in die Kissen. Er war so grenzenlos müde. Binnen einer Minute schlief er tief und fest.

Hinrichsen macht Überstunden

»Tschüss, Herr Kollege, ich würde Ihnen empfehlen, auch ins Wochenende zu gehen. Unser Chef klang, als befände er sich halb im Koma. Von dem ist heute nichts mehr zu erwarten. Ich schätze sowieso, er wird das Wochenende dort oben verbringen. Aber der sagt ja auch nichts, ne!« Calloe war stinkesauer und knallte im Rausgehen mal wieder mit den Türen.

Immer buhlt sie um seine Anerkennung. Entspann dich doch mal, Mädchen, dachte sich Hinrichsen. Computer runterfahren, die Fotos mit den Sauereien zusammenraffen und dann die Prinz-Heinrich-Mütze auf. Und ab dafür.

Hinrichsen war auf dem Heimweg nach Lindhöft. Gegen halb neun war er auf der Höhe Aschaus und bog dann doch ab in Richtung Strand. Von Weitem sah er schon, dass der Parkplatz voll belegt war, also parkte er seinen Opel Kombi in Iversens Carport. Unter Canastabrüdern war das okay. Ein Blick rüber zu Hoffmanns Disneyland, nein, Hansapark natürlich, verriet, dass auch dieser Vogel ausgeflogen war. Der fette Q7 war jedenfalls weit und breit nicht zu sehen.

Was wollte er eigentlich hier? Rasmussen war weit weg, einem freien Restwochenende stand eigentlich nichts im Wege. Nun aber übermannte ihn wohl sein eigener kriminalistischer Ehrgeiz, der im täglichen Wettbewerb mit den hyperaktiven Jungschen nicht immer so zum Tragen kam. Er ließ den Blick noch einmal zum Parkplatz schweifen. Der Stuhl von Parkwächter Weinmann unter dem Sonnenschirm war um diese Zeit unbesetzt. Wie wäre es, wenn er von hier aus für die nächste Stunde den Verkehr an der Lagune beobachtete? Er brauchte nur noch etwas, hinter dem er sich verstecken konnte.

Im Kofferraum fand er diverse alte Ausgaben der »BILD«, so die Titelseite mit der Schlagzeile »Wir sind Papst.« Zu alt, da schon vier Jahre her, immer noch schön, aber unbedingt zu auffällig. Unter dem Altpapier versteckten sich ein paar Aktendeckel. Er klemmte sich vier Stück unter den Arm, griff in seinen Parka, um sich zu vergewissern, dass er auch einen Schreiber in der

Innentasche hatte, und schob die Mütze weit ins Gesicht. Nun war er gewappnet.

Hinrichsen ließ sich in den Plastikstuhl plumpsen. Der spreizte sich, widerstand dann aber doch den einhundertneun Kilo Lebendgewicht. Seine Blicke schweiften über den Parkplatz. Die Autokennzeichen waren ein buntes Sammelsurium, vor allem aber Hamburger, dann das eine oder andere süddeutsche und wenige dänische Nummernschilder. Ja ja, die Dänen, schoss es Hinrichsen durch den Kopf, die waren immer schon ganz vorn, wenn es um Schweinereien ging. Kaum hatte man in den 1970er-Jahren nahe Flensburg die Grenze überquert, hatte sich Sexshop an Sexshop gereiht. Apropos Dänen. Im Dachfenster des Hoffmann'schen Fachwerkhauses, das an den Parkplatz grenzte, flackerte wohl ein Fernseher vor sich hin, das war gegen die Abendsonne gerade so eben zu erkennen.

Ansonsten war hier nichts los auf dem Parkplatz. Mindestens fünfzehn Minuten döste Hinrichsen hinter seinem Aktendeckel und kaute dabei auf dem Kugelschreiber herum. Auf einmal hörte er Stimmen an der Remise. Zwei junge Männer waren offenbar in Verhandlungen mit jemandem im Haus, sie reichten Geld hinein und bekamen eine kleine Plastiktüte in die Hand gedrückt. Vom Verkäufer war nur der Ärmel der orangefarbenen Hummel-Jacke zu erkennen.

»Aha, die dänischen Dösbaddel.«

Die beiden Hoffmann-Schergen gingen also nicht nur Iversen bei der Swingerjagd zur Hand, sondern vertickten hier auch Pillen. Dieses Nest sollten sie so schnell wie möglich ausnehmen. Während Hinrichsen für sich diesen Wunsch formulierte, kam mit Karacho ein Sportwagen auf den Platz gedüst. Hinrichsen duckte sich hinter der Akte. Hoffmann und Frauke – angeregt diskutierend und, wie es aussah, mit Landkarten unterm Arm. Einen Reim konnte sich Hinrichsen nicht darauf machen. Dann wurde es dunkel, und Hinrichsen brach ab.

Siebter Tag: Sonntag

Die Kunst der Annäherung

Rasmussen streckte sich, spürte den inzwischen wohlbekannten Schmerz in der rechten Schulter und blinzelte aus dem Fenster von Olgas Zimmer hinaus in einen makellos blauen Himmel. Er fühlte sich, von der Schulter mal abgesehen, erholt und voller Tatendrang. Und das, obwohl er in voller Montur geschlafen hatte.

Auf dem Frühstückstisch lag neben der Kaffeekanne ein Flyer des Kunstmuseums. Kunst hatte Rasmussen schon immer angemacht. Nicht dass er was davon verstanden hätte, aber schöne Bilder inspirierten ihn. Je abstrakter, desto besser, und genau das versprach die Ausstellung »Moderne jütländische Fotografie«. Zunächst aber wollte er baden.

Er schob das Rad durch die schmalen Gassen Sønderhos, genoss das »Barfußflair«, die entspannten Gesichter und schwang sich erst auf Höhe der Glas-Galerie in den Sattel. Ein paar Minuten später sprang er in die kräftigen Wellen der Nordsee. Immer wieder rannte er gegen die Wassermassen an und ließ sich an den Strand zurückspülen. Zwischendurch hörte er Stimmen. Eike, Marlene, Birte, die alte Clique schien sich vor seinen Augen am Strand von Sønderho zu versammeln. Rasmussen schmiss sich in die Dünen und hing diesen Erinnerungen ausnahmsweise ganz ohne Wehmut nach. Schönes Gefühl. Seinen Fall hatte er oben am Kiosk mit dem Fahrrad geparkt.

Es war halb drei, als Rasmussen die Tür zum Kunstmuseum öffnete, es war fünfzehn Uhr fünfunddreißig, als er Ulla Diedrichsens Foto eines Straßenkreuzers sah. Die Fotografin zeigt uns ein schwarzes amerikanisches Blechungetüm von hinten. Eine leichte Untersicht lässt das Ding noch unheimlicher erscheinen. Am Steuer sitzt ein Mensch. Der Straßenkreuzer steht auf einem Parkplatz. Der Fahrer, der nicht fährt, sitzt stocksteif im Cockpit und starrt gegen eine Wand. Rasmussen stieg in das Bild ein und ließ seinen Fragenkatalog der fünf Ws über die Szenerie laufen. Das Foto sperrte sich, vor allem war da noch ein Fremdkörper im

Bild, rote Haare und ein wohlgeformter Oberkörper verdeckten den rechten Kotflügel. Vor dem Foto und nur drei Meter von Rasmussen entfernt stand eine Frau. Er hatte Hanne Mogensen sofort erkannt. Sie hatte ihn nicht gehört. Sie rührte sich nicht. Rasmussen verharrte. Minutenlang. Dann drehte sich Hanne Mogensen um und sah ihm direkt in die Augen.

»Mein Lieblingsbild.« Mit diesen zwei Worten wischte sie sich erneut Tränen aus dem Gesicht. Eine Bewegung, die selbstverständlich aussah, Mogensen war nicht peinlich berührt. Ihr Blick war traurig und offen. Sie versuchte nicht, ihm etwas vorzumachen. Eine Frau ohne Maske, dachte Rasmussen.

»Gehen wir ein Stück.«

Widerstandslos ließ er sich von Hanne Mogensen aus dem Raum führen. Was diese Frau auch tat, es machte einen vollkommen natürlichen und selbstverständlichen Eindruck.

Als der Sonnenuntergang die Schleierwolken rosa färbte, saßen sie noch immer auf der kleinen Terrasse von »Kromanns Café«, und Hanne Mogensens Leben kam Rasmussen sehr vertraut vor. Hanne hatte keinen Hehl daraus gemacht, dass sie ihr Herz ausschütten wolle. Sie kenne ihn nicht, sie würde ihn nie wieder sehen, und das sei eine gute Voraussetzung für Intimität. Rasmussen hatte sofort verstanden. In seiner Jugend hätte er seine Sorgen und Nöte nur allzu gern einem menschlichen Wesen anvertraut, dem er nicht tagtäglich in die Augen sehen musste, aber auf dem Dorf kannte jeder jeden.

Bei Hanne Mogensen war es nicht anders gewesen. Sie war auf Læsø geboren, im Kattegat, in Dänemarks am dünnsten besiedelter Gemeinde, auf einer Insel. Zwischen Schule, Kirche und Familienidyll hatte sich ein weitgehend friedliches und höchst langweiliges Leben abgespielt. Ihr Schulweg war sieben Kilometer lang, und sie hatte den Westwind zu hassen gelernt. Mit vierzehn ließ sie ihr Rad einfach an der Schule stehen und nahm das Auto des Hausmeisters, der den Schlüssel nie abzog. Sie schaffte etwa die Hälfte der Strecke. In einer lang gezogenen Rechtskurve kam sie von der Fahrbahn ab, rumpelte über den Radweg, pflügte durch den Vorgarten der zweiten Bürgermeisterin, tötete dort die beiden Kaninchen und kam im Wohnwagen der Sørensens zum Stehen. Als sich dann noch herausstellte, dass sie in der zweiten großen

Pause Bier getrunken hatte, wurde sie auf der Insel nur noch Faxe gerufen. Das war die Biermarke, die auf dem Schulklo kreiste.

Was dann kam, kannte Rasmussen auch aus vielen deutschen Akten. Mit dem Stempel auf der Stirn wurde Hanne ausgegrenzt, kleine Diebstähle, Drogenmissbrauch, Widerstand gegen die Staatsgewalt, eine erste Bewährungsstrafe, und dann lernte sie mit siebzehn ihren Mann, den Vater ihrer beiden Töchter kennen. Nachdem sich ihre Eltern von ihr abgewandt hatten, war Sven nun ihr Vertrauter, ihr Liebhaber und nach nur drei Monaten auch ihr Zuhälter. Mit ihm zog sie von Ålborg nach Kopenhagen. Da waren die Mädchen gerade fünf und sechs, Hanne war vierundzwanzig. Eines Abends war sie von einem Freier nach Hause gekommen. Im Bad hörte sie leise Stimmen. Sven kniete vor der Badewanne und bewegte seine Hand zwischen Luises Beinen.

»Mir war ganz kalt«, erzählte Hanne und blickte Rasmussen dabei ruhig an. »Ich habe flach geatmet, unsere Videokamera vom Regal neben der Badezimmertür genommen, gefilmt, und ich habe Sven angezeigt. Seitdem leben wir hier auf Fanø.«

Später, als Rasmussen und Hanne Mogensen am Strand entlanggingen, berichtete sie, dass sie vom Regen in die Traufe gekommen sei. Aus der Enge einer Insel in die Enge der anderen. Noch immer hätte sie den Wunsch auszubrechen, wüsste aber, dass sie und ihre Töchter hier nur zurechtkämen, wenn sie sich angepasst verhielte. Also mache sie kleine Ausflüge, und als Fußballfan mit italienischem Blut in den Adern böten sich eben Länderspiele an. So, aber das habe sie ja schon erzählt, sei sie an Lars geraten und an einen Lebensentwurf, der kein Grau kennen würde. Für Lars habe es nur Schwarz oder Weiß gegeben. Das sei wenig differenziert, aber es sei klar gewesen. Und neben Freiheit habe sie sich immer ganz besonders nach Klarheit gesehnt.

Inzwischen war es stockfinster. Rasmussen war kaum zu Wort gekommen. »Hanne«, sagte er, »wir werden uns doch noch mal wiedersehen. Du musst in Deutschland aussagen und berichten, wie der Tag verlaufen ist, an dessen Ende Lars starb. Und du wirst dir ein paar Fotos anschauen müssen.«

Hanne Mogensen nickte nur. Dann sagte sie »Farvel«, drehte sich um und ging.

I don't like Mondays

Als Rasmussen am Sonntagabend nach Hause kam, sah er zu, dass er sich ganz schnell am Küchenfenster vorbeidrückte. Erika hatte ihn erwartungsvoll begrüßt, und er hatte ihr ein Luftküsschen zugeworfen. »Matjes, morgen Abend.« Das las er von ihren Lippen und hob den Daumen.

Er nahm zwei Stufen auf einmal hoch zu seiner Mansarde. Oben auf dem Treppenabsatz angekommen, klingelte sein Telefon: Marlene.

Er drückte seine Freundin einfach weg und stieß die schwere Eichentür auf. Er stand in der Diele. Die nächste Woche würde hart werden, und er musste jetzt erst einmal alle Kräfte für die nächsten Tage sammeln. Lars' Beerdigung stand am Freitag an. Morgen früh müsste er mit Calloe und Hinrichsen an die nächste Beweisaufnahme gehen. Die Staatsanwältin hatte für Dienstag einen Prüfungstermin anberaumt.

Rasmussen fühlte sich unheimlich angegriffen von der letzten Woche. Die Tasche ließ er gleich unter der Garderobe stehen, und auf dem Weg ins Schlafzimmer fing er an, sich auszuziehen. Die Lederjacke plumpste einfach nach hinten, sein geliebtes rot-schwarz-kariertes Hemd knöpfte er nicht mal ganz auf, sondern zog es sich über den Kopf.

»Ich bin alle, fix und fertig«, sagte er zu seinem Spiegelbild. Dieser große Spiegel im Schlafzimmer gehörte nicht zum Mobiliar seiner Vermieterin. Das Erbstück begleitete ihn schon seit seinem Abitur. Sein Opa mütterlicherseits hatte es angeschleppt und mit den Worten überreicht: »Du musst dir immer in die Augen gucken können. Das ist das Wichtigste.«

Das, was er jetzt sah, gefiel ihm ganz und gar nicht. Sein Bauchspeck quoll über den Gürtel, Hüftgold rechts wie links. Wäre da nicht die Brustbehaarung, dann wäre offenbar, dass sich die Muskulatur auch obenrum langsam auflöste. Ihm hallten Eikes Worte in den Ohren, der ihn schon vor geraumer Zeit gewarnt hatte, sich körperlich nicht so zu vernachlässigen.

Anstatt sich abzuwenden, zog Rasmussen sich weiter vor dem

Spiegel aus. Die Stiefel schleuderte er in die Ecke, die Jeans fielen und entblößten seine Knubbelknie. Das, was er nun in voller Größe anschauen musste, gefiel ihm noch weniger. Er musterte sich von oben bis unten und erblickte einen Mann in seinen Vierzigern in Feinrippunterhosen mit Bein, dessen einst stattliche Statur allein in seiner Erinnerung und auf ein paar Fotos existierte.

Warum tue ich mir das hier an?

Rasmussen wusste es ganz genau. Er war vollkommen durcheinander. Auf der einen Seite das Urlaubsgefühl. Auf der anderen das Gespräch mit der Zeugin. Die Begegnung mit Hanne Mogensen auf Fanø steigerte das Unbehagen, das er seit dem letzten Gespräch mit Birte gehabt hatte. Diese Frauen hatten Gefühle geschildert, die sich völlig außerhalb seiner Wahrnehmung und seiner Einschätzung des Opfers bewegten. Er fühlte sich nun wahrlich nicht als Spießer, aber er verstand nichts von dem, was Birte und Hanne über Lars, ihr Treiben und die Gefühle ihm gegenüber erzählt hatten. Beide hatten sie ein, sagen wir mal, außergewöhnliches Verhältnis zu einem Menschen gepflegt, der in seinen Augen nur ein Scheusal und eine Bestie gewesen war.

So stand Rasmussen nun kurz vor Mitternacht vor Opas Spiegel, halb nackt in Feinrippunterhosen. Was soll das eigentlich?, fragte er sich. Dann fing er an, auf seinen Bauchansatz zu trommeln. Er kniff sich in die Hüften und schaute verächtlich auf seine Knubbelknie hinunter. Er konterte seine momentanen widerspenstigen Gefühle mit der Konzentration auf seinen Körper. Zack, schon wieder verpasste er sich einen Schlag in die Magengrube, und das nicht zu knapp.

Rasmussen verzog sein Gesicht vor Schmerz, gleichzeitig konnte er sich dabei im Spiegel beobachten. Er wollte wieder auf den Teppich kommen. Seine hochkochenden Emotionen verdrängte er dadurch, dass er sich brutal seine körperlichen Unzulänglichkeiten vor Augen führte. Gleichzeitig versuchte er den Teufel, der seine Seele angriff, auszutreiben, indem er sich seinem inneren Schweinehund stellte, der ihm jahrelang eingeflüstert hatte, sein Körper sei unsterblich.

Aber warum hatte er auf einmal Angst, Hanne Mogensen wiederzusehen? Hatte er nicht vielmehr in Birtes Augen etwas

Satanisches gesehen? War der Fall nicht dadurch schon schlimm genug, dass das Opfer der Mann einer Freundin war? Doch damit nicht genug. Sein vierundvierzigster Geburtstag stand vor der Tür, und außerdem war er momentan höchst unsicher, ob er sich nicht beruflich verändern sollte. Eike hatte sein Angebot noch einmal bekräftigt. Er musste stark sein, das war mal klar. Bei allem, was da auf ihn zukommen würde. Er nahm sich vor, wieder Kanu und Rad zu fahren. Körper stählen und den Kopf freibekommen.

Rasmussen schlief diese Nacht nackt. Denn schon bald würde sich auch das besser anfühlen. Das schwor er sich zumindest.

Anne Roland jagt Dr. Gierlich

Zur selben nächtlichen Stunde spülte Dr. Heiner Gierlich eine kleine Pille mit einem großen Schluck Bourbon die trockene Kehle hinunter. Die Pille war blau, blau wie Viagra. Aber Gierlich verschwendete keinen Gedanken an sexuelle Ausschweifungen. Er war nur darum bemüht, die Fassung zu bewahren, und hoffte, die Valiumtablette würde rasch wirken. So saß der Chef der Eckernförder Sparkasse an seinem Schreibtisch und schwitzte.

Seit vier Jahren saß er nun hier und hatte immer gern hier gesessen. Der schwule Bauernsohn aus Jübek hatte es nach Ausflügen in die große weite Welt in Eckernförde zu etwas gebracht. Er hatte sich als gut aussehender Junggeselle in die Riege der betulichen Honoratioren eingereiht, privat allerdings immer auf Abstand geachtet. Am Stammtisch raunten sich die Stützen der Gesellschaft zu, der Gierlich empfinde Wollust nur beim Zählen der Scheine. Seiner Reputation tat das keinen Abbruch, ganz im Gegenteil: Die meisten Mitarbeiter rissen sich um seine Gunst, die Platzhirsche unter den Unternehmern buhlten darum, von ihm und nur von ihm beraten zu werden. Er spielte eine Rolle in der Sparkasse, und er spielte eine Rolle in der Stadt. Er war anerkannt, man schätzte ihn, er hatte einen Ruf zu verlieren.

Gierlich strich sich mehrmals über seinen flachen Bauch, der Bourbon und die Valium fingen langsam an zu wirken. Berufliche und soziale Anerkennung trugen zu seinem Wohlbefinden bei. Dass er mit sich nicht ins Reine kam, lag daran, dass er sein Liebesleben unterdrückte. Als Person des öffentlichen Lebens in Eckernförde meinte er, wie ein Neutrum leben zu müssen. Sein fester Partner Rory war ihm doch schon vor sechs Jahren abhandengekommen, seitdem organisierte er seine Lust wie die Inspektion seines Autos. Regelmäßig besuchte er einen Hamburger Schwulen-Club auf St. Pauli. Als er noch in Blankenese wohnte, war das überhaupt kein Problem gewesen, aber auch von Eckernförde aus war er schnell in die Hansestadt rübergerutscht.

Im späten Frühjahr hatte ihn der livrierte Empfangschef einmal gefragt, was denn da in Eckernförde los sei. Der Swingerstrand in Aschau würde als Geheimtipp gehandelt. Gierlich war total überrascht. Sex unter freiem Himmel. Allein der Gedanke hatte schon geprickelt. Und dann kam jener Abend, an dem er schon auf dem Weg in den Hamburger Club war, jener Abend, als die Geilheit über seinen Verstand siegte. Aschau lag nicht einmal auf dem Weg. Auf halber Strecke zur A 7 hatte er gewendet, und in diesem Moment hatte er die Ereignisse der nächsten Tage angestoßen. Denn prompt war er ins offene Messer gelaufen.

Ausgerechnet Lars Martens hatte ihn gesehen und gleich am nächsten Morgen in seinem Büro gesessen. Breitbeinig, provokativ, lässig, auch anzüglich. Und er hatte Gierlich die Fotos auf den Schreibtisch gelegt, wie ein Pokerblatt, mit dem man nicht verlieren kann. Dass es dort eine »Strandwache« gab, die von Zeit zu Zeit die Swinger mit einem Teleobjektiv fotografierte, das war nicht bis zu Gierlich vorgedrungen. Dass sein Problemkunde Martens dort regelmäßig als Swinger seine Kreise zog, woher hätte er das wissen sollen? Selbst wenn das in den letzten Wochen Stadtgespräch gewesen sein mochte, solche Dinge besprach man nicht mit Dr. Heiner Gierlich. Martens' Ruf hingegen war so oder so ruiniert, und als er den Sparkassendirektor in Aschau erspähte, hatte er die kompromittierenden Schnappschüsse instinktsicher in Auftrag gegeben. Die Herausgabe der Fotos war nur eine Frage des Honorars gewesen. Gierlich war am Tag danach nichts anderes übrig geblieben, als auf Martens' Erpressung einzugehen.

Was seinen Blutdruck aber aktuell steigen ließ, waren die zunehmend engmaschigen Kontrollen der Innenrevision. Nicht, dass er etwas zu verbergen hätte. An seinem Anstand konnte niemand zweifeln. Es war das beklemmende Gefühl, ständig kontrolliert zu werden, das unausgesprochene Misstrauen, das ihn unangenehm an seine Kindheit erinnerte.

Anne Roland, die in der Kieler Zentrale darüber wachte, dass in Eckernförde alles mit rechten Dingen zuging, hatte ihm erneut Knüppel in den Weg geworfen, wo sie nur konnte. Freitag hatte sie ihm gegenüber gesessen, doziert, bewertet, gefordert und gedroht. Sie war eine Wadenbeißerin, aber so blutrünstig hatte er sie noch nicht erlebt. Sie weidete sich daran, ihn mit Detailfragen zu quälen, die allenfalls theoretische Bedeutung hatten. So glaubte Gierlich zumindest.

Heiner Gierlich konnte nicht ahnen, dass es zwei gnadenlose Racheengel waren, die ihn zur Zielscheibe ihres moralisierenden Eifers gewählt hatten.

Anne Roland verfolgte viel weiter gesteckte Ziele, als den Eckernförder Sparkassenchef mit Bilanzen zu quälen. Sie war entschlossen, das Kapitel Gierlich zu beenden. Und dafür, davon war Roland zutiefst überzeugt, hatte sie sehr gute Gründe.

Kaum hatte sie am Freitag die Schalterhalle der Sparkasse in Eckernförde betreten, da war auch schon die sirenengleiche Stimme der Brodersen erklungen.

»Frau Roland, auf ein Wort«, hatte das Faktotum, ein Relikt längst verrenteter Sparkassendirektoren, quer durch den hohen Raum gekreischt und die Kontrolleurin aus Kiel in eine ruhige Ecke dirigiert. Dort berichtete sie, von nervösem Hin- und Hergeruckel ihres vogelähnlichen Kopfes begleitet, welche zufällige Entdeckung sie gemacht hatte.

Als ihr Chef an dem Morgen für ein paar Minuten sein Büro verlassen hatte, war Frau Brodersen »mal rasch« mit der Post in Gierlichs Büro »gehuscht«. So jedenfalls sprach sie selbst von ihren neurotischen Überwachungsmaßnahmen weit jenseits ihrer Kompetenzen. Ihr stets wachsamer Blick war während des Kontrollganges um den Schreibtisch herum auf eine nicht vollständig geschlossene Schreibtischschublade gefallen, und was sie am Boden der Lade sah, weckte ihren selbstgerechten Zorn. Gierlich hatte dort Fotos verwahrt, auf denen er in eindeutigen Posen am Swingerstrand zu sehen war. Fotos mit erheblicher Sprengkraft. Die Veröffentlichung würde ihn privat und beruflich in Fetzen reißen.

Nun hatte Frau Brodersen ihrerseits, mit neuem Smartphone ausgerüstet, rasch ein paar weitere Fotos gemacht. Die Geschichte war unwiderruflich in der Welt. In der Welt der beiden Racheengel, die trotz überschaubarer Erfahrungen auf dem Gebiet der Sexualität erkannt hatten, dass Dr. Heiner Gierlich Männer liebte. Abscheu einte die Schwestern im Geiste und der feste Entschluss, Gierlich ans Messer zu liefern. Ein, wie Frau Brodersen es ausdrückte, verderbter Charakter wie dieser könne natürlich weder als Leiter der Eckernförder Sparkasse noch als Person des öffentlichen Lebens toleriert werden. Man stelle sich vor, er käme mit Grundschulkindern in Kontakt. Nicht auszudenken.

Anne Roland, die wie Frau Brodersen einem fundamentalistischen Flügel der evangelikalen Freikirche angehörte, hatte hinzugefügt, dass homosexuelle Menschen diese hedonistische Grundhaltung verträten, die nichts als Unheil über die Menschen brächte. Gleich Montag, so der Plan, sollte Anne Roland den Vorstand der Sparkasse in Kiel einweihen. Gierlichs Ende war vorgezeichnet.

Unterdessen konzentrierte sich dieser auf seinen Atem. Er musste ruhig werden und ruhig bleiben. Mit Akribie würde er die Fragen der Innenrevision bearbeiten und für Ruhe sorgen. Kein Makel bliebe an ihm haften. Allein die riskanten Transaktionen zugunsten von Lars Martens musste er noch geschickt kaschieren.

Sein Blick fiel auf das Foto seiner Mutter. Auch deren Erwartungen hatte er stets erfüllt. Gute Schulnoten waren der Schlüssel zu ihrem Wohlwollen gewesen. Konnte er mit Einsen und vielleicht mal einer Zwei dienen, hatte sie ihm das Silberputzen erlassen. Sein Bruder fuhr derweil mit dem Trecker über den Hof. Gierlich hatte diese hausfraulichen Arbeiten gehasst. Vater und Bruder hatten gespottet. Aber als er mit seinem ersten Aktiengewinn einen roten Alfa Spider gekauft hatte und diesen auf den Hof steuerte, da hatten die beiden Kerle den Mund aufgesperrt, so weit, dass er das Zahngold des Alten sehen und seinen bier- und kömgeschwängerten Atem beinahe riechen konnte.

Sobald er wieder ruhigeres Fahrwasser erreicht hatte, würde er seiner Mutter in Jübek einen Besuch abstatten. Vielleicht nächsten Donnerstag, da waren Bruder und Vater beim Training. So nannten sie das Schießen mit den Gildebrüdern.

Gierlich goss noch einen Bourbon ins Glas und konzentrierte sich auf Rolands Fragebogen. Sie würde keine Unregelmäßigkeiten finden.

Achter Tag: Montag

Die Polizei weiß dies und das, nur nicht weiter

»Moin, Chef.« Calloe grüßte ganz erstaunt. Denn Rasmussen fuhr mit Karacho auf den Hof und trat kräftig in den Rücktritt. Das war schon fast niedlich, wie der Schotter in Richtung seiner Assistentin spritzte, als das Hinterrad ausbrach – ein letztes, um einen sportlichen Auftritt bemühtes Aufbäumen nach einem langen Morgenritt. Eine Stunde hatte er von Missunde in die Gerichtsstraße gebraucht. Allerdings hatte er den Umweg über Kochendorf und rund ums Noor genommen. Als er sein Herren-Tourenrad mit Brooks-Sattel in den Ständer stellte, ächzte und prustete er.

»*Bonjour*, Calloe«, brachte er dann doch noch irgendwie raus. »Können Sie mein Rad mit anschließen? Ich habe heute Morgen in der Eile mein Schloss nicht gefunden.«

»Allein schon Sie auf dem Fahrrad.«

»Frollein Calloe, sparen Sie sich diese mokanten Bemerkungen. Es liegt eine lange Besprechung vor uns, und ich wäre Ihnen sehr verbunden, wenn Sie sich Ihrem Vorgesetzten gegenüber einmal etwas dienstfertiger zeigten. Wenigstens am Montagmorgen.«

Rasmussens Stimme rasselte immer noch ein wenig, die Mimik war nicht eindeutig zu interpretieren. Einfach nur angestrengt oder mit grimmiger Note?

»Chef, was halten Sie denn davon, wenn ich Sie auf ein Mettbrötchen und einen Kaffee bei Metzger Hassler in der Kieler Straße einlade?«, fragte Calloe eher beiläufig. »Ist ja nur eben um die Ecke.«

Sie wollte die Chance nutzen, Rasmussen unter vier Augen ein wenig auf den Zahn zu fühlen. Bei ihrem Telefongespräch am Samstagabend hatte sie schon so ein komisches Gefühl gehabt. Er schien nicht so geerdet wie sonst. Und nun das Fahrrad, seine geschraubte Ausdrucksweise, und trotzdem strahlte er eine unheimliche Lässigkeit aus. Calloe war irritiert.

»Sehr gute Idee. Hinrichsen … ach, der kann warten. Und

nach einer Stunde Fahrradfahren habe ich jetzt tatsächlich einen richtigen Jieper auf ein Mettbrötchen.«

Die beiden traten gerade auf die Straße, da bog die Staatsanwältin mit ihrem schwarzen BMW in den Hof ein. Das Autofenster surrte herunter. »Vom Feindflug zurück, Herr Rasmussen, und schon wieder des Dienstsitzes abtrünnig.« Untermalt wurde der Spruch von einem kehligen Lachen, das das Pferdegebiss der Staatsanwältin in voller Schönheit freilegte.

»Wie könnte ich Sie enttäuschen, meine Gute. Ich versichere Ihnen, zum Prüfungstermin morgen Nachmittag bin ich pünktlich.«

Der Sechszylinder brummte seidig, und schon waren von der Staatsmacht nur noch die Rücklichter zu sehen.

»Die kennt mich auch nicht«, bemerkte Calloe eher trocken als beleidigt.

»So ist die Dame, das geht streng nach Dienstgrad«, sagte Rasmussen.

»Wenn Sie sich da mal nicht täuschen.« Aber da ging schon die Türklingel der Metzgerei Hassler. Schnell standen zwei Mettbrötchen und zwei Kaffee auf dem Verkaufstresen.

Rasmussen ließ es sich nicht nehmen zu bezahlen. Sie platzierten sich an einem der Stehtische. Nach dem ersten Schluck Bohnenkaffee fing der Vorgesetzte an, von seinem Dienstwochenende zu schwärmen. Er schilderte *en détail* die Vorzüge der Insel, sein Badeerlebnis, das Essen im Kro, das gemütliche Hotelzimmer, den Museumsbesuch und seinen Spaziergang. Das Mettbrötchen stand immer noch unberührt vor Rasmussen. Vor allem das Alleinsein habe er sehr genossen. Sein Gesicht strahlte wie die Morgensonne, und seine Stimme verströmte eine ungewohnte Wärme. Seinen Monolog beschloss er dann doch mit einem großen Happen Mett.

»Fein«, kommentierte Calloe jetzt doch etwas schmallippig und dachte nur: Du meine Scheiße, der Chef ist verliebt. Fragt sich, in wen. Gleichzeitig rotzte sie nur ein »Und, Mogensen ...?« heraus.

»Calloe, nun entspannen Sie sich mal. Na, klar, ich habe unsere Zeugin getroffen.« Rasmussen fing an zu lachen. »Calloe, ich habe Frau Mogensen einer intensiven Befragung unterzogen.« Dabei lächelte ihr Vorgesetzter weiter in sich hinein.

Der Chef wird sich doch nicht ernsthaft in eine Zeugin verknallt haben, dachte Calloe. Sie schwieg und verlor sich in dieser Idee, als Rasmussen fragte: »Wie war eigentlich St. Peter Ording?«

»Okay.« Calloe räumte schnell das Geschirr zusammen. »Hinrichsen wartet auf uns.«

Auf ihrem Rückzug in die Dienststelle sprachen sie kein Wort. Rasmussen hing in der Tat seinen Gedanken an Hanne Mogensen nach. Calloe versuchte, ihre unguten Gefühle bezüglich Karl-August zu vertreiben, der am Wochenende wieder seine Spielchen mit ihr getrieben hatte, er liebt mich, er liebt mich nicht, er liebt mich. Es war das Übliche gewesen. Erst als sie auf den langen Flur im ersten Stock der Zentralstation traten, brach Rasmussen das Schweigen.

»Frischauf, Mademoiselle.«

»Nach Ihnen, Herr Auptkommissär.«

Im nächsten Moment verschlug es ihnen beiden die Sprache. Hinrichsen stand auf Krauses Leiter. Der Hausmeister hielt die Leiter fest und reichte Hinrichsen neue Fotos an. Die Wände des Gemeinschaftsbüros seiner Mitarbeiter waren jetzt nicht mehr nur mit einzelnen, sondern mit offenbar allen Fotos, die die Iversen-Kiste hergegeben hatte, übersät. Dicht an dicht fügten sich die Prints zu einem Gesamtkunstwerk. Nackte Körper noch und nöcher, Genitalien, Kopulationsstudien.

»Hinrichsen.« Rasmussen schien der Atem zu stocken. Hinrichsen ließ sich nicht beirren und fixierte die letzten Fotos mit Kreppband an der Wand.

Schweigen.

»Gibt es irgendeine Ordnung in ihrer Hängung?«, erlaubte sich Calloe zu fragen.

Wieder Schweigen.

»Ein Himmel voller Pimmel und Arschgeigen«, prustete Krause los. Und Rasmussen und Calloe fingen laut an zu lachen.

»Was glaubt ihr denn, ich bin seit heute Morgen um sechs Uhr dabei, um sieben habe ich mir dann Krause als Verstärkung geholt«, warf Hinrichsen ein.

»Hinrichsen … Hinrichsen … Hinrichsen«, japste Rasmussen vor sich hin und steigerte sich in einen Lachanfall hinein. Er ließ sich auf einen Drehstuhl fallen und drehte ein paar Runden, starrte auf die Wände und beruhigte sich langsam wieder.

»Hinrichsen, mal ganz ehrlich. Das ist großartig. Schießen Sie los, was gibt es für Erkenntnisse?«

Hinrichsen kam jetzt endlich von der Leiter herunter und begann die Führung durch die Ausstellung. Hinter Calloes Schreibtisch hatte er die Homosexuellen gruppiert, streng nach Männern und Frauen getrennt. In sich war die Hängung noch einmal sortiert in Schnappschüsse von Einzelpersonen und Gruppenaufnahmen, auf Brusthöhe hingen die sogenannten »Äktschn«-Fotos. In dieser Grundordnung hatte er die lokale Prominenz links neben das Fenster gehängt, rechts davon hingen irgendwelche Heteros, die sich noch jeder Zuordnung entzogen.

Aber dann: Hinter seinem Schreibtisch präsentierte sich das große Lars-Martens-Kino. Hier waren alle seine Gespielinnen und Gespielen versammelt. Hier hatte Hinrichsen mit Post-it-Aufklebern die für die Ermittlungen mutmaßlich wichtigsten Fotos gruppiert: »Strandfamilie Martens«, »Lockere Bekanntschaft«, »Solonummer«, »Gruppensex«, »Mit Schwulen«, »Mit Lesben«, »SM?«. Gemischt waren die Aufnahmen mit Aktennotizen, den Fotos vom Tatort und Ergebnissen aus der KTU. Der Fall war aufgeblättert. Hinrichsen hatte richtig gute Arbeit geleistet.

»Ich werde hier jetzt wohl nicht mehr gebraucht«, sagte Krause und schnappte sich die Leiter.

»Machen Sie bloß die Tür zu«, blökte Rasmussen ihm nach, aber da hatte Calloe das bereits erledigt und lehnte nun versonnen am Türrahmen.

»Ich fasse das einfach mal zusammen« hob Hinrichsen an. »Martens war der eindeutige Boss am Strand. Wer nicht bei drei auf den Bäumen war, den hat er sich an den Haken genommen, ob Männlein oder Weiblein. Ich frage mich, wann der überhaupt noch gearbeitet hat. Er scheint morgens, mittags, abends dort zugange gewesen zu sein. Interessant ist vor allem die Gruppe, die ich ›Strandfamilie‹ genannt habe. Hier tauchen immer wieder zehn bis fünfzehn Personen auf. Und wer etwas näher hinschaut, dem wird nicht entgehen, dass Hanne Mogensen hier eine Hauptrolle spielt. Da gibt es keinen Zweifel, die waren ganz dicke miteinander.

Und hier habe ich den Knaller: Am Tatabend scheint es eine Sado-Maso-Happy-Hour gegeben zu haben. Leider gibt es nur zwei Personen ohne Maske. Hanne und Lars, beide mit einer Peitsche bewehrt. Die anderen tragen alle Latex-Masken, wenn nicht auch solche Klamotten. Den Rest sehen Sie ja selbst.«

Hinrichsen nahm das Foto von der Wand und reichte es Rasmussen.

»Eindeutig. Lars und Hanne. Und der Martens'sche Toyota am Strand mit eingeschalteten Scheinwerfern«, grummelte Rasmussen vor sich hin. »Gibt es noch mehr Aufnahmen aus dieser Serie?«

In diesem Moment beugte sich Calloe über seine Schulter. Irgendwie wurde Rasmussen auf einmal ganz warm. Diese Nähe, diese Fotos. Das war schon bizarr, und es war ihm unangenehm. Er rollte mit dem Bürostuhl in die andere Ecke und schob diese befremdlichen animalischen Anwandlungen energisch beiseite.

Leider gab es nur diese eine Aufnahme. Vor Lars knieten in devoter Pose zwei Lackmenschen, vor Hanne ebenfalls zwei. Rasmussen zeigte mit dem Finger auf die beiden Masochisten mit den hochhackigen Stiefeln.

»Zwei Frauen, zwei Männer. Sind wir jetzt eigentlich irgendein Stück weiter?«, fragte Rasmussen und schaute dabei über seine Schulter.

»Ich glaube schon«, antwortete Calloe. »Wir wissen aufgrund der Knebelspuren in Martens' Mundhöhle, dass er irgendwann gefesselt wurde. Dazu sollten wir auch Hanne Mogensen befragen«, sagte Calloe und suchte den Blickkontakt mit Rasmussen, bevor sie weiterredete.

»Entweder war das auch ein abgekartetes Spiel oder die Stimmung ist aus unerfindlichen Gründen gekippt. Es soll doch bei solchen Spielchen feste Grenzen geben. Lars Martens hat sich vielleicht nicht daran gehalten. Außerdem wissen wir, dass Martens an dem Abend Viagra eingeworfen hatte. Vielleicht schmiss er das Zeug automatisch ein, sobald er sich auf den Weg nach Aschau machte.«

»Vielleicht auch nicht. Das wissen wir nicht«, warf Hinrichsen ein.

»Egal, die wichtigere Frage ist: Wie kam das Isosorbiddinitrat in sein Blut?« Jetzt stand Calloe direkt vor den Fotos und Zetteln unter der Abteilung Tathergang.

»Leute, ich würde sagen, wir machen uns mal ganz schnell an die Arbeit. Euch beiden kann ich leider nicht die Mühe ersparen, die Fotos noch mal darauf zu untersuchen, wer alles bei SM-Handlungen am Strand beteiligt war und ob wir nicht irgendwelche Indizien finden, die Rückschlüsse auf die Personen auf besagtem Foto zulassen.« Rasmussen war ziemlich aufgewühlt und konnte das kaum vor seinen Mitarbeitern verbergen.

»Und schafft mir diese Hanne Mogensen her, hier ist die Telefonnummer«, platzte es autoritärer als gewollt aus ihm heraus. Gleichzeitig zeigte er auf eine Notiz an Hinrichsens Wand. Die Dänin, die ihn in den letzten Tagen so beeindruckt hatte, in all diesen Posen und Verrenkungen zu sehen, war eine Qual für ihn. Nicht nur der Boss, diese ganze Szene und jeder, der da mittat, stießen ihn ab.

»Ich fahre jetzt zu Ikea. Warum und wieso und was genau am Wochenende war, darüber erstatte ich später einen ausführlichen Bericht.«

Rasmussen wollte jetzt einfach nicht weiterreden. Auch nicht über die Geschichte mit Birtes Schwangerschaft, die die finanziellen Probleme von Lars lösen sollte. Nicht jetzt. Er wollte seinem Team diese Informationen nicht unterschlagen, aber genau jetzt brauchte er dringend Abstand. Hanne Mogensen hatte bei ihm auch wegen ihrer Geschichte große Sympathien geweckt. Er war emotional zu stark involviert, musste raus. Die Beweisstücke, dachte er, das Ikea-Etikett und der Kassenbon, liegen immer noch im Handschuhfach meines Volvos. Da gehören die ganz bestimmt nicht hin, rügte er sich selbst.

»Momentan bin ich kein guter Teamplayer«, sagte Rasmussen, bevor die Tür hinter ihm zufiel. Er hatte grußlos den Raum verlassen.

Calloe und Hinrichsen blickten sich vielsagend an und sagten fast gleichzeitig: »Egal, an die Arbeit.«

Ruten, Rollen, Yuccapalmen

Die Hängung des altgedienten Kollegen hatte Rasmussen schwer beeindruckt. Auf der »documenta« hätte dieses Werk sicher für Furore gesorgt. Aber wichtiger war natürlich, dass die Fleißarbeit Beziehungen deutlich machen konnte, und was das anging, hatte sich seine dänische Bekanntschaft einigermaßen in den Vordergrund gevögelt. Sie von Calloe befragen zu lassen war sicher der beste Weg.

So war Rasmussen in seinen Gedanken gefangen und hatte keine Erinnerung an die letzten zwanzig Minuten. Nicht nur Telefonieren ist beim Autofahren gefährlich, dachte er und bog auf den Kieler Westring ab. Verwundert stellte er fest, dass der Ikea-Parkplatz schon gut belegt war, obwohl der Laden noch gar nicht geöffnet hatte. Rasmussen parkte den alten Volvo. Früher wäre er mit dem Schwedenpanzer hier als stilecht durchgegangen. Inzwischen war er ein Exot.

Die Mitparker schienen zu achtzig Prozent langweilige silberne Vans zu steuern. Als er jetzt im Pulk auf den Eingang zusteuerte, erfuhr er aus den Gesprächsfetzen, dass man nicht unbedingt zum Möbelkauf, sondern zum Frühstück gekommen war. Das Restaurant öffnete bereits um neun Uhr dreißig, und das Frühstück mit Brötchen, Käse, Marmelade und Kaffee, so viel man trinken konnte, kostete überschaubare 2,95 Euro. Wie die Manager es schafften, dass sich das rechnete, wollte er lieber nicht wissen.

Dem erstbesten Mitarbeiter hielt er seinen Polizeiausweis hin und fragte nach dem Geschäftsführer.

»Carina ist gerade hier vorbei ins Småland gegangen«, sagte der junge Mann in Gelb und wies nach rechts zum Kinderparadies.

Dass sich hier alle duzten, dass auch Kunden geduzt wurden, fand Rasmussen überflüssig. Nein, er empfand es sogar als anbiedernd. Aber damit befand er sich wohl in der Minderheit. Sähe es die Mehrheit der Kunden so, hätte man es geändert. Dem Zufall überließ der schwedische Konzern sicher nichts.

Im Kinderparadies angekommen, sprach er eine zierliche Frau an. »Guten Morgen, meine Name ist Rasmussen, Kripo Eckernförde. Ich möchte mit der Geschäftsführerin sprechen.«

»Das klingt ja wie im Fernsehen«, strahlte ihn die Dame an, die aussah, als käme sie gerade vom Segeln. Zerzaustes Haar, rosige Wangen und eine abgenutzte Jacke von North Sails über der Schulter. Am liebsten hätte Rasmussen an ihr gerochen.

»Aber Sie sehen kein bisschen wie Pippi Langstrumpf aus«, brachte er hervor.

Sie lachte. »Was kann ich tun?«

Rasmussen zückte die Quittung. »Ich möchte wissen, wer bei Ihnen eingekauft hat.«

»Jetzt betreibt die Polizei schon Marktforschung, moderne Zeiten, wie?«

»Das Verbrechen schläft nicht.« Sofort ärgerte er sich über die Plattitüde. Er war nicht nur fett geworden, er hatte auch an Schlagfertigkeit eingebüßt.

»Folgen Sie mir«, sagte die Seglerin, nahm ihm die Quittung ab, ging zu einem Terminal im Kassenbereich, zog eine ID-Card durch ein Magnetlesegerät, tippte ein Passwort ein, klickte sich in atemberaubender Geschwindigkeit durch ein paar Menüs und stellte fest: »Paula Petersen, Kanalstraße 110, 24195 Kiel. Das ist drüben in Holtenau. Wollen Sie die Telefonnummer?«

»Das alles rücken Sie einfach so raus?« Rasmussen war erstaunt.

Die lapidare Antwort folgte auf dem Fuße: »Der Datenschutzbeauftragte ist im Krankenhaus. Die Kundin ist übrigens Mitglied bei Ikea Family.«

»Danke.« Rasmussen wandte sich zum Gehen.

»Na, Sie werden uns doch nicht verlassen, ohne zumindest eine Topfpflanze mitzunehmen. Fürs Büro. Das hebt gleich die Stimmung.«

War das eine Anmache? Rasmussen zögerte. Und wenn schon. Paula Petersen konnte auch noch eine halbe Stunde warten.

»Sie haben recht. Schließlich ist der Mörder immer der Gärtner. Also, was empfehlen Sie mir?«

Keine fünfundvierzig Minuten später überquerte er den Nord-Ostsee-Kanal. Mit drei Yuccapalmen und drei Ficuspflanzen. Natürlich samt der dazugehörigen Übertöpfe. Carina von Ikea hatte ihn um 134,91 Euro erleichtert. Hoffentlich wussten Calloe und Hinrichsen das zu schätzen.

Rasmussen rief einen Kollegen in Kiel an und teilte mit, dass er Frau Petersen befragen würde. Es war immer gut, mögliche Rangeleien um Zuständigkeiten gar nicht erst aufkommen zu lassen. Dann sah er auch schon das gepflegte Häuschen der Petersens. Familie Petersen wohnte gleich auf Höhe der Schleuse. Alles bürgerlich. Nach Swingerszene sah das hier wirklich nicht aus. Paula Petersen öffnete unmittelbar, nachdem Rasmussen geklingelt hatte. Rechts den Besen und mit der linken Schulter das Telefon eingeklemmt. Frau Petersen war beschäftigt und guckte auch so.

Nachdem Rasmussen ihr die Geschichte auseinanderklamüsert hatte, war Frau Petersen weder ratlos noch genervt. Sie war wütend. Ohne Umschweife erklärte sie, dass sie die Bändsel schon gesucht habe und allein ihr Mann derjenige sein könnte, der sie anderweitig verwendet hätte. Die Kinder seien aus dem Haus, und würde sich herausstellen, dass ihre Vermutung richtig sei, würde ihr Mann den Kindern schon sehr bald folgen. Frau Petersen war eine außerordentlich zupackende Frau.

Rasmussen bedankte sich und fuhr direkt zur Arbeitsstelle ihres Mannes. Herbert Petersen war Inhaber von »Petersens Angeltreff«. Noch einer im Fischbusiness, dachte Rasmussen.

Die Sonne verschwand hinter einer Wolke, und die leuchtende Laufschrift an Petersens Angeltreff strahlte umso heller: »Auch außerhalb unserer Geschäftszeiten können Sie sich mit lebendigen Ködern an unseren Wurmautomaten versorgen.« Köder ist das Stichwort, schoss es Rasmussen durch den Kopf. Wir müssen uns die Verdächtigen angeln. Mit einem getarnten Köder. Mit einem Undercover-Swinger.

»Sie können hier nicht stehen bleiben«, blaffte ihn ein Endfünfziger von der Seite an. Auf seinem Sweatshirt stand »Dicker Fisch«, und Rasmussen nickte innerlich zustimmend. »Der Lieferant kommt jetzt.«

»Hier steht doch ›Kunden-Parkplatz‹«, erwiderte Rasmussen.

»Ändert ja nichts. Der Lieferant kommt trotzdem. Also …«

Das Geschäft schien zu laufen. Man hatte es offenbar nicht nötig, den Kunden als König zu behandeln. Rasmussen parkte den Volvo um und enterte den Angeltreff. Vom Angebot war er überwältigt. Was die nackte Zahl der verschiedenen Artikel anging, war jeder beliebige Lebensmittelmarkt gegen diesen Laden hier ein sehr kleiner Fisch.

Der Parkwärter kam wieder rein. »Und, was darf's sein?«

»Keine Ahnung«, sagte Rasmussen wahrheitsgemäß. »Ich fange gerade erst an mit Angeln.«

Den »dicken Fisch« brachte das nicht aus der Ruhe. »Da haben wir dann die Starter-Sets«, wusste er zu berichten und ging an Rasmussen vorbei. »Bootsangeln, Brandungsangeln, Pilkangeln?«

»Bootsangeln«, antwortete Rasmussen, der sich darunter noch am ehesten etwas vorstellen konnte. Sein persönlicher Berater drehte sich um, und nun sah Rasmussen auch dessen Namensschild. Es war Herbert Petersen persönlich, der ihn in die Geheimnisse seines neuen Hobbys einweisen würde.

Aber Petersen wurde abgelenkt. Ein Schatten fiel in den Laden. Der Vierzigtonner des Lieferanten war eingetroffen. Petersen zuckte die Schultern und drehte seinen massigen Körper Richtung Ausgang.

»Ich habe vorhin mit Ihrer Frau gesprochen. Sie kannte den Strand in Aschau noch gar nicht.«

Petersens Bewegung fror ein.

Eine halbe Stunde später war Herbert Petersen als Insider akquiriert. Rasmussen hatte ihm in Aussicht gestellt, gegenüber seiner Frau etwas von einem dummen Zufall, einem bedauerlichen Irrtum zu erwähnen. Petersen war kooperativ. Man würde sich treffen, Petersen würde die Fotos anschauen, und er würde Rasmussen mit seinem Nickname Zugang zum Swingerforum verschaffen. Gut gelaunt fuhr Rasmussen zurück nach Eckernförde. Manchmal konnte Ermittlungsarbeit richtig Spaß machen.

Als er das Büro mit zwei Yuccapalmen betrat, tauschten Calloe und Hinrichsen bedeutungsvolle Blicke.

»Mitkommen, Kollegen, ich hab noch 'ne ganze Baumschule im Auto«, tönte Rasmussen. So konnte der Tag weitergehen.

Vertrau mir

Nur wenige Kilometer entfernt dachte Margarete Brix über den Anruf von Hans Rasmussen nach. Dass er außer sich gewesen war, überraschte die Brix nicht. Rasmussen war ein durch und durch von bürgerlicher Moral geprägter Mensch. Allein über eine Schwangerschaft so zu reden, wie Martens es getan hatte, musste ihn empören. Dass Martens vom Braten aus der Röhre gesprochen und das Kind unter Birtes Herz gemeint hatte, widerte ihn wohl an. Auch die Brix war überzeugt, dass Sprache verräterisch sein konnte. Allerdings hatte sie das Leben, das private wie das berufliche, gelehrt, auf die Taten zu achten. Nicht jeder war in der Lage, sensibel und differenziert zu formulieren. Sie konnte sich nicht erklären, was hinter Lars Martens' »froher Weihnachtsbotschaft« steckte, aber sie würde es herausfinden.

Gerade hatte Karina von Braunstein das Kieler Restaurant verlassen. Margarete Brix hatte sie als junge Juristin gefördert. Inzwischen war Karina im Justizministerium gelandet und für die Fachaufsicht über die Staatsanwaltschaften zuständig. Ab und zu suchte sie den Rat der Brix, wenn es um strategische Fragen ging. Dann trafen sich die beiden Frauen gern hinterm Ministerium im »Legienhof«. Vor allem im Sommer bot sich der Dachgarten als Treffpunkt an.

Die Brix griff zum Telefon und wählte Birtes Nummer. Birte ging schon nach dem ersten Klingeln ran.

»Moin, Birte, Margarete hier. Bitte lass mich mit der Tür ins Haus fallen. Ich bin in Kiel, und wir sprachen ja bei meinem letzten Besuch über Lars' Beerdigung und die Kleiderfrage. Ich möchte dir vorschlagen, dass wir dir gemeinsam ein Kleid kaufen. In Eckernförde würdest du sofort angesprochen. Hier wird es diskreter sein.«

Birte zögerte keine Sekunde. »Wo sollen wir uns treffen?«

»Im Sophienhof bei Engelchen.«

»Danke Margarete, in einer halben Stunde bin ich da.« Birte klang erleichtert, so als habe sie nur auf das Angebot gewartet. Seit ihre Mutter nach Südafrika ausgewandert war, fehlte Birte eine Vertraute.

Die Brix zahlte und machte sich auf den Weg. Am Kleinen Kiel vorbei, so hieß der innerstädtische Teich, über den Rathausplatz, durch die Fußgängerzone und hinein ins Kieler Einkaufszentrum Sophienhof. Gerade hatte sie an ihrem Pfefferminztee genippt – noch mehr Kaffee würde sie ganz hibbelig machen –, da beugte sich Birte schon zu ihr herunter, umarmte sie und wollte gar nicht mehr loslassen. Der Brix fiel auf, dass Birte nicht gut roch. Sie sollte sich mal wieder waschen. Die weiße Bluse war ungebügelt, und das graue Jackett hatte einen bräunlichen Flecken am linken Revers. Als Birte sich in den Korbstuhl fallen ließ, sah die Brix die Ringe unter ihren Augen. Sie musste behutsam vorgehen. Doch Birte kam ihr zuvor.

»Weißt du, was Mama gesagt hat, als ich ihr von Lars' Tod berichtet habe? Sie hat gesagt, gut, dass der Scheißkerl kein Unheil mehr anrichten kann. Ich habe sofort aufgelegt. Seitdem versucht sie mich zu erreichen. Aber ich kann nicht mit ihr sprechen. So was sagt eine Mutter ihrem Kind doch nicht. Sie weiß doch, dass ich Lars geliebt habe.« Birte liefen die Tränen die Wangen hinunter.

»Kommt sie denn zur Beerdigung?«

»Keine Ahnung, bestimmt ist ihr das zu teuer. Der Flug von Johannesburg kostet mindestens tausend Euro.«

»Wann hast du sie zuletzt gesehen?«

»Vor drei Jahren, als sie wegen der neuen Hüfte und wegen der Scheidung von Papa hier war. Ich habe sie jeden Tag in Hamburg besucht, wir haben von früher erzählt, ich habe ihr vorgelesen. Ich war so glücklich. Wir waren ganz vertraut miteinander. Seit Jahren war es nicht mehr so gewesen. Und jetzt beschimpft sie meinen toten Mann.« Es sprudelte nur so aus Birte heraus.

Die Brix erkannte die Gelegenheit.

»Dabei sagt man, Mutterliebe sei unerschütterlich, sei ohne jeden Vorbehalt.« Birte schlug nun beide Hände vors Gesicht.

»Margarete, ich bin schwanger.«

Birte konnte nicht ahnen, dass die Brix während des Verhörs im Nebenraum gesessen hatte und bereits Bescheid wusste. Die Brix stand auf, setzte sich neben Birte, nahm ihre linke Hand und legte sie zwischen ihre Hände.

131

»Dann ist es wichtig, dass du dich jetzt sehr gut um dich kümmerst, mien Deern. Wann hast du Termin?«

»Errechnet ist der einundzwanzigste Dezember.«

»Fast ein Christkind«, lächelte die Brix. »Ein Geschenk …«, sie zögerte, »ein Geschenk von Lars.«

Birte zog die Hand zurück, ihre geröteten Augen fixierten Margarete Brix, und plötzlich wurde sie ganz ruhig. »Nein, es ist kein Geschenk von Lars, es sollte ein Geschenk für Lars und für mich, ein Geschenk für uns sein. Lars konnte keine Kinder zeugen, Margarete. Der Vater ist ein anderer Mann. Aber es wäre unser Kind gewesen. Wir haben alles besprochen. Es war meine Idee. Ein Zeichen unserer Liebe. Wir hätten als Familie neu anfangen können. Unsere vielleicht letzte Chance. Und wir wären unsere Sorgen los gewesen.«

»Welche Sorgen?«

»Wir sind pleite, wir haben Schulden.«

»Was würde ein Kind daran ändern?«

Birte schwieg, senkte den Blick. Eine Pause entstand. Die Brix konnte sehen, wie Birte mit sich rang. Sie fragte nicht nach, ließ Birte Zeit.

»Lars' Vater hat versprochen, dass er uns das Erbe auszahlt, sobald wir einen Stammhalter in die Welt setzen. Er hat vor ein paar Jahren viel Geld gewonnen.«

Die Brix lehnte sich zurück. So viel Leid, so viel Druck, und dann ein unmoralisches Angebot, die Möglichkeit, vielleicht doch ein ganz normales Leben führen zu können. Sie konnte Birte verstehen. Dennoch hakte sie jetzt nach.

»Und nun, an wen wird das Martens'sche Erbe jetzt gehen?«

Birte schluckte und entzog der Brix ihre Hand. Sie hatte die Unterstellung verstanden. »Du willst andeuten, dass ich Lars …« Ruckartig stand sie auf, wandte sich dem Ausgang zu und verschwand mit raschen Schritten.

Die Brix griff nach Birtes Handtasche, legte einen Fünf-Euro-Schein auf den Tisch und ging ihr nach. An der nächsten Ladenecke kam Birte ihr schon wieder entgegen.

»Birte, ich möchte nichts andeuten. Ich möchte nur Klarheit schaffen. Nicht zuletzt in deinem Sinne und im Sinne deines

Kindes. Die Polizei muss dich zum Kreis der Verdächtigen zählen. Erst recht, wenn sie von dem in Aussicht gestellten Erbe erfährt. Und sie wird es erfahren.«

»Du meinst, Hans wird es erfahren.«

»Ja, Hans wird es erfahren, und er wird gegen dich ermitteln. Ruf ihn an und erzähle ihm alles. Dann hast du nichts zu befürchten.«

»Ich habe nichts Unrechtes getan.« Jetzt wirkte Birte plötzlich trotzig. Sie stand neben sich, und das war auch kein Wunder.

»Umso besser. Ruf ihn gleich jetzt an, und danach kaufen wir dir ein Kleid.«

Erneut bemerkte die Brix eine rasant ablaufende Veränderung in Birtes Mimik und Körperhaltung. Sie ließ die zuvor verkrampften Schultern fallen, kramte ein Taschentuch hervor, schnäuzte sich die Nase, dann rief sie Rasmussen an.

Die Brix stand zwei Meter abseits und fühlte sich bestätigt. Die Dinge klar beim Namen zu nennen war oft der schnellste Weg, um Menschen aus ihrer Angst- oder Schockstarre zu holen. Klarheit half, die Orientierung zurückzugewinnen, und Orientierung war eine wichtige Voraussetzung, um sich bewegen zu können. Birte bewegte sich. Sie würde ihr Leben in den Griff bekommen. Zwar konnte die Brix nicht mit Sicherheit ausschließen, dass sie die Täterin war, es erschien ihr aber vollkommen abwegig. Birte verstaute ihr Handy wieder in der Tasche.

»Was hat Hans gesagt?«

»Er schickt am Nachmittag zwei Kollegen zu mir, um meine Aussage aufzunehmen. Er will nicht dabei sein, weil wir befreundet sind, sagt er.« Das klang enttäuscht.

»Er hat recht, Birte. Komm, wir schlendern mal an den Schaufenstern entlang. Sicher finden wir was für dich.«

Birte ließ sich widerstandslos von ihr führen. Sie wird eine gute Freundin brauchen, dachte die Brix. Eine in ihrem Alter, keinen Mutterersatz.

Auftritt: Herbert Petersen

Noch beim Ausladen des Grünzeugs aus dem schwedischen Möbelhaus begann das Gezicke im Innenhof der Dienststelle. Zunächst machte Hinrichsen blöde Bemerkungen. Wie das Blümchen denn hieße, Blumö vielleicht, und wo denn der Inbusschlüssel sei. Aber dann besann er sich und entdeckte doch seine Zuneigung zur Topfpflanze als solcher und der Lorbeerfeige im Besonderen. Lorbeerfeige, so hieße der Ficus microcarpa ginseng nämlich im Volksmund. Hinrichsen war in seinen botanischen Ausführungen kaum zu bremsen.

Calloe und Hinrichsen beanspruchten tatsächlich beide die Ficuswinzlinge und stritten bereits im Treppenhaus wortreich um den Aufstellort.

Die Yuccas waren weniger beliebt. Verstehen konnte Rasmussen dieses kindische Gezänk nicht, aber es war ihm durchaus recht, denn so konnte er sich mit der verbliebenen der drei Palmen aus dem Staub machen. Immerhin hatte er sie ja auch bezahlt. Noch während er geeignete Stellplätze für das frische Grün suchte, machte sich sein Handy bemerkbar. Es war Birte, und sie klang förmlich.

Es dauerte keine drei Minuten, und Rasmussen hatte wieder aufgelegt. Kaum zu glauben, was er eben erfahren hatte. Lars hatte Birte als Brutmaschine eingesetzt, um an das Erbe seines Vaters heranzukommen. Dieses Monster schreckte auch vor nichts zurück. Und Birte hatte sich tatsächlich schwängern lassen. Sie war ihm hörig gewesen. Sie war es immer noch. Oder spielte sie ihm etwas vor? Von außen betrachtet – und als Ermittler hatte er außen zu stehen –, hatte Birte mehr als ein gutes Motiv. Nun, da Lars tot war, würde sie vermutlich auch erben, denn ihr Schwiegervater bekam, was er wollte, einen Stammhalter. Ob er auch zahlen würde, brächte Birte ein Mädchen zur Welt?

Das Ermittlungsfeld Birte Martens musste Rasmussen zeitnah mit seinem Team erörtern. Sachlich und systematisch. Warum nicht auch mit der Staatsanwältin? Sie einzubeziehen konnte in mancherlei Hinsicht ein kluger Schachzug sein.

Das Klopfen an der Tür riss Rasmussen aus seinen Gedanken. »Ja, bitte«, rief er. Die Tür öffnete sich, und ein untersetzter Mann mittleren Alters trat ein. »Was kann ich für Sie tun?«

»Ich soll mich hier bei Ihnen melden, Herr Kommissar. Das haben Sie heute Vormittag in meinem Laden gesagt.«

Erst jetzt erkannte Rasmussen den »dicken Fisch«, der sich in einen schicken grauen Anzug geworfen hatte. Kein Modell von der Stange. Die Körperfülle war schneidertechnisch gut kaschiert. Herbert Petersen machte durchaus eine bella figura, wirkte seriös, und ganz sicher war eben das seine Absicht. Ob er bei Rasmussen punkten wollte, damit dieser ihn bei seiner Frau heraushauen würde, oder ob er auch anderweitig Dreck am Stecken hatte? Rasmussen war sich sicher, das leicht herausfinden zu können. Petersen würde im Verhör keinen Widerstand leisten.

Und so war es dann auch. Bereitwillig gab Petersen jede gewünschte Auskunft. Als Rasmussen das fragliche Gruppenfoto auf seinen Monitor holte, fiel ein Name nach dem anderen. Zwar waren es keine Klarnamen, aber das war nicht weiter schlimm. Wichtig war jetzt die Zuordnung: Wer war wer unter den vier Pferdchen, die in Latex und Kopfmasken verpackt vor Hanne Mogensen und Lars Martens im Sand knieten? Mit den Nicknames aus dem Forum würde man sie rasch ermitteln.

Das Rollenspiel musste an jenem Abend wohl gekippt sein, wenn man Petersens Aussagen Glauben schenken wollte. Lars Martens, Nickname »Kalter Hund«, hätte den Bogen überspannt. Seine Strandherde, wie Petersen den inneren Kreis der Swinger genannt hatte, sei von ihm selbst, Nickname »Blacky«, angeführt worden. Martens sei wie von Sinnen gewesen, erzählte Petersen. Sonst hätte man bei verabredeten Zeichen immer ein wenig nachgelassen, nie seien die Sado-Maso-Spielchen aus dem Ruder gelaufen. Bis auf dieses eine, letzte Mal. Lars hätte sich an »Power Pony«, einem Junghengst aus Husum, vergehen wollen, und die Strandherde hatte sich an diesem schicksalhaften Abend nicht weiter zureiten lassen wollen.

»Power Pony« sei von Hanne aus Dänemark angestachelt worden, sich von Martens nicht alles bieten zu lassen. Komisch sei das schon gewesen, weil Hanne und Martens »irgendwie« immer als

Paar aufgetreten seien. Aber »Power Pony« habe sich nicht zweimal bitten lassen und es, wenn er das so sagen dürfe, Martens mit dem Peitschenknauf besorgt. Petersen und die Mädels – also »Wendy«, »Steile Stute« und Hanne – hätten dabei Martens' Arme und Beine fixiert.

»Sie haben Lars Martens also gemeinsam vergewaltigt«, stellte Rasmussen fest.

»Ja.« Petersen war offensichtlich zutiefst beschämt.

»Und Sie haben ihn geknebelt?«

»Ja.«

»Und weiter?«

»Martens hatte ja den Pick-up an den Strand geholt. Wegen der Musik. Wir haben ihn auf die Motorhaube gelegt und festgehalten. ›Power Pony‹ kniete über ihm auf der Haube, und über den Rest möchte ich mal das Mäntelchen des Schweigens breiten.«

»Das tut auch jetzt nichts zur Sache. Weiter?«

»Wir haben Lars dann auf der Haube liegen lassen. Zum Erholen. Der war total groggy, richtig schlaff. Und damit er da nicht runterrutschte, haben wir ihn umgedreht und mit den blöden roten Bändseln festgemacht. An beiden Außenspiegeln und dem Bullenfänger.«

»War Martens bei Bewusstsein?«, wollte Rasmussen wissen. »Schwer zu sagen. Hanne hat noch einen Eimer Wasser geholt und ihn über Martens gekippt, da hat er so komisch gegrunzt. Wir sind dann rüber zu der Gruppe aus Flensburg.«

»Alle?«

»Nö, Hanne ist bei Martens geblieben. Einer musste ihn ja wieder losmachen. Dass das so endet, haben wir nicht gewollt.«

Petersen sah jetzt nicht mehr stattlich aus. Unter seinen Achseln hatten sich Schweißflecken gebildet. Das Sakko hatte er in weniger als zehn Minuten durchgeschwitzt. »Meine Frau, die muss das nicht im Detail erfahren, oder?«

Rasmussen schüttelte den Kopf. »Herr Petersen, Sie haben sich, so wie ich das sehe, der schweren Körperverletzung und unterlassener Hilfeleistung mit Todesfolge schuldig gemacht. An Ihrer Stelle würde ich erstens weiterhin kooperieren und mir zweitens einen Anwalt suchen. Ihre Frau wird Ihre geringste

Sorge sein, glauben Sie mir. Sie können jetzt gehen. Aber halten Sie sich verfügbar.«

Petersen stand auf, er sah wirklich erschüttert aus und verließ gebeugt den Raum.

Der dicke Fisch, dachte Rasmussen, den lass ich erst mal nicht mehr von der Angel. Tatsächlich hatte weniger seine Intuition als klassische Polizeiarbeit binnen kurzer Frist zum bisher aussagewilligsten Zeugen geführt. Hanne Mogensen jedenfalls schien ihm nach Petersens Schilderungen zum engeren Kreis der Tatverdächtigen zu gehören. Sie war wohl die Letzte, die Martens lebend gesehen hatte.

Rasmussen begann auf seiner Schreibunterlage zu kritzeln. In die Mitte schrieb er »Lars Martens«. Und dann zog er drei konzentrische Kreise. So bekam er eine Zielscheibe, auf der er die möglichen Täter platzieren wollte. Je näher sie an Lars Martens rückten, desto eher kamen sie als Täter in Frage. Rasmussen zerriss zwei Notizzettel und schrieb Namen auf die Fetzen. Torsten Hoffmann, Birte Martens, Hanne Mogensen, Herbert Petersen. Auf drei Zettel malte er ein Fragezeichen für die noch namenlosen Swinger auf den Fotos. Er war zuversichtlich, die Namen ermitteln zu können, sobald er sich im Forum umgetan hatte. Mit Petersen hatte er vereinbart, dass dieser für ihn bürgen würde, denn – ohne einen solchen Bürgen erhielt man zu diesem speziellen Forum keinen Zugang. Noch in der Nacht würde er versuchen, an Steile Stute, Wendy und Power Pony heranzukommen.

Er begann mit den drei Unbekannten und schob sie an den Rand der Zielscheibe. So wie sich die Typen am Strand gebärdet hatten, waren sie zu diesem Zeitpunkt emotional nicht zurechnungsfähig gewesen. Abwarten. Nur keine Mutmaßungen jetzt. Petersen, tja. Der hatte ein unübersehbares Interesse, dass seine Frau ihm nicht auf die Schliche kommen würde. Aber sonst? Martens hatte ihm Geld geschuldet. Ein toter Martens half ihm in der Beziehung so oder so nicht. Allenfalls im Affekt hätte er Lars den Hals umgedreht, aber planvoll, mit Viagra und dem Isozeugs? Eher nicht. Petersens Zettel wanderte ebenfalls in den äußeren Kreis.

Bei Hanne Mogensen war er sich sehr unsicher. Er schob

»Rotkäppchen« hin und her, grübelte, was wohl hinter deren verwirrendem Verhalten stecken könnte. Sie war offensichtlich eine Menschenfängerin, er jedenfalls hatte sich am Wochenende von ihr einfangen lassen. Wenn schon sein Mogensen-Bild nach der Morgenbesprechung nüchterner ausgefallen war, wurde sie durch die Aussagen von »Blacky« noch einmal außerordentlich belastet. Bald wäre er schlauer. Die Dänin fand einen Platz im Mittelkreis.

Blieben Hoffmann und Birte. Hoffmann, dem traute Rasmussen den Mord zu. Er war ausreichend klug und abgebrüht, er hatte Kontakte, also die Möglichkeit. Er traf Martens regelmäßig, hatte also die Gelegenheit gehabt, und er hatte ein sehr starkes Motiv. Geld. Dass Calloe noch kein Packende gefunden hatte, musste nichts heißen. Hoffmanns Namen legte Rasmussen direkt neben den von Lars Martens.

Unwillig rutsche er auf dem Bürostuhl hin und her. Was, wenn es neben Hoffmann weitere Kandidaten aus Martens' geschäftlichem Umfeld gab, die vom Ausscheiden des Angelunternehmers profitieren würden? Wer könnte das sein? Die anderen Fischer im Hafen? Immerhin eine theoretische Möglichkeit. Der Hafen, die Leute da, das war Hinrichsens Beritt. Da käme er mit seiner Art sicher einen Schritt weiter. Rasmussen rief Hinrichsen an und bat ihn, sich bei den Fischern umzuhören. So weit. Der Ermittler Rasmussen drückte sich um weitere Überlegungen herum.

Die Yuccapalmen warfen unterdessen kunstvolle Schatten auf den Boden. Und bestimmt würden sie auch die Luft verbessern. Kurz verlor Rasmussen die Konzentration, riss sich aber gleich wieder am inneren Riemen.

Er atmete schwer durch. Birte! Sie war gleich doppelt verdächtig. So sehr sie ihre Liebe zu Lars betonte, so sehr hätte sie ihn hassen können, vielleicht auch müssen, und mit dem Erbe konnte sie ein neues Leben beginnen. Er kam nicht umhin, das ganz nüchtern festzustellen. Sie gehörte gleich neben Hoffmann in den Kreis der engeren Verdächtigen, also ab ins Ziel. Aber welche Rolle spielte das Kind? Wer war der Vater? Auch wenn er Birte am Telefon angekündigt hatte, dass er sich persönlich aus dem Fall herausnehmen wolle, er würde gleich noch zu Birte raus nach Sehestedt fahren. Er musste einfach direkt mit ihr sprechen.

Rasmussen griff sich Jacke und Autoschlüssel, leitete seinen Anschluss auf die Zentrale um und steckte den Kopf kurz ins Gemeinschaftsbüro. Dort herrschte Frieden. Calloe und Hinrichsen hatten die Ficusgewächse an drei strategisch bedeutsamen Stellen postiert. Eine wachte über die Siebträgerkaffeemaschine, für die sie alle zusammen gespart hatten und die stets so gepflegt aussah, als sei sie brandneu, eine stand auf dem Sims unter der großen Karte beziehungsweise unterhalb der Swingerparade, die die Karte seit heute Morgen verdeckte, und der letzte Ficus versüßte den Blick auf den Dienstplan, in sensibler Verhandlungsarbeit von Hinrichsen erstellt und seit Jahr und Tag auf eine weitgehend verschlissene Korkplatte über dem Sideboard aus den fünfziger Jahren gepinnt.

Calloe hob den Kopf. »Ich habe mit den dänischen Kollegen gesprochen und mit Hanne Mogensen. Sie kommt übermorgen, also Mittwoch, gegen dreizehn Uhr zum Verhör hierher.«

»Wie hat sie reagiert?«, wollte Rasmussen wissen.

»Kooperativ. Sie hat nur kurz wegen der Betreuung ihrer Kinder nachgedacht, aber das scheint kein Problem zu sein. Sie schien entspannt.«

»Gut, wir besprechen morgen in großer Runde mit der Staatsanwältin, wie wir bei Mogensen vorgehen. Ich möchte, dass Sie beim Verhör dabei sind. Also, die Besprechung morgen gleich um acht Uhr. Ich werde dann über das Gespräch mit Herbert Petersen berichten und …«, Rasmussen stockte, »über Birte Martens' Schwangerschaft. Ich fahre jetzt zu ihr. Tschüss. Ach, Hinrichsen, Sie bleiben bei den Fotos und möglichen Bekannten am Ball?!«

Hinrichsen grinste. Hinrichsen grinste selten. »Die Swinger und ich«, er kreuzte Zeige- und Mittelfinger der rechten Hand, »wir sind so.«

»Und Hinrichsen, die Fischer. Nicht die Fischer vergessen.«

Rasmussen verließ die Dienststelle und lenkte den alten Volvo stadtauswärts Richtung Lornsenplatz, dessen blumige Mitte von den Stadtgärtnern stets so liebevoll gepflegt wurde, dass Rasmussen die Wartezeit an der Ampel oft wie ein Besuch im botanischen Garten vorkam. Hoffentlich hatte die Stadt für die Bepflanzung öffentlicher Flächen noch lange ausreichend viel Geld. Aber die

Ampel zeigte Grün, und Rasmussen rauschte die Rendsburger rauf.

Wenn er von Sorgen geplagt wurde, an der Welt zweifelte, einen Fall nicht richtig in den Griff bekam und seine Zukunft in dunkelgrauen Farben sah, dann half die »Famila-Therapie«. Sobald er das Warenhaus an der Rendsburger Straße betrat, fluteten Glückshormone durch sein Hirn. Er war sich seiner Opferrolle bewusst und ließ sich beinahe wie eine Marionette durch die Gänge führen. Viele Supermärkte nutzten künstliche Aromen, um die Kauflaune anzuheizen. Aber es war ihm gleichgültig. Er gab sich einfach hin. Mediterrane Spezialitäten gleich am Eingang machten ihm den Mund wässerig. Mit Knoblauch gefüllte Oliven, Ziegenkäse, der mit Rosmarin und Peperoni bestreut wurde, ihre Süße glänzend zeigende Baklava. Gleich der erste Schuss auf Rasmussens kulinarisches Herz saß. Wenige Meter weiter sog er den würzigen Duft von Brot tief in die Lungen. Verlockend die bunte Vielfalt von Obst und Gemüse. Die Erdbeerzeit sehnte er schon ab Ende April herbei. Spätestens auf Höhe des Holsteiner Katenschinkens bestand er dann nur noch aus Geschmacksknospen. Von Hand gesalzen, trocken gepökelt und sechs Monate im Buchenholzrauch geräuchert, konnte dieser Schinken Rasmussen mit der Welt versöhnen. Er machte seine Beute und zog zufrieden von dannen. Vielleicht war es auch nur das Überangebot, das ihn und andere Kunden in Sicherheit wog, Geborgenheit suggerierte. Rasmussen lud ein und startete den Volvo. Zwanzig Minuten später klopfte er bei Birte.

Eine halbe Stunde später wusste er, dass Helmut Siemsen, Lars Martens' Dauerchauffeur und Birtes Trost, wenn Lars mal wieder sturztrunken aus Ecktown gekommen war, der Erzeuger von Birtes ungeborenem Kind war. Das musste er verdauen. Birte hatte ihm versichert, dass Siemsen zufällig zum Leiherzeuger geworden war, die Situation sei »so« gewesen. Und er wüsste auch nicht, dass er der Vater sei.

Rasmussen nahm Siemsen auf die Liste der Verdächtigen, parkte ihn aber innerlich im äußeren Kreis. Er kam als Täter motivmäßig in Frage, falls er sich in Birte verliebt hätte, und als Täter aus

Habgier, falls er um die Erbvereinbarung wüsste. So recht glauben mochte Rasmussen das aber nicht.

Heute waren sie gut vorangekommen. Rasmussen war zufrieden. Seine zwiespältigen Gefühle zu Birte hatte er auf dem Weg nach Sehestedt aussortiert, und dabei sollte es bleiben. Bisher gelang das erstaunlich gut. Vielleicht, weil er eine vielversprechende SMS von Marlene erhalten hatte? Ein Blick auf die Uhr zeigte ihm, dass er sich sputen musste. Die Matjesverabredung mit Erika hatte er nicht vergessen.

Wieder mal Matjes

Rasmussen wischte sich die Hände an der Serviette ab und lehnte sich zufrieden zurück. »Erika, der erste Platz ist dir sicher«, befand er. »Matjes auf Orangen-Wasabi-Chutney werden dich unsterblich machen.«

Wenig später saß er mit Fritze, Jörn, Fiete und der Brix vorn im Gastraum der »Schlei-Terrassen«. Die Fähre auf der Schlei tat, was sie immer tat. Sie fuhr hin und her. Auf die Missunde II war Verlass.

»Hans, machst du heute den fünften Mann?«, fragte Fiete.

»Wenn du nicht schummelst.« Rasmussen grinste, und alle wussten, dass alle wussten, dass Fiete immer schummelte.

Fiete machte eine wegwerfende Handbewegung und mischte die Karten. Doppelkopf war das Spiel der Könige, da waren sich alle einig. Heute hatten sie ihren DoKo-Abend ausnahmsweise nach Missunde verlegt, weil die Brix unbedingt mit Rasmussen sprechen wollte und der auf gar keinen Fall Erika absagen konnte. Den Knilchen war es recht. So gab es frisch gezapftes Pils.

»Sag mal«, begann die Brix, »habt ihr eigentlich schon alle Fotos ausgewertet?«

»Margarete, du weißt, dass ich darüber nicht sprechen darf. Schon gar nicht in lockerer Kartenrunde beim Bier in der Kneipe.«

»Kneipe?« Erika bog um die Ecke. »Das hier ist ein Speiselokal.«

»Siehst du«, sagte die Brix, »alles ganz seriös. Wen konntet ihr denn identifizieren?«

»Niemanden, für den wir uns näher interessieren müssten. Nur das Auto von Mangold war auf einem Foto ganz am Rand zu sehen.«

Die Brix zog die Augenbrauen hoch. »Überrascht mich das? Nö.«

»Vorbehalt«, hüstelte Jörn, »ich hätte da ein hübsches Damensolo.«

»Besser als eine Hochzeit«, stichelte Fiete. »Bei meinem Pech hätte es mich noch erwischt. Dann lass mal sehen, wir werden dir dein Solo schon kaputt machen.«

Der Abend wurde lang wie immer, und es gewann die Brix, wie immer.

Neunter Tag: Dienstag

Nicht nur Wiesel kommt aus der Deckung

»Ich kratze immer nur an der Oberfläche, hinter der irgendwo da hinten die Wahrheit liegt.« Das war der letzte Satz gewesen, den die Staatsanwältin ihrem Cousin Uwe Mangold entgegnen konnte. Ihr Zeigefinger hatte dabei in Richtung Steilküste gefuchtelt. Das Gespräch mit ihrem wenig gelittenen Verwandten, der seit seinem abgebrochenen Jura-Referendariat für die lokale Zeitung schrieb, hatte sie nach einem anstrengenden Tag endgültig ermüdet.

Als sie am Montagabend in Noer um die Ecke zu ihrem Haus gebogen war, hatte schon der verbeulte Renault ihres Vetters in der Einfahrt gegrüßt. Sie war noch gar nicht aus dem Wagen ausgestiegen, da hatte er schon herumlamentiert. Sie müsse ihm glauben, dass er an dem Treiben in Aschau wirklich nur peripher beteiligt gewesen sei, sozusagen als teilnehmender Beobachter.

»Uwe, schwall doch nicht rum.«

Dieser Kahlkopf mit Stiernacken in seinem Cordjackett und den Schlabberjeans gab so schon ein bemitleidenswertes Bild ab. Die Fotos von sich in eindeutigen Posen wollte er haben. Er hatte gefleht und gebettelt. Sie hatte ihm zu verstehen gegeben, dass sie die Letzte sei, die irgendwelche Beweisgegenstände verschwinden lassen könnte. Sie habe sogar gehört, dass das Ermittlungsteam sich gerade in den letzten Tagen besonders mit diesen Beweismitteln beschäftigt hätte. Er hatte dann auch nicht mehr auf einen Whisky und eine Zigarette mit hereinkommen wollen. Besser so.

Die Familie, dachte sie so bei sich, als sie sich heute auf dem Weg in die Eckernförder Zentralstation befand. Mit Paps war sie immer bestens ausgekommen. Als Arzt war er der »Gute Mensch von Bordesholm«, er hatte aber immer aufgepasst, dass genügend Aufmerksamkeit für seine einzige Tochter übrig blieb. Die verspannte Mutter hingegen hatte gleich nach ihrem Lehramtsreferendariat in Deutsch und Geschichte einen Berufsverbotsprozess am Hals gehabt. Das hatte sie nie verwunden, und statt sich der Erziehung ihrer Spätgeborenen zu widmen, hatte sie den Dritte-Welt-Laden in Neumünster zu ihrem Lebensmittelpunkt gemacht. Wer diese Stadt mit der damals weit und breit höchsten Kriminalitätsrate sozial befrieden und mit fair gehandelten Produkten beglücken wollte, der musste zumindest nach Meinung der Staatsanwältin mit dem Klammerbeutel gepudert gewesen sein. Sie wusste, wovon sie sprach, denn auch sie war nach der Grundschule nach Neumünster gependelt. Nach dem bestandenen Abitur hatte es für sie geheißen: nur weit weg. Sie ging nach München, und als Uwe, der ebenfalls Jura studieren wollte, ihr folgte, hatte sie sich anfangs noch gefreut. Während sie Schein um Schein an der Uni abgelegt hatte, war ihr Cousin aber im »Bussi-Bussi«-Milieu von Schwabing versackt. Immerhin hatte »Champagner-Uwe« noch das erste Staatsexamen absolviert. In Gesprächen mit Paps hießen Mutti, deren Schwester Gabi und deren abgestürzter Sohn Uwe immer das »Trio Infernale«.

Die Staatanwältin hatte sich für diesen Morgen bei Rasmussens Team angesagt, um möglichst schnell in die Befragung der Beschuldigten und der Zeugen einzusteigen. Das, was das Team bisher an Akten produziert hatte, war ausnehmend dünn. Dabei war ihr die soziale Sprengkraft des Falles bewusst. »Du glaubst ja gar nicht, wie vielen hier der Arsch auf Grundeis geht«, hatte ihr Uwe am Abend vorher noch zugeraunt.

Oh doch, das kann ich mir sehr gut vorstellen, dachte sie noch, als sie die Treppen der Zentralstation hochhastete. Aber das, was sie dann im Büro von Calloe und Hinrichsen zu sehen bekam, das übertraf all ihre Vorstellungen.

»Kaffee, Frau Staatsanwältin?«, flötete Hinrichsen, der seine Prinz-Heinrich-Mütze wieder mal keck in den Nacken geschoben hatte.

Sie bejahte die Frage und bekam die einzige Tasse, die man hier für sie vorhielt. Sie verabscheute die Kaffeebecher-Kultur in den Büros. Erst jetzt grüßte Calloe kurz und wendete sich schnell wieder dem Bildschirm zu.

Mit der Kaffeetasse in der Hand drehte und wendete sich die Staatsanwältin auf ihren hohen Hacken und schaute gebannt auf die Strandfotos. Auf Anhieb hatte sie Uwes Kahlkopf und Stiernacken ausgemacht. Sie drehte sich schnell weiter.

»Welch eine Parade nackter Haut, hübsch sind auch die Exem-

plare in Lack und Latex«, entfuhr es ihr. »Hinrichsen, wie habe ich
mir Ihr Erotic-Art-Museum hier zu erklären?« Mit spitzen Fingern
führte sie die Kaffeetasse an die Lippen.

»Frau Staatsanwältin! Leute! Ich bitte vielmals um Entschuldi-
gung. Der Gegenwind …« Rasmussen, von der morgendlichen
Radtour – noch blieb er konsequent – einigermaßen außer Puste,
fiel fast ins Büro hinein.

»Guten Morgen, Rasmussen. Ich wusste gar nicht, dass diese
Diensträume zweckentfremdet worden sind. Ich habe hier zwar
keine Verfügungsgewalt, aber rate Ihnen dringend, diese kompromittierende Beweissammlung schleunigst wieder abzuhängen.«
Die Staatsanwältin schaute Rasmussen jetzt sehr streng an.

»Wieso?«, stellte sich der Hauptkommissar erst einmal dumm.
Ihm war schon klar, dass der Wandbehang ermittlungstechnisch
kaum mehr haltbar war. Seit gestern hatten sie hier einen Andrang
wie im Taubenschlag. Es verging keine Viertelstunde, in der nicht
irgendjemand unter Vorgabe windiger Gründe einen Blick in dieses Kabinett menschlicher Irrungen und Wirrungen werfen wollte.

»Wir haben mit Hinrichsens kuratorischer Arbeit schon jede
Menge Spaß gehabt. Und Erkenntnisse. Sie werden ja sicherlich
auch schon Ihren Verwandten in eindeutiger Stellung erkannt
haben?«, säuselte Rasmussen und stellte sich Schulter an Schulter
mit der Staatsanwältin. Schon nahm er wieder Witterung auf und
kräuselte ob der feinen Parfümnote die Nase. Er zeigte hierhin
und dorthin, und die beiden richteten sich beinah synchron nach
seinem Zeigefinger aus. Rasmussen merkte, wie er eine leichte
Erektion bekam.

Der Ermittlungsstand war eigentlich schnell erklärt. Martens
und Mogensen standen im Fokus. Birte Martens' Schwangerschaft
und Siemsens Vaterschaft kamen zur Sprache. In Sachen Strandherde war Herbert »Blacky« Petersen nun identifiziert. Die anderen
drei in Latex mussten noch ermittelt werden und würden in Bälde
in den Zugriff geraten. Rasmussen hatte früh am Morgen mit
dem Betreiber des Internetforums gesprochen – die Klarnamen
kämen im Laufe des Tages. Rasmussen berichtete auch über das
Dreieck Birte–Lars–Hanne und welche Emotionen ihm den Blick
auf diesen Teil des Falles verstellen würden. In diesem Moment

zogen sowohl die Staatanwältin als auch Calloe eine Augenbraue hoch. Für einen Moment machte sich fast Verlegenheit breit. Rasmussen legte die Karten einfach auf den Tisch. Er schlug den Bogen von Birtes verdeckter Vergewaltigung im »Baumgarten« durch ihren späteren Gatten über die offenen Gewaltexzesse in Sehestedt bis hin zu Hanne Mogensen.

»Das, was die Dänin mir an diesem Wochenende über ihr Verhältnis zu Lars Martens und über ihr Sexualleben erzählt hat, beeindruckt mich sehr. Und ich bin ehrlich, das übersteigt mein Vorstellungsvermögen. Ich habe mich noch nie so sehr als Kleinbürger gefühlt.«

»Herr Rasmussen, ich weiß nicht, ob Sie sich in diesem Fall nicht zu sehr auf den libidinösen Aspekt kaprizieren. Gibt es irgendwelche Indizien dafür, dass dem Opfer Martens der Wirkstoff Isosorbiddinitrat von seiner, wie sagten Sie, ›Strandherde‹ einverleibt wurde?«

Es klopfte, und Amos Wiesel steckte seinen Kopf herein. Er schaute Rasmussen und die Staatsanwältin an, er schaute Hinrichsen und Calloe an. Er schaute auf die Wände, dann prustete er los: »Euren Job möchte ich haben. Da spürt man ja wirklich allen möglichen Lebensgeistern nach.«

Mit einem »Moment noch mal« verschaffte sich die Staatsanwältin wieder die ungeteilte Aufmerksamkeit. Sie verwies nachdrücklich auf den wirtschaftlichen Aspekt des Falles, Calloe versuchte sich an dieser Stelle einzumischen, doch es war zwecklos. Jetzt sprach nur noch die Staatsmacht.

Ihrem Kenntnisstand nach sei Martens vollkommen pleite gewesen, der Verdacht der Insolvenzverschleppung habe schon lange über seinen geschäftlichen Unternehmungen geschwebt, und ihrer Auffassung nach werde die Rolle Hoffmanns als Martens' ökonomischem Widersacher viel zu sehr vernachlässigt. Wenn man das Ganze noch einmal Revue passieren lasse, dann frage sie sich vielmehr, warum sich das Opfer nackt und damit schutzlos vor den Augen seines härtesten Konkurrenten präsentiert hätte. Mit Blick auf die Fotos fragte sie in die Runde: »Glauben Sie denn wirklich, dass Martens praktisch im Dünenvorgarten von Torsten Hoffmann rumbumst und dieser nichts davon mitbekommt?«

Hinrichsen räusperte sich verunsichert, Amos Wiesel hingegen mischte sich nun ein. Er sei so frei, noch mal die medizinischen Fragen des Falles zu resümieren. Lars sei unfruchtbar. Punkt eins. Punkt zwei, Birte Martens sei schwanger, daraus ergäben sich die Fragen: Wer hat sie geschwängert, und weiß derjenige überhaupt davon?

Ein bisschen wunderlich war er ja schon, der Pathologe, so war es jedenfalls in den Gesichtern der anderen Anwesenden zu lesen. Mit dem Offensichtlichen punkten zu wollen.

Aber dann kam Wiesel doch aus der Deckung. Er stellte die Frage nach der Einnahme der Iso-Substanz. Am wahrscheinlichsten sei es, dass Martens aufgelöste Retard-Tabletten in einem Getränk untergejubelt worden seien, und zwar Stunden vor dem eigentlichen Ableben. Die Tabletten bildeten ein Depot im Körper, dessen Wirksamkeit zeitverzögert einträte. In Verbindung mit der Einnahme von Viagra käme es dann zu einer starken Erweiterung der Gefäße, zu einem erheblichen Blutdruckabfall und schließlich zum Exitus. Wie und wann die einzelnen Phasen einträten, wäre schwer vorherzusagen. Das hänge von vielen Faktoren, so auch von der Menge, dem Zeitpunkt der Verabreichung und der Konstitution des Opfers ab. Klar sei jedenfalls, dass Martens den tödlichen Cocktail nicht erst kurz vor seinem Ableben erhalten hätte.

»Sehen Sie hier die Augen von Lars? Der ist im Moment der Aufnahme schon gar nicht mehr Herr seiner selbst. Der hat sich eigentlich nur noch wie ein Duracell-Äffchen bewegt, hier oben kam nichts mehr an.« Amos Wiesel zeigte auf die eine besagte Aufnahme und tippte sich dann gegen die Stirn.

»Danke, Herr Doktor Wiesel.« Die Staatsanwältin drängte es zum Aufbruch. »Meine Herren, morgen früh bin ich wieder zur Stelle, und dann ist der Tannenbaum hier abgeschmückt. Frau Calloe, ich erlaube mir, Sie so lange aus diesem Sündenpfuhl auf einen Imbiss in die Kieler Straße zu entführen.«

Ein Lächeln huschte über Yvonne Calloes Gesicht.

Frauenförderplan

»Knackiger Hintern«, dachte die Staatsanwältin, als Calloe vor ihr den Flur entlangwackelte. Sie war schon ein bisschen neidisch, tröstete sich aber mit einem Altersunterschied von neunzehn Jahren und vier Monaten. Gestern hatte sie Calloes Personalakte mal in Ruhe studiert und war ob der Leistungen und Fähigkeiten einigermaßen beeindruckt. Die junge Kollegin war klug, belastbar, und sie war unabhängig. Und das in gleich doppelter Hinsicht. Weder war sie in einer aktenkundigen festen Beziehung, noch ließ sie sich von Kollegen oder Vorgesetzten einschüchtern.

»He, hier geht's lang«, rief Calloe, als die Staatsanwältin auf ihr Auto zusteuerte, und zeigte Richtung Fußgängerzone. Aber die Staatsanwältin winkte ab und bedeutete Calloe einzusteigen.

»Hier haben die Sprotten Ohren, lassen Sie uns einen neutraleren Ort wählen. Zwei Mädels wie wir könnten doch vielleicht ein Kapitänsfrühstück verdrücken. Was meinen Sie? Rührei, Krabben, Bratkartoffeln?«

»Ja. Da bin ich dabei. Bisschen Abwechslung von Müsli und Salat schadet sicher nicht.« Calloe schlug mit der flachen Hand auf ihr Sixpack.

»Kennen Sie die ›Schlei-Möwe‹?«, wollte die Staatsanwältin wissen.

»In Schleswig, auf dem Holm, klar! Schönes Auto, übrigens.«

Die Staatsanwältin strahlte. »Ist leider nur ausgeliehen. Der gehört meinem Vater, der gerade umzieht und meinen Kombi in Arbeit hat. Ist ein 72er XJ 12.«

»Hat den Motor des E-Type, oder?«

»Genau, fünf Komma drei Liter Hubraum, zweihundertdreiundfünfzig PS. Ein Jag, wie ein Jag sein muss. Für mich hat das Vehikel ganz viel mit meiner Familie zu tun, ich bin praktisch darin groß geworden. Mein Paps ohne dieses Auto, einfach unvorstellbar.« Die Staatsanwältin hatte sich vergessen. »Calloe, Sie horchen mich aus.«

Calloe grinste.

Sie bogen auf die B 76 Richtung Schleswig ab.

»Worüber unterhalten sich Frauen, wenn sie unter sich sind?«, fragte die Staatsanwältin.

»Worüber wohl? Über Männer.«

»Ich habe gesehen, dass Sie auch ziemlich beeindruckt von Rasmussen waren, als der die Karten in Sachen Birte Martens und Hanne Mogensen auf den Tisch gelegt hat.« Die Staatsanwältin schaute zur Seite und zog die rechte Augenbraue hoch. »Das war ja schon fast Seelenstriptease.«

Calloe lächelte und machte im folgenden Gespräch überhaupt keinen Hehl daraus, dass sie eine gewisse Bewunderung für Rasmussen hegte. Für sie sei Rasmussen zwar ein Macker, aber ein Macker ohne Allüren und ohne Scheu, sich auch einmal zu seinen Fehlern zu bekennen. Das mache ihn persönlich aus, und dazu passe die unkonventionelle Arbeitsweise des erfahrenen Kommissars, der oft auf seine Intuition setze, obwohl er zweifellos das Instrumentarium eines guten Kriminalisten beherrsche. Die Staatsanwältin teilte Calloes Einschätzung, sie verwies allein auf Rasmussens überdurchschnittliche Ermittlungserfolge.

Als das Schloss Gottorf in Verlängerung der schnurgeraden Straße auftauchte, wusste Calloe zu berichten: »Es ist noch gar nicht lange her, da hat mich Rasmussen auf einer Dienstfahrt mit in das Landesmuseum für Kunst genommen. Im Saal unten rechts hängt sein Lieblingsbild. ›Meeresstille‹ von Hinrich Wrage, 1899 gemalt. Ein Sehnsuchtsbild wie kein zweites, so drückte er sich aus.«

»Sehnsucht wonach?«, fragte die Staatsanwältin.

»Ja, da war ich auch sehr gespannt. Er sehne sich nach Wirksamkeit.«

»Wie bitte?«

»Nach Wirksamkeit. Er sagte wortwörtlich: ›Ich möchte, dass mein Tun einen Effekt hat. Wenn's geht, einen, der die Dinge zum Guten bewegt.‹ Ich habe mir das am Abend aufgeschrieben.«

Die Staatsanwältin parkte im Hafen. »Die paar Schritte gehen wir?«

Calloe nickte. Rechts lag die Schlei, und die Sonne spiegelte sich im leicht bewegten Wasser. Beinahe gleichzeitig zückten die Frauen ihre Sonnenbrillen. Die Staatsanwältin schob sich ein Dior-

Modell auf die Nase, Calloe eine alte Pilotenbrille, die ihrem Bruder gehörte, aber irgendwie in ihre Dauernutzung übergegangen war.

»Sie fliegen?«

»Ja, Segelflugzeuge. Mein Opa war Hubschrauberpilot bei der Luftwaffe, aber seine Leidenschaft war das Segelfliegen. Ich bin mit vier zum ersten Mal mitgeflogen.«

»Sie haben gern den Überblick.«

Calloe lächelte. »Jetzt horchen Sie mich aus.«

Sie bestellten zwei Kapitänsfrühstücke und alkoholfreies Pils. Es war voll. Saison eben.

»Waren Sie schon mal im Winter hier?«

Calloe schüttelte den Kopf.

»Es ist wunderbar, die Schlei zugefroren, und manchmal kann man sogar Eissegeln.«

Zwischen zwei Gabeln Rührei fragte die Staatsanwältin, ob Calloe denn das Gefühl habe, im Fall Martens gut voranzukommen.

Calloe runzelte die Stirn. »Sie waren doch dabei, bei unserer Besprechung. Das Team arbeitet schnell und professionell.«

Calloe war verärgert, und die Staatsanwältin ärgerte sich über die ungeschickte Gesprächseröffnung. Gern hätte sie die Rolle von Torsten Hoffmann noch einmal besprochen, die beiden verlegten sich aber nun auf den Austausch von Belanglosigkeiten.

Als der Kaffee kam, rückte die Staatsanwältin mit der Sprache heraus. »Sie haben von den großen Projekten im Land gehört? Fehmarn-Belt-Querung, A 20, Netzausbau, Offshore-Windparks.«

»Sicher.«

»Im Zusammenhang mit solch milliardenschweren Anstrengungen geht nicht immer alles mit rechten Dingen zu. Man hat mich gebeten, eine Ermittlungsgruppe zusammenzustellen, die sondiert, recherchiert und im besten Falle zu einem sehr frühen Zeitpunkt Unregelmäßigkeiten erkennt und Straftaten zum Nachteil für den Steuerzahler unterbindet.«

»Wer ist ›man‹?«

»Das LKA. Interessiert Sie eine Thematik wie diese?«

»Als Steuerzahlerin?«

»Ach, Frau Calloe.«

»Entschuldigen Sie. Ja, interessiert mich.«

»Ich lade Sie zu einem vertraulichen Gespräch mit dem Abteilungsleiter in Kiel ein. Achtundzwanzigster September, neun Uhr im LKA, Abteilung 2, Organisierte Kriminalität.«

»Was wäre meine Aufgabe, wo die Dienststelle, wann ginge es los?«

»Langsam, Frau Calloe. Zunächst muss man Sie in Kiel auch wollen. Man glaubt, Sie seien ein Talent. Nicht mehr, nicht weniger. Sie könnten, sagen wir, reinschnuppern. An möglicherweise drei oder vier Arbeitstagen im Monat.« Sie machte eine Pause.

Calloe wirkte ein wenig ernüchtert.

»Ich darf also davon ausgehen, dass Sie neugierig sind?«

Die junge Polizistin hatte sich gefangen. »Unbedingt.«

»Gut, aber jetzt bitte ich Sie, sich wieder ganz auf die Aufklärung des aktuellen Falles zu konzentrieren. Je eher das Thema vom Tisch ist, desto besser. Gestern hat mich der Bürgermeister angerufen. Familien mit Kindern, Kulturinteressierte in den besten Jahren, das seien die Zielgruppen der Investoren und Touristiker, nicht etwa geile Böcke aus Hamburg.« Die Staatsanwältin machte eine Pause.

»Ich habe leider auch ein privates Problem mit diesem Fall. Uwe Mangold ist mein Cousin, und er macht auf den Fotos nicht den Eindruck eines distanzierten Berichterstatters.«

Angenagt

Rasmussens Resttag nach dem Termin mit der Staatsanwältin war mit Besprechungen in der Zentralstation dahingegangen. Es standen einige Großevents an, und es galt, alle Abteilungen der Eckernförder Ordnungsmacht zu koordinieren. Er fragte sich zwar bei solchen Gelegenheiten, was er als Kriminaler dabei zu suchen hatte, aber was half das schon? Erst gegen sechzehn Uhr saß er wieder im Büro. Vor ihm ein frischer Kaffee und die Stiefel auf der Schreibtischkante. Mit einem Blick auf den Bleistiftanspitzer kam er ins Sinnieren.

Als Rasmussen den Einstellungstest bei der Polizei bestanden hatte, war Marlene gleich zur Stelle gewesen. Damals hatte er noch bei Muttern gewohnt, und Marlene hatte sich neben ihn auf sein Bett gesetzt. Gelegen hatten sie in diesem Bett auch schon, aber an jenem Tag stand Marlene der Sinn nach Feiern. Das konnte Rasmussen an der halb durchsichtigen Bluse erkennen und an der knallengen schwarzen Cordjeans. Beides trug Marlene nur, wenn sie auf die Piste wollte.

Dann aber hatte sie den Kopf schief gelegt, in ihre Tasche gegriffen und befohlen: »Augen zu.« Es raschelte, Papier riss, und Marlene klapperte mit irgendwas am Schreibtisch rum. »Augen auf.« Rasmussen hatte zu Marlene rübergelinst. Die strahlte und präsentierte mit vorgestreckten Armen und nach oben weisenden Handflächen – einen Bleistiftspitzer mit Kurbel. Diesen hatte sie bereits an der abgenutzten Tischplatte befestigt.

»Jetzt, wo du Bürohengst wirst.«

»Wie, Bürohengst, ich werde Polizist.«

»Ja, im Büro.«

Rasmussen schüttelte sich. »Wie kommst du darauf?«

»Ach, Hans, du mit 'nem Gummiknüppel, das glaubst du doch selbst nicht. Kannst ja nicht mal einen Hering schlachten.«

Sie hatte, was den Hering anging, recht. Aber er hatte gemerkt, dass er auf den Arm genommen wurde. »Tja, da ist was dran, vielleicht werde ich Leiter der Asservatenkammer, schön kühl im Keller. Da kann ich den Spitzer bestimmt gut gebrauchen.« Danach waren sie losgezogen.

Das war über zwanzig Jahre her, und der Bleistiftspitzer funktionierte noch immer tadellos. Bürohengst, grübelte Rasmussen, zugeritten vom Cowgirl aus der Staatsanwaltschaft. Sie hatte ihn ganz schön vorgeführt.

»Herr Rasmussen, ich weiß nicht, ob sie sich in diesem Fall nicht zu sehr auf den libidinösen Aspekt kaprizieren«, hatte sie ihm vorgehalten. Nur um kurz darauf zu beanstanden, dass die wirtschaftlichen Aspekte des Falles vernachlässigt würden. Hoffmann würde quasi ignoriert. Warum eigentlich? Ja, warum eigentlich? Vielleicht hatte Rasmussen nach Calloes vergeblichen Versuchen, bei Hoffmann einen Anfangsverdacht zu finden, zu früh aufgegeben. Hoffmann war schlau und selbstbewusst und außerordentlich eloquent. Er hatte Rasmussen eingeschüchtert.

Mit Druck kam er bei Totti nicht weiter. Er musste ihn aus der Reserve locken. Was, wenn der dänische Reeder, den er im Strander Jachtclub mit Hoffmann streiten gesehen hatte, etwas gegen ihn in der Hand hatte? Rasmussen würde den Vorwurf, nachlässig zu ermitteln, nicht auf sich sitzen lassen.

Morgen käme Hanne Mogensen. Das Verhör wäre vermutlich schnell durch. Danach führe er noch einmal in den Jachtclub, schnüffeln.

Es kratzte an der Tür. Fast alle Menschen klopften, nur Wiesel kratzte.

»Herein, Herr Doktor.«

Amos Wiesel wischte sich noch die nassen Hände an der Hose ab. Vermessen grinsend hockte er sich auf die Schreibtischkante. »Na, die hat ja die Hosen an, deine Staatsanwältin.«

»Ja, und du hast die Hose voll, lauter Pissspritzer. Ekelhaft. Deine Leichen stört das vielleicht nicht, aber mich. Runter von meinem Schreibtisch.«

»Oh, etwas dünnhäutig, der Herr. Nimm dir mal einen Nachmittag frei. Das rate ich dir als Arzt.«

»Komm, Amos, sieh zu, dass du in die Hauptstadt kommst. Kleinen Aperol an der Kiellinie nehmen. Du hast doch bestimmt schon seit einer halben Stunde Feierabend, oder?«

Wiesel machte eine »Da-kann-man-nix-machen-Ganzkörperbewegung«, drehte auf glatter Ledersohle und verschwand.

Rasmussen klickte auf »boote24.de« rum, suchte nach Angeboten aus der Umgebung und wurde fündig. Torsten Hoffmann wollte verkaufen. Rasmussen grinste. »Geldsorgen, mein Freund?«

Keine Swinger, keine Fotos, keine Drogen

»Moin Jungs.«

»Moin Chef!« kam es von den Dänen wie aus einem Munde. Beide starrten sie auf den Bildschirm und scrollten mit der Maus im Bilderordner hin und her.

»Gibt es was Neues?«, fragte Hoffmann.

Das gesamte Dachgeschoss war zu einem Büro ausgebaut, das Ständerwerk gliederte den Raum in sechs Arbeitsplätze. Hoffmann ging zur Pinnwand an der Giebelwand und nahm das Bild von Martens ab. Er lehnte am Treppengeländer und drehte den Schnappschuss in seinen Händen.

Lasse und Erik hatten ihn an Martens' letztem Abend noch angerufen. Er müsse unbedingt kommen. Sie hätten »Larss un ssein Sstrandherde« abgeschossen, aber irgendwas sei anders als sonst.

Hoffmann hatte gleich zu den beiden gesagt, dass sein Konkurrent aussähe, als würde er gleich ableben. Grässlich, wie er da gemeinsam mit der Rothaarigen hinter den Lackmenschen stand und beide die Peitschen schwangen. Für den Fall, dass Martens, dessen Gesichtsausdruck der eines Wahnsinnigen war, diese Eskapade überlebe, mögen sie doch bitte einen Ausdruck machen. Man wisse ja nicht, wofür man es noch gebrauchen könne.

Bei der Besprechung am nächsten Morgen hatten ihn die Dänen dann ganz komisch und fast schon misstrauisch angeschaut. Martens war tatsächlich gestorben, und die Ermittler schwirrten durch Aschau. Aber so richtig Aufruhr hatte es erst gegeben, als die Polizei ein Kranfoto vom Tatort am Strand hatte machen lassen.

Hoffmann drehte den Schnappschuss immer noch hin und her. Die Rothaarige neben Martens, dieser Anblick ließ ihm irgendwie keine Ruhe. Als hätte er die Dame schon mal im Jachtclub in Strande oder anderswo gesehen.

»Sstill ruht die Ssee«, sagte Erik endlich. »In den letsen Tagen war kaum Bewegung am Sstrand.«

»Ist ja auch klar, wer will hier schon nach Martens' Tod gesehen werden? Stand eigentlich schon etwas in der Zeitung?« Hoffmann meinte das eher rhetorisch. Er ging nicht davon aus, dass seine

»Jungs für alles« die örtlichen Zeitungen lasen, nicht einmal online. Ihr Deutsch war einfach nicht gut genug, und das, obwohl sie die letzten zwei Jahre ununterbrochen auf seinen Schiffen für ihn gearbeitet hatten.

Angestellt waren Lasse und Erik auf den Booten seiner Angelflotte als Matrosen. Irgendwann vor einem Jahr hatte Hoffmann sie dann aber beide im Strandhaus in Aschau einquartiert, und damit hatten die Dänen immer mehr Aufgaben im und um das Haus herum übernommen. Außerdem waren sie für seinen Wagen- und Segelpark zuständig. Der Q7 wollte gewartet werden und die Harley auch. Zu Wasser hat er zudem neben seinem Rennkatamaran noch zwei schöne Holzjachten in Strande liegen. Seine dänischen Mitarbeiter waren echte Allrounder, und er schätzte ihre Flexibilität. Außerdem waren sie loyal, auch wenn ihm schwante, dass es hier und da ein paar Nebengeschäfte an der Tür des Strandhauses gab. Für Kost, Logis und einen klapprigen Golf Kombi zur freien Verfügung knöpfte er ihnen gut ein Drittel des Lohns wieder ab. Ein gutes Geschäft, und mal ehrlich – darum ging es doch.

»In zwei Wochen müssen wir den Katamaran zu Bendixen nach Seeland segeln, ich habe mich entschlossen, den Vogel in seiner Werft reparieren zu lassen, der Schaden ist zu groß, als dass wir das Boot so verkaufen könnten.«

»Also doch«, kommentierte Lasse den Termin und nickte Erik zu. »Dass ist dann der übernächsste Montag. Geht klar, Chef.«

»Ich gehe dann mal zu Iversen, eurem heimlichen Chef. Mit der Strandwache ist jetzt ja wohl Schluss.« Mit diesen Worten verschwand Hoffmann auf der Holztreppe nach unten, und wenig später klappte die Eichentür zum Parkplatz hin.

Die beiden hatten sich bei dem Stichwort Iversen zugenickt und wippten nun in ihren Schreibtischstühlen. In den letzten vier Wochen hatten sie mehr Zeit mit der Strandwache und dem Fotografieren verbracht als geplant. Das konnte nicht ewig so weitergehen. Erstens war das weniger einträglich als erwartet, und zweitens kostete es zu viel Zeit. Schließlich hatten sie sich im letzten Jahr ihr eigenes Business aufgebaut. Sie versorgten die Fitnessstudios der Umgebung mit Anabolika. Als sie dann noch über Lars Martens einen Türverkauf an die Swinger organisieren konnten, war es zeitlich ganz schön eng geworden.

Das Prinzip des Türverkaufs war ganz einfach gewesen. Martens schickte die Swinger an ihre Tür, und sie verkauften alles, was ihr Bauchladen so hergab. Viagra, Amphetamine und auch das eine oder andere Beutelchen Kokain. Martens kassierte seine Provisionen in »Naturalien«, und dass er von denselben Typen auch noch fotografiert wurde, die den Strand mit Drogen belieferten, sollte ihn das etwa stören? Beileibe nicht. Martens war entweder wirklich cool und angstfrei gewesen oder verrückt. Vor Martens konnte man Angst haben.

Wenn die Dänen nur ihren Pflichten bei Hoffmann nachkamen, brauchten sie eigentlich keine Befürchtungen zu haben, in ihrer zusätzlichen Doppelbelastung als Paparazzi und Dealer aufzufliegen. Sie schossen die Swinger ausschließlich aus ihren Verstecken am Strand ab, den Rest erledigte von Zeit zu Zeit Bürgermeister Iversen. Der ließ sich die an Ort und Stelle ausgedruckten Fotos aushändigen, stellte die Betreffenden sofort und sprach Strandverbote aus. Martens war dann immer schon über alle Dünen gewesen.

Lasse und Erik wippten immer noch in ihren Schreibtischstühlen. Sie hatten die Hintergrundmusik mittlerweile hochgefahren, und als »Sheep Dog« von Mando Diao aus den Boxen dröhnte, grölten sie gemeinsam die Zeilen:

»*They ain't worthy being named as thieves*
One of the shorties said hi up to the abbot who died
The rebound: yeah, yeah, yeah«

»Keine Sswinger, keine Fotoss, keine Drogen«, fasste Lasse die Situation zusammen.

»Yeah, yeah, yeah«, antwortete Erik, und es klang ebenso ironisch wie aggressiv. Er ballte die Faust und reckte sie im Takt in die Höhe. Es sah aus wie eine Drohung.

Zehnter Tag: Mittwoch

Landpartie der Knilche mit Dame

»Mein kleiner grüner Kaktus steht draußen am Balkon, holari, holari, holaro ...« Die Brix und die drei Knilche schmetterten auf ihrer Landpartie an die Westküste um die Wette. Die Fahrt war eigentlich ein Geburtstagsgeschenk an Fritze gewesen, war jedoch seit dem Frühjahr wieder und wieder verschoben worden.

»Und wenn ein Bösewicht was Ungezogenes spricht, dann hol ich meinen Kaktus und der sticht, sticht, sticht ...«

Jörn verzog das Gesicht und hüstelte sein entrüstetes Hüsteln: »Ehhhmmm, wie oft soll ich euch noch sagen, dass zuerst die Zeile kommt: ›Was brauch ich rote Rosen, was brauch ich roten Mohn‹. Wie oft wollen wir das eigentlich noch üben? Wir haben nicht mehr lange Zeit bis zu Hans' Geburtstag.«

Das plötzliche Schweigen der vier versank im amtlichen Schnurren des Motors der DS. Fiete Burmester trommelte mit den Fingern auf das Lenkrad der »Göttlichen«. Die Brix auf dem Beifahrersitz spitzte die Lippen, als wollte sie den Song tonlos weiterflöten. Von hinten links kam jetzt ein eher schuldbewusstes Hüsteln, denn Jörn hatte wohl das Gefühl, die gute Stimmung zerstört zu haben. Die hatte sich sowieso nur mühsam aufgebaut, nachdem Jörn den anderen eröffnet hatte, dass er nur noch ganz schnell ein Rezept bei Dr. Petersen holen müsse und dann noch auf einen Sprung in die Apotheke. »Ihr wisst schon, die Entwässerungstabletten.«

Alles in allem hatte die Aktion die Reisegesellschaft eine Stunde gekostet. St. Peter Ording war damit in ganz weite Ferne gerückt.

Fritze, der andere Knilch auf der Rückbank, schien hingegen ganz zufrieden. Ihm zuliebe hatten sie eben einen Stopp am Werksverkauf der Firma »Böklunder« eingelegt. Fritze hatte seinen Jahresvorrat »Arenaknacker« im Kofferraum verstaut, und Fiete hatte ihm zugenickt:

»Ja, ich weiß, die isst du doch so gern in der Sparkassenarena beim THW. Aber der Vorrat reicht ja nun bis Heiligabend.«

Sie hatten gerade die A 7 westlich von Idstedt überquert, da meldete sich abermals Jörn. »Es tut mir ja fürchterlich leid, aber könnten wir nicht bei der nächsten Gelegenheit eine Pinkelpause machen. Ihr wisst schon, die Entwässerungstabletten.«

Schweigen der restlichen Insassen. Die »Göttliche« schwebte gen Jübek. Alle vier guckten stur geradeaus. Flachlandschaft gegliedert in Koppeln und Knicks rauschte an ihnen vorbei.

»Leute, es ist dringend. Mir reicht auch ein Knick.«

Da passierte der Wagen gerade das Ortsschild Jübek. Sie ließen »Getränke Nissen« links liegen und »Friseur Johannsen« rechts. Fiete konnte sich erinnern, dass es nach einer lang gestreckten Linkskurve gleich scharf rechts abging. Er steuerte den idyllisch gelegenen Dorfkrug mitten in Jübek an. Dorfanger und Dorfteich waren von Bauernhäusern mit rotem Klinker umstanden. Fiete holte weit aus und parkte mit Blick auf den Teich, auf dem ein paar Enten herumdümpelten. Kaum stand der Wagen, schon flog die Tür auf, und Jörn schleppte sich Richtung Eingang.

Vom Fahrersitz schallte Gelächter, Fiete schlug auf das Lenkrad und blökte Jörn hinterher: »Bestell doch schon mal vier Bauernfrühstück und vier große Alsterwasser.«

Jörn blickte sich noch einmal verkniffen um und nickte tatsächlich, um dann hinter der Kassettentür mit gelb getönten Fenstern zu verschwinden.

Die Sonne stand steil am Himmel, es war gerade mal zwölf Uhr durch. Fiete Burmester und Fritze Köppen nahmen die Brix in die Mitte und steuerten auf den Dorfkrug zu, der schon bessere Jahre gesehen hatte. Der Schriftzug »Schlüters Gasthof« war leicht verblichen, und das Holsten-Enblem signalisierte Bodenständigkeit. Auf dem Weg in die Kneipe mussten sie durch eine große Diele, die mit alten Bauernmöbeln zugestapelt war. An den Möbelstücken hingen handgemalte Preisschilder.

»Anscheinend ist hier gerade Ausverkauf«, ätzte die Brix.

»Die machen hier ausgezeichnete Bratkartoffeln«, lobte Fiete unbeirrt und stieß die Tür zum Gastraum auf.

Hinter dem Tresen grüßte schon der Wirt: »Die vier Alster stehen auf dem Ecktisch, und das Bauernfrühstück ist schon in Arbeit. Herzlich willkommen, die Herrschaften.«

Jovial rieb sich Olaf Schlüter die Hände und grinste über die Zapfhähne hinweg. Der Wirt in brauner gefütterter Weste und weißem Hemd verdeckte mit seiner Korpulenz den Blick auf die Küche. Das Geklapper mit Pütt und Pann war jedoch unüberhörbar, und vor allem roch es unbeschreiblich gut nach gebratenen Eiern, Zwiebeln, Kartoffeln und Speck.

»Mit unserer Vorhut haben Sie ja offensichtlich schon Bekanntschaft gemacht«, eröffnete Fritze die Konversation.

»Jo«, sagte der Wirt und wischte sich mit dem Geschirrhandtuch ein paar Schweißperlen von der Stirn.

»Herr Schlüter, es ist mir eine Freude, mal wieder hier zu sein. Ich weiß nicht, ob Sie sich erinnern?« Fiete schaute Schlüter fragend an.

»Moment mal.« Der Wirt kratzte sich nun hinter dem Ohr und zog die Stirn kraus. »Burmester, Eckernförde, Sie haben doch vor zehn Jahren die Einfamilienhäuser auf dem Millionenhügel gebaut? Bei den ganzen Nachbesserungsforderungen waren Sie ja damals mein Stammgast.«

So genau wollte es Fiete dann doch nicht wissen. Verlegen lächelnd nahm er neben der Brix auf der Eckbank Platz. Fritze orientierte sich noch im Raum, hieß, er suchte die WC-Beschilderung. Schlüter wies ihm unaufgeregt mit ausgestrecktem Arm und Zeigefinger den Weg.

Fiete prostete der Brix zu. Als Jörn und Fritze endlich auch dazukamen, hob Fiete sein Glas und prostete allen zu.

»Jungs, jetzt waren wir schon in Böklund, nun in Jübek. Was meint ihr? Schaffen wir es noch nach St. Peter?«, fragte die Brix in die Runde.

»Ach, St. Peter«, sagte der Wirt, der beladen mit den vier Portionen Bauernfrühstück an den Tisch trat. »Habe ich heut Morgen noch mit telefoniert. Bannig bedeckter Himmel da. So, jung Lüüt, nun lasst es euch schmecken.«

Das Tellergericht war nicht so Sache der Brix. Die Jovialität des Wirts sowieso nicht. Sie stocherte mit der Gabel an einem krossen Stück Rührei herum. Außerdem liebte sie es gar nicht, wenn andere die Bestellung für sie vornahmen. Links und rechts von ihr und auch gegenüber mahlten die Kiefer. Die Knilche waren in Höchstform – endlich mal keinen Seniorenteller, sondern Bauarbeiterportionen. Für diesen Moment vergaßen sie alle drei ihre Blutfettwerte.

Die Arie des Papageno. Madame zückte ihr mobiles Endgerät.

»Die Brix.«

»Margarete, wo bist du?«

»Hänschen, ich wüsste nicht, dass du mir gegenüber das Aufenthaltbestimmungsrecht ausübst«, flötete sie und schaute dabei keck in die Herrenrunde.

»Margarete, wir haben Mogensen hier gleich in der Mangel. Du wolltest dabei sein.«

Der Brix lief es heiß und kalt den Nacken runter. Sie spürte, wie ihre Gesichtshaut zu glühen begann. Sie hatte einen Termin verschwitzt und konnte sich nicht erinnern, wann das zum letzten Mal passiert war. Sie versuchte sich zu fangen. Die Knilche guckten schon.

»Ach, Hans, mir ist was dazwischengekommen, musste mich um meine Jungs kümmern. Wir besprechen das später. Tschüss, tschüss.«

Sie wusste, dass Hans wusste, dass er sie ertappt hatte. Nun, sie war zweiundsiebzig. Da konnte man mal was vergessen.

Schlüter stand schon wieder da mit vier frisch gezapften Gläsern Alsterwasser. Ohne Rückfrage tischte er diese auf. Stattdessen hatte er offenbar etwas auf dem Herzen und zog sich einen Stuhl heran: »Wie macht sich denn unser Heiner bei Ihnen in der Stadt?«

»Wie bitte?«, fragt die Brix spitz. Die Knilche um sie herum mampften, Fiete war schon dabei, den Schinkenspeck von ihrem Teller zu stibitzen.

»Ja, der ist doch jetzt Bankdirektor bei euch in Eckernföör.« Schlüter kam ohne weitere Aufforderung ins Rollen und ins Plaudern. Heiner Gierlich habe ja mit seiner Veranlagung keine leichte Kindheit in Jübek gehabt. Nur für die Zahlen sei er immer zu haben gewesen. Aber sie würden ja nicht glauben, was er für Kämpfe mit seinem Bruder gehabt habe. Ein ums andere Mal sei seine Mutter in die Gaststube gekommen, um ihren Mann zur Hilfe zu holen. Die Jungs seien immer wieder aneinandergeraten, und einmal hätte ihn der Svend fast totgeschlagen.

»Worum ging es denn bei diesen Auseinandersetzungen?«, erkundigte sich die Brix dann doch.

So genau könne er das auch nicht beantworten. Jedenfalls sei die Familie Gierlich während der Teenagerzeit der Jungs in zwei Teile zerfallen. Heiner und die Mutter, Svend und der Vater. Und als Heiner dann zum Studium in die Stadt ging, sei Mutter Gierlich in ein Loch gestürzt. Ihre beiden Macker hätten ein neues Opfer gesucht und gefunden. Seit dieser Zeit sei Frau Gierlich fast schon depressiv zu nennen. Svend und sein Vater hätten sich eh den Sandbahnrennen verschrieben. Schlüter machte eine Kopfbewegung und wollte wohl auf die Rennbahn hier in Jübek verweisen. Die beiden hätten durchaus Erfolg und wären mittlerweile in ganz Europa unterwegs. Aber wie die das finanzieren, das wisse er auch nicht, denn der Hof werfe ganz bestimmt nicht so viel ab. Da würde sich wohl »einer« großzügig zeigen. Auffällig sei auch, dass Heiner in letzter Zeit wieder ziemlich oft hier gewesen sei. Hier bei ihm in der Gaststube hätten die drei Gierlichs eigentlich ganz einträchtig gesessen, und er hätte mit eigenen Ohren etwas von einer Speedway GmbH gehört. Große Summen seien durch den Raum geflogen, Heiner hätte dabei allerdings nicht so glücklich ausgesehen.

»Warum erzählen Sie uns das alles, Herr Schlüter?«, fiel die Brix ihm ins Wort. Ein kurzer Moment Schweigen trat ein. Die Herren putzten sich den Mund. Jörn hüstelte leise.

»Ja, weiß ich nicht. Darum. Sie kennen den Gierlich doch, Sie kommen doch aus Eckernförde. Sie wissen doch selbst, wie der so ist«, stammelte der Wirt unsicher.

»Genau, und deswegen ...« Die Brix versuchte, Schlüter an den Haken zu nehmen. Aber genau in diesem Moment kam eine Senioren-Reisegruppe zur Tür herein. Der Menschenstrom in den Saal nebenan schien nicht abzubrechen, und schwups stand der Wirt wieder hinter dem Tresen. Lächelte jovial in alle Richtungen. Zapfte schon mal ein paar Pils vor und rief hinter sich in die Küche: »Ihr habt es mitbekommen, ihr habt es mitbekommen.«

»Jo«, kam es aus der Küche.

»Jo, jo.« Fiete nickte seiner Reisegesellschaft zu, pulte sich abschließend kurz an den Vorzähnen, zuckte entschuldigend zusammen und schmiss dann fünfunddreißig Euro in kleinen Scheinen in die Tischmitte. »Kommt, lasst uns gehen, die Geriatrie Kiel-Mitte hat Ausgang.«

»Nichts wie weg hier«, waren sich Jörn und Fritze einstimmig eins.

Sie versuchten alle vier, möglichst zackig aufzustehen.

Dänen lügen nicht

Hanne Mogensen sah auf ihre alte Swatch, die sie vom ersten eigenen Geld gekauft hatte. In weniger als vier Stunden würde sie in Eckernförde aus dem Zug steigen – und Lars würde sie nicht abholen. Das war vorbei. Aber mit Abschieden hatte sie ja Erfahrung. Abschiede von der Heimat, Abschiede von Menschen. Alles hatte eben seine Zeit. Wichtig war allein die Gegenwart.

Mogensen streckte sich, atmete, wie sie es im Yogakurs gelernt hatte, und lächelte die alte Dame an, die ihr gegenübersaß. Die hatte mit einem kleinen silbernen Taschenmesser einen Apfel geschält und sorgfältig geachtelt. Saft trat aus den Schnittstellen aus. Die Apfelstückchen legte die Dame auf ein weißes Tuch, das sie auf ihrem Schoß ausgebreitet und glatt gestrichen hatte.

»Bitte, wenn Sie mögen ...«

Mogensen griff zu. Sie wusste, dass man Gelegenheiten ergreifen musste. Zu zögern war nicht Teil ihrer Persönlichkeit. Nicht mehr.

Um acht Uhr vierundfünfzig stieg Hanne Mogensen in Lunderskov um. Mit dem Intercity eine gute Stunde bis Flensburg, dann mit der Regionalbahn weiter Richtung Süden. Eine Fahrt, die sie in den letzten Jahren oft unternommen hatte. Das Ziel war immer dasselbe gewesen. Sie hatte Zeit mit Lars verbringen wollen. Gern hätte sie Lars mal mit nach Dänemark genommen, ihm ihre Wohnung gezeigt. Mogensen schluckte. Ihm ihre Töchter vorgestellt.

Hanne Mogensens Töchter besuchten die Efterskole, sie selbst hatte dort eine sichere Stelle, aber sobald die Mädchen den Abschluss in der Tasche hätten, würden sie wegziehen. Weg von der Insel. Weg von den beschränkten Möglichkeiten sozialer Kontakte. Weg von der Kontrolle. Hamburg wäre gut. Hamburg war eine weltoffene Stadt mit eins Komma acht Millionen Einwohnern. Da würde sich doch auch für sie ein Partner finden, ein Wegbegleiter – für sie, und für die Mädchen ein väterlicher Freund. Gestern hatte sie im Internet gesehen, dass die dänische Tourismuszentrale ihre deutsche Niederlassung in Hamburg betrieb. Sie kannte ihr Heimatland, war kommunikativ und sprach Deutsch. Sie würde sich bewerben. Hanne Mogensen atmete durch. Sich am eigenen

Haarschopf aus dem Sumpf zu ziehen, das beherrschte sie im Schlaf.

Rasmussen war nervös. Gerade trug er den vierten Pott Kaffee in sein Büro. Keine halbe Stunde mehr, dann hatte er diese außergewöhnliche Frau aus Dänemark zu verhören. Die Gespräche auf Fanø lagen erst vier Tage zurück. Ein intimes Gespräch war das am Sonntag gewesen, und Rasmussen konnte sich Hanne Mogensen als Täterin immer noch nicht vorstellen. Sein Blick fiel auf seine Täter-Zielscheibe. Mogensen hielt weiterhin ihren Platz im Mittelkreis.

Yvonne Calloe las zum wiederholten Mal die Informationen über Hanne Mogensen, die ihr die Kollegen der dänischen Polizei gemailt hatten. Aktenkundig war sie wegen einer Alkoholfahrt und Sachbeschädigung im jugendlichen Alter. Außerdem hatte man sie mehrfach mit kleinen Mengen Haschisch aufgegriffen. In einen Prozess wegen Vernachlässigung der Fürsorgepflicht war sie verwickelt gewesen. Zwar hatte sie selbst den Vater ihrer Töchter wegen sexueller Belästigung der Kinder angezeigt, aber der vom Gericht bestellte Gutachter hatte gemeint, Hanne Mogensen hätte eher eingreifen müssen, hätte Signale erkennen und deuten müssen. Der Staatsanwalt wollte ihr daraufhin die Erziehungsberechtigung entziehen lassen. Das Verfahren hatte fast ein halbes Jahr gedauert, und am Ende konnte Hanne Mogensen einen Zweitgutachter mit knapper Not von ihrer Eignung als Mutter überzeugen. Außerdem saß sie auf einem Berg Schulden von einhundertsiebzigtausend Kronen, umgerechnet mehr als dreiundzwanzigtausend Euro, die durch offene Rechnungen aus der Ehe mit dem Vater ihrer Kinder, den Anwalts- und Umzugskosten entstanden waren.

Aber hatte das etwas mit dem Mord an Lars Martens zu tun? Calloe nahm sich noch einmal die Fotos vor. Das Gruppenfoto der Strandherde war etwa eine halbe Stunde vor dem Todeszeitpunkt aufgenommen worden. Sie glich das auch noch einmal mit den Fotodaten auf dem Rechner ab, denn sie hatten ja nicht nur einen Karton Fotos von Iversen bekommen, er hatte die Daten-DVD außerdem obenauf gelegt. Auffallend an der Aufnahme war

Martens' fast schon manischer Gesichtsausdruck, gleichzeitig vermittelte die Mimik und Gestik der beiden Peitschenschwinger den Eindruck, als hätte es zwischen Martens und Mogensen ein stilles Einverständnis gegeben. Warum hätte Mogensen nicht gemeinsam mit Martens die Pferdchen züchtigen sollen, auch wenn sie ihm vorher einen tödlichen Medizincocktail verabreicht hatte? Alles wie immer, alles ganz unauffällig.

Calloe rutschte unzufrieden hin und her. Nichts als Vermutungen und Konjunktive. Also erneut die Chronik des Nachmittags durchgehen. Mogensen war um fünfzehn Uhr achtundvierzig planmäßig in Eckernförde am Bahnhof angekommen. Lars Martens hatte sie dort abgeholt. Gegen zwanzig Uhr dreißig war Martens gestorben. Etwa fünf Stunden hätte Mogensen also gehabt, um Martens etwas zu verabreichen. Nächste Frage: Hätte Mogensen das Medikament beschaffen können? Calloe wusste es nicht. War es in Dänemark vielleicht frei verkäuflich? Auch das wusste sie noch nicht. Vielleicht kannte Mogensen jemanden, der herzkrank war. Die Beschaffung schien nicht das Problem. Die Gelegenheit hatte sie auch gehabt. Aber warum? Warum hätte Hanne Mogensen ihren Liebhaber töten sollen?

Die Tür öffnete sich, und Rasmussen trat ein. »Na, strategische Überlegungen?«

»Ja, jedenfalls insofern, als ich Erkenntnisziele habe. Wir müssen Mogensen den Nachmittag und Abend akribisch rekonstruieren lassen. Ich will den genauen Ablauf kennen und herausfinden, ob Mogensen ein Motiv hatte.«

Rasmussen zuckte mit den Schultern und blickte auf die Uhr. »Sie wird jeden Moment hier eintreffen. Die Staatsanwältin wird übrigens hinter der Scheibe sitzen.«

Calloe zuckte nun ihrerseits nur mit den Schultern.

»Frau Brix lässt sich leider entschuldigen, die cruist gerade quer durch Schleswig-Holstein. Ein Superhirn mehr hätten wir gerade jetzt gut gebrauchen können.«

Calloe lehnte sich zurück und lächelte wohlwollend. »Herr Rasmussen, Sie haben ja recht. Aber auch so kann eigentlich nichts mehr schiefgehen.«

Mit zwei Minuten Verspätung hielt die Regionalbahn quietschend auf Gleis eins. Hanne Mogensen stieg aus dem Zug, umrundete den schmucklosen Flachbau des kleinen Bahnhofs, überquerte die Reeperbahn und erreichte keine hundert Meter weiter ihr Ziel, die Zentralstation der Polizei in Eckernförde. Mogensen war positiv gestimmt. Ihre Entscheidung, sich eine Arbeit in Hamburg zu suchen, hatte sie beflügelt. Sie freute sich, Hans Rasmussen wiederzutreffen.

Hinter einer Panzerglasscheibe döste der diensthabende Beamte, er schickte sie in den zweiten Stock, Zimmer 207. Mogensen klopfte. Sie erwartete, von Rasmussen in seinem Büro empfangen zu werden. Der Raum, den sie betrat, war leer und karg. Er war fensterlos. In der Mitte stand ein schmutziger Tisch mit Beinen, an denen der Lack abgestoßen war. An der rechten Längsseite erstreckte sich ein Spiegel beinahe über die gesamte Wand, fast wie in einem Ballettstudio. Nur die Stange fehlte.

Gerade wollte sie wieder hinausgehen, als sich die Tür öffnete und Rasmussen eintrat. Hinter ihm kam eine junge, sehr sportlich wirkende Frau mit kurzen blonden Haaren in den Raum, die abweisend schaute, ihr nicht die Hand reichte und auf den einzelnen Stuhl links des Tisches deutete. Rasmussen gab ihr kurz die Hand. Er wirkte … dienstlich, formell. Anders als noch vor ein paar Tagen. Mogensen zog den Stuhl ein Stück vom Tisch weg. Es kratzte und quietschte so unangenehm, dass alle drei das Gesicht verzogen. Rasmussen und die blonde Frau setzten sich ihr gegenüber.

Hinter dem Spiegel hielt Hinrichsen der Staatsanwältin eine Tüte mit gebrannten Mandeln hin.

»Im Sommer?«

»Ja, sicher, zu jeder Jahreszeit, die mach ich selber, probiern Se ruhig mal.«

Die Staatsanwältin griff zu und knackte die Zuckerkruste geräuschvoll. »Hm, die sind aber wirklich gut.«

»Klar doch.« Beide setzten sich wie zu einem gemütlichen Abend vor dem Fernseher bereit.

»Uuund bitte«, blödelte Hinrichsen.

»Haben Sie einen Clown gefrühstückt oder warum so froh gestimmt?«, murmelte die Staatsanwältin noch kauend.

167

»Ooch, bin nur gespannt, wie hart Rasmussen die Dame rannehmen will.«

Das allerdings interessierte die Staatsanwältin auch.

»Frau Mogensen, mein Name ist Calloe, Herrn Rasmussen kennen Sie ja schon. Wir beginnen mit den üblichen Fragen.«

Ohne dass Calloe fragen musste, spulte Hanne Mogensen alle Angaben zur Person herunter, die ihr so einfielen. Sie war gekränkt, dass Rasmussen sie so distanziert behandelte. Und dann sagte sie eine Spur schnippischer, als sie wollte: »Wo ich zur Tatzeit war, wissen Sie ja.«

»Nein, das wissen wir nicht. Bitte schildere uns doch sehr genau, was passierte, nachdem du am Bahnhof in Eckernförde angekommen bist. Das war ja so gegen fünfzehn Uhr fünfzig.« Rasmussen spürte, wie ihn die Routine des Verhörs endlich entspannte.

»Ob es fünfzehn Uhr fünfzig oder fünfzehn Uhr dreiundfünfzigeinhalb war, weiß ich nicht mehr. Lars stand schon am Bahnsteig. Er war fröhlich. Er hat mich geküsst. Aller guten Dinge wären drei, hat er gesagt. Ich wollte wissen, was er meinte, aber er hat geantwortet, dass sei ein Geheimnis, später. Ob ich hungrig sei. Ich hatte Hunger. Er hat mich in der ›Fischdeel‹ abgesetzt und mich gebeten, eine halbe Stunde auszuharren, er hätte noch einen geschäftlichen Termin.«

»Mit wem hatte er den Termin?« Calloe stupste das Aufnahmegerät an. Sie brauchten ein neues. Dieses hatte ständig Aussetzer.

»Weiß ich nicht.«

»Wo hatte er den Termin und mit wem?«, setzte Calloe nach.

»In der Nähe, er hat das Auto jedenfalls stehen gelassen.«

»Wann kam er zurück?«

»Eine halbe Stunde später ungefähr. Das hatte er ja gesagt. Auf Lars war Verlass.«

»In welcher Stimmung kam er zurück?«, mischte Rasmussen sich jetzt ein.

»Lars war richtig aufgekratzt.«

»Woran hast du das gemerkt?«

»Er bestellte Sekt und – er fasste mir unter dem Tisch zwischen die Beine. Das machte er sonst nie.«

»Auch nicht am Swingerstrand?«, fragte Calloe provokativ.

»Machen Sie Schwimmbewegungen außerhalb des Wassers?«, konterte Mogensen. »Der Swingerstrand ist ein Ort für Sex, ein öffentliches Restaurant hingegen, Frau Calloe, was machen Sie da so?«

Rasmussen machte eine wegwerfende Handbewegung. »Hat Lars erzählt, was ihn so gut gelaunt stimmte?«

»Ja und nein. Er sagte, eine der drei guten Nachrichten sei, dass er heute in außergewöhnlich guter Form sei, ob ich mal fühlen wolle. Das sei sein Geschenk für mich. Die zweite gute Nachricht sei, dass er bald wieder flüssig sei ...«

Calloe fasste noch mal nach. »Er hatte also Geld in Aussicht, woher?«

»Das hat er mir nicht gesagt.« Mogensen schaute in Richtung Rasmussen. »Bereits ein paar Tage vorher am Telefon hatte er mir ja erzählt, dass Birte und er das Geldproblem gelöst hätten. Das habe ich dir auch auf Fanø erzählt. Und dann machte er so komische Andeutungen, dass Weihnachten der Braten aus der Röhre käme. Ich habe das sehr wohl verstanden, bei uns heißt es ›at have a kage i ovnen‹, also einen Kuchen im Ofen haben. Seine Frau war schwanger.«

»Und das war dann die dritte gute Nachricht?« Rasmussen nahm einen Schluck Kaffee.

Hanne Mogensen zögerte. Sie wurde leicht fahrig. Calloe wollte nachhaken. Rasmussen hielt sie mit einem Seitenblick zurück.

»Ich weiß nicht, was mit diesem Arsch an dem Tag los war. Er verkaufte mir in großen Tönen das, was ich sowieso schon wusste. Nur er sagte es direkt und erging sich nicht abstrusen Bildern. Ob nun Braten in der Röhre oder Kuchen im Ofen, so sprechen Männer, mit denen ich wirklich zu tun haben will, nicht von ungeborenen Kindern.«

Mogensen schaute entschlossen in die Runde und fuhr fort. »Lars teilte mir also mit, dass sein Frau Birte schwanger wäre. Und er besaß dann auch noch die Frechheit, mir ins Gesicht zu sagen, das sei gleich doppelt wunderbar.«

»Doppelt – inwiefern?«, fragte Rasmussen.

»Ja, ich habe das auch nicht verstanden. Aber ich war wütend, traurig, enttäuscht. Ich wusste auf einmal, diesen Tag würde ich nur mit ganz viel Demut überstehen.«

»Hanne, wie soll ich das verstehen?« Rasmussen flüsterte mehr, als dass er sprach. »Du hast mir doch erklärt, dass ihr beide dieses Beziehungsding auf, entschuldige den Ausdruck, wunderbare Weise überwunden hattet. Mir klingen noch deine Schilderungen in den Ohren, wie glücklich ihr gewesen sein müsst.«

Schweigen. Wäre der schäbige Putz von der Wand gebröckelt, alle im Raum hätten es gehört.

»Die dritte gute Nachricht war also für Sie eher eine traurige Nachricht?« Calloe versuchte krampfhaft, wieder in die Spur des Formalen zu kommen.

»Sie fragen mich, ob das für mich eine traurige Nachricht war?« Hanne Mogensen hatte die Stimme gehoben und lachte höhnisch. »Warum das für mich eine traurige Nachricht war?« Jetzt schrie sie. »Weil ich immer dachte, Lars und ich und meine Töchter, wir könnten mal eine Familie werden. Darum war das eine traurige Nachricht.«

Rasmussen presste die Lippen aufeinander, bemühte sich um Beherrschung. »Vor gerade mal vier Tagen warst du ganz ruhig und entspannt. Und jetzt bist du fast hysterisch. Was sollen wir denn da glauben?«

»Was sollen wir denn da glauben?« Mogensen äffte Rasmussens Tonfall nach. »Fick dich doch selbst, Bulle.« Danach schwieg sie und blickte angestrengt auf die Resopalplatte.

Rasmussen hatte sich mittlerweile hinter Hanne Mogensen gestellt. Er war gerade versucht gewesen, ihr die Hände beruhigend auf die Schultern zu legen. Bei deren letzten Worten aber zuckte er zurück.

Hinter der Glasscheibe schauten sich die Staatsanwältin und Hinrichsen an.

»Ein Motiv, sie hat ein Motiv, sie war eifersüchtig«, stellte die Staatsanwältin fast kieksend fest.

»Mehr als das, sie sah ihren Lebensentwurf durch den Kamin gehen. Behalten wir sie hier?«, triumphierte Hinrichsen.

»Nein, sie hat zwei Töchter auf der Insel. Wir lassen sie mit der

Auflage zurück, dass sie Fanø nicht verlässt. Ich telefoniere gleich mal mit den Kollegen.« Die Staatsanwältin griff zum Telefon.

Rasmussen lehnte nun an der Wand und guckte verkniffen. Es sah so aus, als müsse er den emotionalen Ausbruch Mogensens erst einmal verdauen. Calloe machte ungerührt weiter.

»Sie waren enttäuscht, Sie waren wütend. Das kann jeder verstehen. Wie wütend waren Sie?«

»Sie meinen, ich wäre so wütend gewesen, dass ich Lars hätte umbringen können? Ja, hätte ich einen Knüppel gehabt, ich hätte ihn verprügelt. Grün und blau hätte ich ihn geschlagen. Aber ist Lars an den Folgen einer Prügelattacke gestorben, Frau Kommissarin?«

Calloe schüttelte den Kopf.

»Hätten Sie genau hingehört, dann hätten Sie das Wörtchen Demut vernommen.«

Rasmussen hatte sich unterdessen wieder gesetzt. Er übernahm und versuchte zu beschwichtigen. »Bei aller Demut, Hanne. Hast du Lars zur Rede gestellt?«

»Ja, natürlich. Er sagte, dass es mit uns nun nicht weitergehen könnte, als Familienvater könne er sich ein so ausschweifendes Leben nicht mehr leisten. Aber wir sollten doch Freunde bleiben, und er würde mir einen Job anbieten.«

»Und dieses Friedensangebot hat dir gereicht?«

»Nein, aber was sollte ich machen? Freunde bleiben, was waren wir denn bisher gewesen? Ich habe ihm dann allerdings in aller Öffentlichkeit in den Schritt gepackt und habe ihn gefragt, welchen Job er wohl für mich hätte. Er schwieg nur, er hat mich einfach ganz durchdringend angeschaut. Mit seinen stahlgrauen Augen, mich gruselt's immer noch, wenn ich daran denke. Und wenn ich ehrlich bin, dann konnte ich es in diesem Moment schon nicht mehr erwarten, an den Strand zu kommen. Aber ganz bestimmt nicht, um Lars umzubringen.«

»Wann seid ihr in der ›Fischdeel‹ aufgebrochen?«

»Weiß ich nicht mehr.«

»Wo seid ihr nach dem Essen hin, zum Strand?«

»Nein, wir sind zum Kutter. Lars hat noch geduscht. Ihm war so heiß, er hat tierisch geschwitzt.«

»Was hast du auf dem Kutter gemacht?«

»Gepackt.«

»Was gepackt?«

»SM-Zeugs.«

»Geht das genauer?«

»Peitschen, Latexmasken, Lederbänder. Paddles, so was.«

»Paddles?«

»Das sind Schlaghölzer, Schlaghölzer mit Nieten.«

»Noch was?«

»Nein.«

»Und dann?«

»Zum Strand.«

»Ja, bitte, was habt ihr dann gemacht?« Rasmussen war sichtlich genervt.

»Das, was wir immer gemacht haben. An unserem Lieblingsplatz eine intime Nummer zum Aufwärmen. Das war —«

»Ich habe am Montag mit Blacky gesprochen«, unterbrach Rasmussen das Frage-Antwort-Spiel. »Du kennst Blacky?«

Mogensen nickte.

»Und dessen Aussagen stehen dem entgegen, was du mir am Wochenende geschildert hast. Mir war zwar klar, dass ihr keinen Blümchensex hattet, aber dass ihr beide die SM-Zeremonienmeister der Strandherde seid, davon war nicht im Ansatz die Rede.«

»Hast du mich denn gefragt? Was macht das schon für einen Unterschied? Ob Blümchensex oder Lack und Peitsche. Und was hättest du dann von mir gedacht?« Hannes Stimme überschlug sich.

Rasmussen schluckte. »Wenn Gewalt und Sex zusammenkommen, endet meine Phantasie. Wen habt ihr denn als Nächstes getroffen?«, versuchte er einzulenken.

»Blacky, also Herbert. Und die anderen, Wendy, Power Pony und Steile Stute waren auch schon da. Die saßen auf der Decke und ließen eine Flasche kreisen.«

»Welchen Nickname hast du benutzt?«

»Danish dynamite 92.«

»Warum 92?«, fragte Calloe.

»Weil wir da Europameister geworden sind und euch geschlagen haben.«

Calloe wunderte sich über nichts mehr und nippte an ihrem Kaffee, der inzwischen nur noch lauwarm war.

Hanne Mogensen schilderte detailliert, wer wen auf welche Art und Weise behandelt hatte. Calloe wurde dann doch einige Mal rot. Rasmussen konnte sich heute nicht einmal darüber amüsieren.

Mogensen redete sich in Rage, und das Verhör lief nun von selbst. Die Strandherde hätte sich zerstreut, jeder sei für sich noch mal auf die Pirsch gegangen. Das Gruppenfoto musste von der Strandwache dann gegen acht Uhr geschossen worden sein, als alles noch in geordneten Bahnen verlaufen sei. Die vier Pferdchen seien von ihnen beiden ein wenig eingepeitscht worden, Lars und sie hätten vor deren Augen kurz kopuliert, wobei sie sich schon gefragt hätte, was er denn für ein Zeugs und in welcher Dosis er es genommen hatte. Dann hätte einer nach dem anderen aus der Herde nach einer Sonderbehandlung verlangt, an Händen und Füßen gefesselt seien aber alle vier gewesen. Sie habe Blackys Gesicht geritten, während die anderen züchtig daneben gehockt hätten. Steile Stute und Wendy hätten gewiehert, Power Pony fürchterlich gegrunzt. Lars sei kurz weg gewesen, aber dann mit dem Pick-up vorgefahren und hätte die Anlage aufgerissen. Dann sei es mit Lars durchgegangen. Zu aufpeitschender Metalmusik habe er zwei Paddles über ihren Köpfen geschwungen und immer wieder gebrüllt: »Doppelt wunderbar«. Zack, und schon hätte er einem von ihnen wieder einen Doppelschlag versetzt. Selbst sie habe er mit den Paddles angegriffen, aber sie hätte ja Bewegungsfreiheit gehabt, während die anderen wie Aale im Sand gezappelt hätten.

»Wir hatten alle Angst. Diese Beats, sein Geschrei und dieses Rumgefuchtel. Dann hat er Wendy, Steile Stute und Blacky entfesselt. Er wollte uns gegen Power Pony aufstacheln. Wir vier sollten ihn auf die Motorhaube legen und ihn festhalten. Er wollte ihm den Knauf der Peitsche anal einführen. Wir wussten alle, dass Power Pony darauf ganz sicher nicht stand. Er selbst ließ daran auch überhaupt keinen Zweifel. Wir waren total verunsichert, und dann haben wir uns gemeinsam gewehrt.«

Calloe knüpfte an die beschriebenen Utensilien an. »Wie gewehrt, womit gewehrt?«

»Wir haben das Spielchen umgedreht. Nun lag Lars auf der

Haube, und wir haben den Peitschenknauf benutzt. So wie er ihn benutzen wollte.«

»Wer hat das vorgeschlagen, wer hat es getan?« Jetzt klang Calloe kalt. Ein bisschen wie eine genervte Mutter oder Lehrerin, die sowieso alles rauskriegt.

Mogensens Oberkörper schwankte hin und her. Sie atmete heftig, und dann brüllte sie: »Ist doch scheißegal. Wer hat das getan? Wer hat das getan? Er ist tot und Ende.«

»Frau Mogensen, beschreiben Sie uns genau, was geschah, nachdem Sie sich gegen Herrn Martens gewendet hatten.«

Rasmussen stand auf, ging eine Runde durch das Zimmer, dann noch eine. Er blieb erneut hinter Hanne Mogensen stehen. »Hanne, wir müssen herausfinden, wer Lars getötet hat. Wir können nicht ausschließen, dass du die Täterin bist. Falls du es nicht warst, solltest du auf Frau Calloes Fragen antworten. Anderenfalls kannst du jetzt einen Anwalt bestellen. Bedenke bei allem, was du sagst, dass deine Kinder auf dich warten.«

Hanne Mogensen durchfuhr beinahe unmerklich ein Zittern. Dann schilderte sie ohne Intonation: »Ich habe gesagt, packt ihn auf die Haube. Ich habe gesagt, drückt ihn runter. Ich habe den Knauf der Peitsche mit Vaseline eingeschmiert, dann habe ich den Knauf im Sand gewälzt und Power Pony die Peitsche gegeben. Ich habe gesagt, steck ihm das Ding rein. Lars hat geschrien. Power Pony hat gelacht. Die nächste Vorsorgeuntersuchung kannst du dir sparen, hat er gesagt. Alles blitzeblank jetzt.«

»Lars blieb also auf der Haube liegen? Waren Sie die Letzte, die bei ihm gewesen ist?«, fragte Calloe.

»Ich weiß es nicht. Ich weiß es wirklich nicht. Wir waren in so einer Art Rausch. Wie im Tunnel, und dann wird schlagartig alles weiß. Ich muss dann wohl zu Jenny rübergegangen sein, die kenne ich auch schon ziemlich lange, aber sie hatte mit unserer Gruppe nichts zu tun. Sie wollte los und hat mich bis Flensburg mitgenommen. Da habe ich den letzten Zug kurz nach zweiund-zwanzig Uhr gekriegt.«

»Du bist also mit Jenny weg. Wie heißt die mit Nachnamen?«

»Keine Ahnung, die arbeitet in Flensburg bei einer Reifenfirma in der Nähe vom TÜV.«

Calloe machte sich eine Notiz.

»Du bist also genau wann aus Aschau weg?«

»Genau kann ich das nicht sagen, vielleicht so gegen einundzwanzig Uhr.«

»Und Lars hast du einfach so zurückgelassen, in seinem Zustand?«

»Das ist mindestens unterlassene Hilfeleistung«, meldete sich Calloe.

»Ja, ich muss ihn wohl einfach so liegen gelassen haben. Er hat mich auch einfach so liegen lassen, und ich konnte nicht ahnen, dass er sterben würde.« Plötzlich begann Mogensen still zu weinen.

»Lassen wir das«, unterbrach Calloe. »Wer von den Herrschaften, mit denen Sie sich vergnügt haben, war zu dem Zeitpunkt noch am Strand?«

»Alle, außer Jenny und mir.«

»Gut, Hanne, das soll es zunächst gewesen sein. Das heißt, eine Frage habe ich noch. Sagt dir das Medikament Isosorbiddinitrat etwas?«

Mogensen schaute Rasmussen unverständig an.

»Das ist ein Herzmittel. Hast du bei Lars vielleicht regelmäßig Medikamente gesehen?«

»Lars, herzkrank? Nicht dass ich wüsste.«

»Okay. Das war es fürs Erste. Wir haben noch was zu besprechen.« Er zeigte auf sich und Calloe. »Warte bitte hier.« Rasmussen stand auf. Calloe folgte ihm.

»Soll ich Ihnen ein Glas Wasser bringen, Frau Mogensen?«

»Ja, bitte.«

Rasmussen bog nach links in den »Hobbyraum« der Brix ab. Alle anderen nannten den Überwachungsraum »Darkroom«, was in diesem besonderen Fall irgendwie besser passte. Calloe ging rechts den Gang hinunter, um ein Glas Wasser zu holen.

Die Tür zum Hobbyraum flog auf, und Rasmussen zog sich geräuschvoll einen Stuhl heran. Die Staatsanwältin und Hinrichsen sagten nichts. Man hörte nur das Knacken der Mandeln, auf denen Hinrichsen rumkaute.

»Na, schmeckt's?«, blaffte Rasmussen.

»Jo, auch eine?«

»Wie bitte? Warum sollte ich Ihre beschissenen Weihnachtsnüsse in mich reinstopfen? Damit ich auch bald so aussehe wie Sie? Besser wäre es gewesen, Sie hätten Ihre Zeit nicht in Süßspeisen investiert, sondern in Polizeiarbeit.«

»Chef, Sie sind ein bisschen erregt.«

»Erregt, ich? Wer geilt sich denn hier hinter der Scheibe auf? Alte Männer und Schreibtischtäter.«

Die Staatsanwältin zuckte nicht mal.

»Besser wäre gewesen, Sie hätten diese Swingertruppe vorgeladen, damit wir sie verhören können. Jetzt müssen wir bis morgen oder übermorgen warten. Wir müssen Mogensens Aussage überprüfen, ergänzen. Und Sie sitzen hier und lutschen Nüsse.« Rasmussen knallte den Kaffeebecher auf den Tisch. Der Kaffee spritzte bis zur verspiegelten Scheibe auf der einen und bis auf Hinrichsens beigen Sommerblouson auf der anderen Seite.

Die Staatsanwältin drehte sich zu Hinrichsen. »Herr Kollege, wenn Sie beim Streit um Schadenersatz eine Zeugin brauchen, rufen Sie mich doch einfach an.«

Rasmussen trat den Stuhl unter den Tisch und verließ den Raum. In derselben Sekunde kam er wieder herein. »Hat sich eigentlich Frau Brix noch mal gemeldet?«

Die Besatzung des Darkrooms schaute sich an und lupfte synchron die Augenbrauen.

»Mir ist die Dame nicht unterstellt«, antwortete Hinrichsen und wischte sich die Kaffeetropfen vom Blouson.

Rasmussen war schon wieder draußen.

Die Staatsanwältin grinste. »Jetzt ist Herr Rasmussen auf Betriebstemperatur. Der Fall ist so gut wie gelöst.«

Calloe hatte Mogensen ein Glas Wasser gebracht und kam nun in den Hobbyraum. »Habe ich was verpasst? Rasmussen hat mich quasi umgerannt.«

»Nö, der hatte nur Druck«, flachste Hinrichsen.

Callo wandte sich an die Staatsanwältin. »Behalten wir sie hier?«

»Ja, wir brauchen jetzt rasch die Aussagen der anderen Beteiligten. Dann sehen wir weiter. Hanne Mogensen ist der Tat verdächtig. Ich kläre die Formalitäten mit den dänischen Kollegen.«

Hanne Mogensen war vorläufig festgenommen.

Gestrandet

Rasmussen drehte den Zündschlüssel. Der Volvo lief nur auf drei Pötten. Auch das noch. Als hätte er nicht genug um die Ohren.

Das Verhör Mogensen markierte in seiner polizeilichen Laufbahn eine Art Tiefpunkt, was seine Menschenkenntnis anging. Hanne Mogensen hatte ihn beim ersten Treffen mit ihrer Art, ihrer Geschichte und ihrem unkonventionellen Leben so für sich eingenommen, dass er nicht mehr vorbehaltlos mit den Fakten umgegangen war.

Dass ihr heutiger Auftritt bei ihm Sympathiepunkte gekostet hatte, war das eine. Wichtiger war die Erkenntnis, dass sie beim Essen in der »Fischdeel« und auf Martens' Kutter die Möglichkeit gehabt hatte, Lars das Iso in ein Getränk zu mischen. Dass sie vorgab, das Medikament nicht zu kennen, hatte gar nichts zu bedeuten. Wichtig war auch, zu verstehen, dass sich Hanne Mogensen im Innersten so nach einer ganz normalen Familie gesehnt hatte, dass sie die Nachricht von Birtes Schwangerschaft oder vielmehr die Einsicht, dass Lars nun als Lebenspartner ausschied, wirklich umgehauen hatte. Sie hatte drei Jahre darauf hingearbeitet, Lars für sich zu gewinnen.

Rasmussen wurde von einem Paketfahrzeug überholt und angehupt. Er schaute auf den Tacho. Der Volvo lief nur noch sechzig und hörte sich ungesund an. Am »Grünen Jäger« verließ Rasmussen die B 76 und fuhr weiter über den Dänischen Wohld Richtung Strande, wo er dem Jachtclub einen Besuch abstatten wollte.

Hanne Mogensen. Rasmussen verlor immer wieder die Konzentration. Hanne Mogensen hatte also ein starkes Motiv und die Gelegenheit gehabt. Sie war verdächtig. Indizien oder Beweise gab es nicht. Immerhin hatte sie zugegeben, die Gruppe angestachelt zu haben. Ungeklärt war die Zeit zwischen der Vergewaltigung durch Power Pony und dem Auffindezeitpunkt der Leiche. Wer war zuletzt bei Martens gewesen? Wie lange hatte er noch gelebt? Wiesel glaubte, es sei schnell gegangen. Ein einsamer Tod, aber immerhin hatte er die Sterne über sich gesehen. Das Verhör der Strandherde würde hoffentlich weitere Antworten liefern.

Rasmussen lehnte sich stramm in die Polster zurück und nahm das Lenkrad des Volvo fester in den Griff. Nun zu Totti, dachte er. Gegen Hoffmann hatten sie bisher rein gar nichts in der Hand. Er war es aber, der von Martens' Tod unmittelbar profitierte. Konnte das Zufall sein? Ja, musste er zugeben.

War vielleicht Hoffmann der Geschäftstermin an jenem Sonntagnachmittag gewesen? Hatte Martens seinen Konkurrenten getroffen, während Hanne in der »Fischdeel« wartete? Zwar hatte Hoffmann gegenüber Calloe ausgesagt, er sei auf dem Rückweg aus Berlin gewesen, Zeugen gab es dafür aber nicht. Er war ohne Begleitung, hatte nicht getankt, war nicht geblitzt worden. Andererseits: Hätte Totti einen Mord wie diesen geplant, hätte er sich ein Alibi verschafft.

Was wäre, wenn Hoffmann seinen dänischen Dösbaddeln den Auftrag gegeben hätte, Martens um die Ecke zu bringen? Die beiden kannten Martens' Gewohnheiten am Swingerstrand, er hatte regelmäßig bei ihnen Viagra gekauft. Die hatten ihn einfach auf einen Iso-Kaffee eingeladen. Aber Totti hätte zwei Mitwisser gehabt.

Rasmussen spürte, wie sich der Knoten im Hirn zuzog. Und dann tat es einen Knall. Das Geräusch kam von vorn. Der Volvo hatte keine Leistung mehr. Der Motor war verreckt.

Er rief Fiete an. Wen sonst. Der wusste alles über Autos und kannte jeden Schrauber zwischen Husum und Lübeck. Rasmussen knallte die Autotür zu und ging schlurfend Richtung Ortseingang Surendorf. Da gab es einen Discounter und einen Bäcker. Und da bekäme er was Süßes für die Nerven. Fiete würde ihn abholen. So ein beschissener Tag.

Aschau Revisited

Die Nachmittagssonne schien auf den Parkplatz am Aschauer »Ferkelstrand«. Uwe Mangold saß breitbeinig auf einem der Plastikstühle unter dem Sonnenschirm. Die ganze Zeit hatte er sein Mobiltelefon am Ohr. Die Finger trommelten zwischendurch auf die Lehnen, die Füße in den Sandalen standen nicht still.

Der Lokalredakteur steckte mächtig in der Klemme. Sein Chef drängte ihn jeden Tag, sich dem Thema Swingerstrand und Lars Martens anzunehmen. Am liebsten hätte er sich kurzerhand wegen Befangenheit aus der Sache herausgezogen, er hatte seine teilnehmende Beobachtung einfach zu weit getrieben. In seinem letzten Telefongespräch mit seiner Cousine, der Staatsanwältin, hatte er erfahren, dass sein Konterfei längst in der Zentralstation an der Wand hing. Der Reporter in eindeutiger Pose mit zwei Prostituierten. Das war nun wirklich kein Stoff für eine Heldengeschichte.

Die beiden Nutten hatte er sich für seine ersten Ermittlungen als Begleitung ausgeguckt, um sich zu tarnen. Sie waren dann aber in Richtung der Dünen in eine wilde Orgie geraten, und irgendwann hatte er sich gedacht, bezahlt ist bezahlt. Svetti und Doro spielten mit, und es war nicht der letzte Abend, den sie zu dritt in Aschau verbrachten. Mangold hatte diese Ausgaben unter privaten Spesen verbucht und gleichzeitig damit gerechnet, dass er eines Tages die große Story zumindest in der Lokalzeitung bekäme. Wer mit wem, wann, wie und wo, mit diesen Enthüllungen hätte er so einige Honorationen in Eckernförde und Umgebung hochgehen lassen können. Mangold hatte alles minutiös aufgezeichnet und ab und an mit dem Handy geknipst.

Er fasste sich an die rechte Tasche seines Cordjacketts, um zu überprüfen, ob die kleine Chinakladde an ihrem Platz war. Wenn er nun selbst die Geschichte in der Zeitung in all ihren Einzelheiten erzählte, musste er damit rechnen, dass Hans Rasmussen umgehend das ihn kompromittierende Foto der Eckernförder Chefredaktion zukommen lassen würde. Also hatte er gestern den Entschluss gefasst, die Geschichte im eigenen Blatt auf Sparflamme zu kochen, dreihundertneunundzwanzig Wörter und Schluss. Gleichzeitig hatte er mit der Redaktion der führenden Hamburger Boulevardzeitung telefoniert. Die waren mäßig interessiert und hatten versprochen, heute zwei Volontärinnen nach Aschau zu schicken. Ein vierstelliges Informationshonorar würde wohl drin sein, käme eben drauf an, was an der Geschichte dran sei.

Mangolds Blick richtete sich die Straße hoch. Auf den Parkplatz mochte er gar nicht blicken. Zwei Autos plus seinem Renault verloren sich hier. Verzweifelt hatte er in der letzten Viertelstunde versucht, Svetti und Doro zu erreichen. Gerade eben hatte er eine von ihnen endlich ans Telefon bekommen.

»Seht zu, dass ihr euren Arsch nach Aschau bewegt. Es ist wichtig. Gleiche Stelle wie immer. Und spielt bitte die Inkognito-Nummer.«

Doro wollte sehen, was sie tun konnte. Mangold musste dem Besuch aus Hamburg schon was bieten. Aber wo bekäme er auf die Schnelle noch ein paar Typen her? Er könnte ja versuchen, Hoffmanns Dänen aus ihrer Höhle zu locken, verwarf das aber gleich wieder, denn die würden sich ja sowieso nur mit Kamera und Teleobjektiv auf die Lauer legen. Die Jungs aus dem Sonnenstudio in Borby wären genau die Richtigen. Die könnten sich bräsig in die Abendsonne legen. Er kam gerade noch dazu, einem von ihnen eine Kurzmitteilung zu senden.

Der kleine schwarze BMW zog eine Staubfahne hinter sich her und drehte schwungvoll eine Runde auf dem Parkplatz, bevor er ruckartig bremste und der Motor absoff. Der Wagen blieb irgendwie auf halb acht stehen. Zwei Blondinen mit Pferdeschwanz schwangen sich aus dem Auto und lächelten ihr breitestes Begrüßungslächeln. Sie kamen fast im Gleichschritt auf Mangold zu, der sich aus dem Plastiksessel quälte. So stellte er sich knackige Sportstudentinnen im achten Semester vor.

»Mein Name ist Mangold, Uwe. Herzlich willkommen in Eckernförde«, begrüßte er das junge Gemüse. Die Damen kamen nur dazu zu nicken, schon quatschte der Gastgeber weiter. Mangold fühlte sich offenbar unter Zugzwang.

»Ich habe schon mal die Lage gepeilt. Es sieht gar nicht so schlecht aus. Vor allem gegen Abend wird es lebendiger, wenn Sie wissen, was ich meine.«

»Gabi Hünermann.«

»Josi Göbel.«

Die Blondinen lächelten weiter. Fast kam es Mangold so vor, als lachten sie ihn ein wenig aus.

Cordjackett und Schlabberjeans kaschierten seine Leibesfülle nur unzulänglich, seine Sandalen ließen ihn vollkommen hilflos in Sachen Stil erscheinen. Selbst wenn es irgendetwas an ihm zu betonen gegeben hätte – die Zeiten waren vorbei, als dass es ihn irgendwie interessiert hätte. Als »Champagner-Uwe« hatte er die große Geste und den imposanten Auftritt gepflegt. Jetzt pflegte er nur noch das große Gebrabbel, aber der Lack war ab. Dass einem so was aber immer nur auffiel, wenn man es mit Großstadtvolk zu tun bekam!

»Herr Mangold, weihen Sie uns doch bitte in die Vorgänge hier ein«, bat Frau Hünermann.

»Lassen Sie uns schon mal ein Stück gehen«, sagte Mangold und warf sich seine Strandtasche über.

Die Mädels holten ihrerseits ihre Ausrüstung, je eine prall gefüllte Sporttasche. Sie nahmen ihren Informanten in die Mitte und strebten dem Strand zu.

Mangold erstattete Bericht. Er holte dabei so weit aus wie nötig, beschränkte sich aber letztendlich auf das Wesentliche. Er war Profi genug, die Spreu vom Weizen zu trennen. Er stellte jedoch weniger Martens in den Mittelpunkt und entwickelte stattdessen ein Szenario, in dem sich die Situation hier am Strand immer mehr zuspitzte. Die Swingerszene hätte diesen Uferabschnitt *peu à peu* erobert. Er erwähnte den »Strandkiosk« der Dänen, er fütterte seine Kundinnen schon mal mit ein paar Namen an. Und zwischendurch holte er immer wieder die Chinakladde aus der Jacketttasche, wirbelte damit durch die Luft und tippte mit dem Zeigefinger darauf.

»Ich habe hier alles festgehalten, das können Sie mir glauben. Und wenn es nottut, bringe ich Ihnen auch noch knallscharfe Fotos von dem Leben und Treiben hier.« Ihm schoss es auf einmal durch den Kopf, dass die dänischen Paparazzi ihre Daten in Hoffmanns Strandhaus verwahrten, zumindest war davon auszugehen. Auf den einen Einbruch kam es jetzt auch nicht mehr an.

»Wie steht es eigentlich um den guten alten Saunaclub auf der grünen Wiese und den ehrwürdigen Kleinstadtpuff?«, warf Josi Göbel etwas altklug ein.

Mangold erzählte davon, wie steil es mit der Branche auch auf dem platten Land abwärtsging. Die Kundschaft blieb fern wegen Swingerclubs, Kontaktheftchen, Videos, Aids und Internet. Letztens habe er gehört, dass immer mehr Amateurfrauen mit persönlichen Webseiten in die Szene stießen. Der letzte Schrei sei »Ficken mit Fans«. Die Freier könnten sich bewerben, und einer von ihnen bekäme dann einen Freifahrtschein und würde dabei gefilmt. Am nächsten Tag stehe dann der Clip auf der Webseite der Dame. Und neulich hätte er mit einem Luden in Kiel gesprochen. Seine Mädels stünden nachts oft auf dem Straßenstrich herum und die Einnahmen gingen gegen null.

»Mal was anderes, Herr Mangold, haben Sie eigentlich einen konkreten Plan, wie wir das hier gemeinsam angehen?«, wollte Gabi Hünermann wissen.

Der Lokalreporter grinste schmierig, stellte aber die Gegenfrage: »Haben Sie denn eine Idee?«

Elfter Tag: Donnerstag

Schöne Aussichten

»Petra, hör mal eben, das ist vielleicht eine Schlagzeile«, rief Eike seiner Freundin und Büroleiterin im Badezimmer zu, während er in der Hamburger Morgenzeitung blätterte.

»Was ist mit den Dartpfeilen?«

Eike stand auf und stellte sich in den Türrahmen zum Badezimmer: »Schlagzeile habe ich gesagt. Hier steht tatsächlich: ›Rudelbumsen in Aschau‹. Und weiter: ›In Eckernförde wird der Name hinter vorgehaltener Hand geflüstert, in Internetforen wird er weit über die Grenzen Schleswig-Holsteins hinaus schon längst nicht mehr als Geheimtipp gehandelt: Der Ferkelstrand. Seit Monaten treiben es Perverse, Swinger und Voyeure in der Abgeschiedenheit von Aschau Strand. Wir trafen einen Insider. Die Große Reportage.‹ Mensch, die haben tatsächlich zwei Seiten daraus gemacht, und guck mal hier: Aschaus Bürgermeister Iversen am Strand und da ein paar verwackelte Nacktfotos. Aber man sieht eigentlich nur nackte Hintern und ein bisschen Lack und Leder. Und hier noch eine große Überschrift: ›Der Zeremonienmeister ist tot. Eckernförder Unternehmer fiel seiner Lust zum Opfer.‹ Das ist echt ein dickes Ding.«

»Ja, und?«, kiekste Petra und puderte ungerührt ihr Gesicht weiter.

»Hans und ich sind dort früher ab und zu mal baden gegangen. Eben weil es dort so schön abgeschieden war. Und ich weiß gar nicht, warum Amos und Hans mir letzte Woche nicht von Martens' Tod berichtet haben. Ich muss unbedingt mal in Ecktown anrufen.«

»Schon klar. Apropos Hans. Hast du noch mal mit ihm gesprochen? Steigt er nun ein oder nicht? Ich muss dir ja sagen, dass ich definitiv dagegen bin«, stellte Petra mit besonders scharfer Stimme fest. Sie wollte sich gerade schon wieder aufbauen, da würgte er sie einfach ab.

»Du kennst meine Meinung, und dabei bleibt es.«

Seit Wochen hatten sie schon über dieses Thema gestritten,

und Eike hatte mittlerweile die Nase gestrichen voll von Petras Halsstarrigkeit. Vor allem weil er ihr freigestellt hatte, Alternativen vorzuschlagen. Sie war einfach nur dagegen, Eikes besten Freund ins Boot zu holen. Es war aber unbestritten: Rasmussen war die Idealbesetzung für den Außenministerposten in seiner Sicherheitsfirma. Für ihn stand fest, dass sein Freund in Zukunft die Strippen zur Polizei, zu Stadtverwaltungen und zu der Presse ziehen würde. Wenn er denn wollte.

Eike nahm sein Mobiltelefon.

»Hans, ich bin es. Moin.« Eike lief auf den Balkon und war damit außer Hörweite von Petra.

Rasmussen klagte zunächst sein Leid. In Eckernförde hatte die Veröffentlichung in der Hamburger Boulevardzeitung wie eine Bombe eingeschlagen.

»Und dabei hatten wir die Presse vor Ort so schön unter Kontrolle«, ereiferte er sich am anderen Ende. »Heute Morgen erst erschien ein sehr sachlicher Artikel im ›Eckernförder Tageblatt‹. Und dann dieser Schulmädchenreport aus Hamburg. Nichts als nasse Träume, ich schwöre dir, hier passiert nach Martens' Tod rein gar nichts am Aschauer Strand. Wer das hier losgetreten hat, dem reiße ich den Kopf ab.«

Nun war Eike an der Reihe. Die Arbeit wachse ihnen über den Kopf, vor allem Rasmussens zukünftiger Geschäftsbereich sei eigentlich verwaist. Er versuchte Rasmussen nach allen Regeln der Kunst zu überreden – ungeachtet all der Probleme, die er sich damit ins Haus holen würde. »Ich brauche dich einfach hier, nicht nur für den Job.«

»Du weißt gar nicht, wie gut das tut«, verabschiedete sich Rasmussen. Er klang sehr aufgeräumt, wie Eike fand. Er war sich sicher, das klappt.

Der Fährmann im Zwischentief

»Eriiiiikaaaa!«

Erika Schnüs hatte die Großmarkteinkäufe in die Kühltruhe und Kühlschränke geräumt und war gerade dabei, den Leitartikel im »Eckernförder Tageblatt« zu lesen. »Tod am Strand von Aschau.« Die Uhr war neun durch. Das, was sie da las, von Martens und dem mysteriösen Treiben am Swingerstrand, gefiel ihr gar nicht. Tourismus war doch so ein sensibles Geschäft. Da hörte sie diesen Schrei. Sie stürmte aus der Küche der »Schlei-Terrassen« durch die Gaststube und rannte so schnell sie konnte zum Fähranleger.

Da sah sie schon das Malheur. Jörn lag auf dem Ausleger der Fähre und tat keinen Mucks mehr. Er hatte wohl gerade noch an Land gehen wollen. Kein Fahrzeug und kein Mensch auf der Missunde II weit und breit.

»Jörn, was machst du denn?«, rief Erika, und es war ihr schon klar, dass sie keine Antwort bekommen würde. Jörn musste vornübergefallen sein und rührte sich auch jetzt nicht. Erika lief weiter und fingerte in ihrer weiß-blauen Schürze nach ihrem Mobiltelefon. Sie hatte es schon lange nicht mehr benutzt. Aber den Notruf fand sie schon. Sie machte vorschriftsmäßig Meldung und konnte sich dann endlich Jörn widmen.

Der Fährmann war auf die Nase gefallen und lag nun mit offenen Augen auf dem Ausleger. Ihr fiel wieder nichts anderes ein als: »Du machst ja Sachen.«

»Mein Herz«, wisperte Jörn und zitterte leicht.

»Brustschmerz? Linker Arm? Luftnot? Oder hast du Schmerzen im Oberbauch?« Erika hatte offensichtlich ihre Lektion im Apotheker-Heftchen gelernt, die da hieß: Symptome für einen Herzinfarkt.

Jörn versuchte, den Kopf zu schütteln. Erika versuchte, ihn in die stabile Seitenlage zu bekommen, was unter Stress ganz schön schwierig war, vor allem wenn der Erste-Hilfe-Kurs Jahrzehnte her war.

»Lass gut sein«, wimmerte Jörn. Er versuchte sogar, sich aufzurappeln, was misslang, aber er kam nun in die Rückenlage. Fast sah es aus, als liefere er sich einen Ringkampf mit Erika. »Nitro«, flüsterte er und fummelte nach seinem Nitrospray, das er immer bei sich trug.

Erika fasste in die Innentasche seiner blauen Windjacke, schaute sich die kleine Flasche kurz an und murmelte: »Ach, wie soll das schon gehen, mach den Mund auf, Jörn.« Sie sprühte, der Patient inhalierte.

Jörns Zustand besserte sich schlagartig, ihm war aber nach wie vor mehr als blümerant. Erika hätte vor Angst schreien können, sie blieb aber nach außen seelenruhig.

Jörn hatte nicht weniger Angst, er versuchte, sich auf die Atmung zu konzentrieren. Ich muss den Puls runterbekommen, dachte er und fühlte gleichzeitig das Blut pulsieren. Und dann spürte er einen kurzen Schlag, auf einmal setzte die Pumpe aus, dann gab es einen leichten Stich, und sie lief rumpelnd wieder an. Das passierte noch ein-, zweimal. Er kam aber trotzdem zur Ruhe, weil all die Symptome, die er von seinem ersten Herzinfarkt her kannte, heute nicht zu spüren waren. Vor allem war er nicht allein. Erika hatte sich hinter Jörn gesetzt und seinen Kopf auf ihren Schoß genommen. Ihre Hände lagen nun unter der Windjacke auf seiner Brust, und Jörn fühlte sich einfach nur beschützt.

»Warst du ohnmächtig?«, fragte sie zögerlich.

»Muss wohl.«

»Was machst du bloß für Sachen.«

»Erika«, beschwerte sich Jörn jetzt und fing schon wieder an zu hüsteln. »Ehö, öhö.« Das war ein deutliches Zeichen dafür, dass er sich ein wenig gefangen hatte. Erika beugte sich vor, und das weiß-blaue Oberteil der Schürze kam Jörns Stirn bedenklich nahe. Sie meinte, so etwas wie ein Lächeln in seinen Augen zu sehen. Dann kniff er allerdings wieder die Augen zusammen und murmelte: »Da isses wieder.«

Das Martinshorn kündigte den Rettungswagen an. Eine Minute später rollte er ohne Alarm heran, die Helfer glitten fast wie in Zeitlupe aus dem Wagen. Von jetzt an war alles Routine. Trage, Rettungssanitäter, dann traf ein Notarzt ein. Check im Rettungswagen. EKG. Noch mal Nitro. Erika durfte mit an Bord und stand da richtig bange.

Als sie sehr gedämpft hörten, dass am anderen Ufer schon die Autos hupten, sagte Jörn: »De künn mi alle mol an Mors kleien.«

»Jo, das kannst haben. Keine Sorge, bis Heinrich da ist, werde ich gleich die Fähre ein wenig hin- und herbewegen. Ick kümm hüt nachmittag to Besök, mien Jung. Mok dat mol godt.«

»Mach das besser, mien Deern.«

Erika hauchte einen Kuss auf Zeige- und Mittelfinger der rechten Hand und drückte diese auf Jörns Stirn. Dann stieg sie mit Tränen in den Augen aus, und der Rettungswagen rauschte ab. Erika hörte, dass der Wagen erst am Ortsausgang das Martinshorn anstellte.

Ohne die »Schlei-Terrassen« abzuschließen, sah sie zu, dass sie an Bord kam und die Brücke enterte. Denn nachdem Rettungs- und Notarztwagen den Anleger frei gemacht hatten, waren auch schon drei Autos auf die Missunde II gerollt. Sie klaubte sich Jörns Schiebermütze vom Haken. Die schob sie sich über ihre roten Haare ganz tief ins Gesicht. Sie schmiss den Diesel an. Sie kannte das Geschäft ja.

Wie oft hatte Heinrich Behsen, der Fährbetreiber und ihr damaliger Liebhaber, bei ihr in den »Schlei-Terrassen« gestanden: »Erika, kannste mal. Nur für ein Viertelstündchen?« Der Kerl hatte sie jahrelang nach Strich und Faden ausgenutzt. Das war ihr schon bewusst, aber wenn Heinrich mit seinem Dackelblick kam, war bei ihr immer alles zu spät gewesen. Sie hatte oft alles stehen und liegen lassen und die Brücke der Missunde II geentert. Auch damals schon war die weiß-blaue Schürze ihr Markenzeichen gewesen. Somit war das heute ein unfreiwilliges Comeback, und als sie kassieren ging, meinte ein altbekannter Fahrgast aus Angeln: »Na, Erika, wieder an Bord?«

Sie hielt die Hand auf, gab Wechselgeld heraus und zog sich Jörns braune Schiebermütze noch tiefer ins Gesicht.

»Du warst aber auch schon mal gesprächiger.«

Sie kletterte wieder auf die kleine Brücke der Missunde II und hielt ihr Handy ans Ohr. »Maggie, melde dich doch, Mensch.« Sie schluchzte und ließ es durchklingeln, bis sich Margarete Brix tatsächlich meldete: »Brix hier.«

Erika war völlig außer Atem. »Jörn hatte während seiner Frühschicht einen Schwächeanfall. Sie haben ihn ins Krankenhaus nach Eck gebracht. Maggie, ich bin völlig fertig …« Die letzten Silben gingen mehr in einen Sirenenton über.

Es war klar, wer jetzt Hilfe brauchte. Erika Schnüs war mit ihren Nerven am Ende.

»Du kommst«, schrie Erika jetzt. Es klang fast nach Indianergeheul, und die Fahrgäste guckten schon zu ihr hoch. Sie senkte sofort den Blick, legte das Telefon aus der Hand und drosselte den Motor. Sie waren am anderen Ufer.

Ponyhof is anders

Hinrichsen gehörte seit Jahrzehnten zum Inventar der Polizei in Eckernförde. Er kannte jeden der Kollegen und oft auch deren Familien. Ein kleiner Gefallen der Uniformierten für die Zivilen war da kein Problem. Heute stand die Vernehmung von Blacky, Wendy, Steile Stute und Power Pony an. Da hatte er Carsten, der Bodybuilder war und auch so aussah, sowie Hinnerk, dessen Visage wie die eines Mafiosi wirkte, gebeten, ein wenig Präsenz zu zeigen.

Die vier Zeugen trafen zeitversetzt ein und meldeten sich beim Wachhabenden. Hinrichsen hatte Order gegeben, sie gleich hinter der Eingangstür schmoren zu lassen. Dort gab es keine Sitzgelegenheiten, und alle Passanten sahen das nervös von einem Bein auf das andere tretende Grüppchen, weil die doppelflügelige Pforte aus massivem Holz wie an allen heißen Sommertagen auch heute offen stand. Nicht genug damit, dass dann der Wachhabende die Truppe über den Lautsprecher einzeln und namentlich ausrief und zum Antreten vor seinem Kabuff aufforderte.

Jetzt traten Carsten und Hinnerk auf den Plan und bildeten die Eskorte für den Weg in den ersten Stock. Carsten war vorausgegangen. Sein Kreuz war so breit, dass es im Treppenhaus ein bisschen dunkler wurde. Hinnerk, der Mafiosiverschnitt, ging hinter den Zeugen und räusperte sich ab und zu leise. Als die vier dann endlich vor Hinrichsens Büro ankamen, waren sie tief verunsichert. Nichts anderes hatte Hinrichsen im Sinn gehabt. Die feine englische Art war das nicht, aber einen Menschen nackt auf der Motorhaube seines Autos zurückzulassen, zeugte auch nicht von guter Kinderstube.

Hinrichsen hatte bewusst und in Absprache mit der Staatsanwältin das Gemeinschaftsbüro gewählt. Alle Fotos hingen eigens für dieses Verhör noch immer an den Wänden. Zusätzlich hatte er ein paar Bilder vom toten Martens angepinnt. Vier bereits ausrangierte, harte Bürostühle hatte er von Krause aus dem Keller holen und in die Mitte zwischen Calloes und seinen Schreibtisch stellen lassen, sodass keiner der Befragten eine Handauflage oder einen optischen Schutz für die untere Körperhälfte hatte.

Er begrüßte die zu Befragenden knapp und nahm die Personalien auf. Das dauerte beinahe zwanzig Minuten. Am Ende fasste er zusammen.

»Wir haben also: Herbert Petersen alias Blacky, Sören Brauer alias Power Pony, Lisa Junker alias Wendy und Silke Borowski alias Steile Stute. Ist das korrekt?«

Alle nickten.

Hinrichsen musterte die bunte Reihe. Er machte das in Ruhe. Herbert Petersen trug denselben Anzug wie beim letzten Besuch. Er schwitzte bereits. Auch die anderen Damen und der verbleibende Herr hatten sich um gedeckte, eher seriöse Kleidung bemüht.

Sören Brauer, der mit vierundzwanzig Jahren Jüngste, hatte sich für einen anthrazitfarbenen, je nach Lichteinfall glänzenden Anzug entschieden. Das trug man heute wohl so. Hinrichsen hatte das im Fernsehen gesehen. Brauers muskulöser Körper zeichnete sich an den Oberarmen sogar durch das Jackett ab.

Lisa Junker, achtunddreißig, aber jünger aussehend, machte ihrem Nachnamen alle Ehre. Sie trug irgendwas, das aussah wie eine Uniform. Blau mit dezenten goldfarbenen Applikationen am Kragen und an den Ärmelbündchen. Die schwarzen Haare gegelt und sorgfältig nach hinten gekämmt. Sah streng aus und passte überhaupt nicht zu ihrem Nicknamen Wendy. Hinrichsen schätzte sie auf bestenfalls fünfundvierzig Kilo.

Silke Borowski, einundvierzig, sah nach Lebenslust aus, machte den Eindruck, nicht viel auszulassen. Propper, blond und von den vieren am ehesten in der Lage, Hinrichsens Blick standzuhalten. Mit ihr würde er beginnen. Hatte er sie zum Reden gebracht, machten ihm die anderen sicher keine Schwierigkeiten mehr.

»Frau Borowski, Sie haben Lars Martens am Sonntag letzter Woche gefesselt, misshandelt und sterben lassen. Warum?«

Silke Borowski wirkte ob dieses Einstiegs völlig überrascht. »Also, sterben lassen, wir haben ihn doch nicht sterben lassen.«

»Frau Borowski, bitte beantworten Sie einfach meine Frage. Warum haben Sie Herrn Martens gefesselt, misshandelt und sterben lassen?«

»Hanne hat gesagt, wir sollten ihn auf die Motorhaube legen ...«

Hinrichsen unterbrach. »Verstehe ich Sie richtig, dass Hanne Mogensen anordnete und Sie gehorchten?«

»Ja, irgendwie schon.«

»War das immer so?«

»Nein, normalerweise hat Lars gesagt, was wir machen sollten.«

»Da kam es Ihnen also ganz gut zupass, dass Lars nun einmal nicht der Boss war?«

»Nein, das ergab sich so.«

»Bitte, Frau Borowski. Das ergab sich so. Das ergab sich so, dass wir Lars Martens gefesselt und misshandelt haben und – dass wir ihn dann haben sterben lassen. Hanne Mogensen schlägt eine Flanke in den Strafraum, und Sie machen den Ball rein. Das ergab sich so. Frau Borowski, verhöhnen Sie mich nicht. Ich mache diese Arbeit seit über fünfunddreißig Jahren. Ein Mord ergibt sich nicht so. Man plant ihn.«

Silke Borowski wurde blass. Na also. Es war mucksmäuschenstill. Keiner der anderen Zeugen wagte sich auch nur zu rühren.

»Mord«, krähte sie, »wir haben Lars doch nicht ermordet!«

Jetzt hatte Hinrichsen Steile Stute da, wo er sie haben wollte.

»Frau Borowski, kommen Sie doch bitte mal mit raus.«

Die beiden gingen raus auf den Flur. »Sie«, Hinrichsen schaute im Türrahmen über die Schulter in die verängstigten Gesichter der anderen Zeugen, »Sie warten hier.«

Keiner der drei hätte es gewagt, sich auch nur einen Meter zu entfernen.

Calloe beobachtete die Szene und fragte sich unentwegt, ob Hinrichsen noch im Rahmen des Erlaubten agierte. Nie hätte sie ihm zugetraut, so viel Druck in so kurzer Zeit aufzubauen.

Sie räsonierte noch einmal über den Abgang der Strandherde, nachdem sie alle gemeinsam Martens auf der Motorhaube fixiert hatten. Hatte nicht Mogensen behauptet, sie sei vor den anderen gegangen, um ihren Lift, eine Jenny aus Flensburg, noch zu bekommen. Zumindest hatte sie zugestanden, dass sie sich nicht genau erinnere, wer wann gegangen war. Nun hatte die Strandherde in voller Übereinstimmung verlauten lassen, sie hätten Mogensen bei Martens zurückgelassen. Es musste einfach geklärt werden, wer als Letzter bei dem Toten gewesen war. Sie suchte in den

E-Mails nach dem Protokoll, dass die Flensburger Kollegen von ihrer Befragung besagter Jenny angefertigt hatten. Richtig, die hatte bezeugt, dass Mogensen bei ihr mitgefahren sei, allerdings ließ sich das nicht auf die Minute genau rekonstruieren.

Calloe schaute über ihren Bildschirm zu Petersen, Brauer und Junker, die langsam schon mit den Hufen scharrten. Sollten sie doch.

Wie Martens' letzte Viertelstunde auch gewesen sein mochte, alles in allem hätten sie nach dieser heutigen Mammutbefragung vier Aussagen, die Hanne Mogensen schwer belasten würden. Entweder konnten sie dann in mühsamer Kleinarbeit Mogensen nachweisen, dass sie Lars Isosorbiddinitrat untergemischt hatte, in der »Fischdeel« oder auf dem Kutter, oder man würde sie mit viel Schall und Rauch verhörtechnisch knacken müssen.

Wenn Hinrichsen die Strandherde abgefertigt hatte, würde sie in die »Fischdeel« gehen und noch einmal die Bedienungen ausquetschen, und sie würde zu Martens' Kutter gehen. Vielleicht hatte der ja eine Webcam montiert. Man konnte nie wissen.

Sie rollte zu den drei Zeugen hinüber. »Soll ich Ihnen ein Wasser kommen lassen? Ist ja eine Bruthitze hier drin.« Sie erntete dankbare Blicke. Guter Bulle, böser Bulle. Das funktionierte immer.

Die Tür öffnete sich, ein Kollege in Uniform brachte eine Flasche Wasser und drei Gläser. Der Kollege verließ das Büro wieder, und gleichzeitig trat die Staatsanwältin ein. Sie nickte Calloe zu und hockte sich auf Hinrichsens Schreibtisch.

»Guten Tag, ich vertrete die Anklage, ich bin die Staatsanwältin in Ihrem Fall.« Sie musterte die drei, wie Hinrichsen es getan hatte. »Ich wollte mir mal einen Eindruck von Ihnen verschaffen. Vielleicht sehen wir uns später wieder, vor Gericht. Guten Tag.« Und schon war sie wieder verschwunden.

Es vergingen endlos scheinende fünfzehn Minuten, bis Hinrichsen zurückkam. Ohne Silke Borowski. Das sorgte für Unruhe auf den Stühlen.

Hinrichsen stellte sich vor die Fotowand. Schaute verschiedene Bilder an. Dann nahm er das Foto herunter, das die Strandherde in Aktion zeigte. Er ging zu den Zeugen und hielt es ihnen vor.

»Sehen Sie, wie rot er ist, wie sein Körper vor Schweiß glänzt.

Da lebte er noch, ihr Zuchtmeister. Jetzt ist er weiß, ein bisschen gelb und kalt. Ganz kalt. Wer möchte mir denn erzählen, wie Martens auf die Motorhaube kam?« Hinrichsen schaute aufmunternd. »Power Pony, Sie vielleicht?«

Sören Brauer rückte auf dem Stuhl bis zur Kante der Sitzfläche vor. »Sie meinen, wie wir ihn da hochbekommen haben? Ich hab das gemacht, weil ich ständig Gewichte hebe. War kein Ding. Obwohl er so schlaff war, so unhandlich. Ich habe ihn zwischen den Beinen gepackt, über die Schulter gelegt und dann rauf auf die Haube.«

Brauer schien schlichten Gemüts. So wie er sprach. Seine Wortwahl, seine Betonung. Er war wohl auch ein bisschen stolz auf seine körperlichen Möglichkeiten.

»Wer hat denn die Bändsel festgemacht?«

Jetzt meldete sich Lisa Junker wie in der Schule.

»Frau Junker …«

»Die Bändsel haben wir doch erst gar nicht gebraucht. Die habe ich später in Herberts Korb gefunden.«

»Und warum ist Martens nicht einfach runter von der Haube?«

Junker druckste rum. »Wir haben ihn alle zusammen festgehalten. Ihm Arme und Beine lang gezogen.«

»Ach, so eine Art Gruppenarbeit?« Hinrichsens Frage war rhetorisch. »Ein gemeinschaftlich begangenes Verbrechen. In der Gruppe kann man sich so nett verstecken, nicht wahr? Prima Knoten übrigens«, stellte er dann mit zynischem Unterton fest.

»Ich bin Seglerin«, erklärte die Junkerin. »Wo ist eigentlich Silke?«

Hinrichsen überhörte die Frage.

Ungefragt meldete sich Herbert Petersen zu Wort. »Worauf, wenn ich fragen darf, wollen Sie eigentlich hinaus? Diese ganzen Details. Ich habe Ihnen doch auch schon erzählt, wie es war. Martens ist jetzt tot. Das ist nicht schön, aber wir haben nichts damit zu tun. Hanne Mogensen war als Letzte bei ihm. Wir würden gern bald wieder gehen. Ich muss ja auch zurück an die Arbeit.«

»Ach, der neue Chef der Strandherde, Herr Petersen. Sie tragen jetzt die Verantwortung für die Gruppe! Eine schwere Aufgabe, so viel kann ich Ihnen versichern. Aber wer hier wann und ob überhaupt geht, Herr Petersen, was glauben Sie wohl, wer das entscheidet?«

Hinrichsen spürte, wie er zornig wurde. Dieser geile Stecher wollte nicht, dass seine Frau von seinen Eskapaden erfuhr, aber schnell wieder hier raus in seinen Angelbums. Da lag sein Sexkumpan nun in der Gerichtsmedizin, und dieser Typ blätterte einfach um. Hinrichsen ging wieder zur Fotowand hinüber. Er pinnte das Gruppenfoto an und nahm zwei Fotos herunter, die Lars Martens' Leichnam zeigten.

»Das ist Lars Martens, mit eingerissenem Anus. Beachten Sie das blutige Rinnsal auf der Motorhaube zwischen seinen Beinen. Wäre die Haube weiß, könnten wir das besser erkennen. Sie, Herr Brauer, haben Martens den Arsch ja aufgerissen. Aber jetzt blutet nichts mehr. Das Herz hat aufgehört zu schlagen. Wie tief muss ich hier eigentlich noch eintauchen? Wann ist der Boden dieser Güllegrube eigentlich erreicht?« Hinrichsen sprach mehr zu sich selbst als zu den Zeugen. Er war angeekelt.

Frau Junker räusperte sich. »Mit Verlaub, Herr Kommissar, Sie behandeln uns wie den allerletzten Abschaum, Sie wenden Methoden an, als lebten wir nicht in einem Rechtsstaat. Sie unterstellen uns, wir hätten Martens auf dem Gewissen. Alles Unfug. Sie ereifern sich doch nur, weil Sie sich in Ihrem kleinen Spießerleben nicht vorstellen können, wie bereichernd Sexualität sein kann, oder vielleicht auch nur, weil Sie erkennen, was Sie verpasst haben. Ein bisschen mehr Toleranz stünde der deutschen Polizei gut zu Gesicht, Herr Kommissar. Und wenn Sie mich hier nicht mehr benötigen, dann würde ich jetzt gern los.« Sie schaute herausfordernd.

Nun war Hinrichsen tatsächlich angefasst. Er sprach langsam.

»Was zum Henker soll dieses blöde Gewäsch? Liberal, nach allen Seiten offen. Wo führt das denn hin? Ohne moralische Grundfeste geht jede Gesellschaft den Bach runter. Mit spießig hat das gar nichts zu tun. Und mit verklemmt hat das auch nichts zu tun. Auch, oder vielleicht gerade, weil ich schon so lange Polizist bin, verlange ich, dass sich Menschen anständig und redlich verhalten. Wer seinem Mann schwarze Lederriemen ums Gemächt binden muss, um Spaß am Leben zu haben – bitte sehr. Mir völlig gleichgültig.«

Und jetzt brüllte er los.

»Aber da, wo gelogen und betrogen wird, da, wo erniedrigt wird, da wird auch verletzt. Und das ist unanständig, und wohin das führt, muss ich mir seit Jahrzehnten angucken. Glauben Sie wirklich, Sie, Frau Junker, würden die Ekelcharts anführen?«

Calloe hob beschwichtigend die Hände. »Was mein Kollege sagen will, ist, dass wir wissen, was wir tun, und was ich Ihnen sagen möchte, ist, dass wir den Mörder von Lars Martens suchen und – wir werden ihn finden. Kapitalverbrechen werden in Deutschland fast immer aufgeklärt. Der Weg zum Täter ist auch für Zeugen nicht unbedingt komfortabel, aber wenn wir ihn am Ende haben, werden auch Sie froh sein. Und wenn es nur die Gewissheit ist, nicht selbst beschuldigt zu werden. Ich möchte wissen, ob Sie wollen, dass der Täter gefasst wird, und ich möchte wissen, ob Sie ohne Blessuren aus diesem Ermittlungsverfahren hervorgehen möchten.«

Kollektives Nicken.

»Gut, dann warten Sie jetzt bitte auf dem Flur. Ich werde Ihre Aussagen schriftlich aufnehmen und möchte mit Ihnen, Frau Junker, beginnen. Herr Petersen, Sie können gehen. Ihre Aussage haben wir ja schon.«

Die Männer standen auf und verließen fügsam das Büro. Auf dem Flur wartete Silke Borowski. Neben ihr stand der Polizist mit dem Mafiosigesicht. Auf dem Flur war es still.

Beinahe zwei Stunden später hatten Calloe und Hinrichsen bezüglich der Geschehnisse am Tattag zwischen neunzehn Uhr dreißig und einundzwanzig Uhr fünfundvierzig keine Fragen mehr. Aus den Zeugen würden sie keine Verdächtigen machen. Unter anderen Umständen hätte Martens Power Pony wegen Körperverletzung verklagen können. Aber selbst da waren die Grenzen fließend. War es Vergewaltigung, oder war es eine geduldete Erniedrigung? Für die Kriminalbeamten der Eckernförder Zentralstation spielte das jetzt keine Rolle mehr. Sie hatten den Verdacht gegen Hanne Mogensen erhärten können.

Mogensen hatte die Situation ausgenutzt. Nachdem Martens immer aggressiver geworden war, hatte sie den Spieß umgedreht und die anderen aufgehetzt. Das hatte sie womöglich mit dem Wissen getan, dass in Martens' Blut ein tödlicher Cocktail unterwegs war. Die Aussagen der Strandherde ergaben, dass sie die Letzte war, die Martens lebend gesehen hatte. Das konnte ihrem Interesse geschuldet sein, dass der Chemiecocktail seine gewünschte Wirkung auch tatsächlich erzielte. Mogensen war die Hauptverdächtige.

Als Calloe den Rechner gerade herunterfuhr, kam Hinrichsen zurück. Er hatte zwei Flaschen in der Hand, reichte ihr eine, und zum Feierabend machte es Doppel-Plopp. Nach vier oder fünf Zügen stellte Hinrichsen die leere Flasche schon wieder ab. Calloe schaute verwundert.

»Null drei, das is ja nur wenig mehr als nüscht«, erklärte Hinrichsen. Der erfahrene Ermittler war nachdenklich. »Unser Verdacht, ne. Unser Verdacht gegen Mogensen ist nur ein Verdacht. Wir dürfen nicht glauben, wir seien durch. Beweise? Schwierig. Spuren werden wir keine finden. Zeugen? Das kann. Da müssen wir ran, sonst ist die Mogensen schneller wieder in Dänemark, als wir einen Hotdog essen können.«

Calloe auf Fußstreife

Als sie den linken Fuß auf die vorletzte Treppenstufe setzte, wusste Calloe, dass dieser Abstieg kein gutes Ende nähme. Den ganzen Tag schon hatten die flammneuen hohen Hacken sie gequält, und niemand, wirklich niemand hatte sie bemerkt. Ärgerlich. Einhundertneunundsiebzig Euro waren schließlich kein Pappenstiel. Jetzt hatte sie den linken Absatz in einem sehr ungünstigen Winkel zur Stufe in Position gebracht, sodass der Schuh über die Absatzkante nach links kippte. Der Vorderfuß drehte sich nach rechts innen, das Außenband dehnte sich maximal, Calloes Arme bemühten sich um eine Ausgleichsbewegung, die Tasche löste sich Richtung Ausgang, die Sonnenbrille folgte. Nun kreuzte das rechte Bein über das linke, fand aber gut fünfundzwanzig Zentimeter oberhalb der letzten Stufe keinen rettenden Halt. Der erwartbare Sturz ging in seine letzte Phase. Die Zeit blieb für einen Moment stehen. Calloe dachte an Gips und einen kleinen Reha-Urlaub. Positives Denken war ihr in die Wiege gelegt worden. Bruchteile einer Sekunde später roch sie den Männerduft ihres Chefs.

Rasmussen hielt sie in seinen starken Armen und grinste so breit, dass sich Yvonne Calloe unwillig frei machte.

»Oh, Mademoiselle, woin so eilisch?«

»Isch verzährte misch so nach Ihnen, Capitan.«

Die potenziell leicht peinliche Situation war gerettet. Calloe und Rasmussen gibbelten wie Fünfzehnjährige und empfanden es gleichermaßen als Erleichterung. Der Fall, also der Kriminalfall, ging an die Substanz.

»Wie lief das Verhör?«

»Hinrichsen war in Höchstform. Hanne Mogensen steht schwer unter Verdacht. Aber es ist nicht mehr als ein Verdacht, sagt Hinrichsen, und ich kann ihm nur zustimmen. Am Ende wird es wohl so sein, dass Hanne Mogensen nichts nachzuweisen ist. Ich werde jetzt trotzdem noch in der ›Fischdeel‹ nachhaken, und dann ist Schluss für heute. Falls Sie erlauben, mein Retter.«

»Ich erlaube, Frau Kollegin und – ich habe noch einen kleinen Zusatzauftrag. Das Innenministerium hat eine Bestandsaufnahme zum Thema Aufklärung von Kapitalverbrechen unter besonderer Berücksichtigung von – ich weiß nicht mehr, wovon – vom Zaun gebrochen. Dazu hat man uns einen Fragebogen geschickt. Diesen finden Sie in Ihrem Posteingang. Sie wissen ja, dieser Evaluierungskram ist nicht so meins.«

Ohne eine Antwort abzuwarten, entschwand Rasmussen, sportlich zwei Stufen auf einmal nehmend, nach oben.

Calloe schmunzelte. Während der Chef dachte, er habe sich auf ihre Kosten einer unangenehmen Aufgabe entledigt, freute sie sich schon auf den Fragebogen. Statistik war eines ihrer Steckenpferde. Man durfte das nur niemanden merken lassen.

Der Fuß hatte die Überdehnung gut überstanden. Sport zahlte sich eben aus. Wie hatte doch ihr Nahkampftrainer in der Polizeischule immer gesagt? »Gummi ist kein Stahl.« Der Mann kannte sich aus.

Guter Dinge stöckelte sie die Kieler Straße Richtung Hafen entlang und registrierte, dass sie registriert wurde. Je länger sie in Eckernförde arbeitete, desto wohler fühlte sie sich. Die Stadt war klein, bot aber, was sie brauchte, und nach Kiel war es nicht weit. Die Staatsanwältin hatte ihr eine Perspektive aufgezeigt, Rasmussen war schwierig, aber sie konnte von ihm lernen, und er hatte Humor, wenn auch einen schrägen.

Calloe gönnte sich ein Softeis. Das erinnerte sie immer an sonnenpralle Ferien in Skagen. Ihre Eltern hatten bestimmt fünfzehnmal an Dänemarks nördlichstem Zipfel ein Sommerhaus gemietet, und mit ihrem Bruder hatte sie stets die große Freiheit der damals endlos scheinenden Sommerferien genossen.

Kurz vor dem Rathausplatz bog sie rechts in den Rektorgang ab, um nach nur wenigen Gedanken auf die Gudewerdtstraße zu stoßen. Hier war ihr Lieblingsort. Der kleine Platz, die gepflegten Häuschen mit Stockrosen vor der Tür und der verwunschen wirkende Spielplatz des Kindergartens – beinahe wie aus einem Buch von Astrid Lindgren entsprungen.

Calloes Schritt war leicht, als sie auf die Terrasse der ›Fischdeel‹ trat. Alle Tische waren besetzt, und fröhliches Stimmengewirr empfing sie auch im Inneren des Fischrestaurants.

»Wir sind komplett voll«, sprach sie eine der Kellnerinnen mit gelupften Augenbrauen entschuldigend an. »Aber ich könnte Ihnen ein Fischbrötchen mit auf den Weg geben.« Nun hatte sie den Kopf leicht schräg gelegt.

»Danke, nein, mein Name ist Yvonne Calloe, Polizei Eckernförde. Ich möchte ein paar Fragen zum letzten Sonntag, zum Besuch von Lars Martens, stellen. Sie kennen Lars Martens?«

»Wer kennt den nicht?«, wurde die Kellnerin lauter als beabsichtigt und hielt sich erschrocken die Hand vor den Mund. »Moni, machst du mal eben hier weiter?«, stoppte sie eine Kollegin und zog Calloe in Richtung Küche. Hier war es spürbar wärmer als im Restaurant. Calloe hörte das Klappern von Küchengeräten. Es zischte, und halblaute, aber klare Kommandos wechselten mit raspelnden Geräuschen. Der Motor der »Fischdeel« lief auf Hochtouren.

»Martens hat nichts anbrennen lassen.«

Ein junger Schwarzer in weißer Kochjacke schob Calloe an den Schultern dreißig Zentimeter nach links und zeigte makellos weiße Zähne. Wortlos öffnete er den Kühlraum und tauchte Sekunden später mit einem im schmalen Flur riesig wirkenden Fisch wieder auf. Er trug ihn so dicht an Calloe vorbei, dass sie die Kälte des toten Tieres spüren konnte.

»Nichts anbrennen lassen?«, kitzelte Calloe, ohne kitzeln zu müssen.

Bereitwillig tuschelte die Kellnerin und erzählte die ewig gleichen Bagger- und Grabschergeschichten. So empört, wie die Dame Martens' Übergriffe schilderte, schien es, als wäre sie auch mal gern Opfer geworden.

»Noch mal kurz wegen letztem Sonntag. Wo haben er und seine Begleitung denn gesessen?«

»Direkt hier vor der Theke, das war sein Stammplatz, er hatte immer gern Kontakt zu uns, war ja ein alter Schnacker.«

»Sie konnten sie gut sehen?«

»Ja, sicher, die ganze Zeit. Die Theke ist immer besetzt.«

»Und, ist Ihnen was Ungewöhnliches aufgefallen?«

Die Kellnerin knabberte am Nagel ihres rechten Daumens und dachte ernsthaft nach. Dann schüttelte sie nachdrücklich den Kopf.

»Kann es sein, dass Martens' Begleiterin mal aus seinem Glas getrunken oder Zucker in seinen Kaffee getan hat?« Calloe hoffte, einen Hinweis zu erhalten. Mogensen stand weit oben auf ihrer Liste, und danach wurde es arg dünn.

Die Kellnerin war auch durch eine Suggestivfrage nicht zu erschüttern. »Nein, sicher nicht, Martens hatte immer nur Flens und trank aus der Flasche. Kaffee habe ich ihn nie trinken sehen. Warum? Glauben Sie, die Dame hat ihm was untergemixt? K.-o.-Tropfen? Da hört man ja so einiges.«

»Nein, wir versuchen nur, den Tag routinemäßig zu rekonstruieren«, schwurbelte Calloe. »Wer war denn hinter der Theke?«

»Ich.«

»Die ganze Zeit?«

»Ja, die ganze Zeit.«

»Gut, dann danke ich Ihnen. Sie haben uns geholfen.«

»Ach, eine Sache noch, vielleicht.« Die Kellnerin reckte den Finger in die Höhe, als meldete sie sich. »Nachdem Martens zurückgekommen war, hat er stark geschwitzt. Er wischte sich ständig mit einer Serviette den Schweiß von Stirn und Nacken. Ich fand das ziemlich eklig.«

Calloe nickte, wandte sich um. Sie schreckte zusammen, denn sie schaute mit einem Mal auf den Adamsapfel des baumlangen Schwarzen. Der beugte sich dann auch noch zu ihr herunter und flüsterte ihr ins Ohr.

»Kennen Sie Blancmanger?«

»Weiße Speise, nein, kenne ich nicht.«

»Kommen Sie mit mir in die Küche. Ich lasse Sie kosten.«

Calloe ließ die verblüffte Kellnerin stehen und folgte dem Koch in die Küche.

»Im Mittelalter waren weiße Speisen, oder Blamensir, in ganz Europa verbreitet. Ich habe für unsere Gäste heute Huhn in gesüßter Mandelmilch als Dessert vorbereitet und dabei an eine Frau wie Sie gedacht. Schließen Sie die Augen.«

Calloe tat, wie ihr geheißen.

»Öffnen Sie den Mund.«

Yvonne Calloe schmeckte eine leicht süße, nach Mandeln duftende, den Mund angenehm füllende sanfte Masse. Es war köstlich.

»Sie können die Augen wieder öffnen.« Der schöne, große

Mann reichte ihr einen Zettel mit einer Telefonnummer. »*Au revoir.*«

Calloe war sicher, dass sie ihn wiedersehen würde. Aber warum sprach nun schon der zweite Mann französisch mit ihr?

»*À bientôt*«, flüsterte sie mehr, als dass sie es sagte. Sie verließ die heiße Küche durch den Hinterausgang. Ihr war ein wenig schwindelig. Diese Stöckelschuhe würde sie ab jetzt öfter tragen.

Als sie aus dem Windschutz der Häuser auf die offene Fläche am Hafen trat, blies ihr ein frischer Ostwind die Flausen aus dem Kopf. »Ostlage, mien Deern«, sagte Hinrichsen immer, »Ostlage, Schönwetterlage.«

Kurz wanderte ihr Blick die Kaimauer entlang. Hochbetrieb auf der »Capella«, einem schwimmenden Fischrestaurant mit bewegter Geschichte. Die Brix hatte ihr mal erzählt, dass ein Verwandter auf ihr gefahren sei. Die »Capella« war ein sogenannter Kriegsfischkutter gewesen. Über sechshundert waren gebaut worden, die größte Serienproduktion von Seefahrzeugen, die es in Deutschland je gegeben hatte. »Man behält komische Dinge«, murmelte die junge Polizistin und fixierte nun Martens' Kutter, der zwei Plätze neben der »Capella« lag.

Als sie näher heranging, erkannte sie Torsten Hoffmann, der mit seinem Handy am Ohr lässig auf einem der Poller saß. Seine Beine baumelten über dem Wasser, die Sonnenbrille hatte er ins Haar geschoben. Calloe näherte sich unbemerkt. Hoffmann beendete das Gespräch. Nun stand Calloe direkt neben ihm.

»Na, Notruf abgesetzt?«

»Aber Frau Kommissarin.« Hoffmann drehte nicht einmal den Kopf. »Ich habe doch festen Boden unter dem Hintern, und sollte mein Schiff gleich draußen absaufen, ich schwimme immer oben. Trotzdem nett, dass Sie sich Sorgen machen.«

»Ist doch selbstverständlich, Herr Hoffmann, auf unsere Spitzbuben haben wir gern ein Auge.«

»Spitzbuben?« Hoffmann schaute wirklich überrascht. »Der Letzte seiner Art verstarb jüngst in Aschau. Die Zeit der Spitzbuben und Schlitzohren ist vorbei. Heute wird mit anderen Bandagen um andere Einsätze gekämpft. Das hat Martens aber nicht gemerkt. Schade um ihn, er war so ein schöner bunter Tupfer im

Hafen. Bunt wie dieses rothaarige Rasseweib, das er bisweilen im Schlepptau hatte.«

Calloe staunte. Ganz ohne Verhör war Hoffmann ja ein richtiges Plappermaul. »Rasseweib?«

»Nun tun Sie mal nicht so, diese Dänin. Die kannte doch jeder hier. Mit der kam er doch letzten Sonntag auch hier an. Und das, obwohl seine graue Ehemaus noch an Bord war. Möchte wissen, was die drei sich zu sagen hatten.«

»Birte Martens war auf dem Kutter, und Martens kam mit der Dänin dazu?«

»Das sagte ich, ja.«

Davon hatte Birte Martens nichts erzählt. Eine komplett neue Information. Calloe spürte Jagdfieber. »Wann ist Birte Martens gekommen?«

»Vielleicht eine Viertelstunde vor den beiden.«

»Und wann ist sie gegangen?«

»Das weiß ich nicht. Martens und seine Flamme kamen allein vom Kutter. Vielleicht nach dreißig Minuten. Birte Martens habe ich nicht an Land gehen sehen.«

»Kann es sein, dass Birte Martens schon weg war, bevor ihr Mann kam?«

»Nein, es sei denn, sie ist ins Hafenbecken gesprungen.«

»Wie können Sie das wissen?«

»Ich stand die ganze Zeit hier und habe telefoniert.«

»Danke.« Calloe zog ihr Smartphone, setzte sich auf eine der Bänke und wählte Rasmussens Nummer. Er würde Birte Martens erneut befragen müssen. Intensiv und ohne falsche Rücksicht.

Nach dem Ringelpiez mit Anfassen

Als es am Donnerstagabend in Sehestedt bei Martens gegen acht Uhr klingelte, saß Birte schon seit zweieinhalb Stunden am Küchentisch. Sie starrte auf die Nussbaumplatte der ausladenden Tafel. Sie starrte aus dem bodentiefen Fenster. Sie starrte auf die kleine Galerie an Familienfotos, die sie an der Stirnwand der Küche angelegt hatte. Erinnerungen überrollten sie. Am nächsten Morgen sollte sie ihren Mann unter die Erde bringen. Sie ging schleppend zur Haustür.

»Helmut.«

»Birte. Ich musste doch. Vor allem, weil ich vor zwei Tagen gehört habe, dass du schwanger bist. Und das kann doch eigentlich nur von mir sein.« Helmut Siemsens Stimme zitterte vor Aufregung. Stocksteif stand er da, er war wohl auch der einzige Taxi-Chauffeur in der Gegend, der seinen Dienst in schwarzem Anzug, weißem Hemd und Krawatte verrichtete. Es war das erste Mal, dass er nicht als Chauffeur vor dieser Tür stand und klingelte. »Vor allem, weil du doch erzählt hast, dass er gar nicht kann.«

»Helmut, was redest du da?«, entgegnete Birte harsch und legte ihren abweisenden Gesichtsausdruck auf. Das war das Letzte, was sie jetzt gebrauchen konnte. Einen Samenspender, der Vaterschaftsverantwortung übernehmen wollte. Aber hatte sie denn geglaubt, sie könnte ihre Schwangerschaft vor dem Mann verheimlichen, der regelmäßig hier am Küchentisch gesessen hatte?

Wie oft war Lars im Taxi eingeschlafen, und Helmut Siemsen hatte dann geklingelt. Gemeinsam hatten sie die Schnapsleiche ins eheliche Schlafzimmer verfrachtet. Oder Lars hatte Arm in Arm mit ihm vor der Tür gestanden, weil er nicht mehr allein stehen konnte. Solche Geschichten eben, die dieser Dummkopf von Ehemann am laufenden Band produzierte.

»Im wievielten Monat?«

»Das geht dich gar nichts an.« Sie wollte die Tür zuschlagen, doch da hatte der späte Besucher schon seinen Schuh in der Tür. »Lass das! Oder ich schrei um Hilfe.«

»Als ob.«

Helmut Siemsen drängte sich in den Flur. Hier hatte er schon x-mal mit Birte gestanden, und irgendwann hatte sie ihn auf einen Espresso eingeladen. Siemsen hatte von Anfang an den verständnisvollen Zuhörer gegeben. Fragte nie zu viel, nie zu wenig. Er sparte sich bei Birte das Vorlaute und das Besserwisserische, das er sonst so gern an den Tag legte. Als er diese Frau das erste Mal gesehen hatte, hatte er gewusst, dass er bei ihr, wenn überhaupt, mit seiner Tour nicht weiterkäme. Er machte auf großen Schweiger, den Versteher, und klebte an ihren Lippen. Wenn man etwas lernt als Taxifahrer, dann ist es die Kunst des Verstellens. Nun reichte er ihr die Hand.

»Was willst du? Lass mich in Ruhe!«, schrie Birte und versuchte, die Hand wegzuschlagen. Da hatte er sie aber schon am Handgelenk gepackt.

»Sag's«, zischelte er mit zusammengebissenen Zähnen und stampfte mit dem Fuß auf.

Bedrohlich sieht irgendwie anders aus, dachte Birte, und da platzte es fast mit einem Lachen aus ihr heraus. »Ich bin im dritten Monat.«

Siemsen ließ ihre Hand los, ein Strahlen ging über sein Gesicht, und er steckte seine beiden Daumen ins Jackett und posierte.

»Das passt, das passt, das passt. Ich werde Vater«, dabei drehte er Pirouetten auf seinen Ledersohlen über den Fliesenboden und verfiel in wildes Gebrüll. Birte konnte nicht anders, sie begann leicht zu schmunzeln, und er fühlte sich animiert, sie in die Arme nehmen zu wollen. »Komm, tanz mit mir.«

Das blockte sie aber vehement ab. »Bitte, fass mich nicht an. Helmut, ich sage dir das mit allem Respekt. Wir haben einmal miteinander geschlafen. Das war's. Dass ich dabei schwanger geworden bin, tja, das hättest du wohl nie erfahren, wenn mein Mann nicht verunglückt wäre.«

»Verunglückt? Und wieso hätte ich das nicht erfahren?«

Kurz war Ruhe. Dann explodierte Siemsen und brüllte all das aus sich heraus, was er bisher schön für sich behalten hatte. Was er sich alles auf den Nachtfahrten habe anhören müssen. Er könne auf einen Schlag fünf Verdächtige nennen, die triftige Gründe gehabt hätten, ihren Ehemann aus der Welt zu schaffen. Lars sei ein Verführer, Betrüger, Lügner und Ausbeuter gewesen. Und, das müsse ja auch mal gesagt werden, sie, Birte, habe sicherlich auch allen Grund gehabt, ihren Ehemann umzubringen. So wie er sie gequält habe. Er hätte zwar nie etwas gesagt, aber dieses ganze Geschwafel von Urvertrauen und wahrer Liebe sei doch reiner Selbstbetrug.

Siemsen japste nach Luft und griff sich an die Brust. Lars Martens, Prinz des Lichts und Werwolf der Nacht, dass er nicht lache. Warum sie denn nie die Augen aufgemacht und den wahren Charakter ihres Mannes hätte wahrhaben wollen? Nachdem sie schwanger geworden sei, da hätte sie wohl die Erkenntnis gehabt, dass es so nicht weitergehen könne? Warum sie denn die ganzen Infos über die Leute vom Strand hätte haben wollen? Höchstwahrscheinlich hätte sie einen der Sadisten vom Swingerstrand auf ihren Ehemann angesetzt.

»Helmut, hier ist das Telefon. Ruf die Polizei an, die werden das zumindest interessant finden.« Birte hielt ihm das Handy hin. »Nur eins, wer hat mir denn die ganzen Informationen aufgedrängt? Tu mir aber bitte einen Gefallen, verschwinde nach dem Anruf schleunigst. Mach dich vom Acker, ich kann deine quer gekämmte Visage nicht mehr sehen.«

»Birte, du verstehst mich falsch.« Siemsen sah jetzt aber echt betroffen aus. »Du wolltest nach dieser Nacht nichts mehr von mir wissen. Das hast du mich ja oft genug spüren lassen. Ich bin jetzt hier, weil ich für dich da sein will. Und ich geh hier auch nicht weg. Ich steh dir bei. Morgen und überhaupt. Ich bin bereit.« Siemsen hatte jetzt die Bühne, die ihm seiner Meinung nach zustand, und er breitete die Arme ganz weit aus.

»Hans, ich habe ein Problem.« Birte hatte auf ihrem Mobiltelefon die Kurzwahl von Rasmussen gewählt, und der hatte sich auch sofort gemeldet.

»Ja, komm bitte sofort. Okay, in zehn Minuten.«

Birte guckte Helmut Siemsen auffordernd an.

Der sagte aber nur: »Verarschen tu ich mich selbst.«

Birte verschränkte die Arme und blieb vor dem Eindringling stehen. Auch Siemsen verschränkte die Arme. Er kam auf einen Schritt an sie heran. Birte starrte ihn mit aller Kraft an, und er wich diesem bösen Blick immer wieder aus.

»Willst du nicht besser gehen? Glaub mir, es ist besser so. Oder hast du Lust, die halbe Nacht auf dem Revier zu sitzen?«

Schweigen.

»Die können mir gar nichts.«

Noch mehr Schweigen.

Schließlich merkte Birte an: »Hausfriedensbruch. Ist das in deinen Augen gar nichts?«

Siemsen wich ihr aus. Er schaute an die Decke, als suchte er nach Argumenten.

Nur wenig später war auch schon zu hören, wie die Polizei in Sehestedt einfuhr. Siemsen wurde jetzt merklich nervös. Er hatte sich wohl verzockt. Er schaute durch das kleine Fenster neben der Tür. Hinrichsens Kombi fuhr mit dem Blaulicht auf dem Dach die Hofeinfahrt hoch. Die Haustür flog auf, und Siemsen rannte kopflos in die Dämmerung.

Die Autotüren schnappten auf. Hinrichsen sah den schwarzen Schatten über den Hof flitzen und machte sich an die Verfolgung des flüchtigen Taxichauffeurs. Rasmussen ging kopfschüttelnd auf Birte zu, die in der Haustür stand.

»Birte, du lebst dir eine Scheiße zusammen.« Er nahm sie mit diesen Worten in die Arme. So blieben die beiden eine Weile stehen. Birte nickte. Dann hörten sie Schritte auf dem Hof. Hinrichsen führte Siemsen im Polizeigriff zum Auto.

»Der ist vielleicht ein Pflegefall, aber eigentlich ist er ein Netter«, kommentierte Birte den Abgang des Kindsvaters.

»Sollst mal sehen, der ist so nett und schlägt auch morgen bei der Beerdigung auf«, prophezeite Rasmussen.

»Und ihr könnt ihn nicht so ein kleines bisschen aus dem Verkehr ziehen? Hans, und sei es, dass er einfach Angst bekommt. Ich kann Helmut Siemsen in meinem Leben nicht gebrauchen.«

»Erstattest du Anzeige?« Rasmussen schaute sie auffordernd an. »Birte, du hättest dir zweimal überlegen müssen, wen du da so in dein Leben lässt.«

»Pah, dann nich. Ich werd mit dem schon allein fertig.« Birtes Tonfall war wieder so eine Anspielung auf alte Zeiten.

Rasmussen retournierte. »Ja, so wie du immer mit allem fertig wirst. Das ist schon früher nicht wirklich lustig gewesen.«

»Tschüss.«

»Tschüss, tschüss.«

Hinrichsen fuhr mit dem Wagen vor. Rasmussen winkte zur Haustür. Die war fast schon zu, da steckte Birte noch einmal ihre Nasenspitze raus.

»Übrigens, Birte, bevor ich es vergesse. Wir müssen noch mal sprechen. Ein Augenzeuge hat dich an dem besagten Tag auf eurem Kutter verschwinden sehen, kurz bevor Lars und Hanne Mogensen kamen«, rief Rasmussen in Richtung Haustür. Birte trat vor die Tür und nickte nur.

Rasmussen wusste, das war nicht die feine Art. Ohne weiteren Gruß setzte er sich zu Siemsen in den Fond.

Hinrichsen fuhr an.

»Diese Misthacke, lügen und betrügen, das kann se.« Der Fahrgast setzte zu einer Tirade an. Rasmussen schaute Siemsen direkt auf den Scheitel, wenn er sich zum ihm hindrehte. Der reckte jetzt das spitze Kinn vor und zog vom Leder. Siemsen ließ sich auch nicht von Hinrichsen abhalten, der ihn mehrmals aufforderte, den Schnabel zu halten, das würde man alles auf der Zentralstation besprechen. Rasmussen versuchte wegzuhören und stellte sich vielmehr die Frage, was Birte an dem gefunden haben mochte. Er versuchte sich diese sterile Wohnküche in Sehestedt vorzustellen und darin Birte, Abend für Abend allein. Da wurde man schnell zur Prosecco-Lerche, und nach der dritten Flasche wurde selbst dieser unterbelichtete Schlipsträger und Dummschnacker ansehnlich, oder was? War das jetzt eine typisch männliche Denke? Er sei doch ein Netter, hatte sie das nicht zum Abschied eben gesagt?

Das Geplapper neben ihm wurde immer penetranter, und Rasmussen wurde auf einmal hellhörig, denn Siemsen posaunte heraus, Birte seien durch die Schwangerschaft die Augen geöffnet worden, nie habe sie die Abscheulichkeiten ihres Ehemannes deutlicher gesehen. Woraufhin sie Kontakt zur Strandszene von Lars aufgenommen habe, die Infos habe sie von ihm bekommen, sie wolle aber nicht, dass er sich einmische.

»Das bildest du dir doch alles in deinem kranken Hirn ein, Siemsen«, blaffte Hinrichsen ihn an.

»Zu wem haben Sie Birte Martens geschickt?«, fragte Rasmussen scharf.

»Leute, ich rede nur, wenn ich in Eck gleich auf freien Fuß komm. Nicht genug damit, dass ich meine Taxe bei Birte vor der Tür lassen musste.« Siemsen meinte Oberwasser zu bekommen.

»Wir wollen Namen. Sag schon, mit wem hatte Frau Martens Kontakt?« Hinrichsen fixierte den Fahrgast im Rückspiegel.

»Und was wollte sie von ihnen? Eiern Sie hier nicht rum, sonst sperren wir Sie für die nächsten vierundzwanzig Stunden weg«, setzte Rasmussen richtig ungemütlich nach.

Siemsen packte aus. Er kannte alle Klarnamen, er wusste alle Decknamen: Blacky, Power Pony, Wendy, Steile Stute. Nur Hanne Mogensen, die kannte er nicht, er sprach immer nur von der Rothaarigen. Ein paar Infos habe er während der Nachtfahrten mit Martens erhalten, alles Weitere habe er in mühseliger Kleinarbeit selbst recherchiert.

»Auch im Forum unterwegs?«, wollte Rasmussen wissen.

Siemsen nickte. »Ich wollte Birte für mich gewinnen, und das konnte ich nur mit Details. Ihr Mann war ein durchtriebenes Schwein. Ich wollte ein Guter für sie sein.«

In dem Moment fuhren sie auf den Hof der Zentralstation.

»Um eurer unvermeidlichen Frage vorzubeugen, wo ich am fraglichen Abend gewesen bin: Da hatte ich eine Tour zum Flughafen nach Hamburg-Fuhlsbüttel.«

»Ach, so was aber auch«, verkniff sich Rasmussen alle weiteren Kommentare und entließ Siemsen mit den Worten: »Wenn wir Sie noch einmal bei Birte Martens erwischen, dann wissen Sie ja, was passiert.«

Aber da war Siemsen schon fast aus dem Wagen. Im nächsten Moment stand er an der Gerichtsstraße und telefonierte.

»Chef, manchmal kann man richtig Angst vor Ihnen bekommen.« Der Fahrer schob seine Prinz-Heinrich-Mütze in den Nacken und versuchte, bange zu gucken.

»Hinrichsen«, mokierte sich der Chef, »dieses Taxifahrer-Gelaber bringt mich um den Verstand. Aber eins beschäftigt mich doch. Wollte Birte Martens ihren Ehemann nun loswerden oder nicht? Auszuschließen ist das ja nicht. Ich habe diese Beziehung nie verstanden. Sie checken mal die Handyverbindungen von Birte Martens. Die Nummern der Strandherde dürften wir ja haben. Vielleicht hat Siemsen tatsächlich recht. Nur mal als Hypothese: Wie wäre es, wenn Power Pony Martens im Auftrag seiner Frau Gewalt angetan hätte?«

»Dazu fallen mir dann aber noch jede Menge anderer Fragen ein. Vertagen wir das auf morgen? Sehen wir uns auf der Beerdigung? Gibt es eine besondere Order?«, fragte Hinrichsen.

»Sie haben ja anderweitig zu tun. Es reicht, wenn Calloe und ich dort aufschlagen.«

»Na dann, gute Nacht. Oder soll ich Sie fahren, Chef?«

»Nee, ist schon gut«, sagte Rasmussen etwas gequält, stieg auf den Brooks-Sattel und trat in die Pedale. Missunde war nicht gerade um die Ecke. »Ach, schicken Sie mir doch morgen um halb neun jemand von der Fahrbereitschaft vorbei. Mein Volvo liegt im Dock.«

»Stellen Sie Ihren Dynamo an. Sonst passiert Ihnen noch was.«

Der Doktor auf Expedition

Die letzten Wochen waren wenig erquicklich gewesen. Martens, der ihn mit diesen kompromittierenden Fotos unter Druck gesetzt hatte. Anne Roland, die ihm mit bohrenden Fragen zusetzte. Seine Mutter, die ihm wegen der Speedway-Finanzierung in den Ohren lag. Vorhin, als er die Bank verlassen hatte, hatte es begonnen. Aus einem hochfrequenten Summen, das ihn bereits störte, war ein ruppiges Krächzen geworden. Er kannte das nur zu gut. Wurde sein wohlgeordnetes Leben allzu sehr gestört, übersetzte sein Gehirn diese Störgefühle in akustische Signale.

Jetzt saß er in seiner Wohnung in seinem Lieblingssessel, einem Eames-Chair. Dr. Heiner Gierlich schloss die Augen und konzentrierte sich auf das Ein- und Ausatmen.

»Es atmet mich.« Sein Gehör war von Kindesbeinen höchstsensibel gewesen. In kritischen Phasen hörte er bei geschlossenem Fenster das jaulende Bellen eines Hundes jenseits des Feldes. Seit Jahrzehnten quälte ihn diese Überempfindlichkeit, und er kannte den Ursprung. Er war dreizehn Jahre alt. Da hatte der Hund des Nachbarn gebellt. Stundenlang. Er hatte den Hund förmlich sehen können, hatte den widerlichen Gestank seines feuchten Fells in der Nase. Das Bellen hatte ihn unglaublich wütend gemacht, weil es ihn störte, er aber nichts dagegen unternehmen konnte. Er war in die Tenne gegangen, hatte das Luftgewehr genommen und war wild entschlossen, dem Köter eine Lektion zu erteilen. Seine Mutter hatte ihn mit dem Gewehr im Anschlag am Knick stehend erwischt und tatsächlich am Ohr bis zurück ins Haus geführt.

»Dummer Junge«, hatte sie gesagt. Mehr nicht.

Jetzt starrte er auf den Monitor seines Notebooks. Wie in Trance googelte er nach einem seiner Lieblingszitate und las:

»Das Glück kannst du nicht erzwingen.
Das Glück ist in dir und allen Wesen.
Das Glück ist immer vollkommen.
Entspanne und lasse los. Dann erkennst du es.«

Heiner Gierlich suchte bisweilen Rat in den Unterweisungen des Mönches Düngen Ranpache aus Katmandu. Die puristische evangelische Philosophie hatte ihm keinen Weg weisen können. Weder den zur Erleuchtung noch den zum Glück. Nicht, dass er es nicht versucht hätte. Im Konfirmandenunterricht hatte er sich dem Pfarrer anvertraut und gestanden, dass es ihn nach Jungen verlangte. Das Ergebnis war niederschmetternd gewesen. Der Pfarrer hatte keinen Rat, aber er hatte ein Fahrrad. Mit dem fuhr er zu den Gierlichs und schenkte den Erzeugern, Erziehern und Züchtungsberechtigten reinen Wein ein.

Den Abend und die folgende Nacht im Schweinestall würde Gierlich nie vergessen. Sein Vater schwang die Peitsche und steigerte sich in einen Gewaltrausch hinein. Die Erinnerung an den brennenden Schmerz auf dem Rücken und den stechenden Geruch von Urin würde ihn sein Leben lang begleiten. Zu guter Letzt hatte ihn sein Vater auf das Plumpsklo im Stall gesperrt. Erst im Morgengrauen wagte seine Mutter, ihn ins Haus zu holen. Er hatte nie wieder Schweinefleisch gegessen. Irritierenderweise hatte er aber eine gute Beziehung zu Peitschen aufgebaut.

Heute Abend gedachte er, die eine oder andere kreisen zu lassen. »Das Glück ist in mir und allen Wesen«, murmelte Heiner Gierlich vor sich hin.

Gierlich griff nach Schlüssel, Handy, Portemonnaie und seiner »Saunatasche«, die Kleidung und Zubehör für den Besuch im Hamburger »Blanker Hans« enthielt. Zuletzt schob er noch die Tabletten für seine Tante in die Innentasche seines Sakkos.

Hedwig Gierlich war dreiundachtzig, sie war von Kopf bis Fuß krank, sie lebte im Ykaernehus, und Gierlich liebte sie wie keine andere Frau. Die Schwester seines brutalen Alten hatte immer zu ihm gehalten. Als Jugendlicher hatte er sie oft in ihrer winzigen Buchhandlung in Schleswig besucht und gemeinsam mit ihr Oscar Wildes »Das Bildnis des Dorian Gray« gelesen. Bevor er sich nun auf den Weg nach Hamburg machte, würde er bei ihr vorbeischauen.

Eine Dreiviertelstunde später klappte Gierlich die Sonnenblende runter. Der leuchtende Ball der Sonne stand tief im Westen. Er schob die CD rein, die ihm vor ein paar Jahren ein Musiker der Philharmonischen Staatsoper Hamburg mit den Worten »Liebe geht durch den Magen, die Lust durchs Ohr« zum Geburtstag geschenkt hatte. Sekunden später sang Gierlich aus vollem Hals einen Klassiker von Tomboy mit. »*Hey man, gay man, pick up the soap.*«

Es würde ein schöner Abend werden. Er war in Stimmung, und das Glück würde schon bald in ihm und ein paar anderen Wesen sein. Er war ein bisschen albern. Na und, wann konnte sich der Direktor der Sparkasse das schon mal leisten? Schwungvoll bog er in Owschlag auf die A7 ab.

Punkt zwanzig Uhr war Heiner Gierlich am Ziel.

Er stieg aus, versuchte, nicht nach links und rechts zu schauen. Die Talstraße war baulich in einem bedauerlichen Zustand. Musste sich die schwule Szene eigentlich immer im Milieu ansiedeln, ging das nicht anders? Sobald er seine aktuellen Probleme überwunden hatte, würde er über einen Freund in der Schweiz einen geschlossenen Immobilienfond ins Leben rufen, mit dem Kapital der Anleger heruntergekommene Häuser in guten Lagen kaufen und Clubs für Schwule einrichten. Als er die Tür des »Blanker Hans« aufstieß, fiel ihm auch der passende Name für den Fond ein: »Hoch im Norden«.

»Heiner, du siehst so wunderbar aus«, begrüßte ihn Kai hinter dem Empfang. Kai war Ende sechzig, seit vielen Jahren im Lesben- und Schwulenverband aktiv, ein Vorzeige- und Berufsschwuler. In der Szene jenseits der Funktionärsebene eine Ausnahme, denn hier zählte schon seit Langem die Optik. Und bei Kai war der Lack eindeutig ab. Aber er war eine Seele von Mensch und eine Kultfigur. Sein bescheidenes Leben finanzierte er über seinen Job als livrierter Empfangschef.

Küsschen links, Küsschen rechts, dann verschwand Heiner im Umkleideraum. Als er diesen verließ, war er kein anderer Mensch, aber seine Erwartungen für die nächsten Stunden ließen andere Saiten in ihm erklingen. Das Summen und Krächzen der unangenehmen Situationen, das ihn in den letzten Tagen an den Rand seiner Widerstandskraft gebracht hatte, verstummte.

Aus dem Keller spürte Heiner die Bässe einer treibenden Musik.

Die Erregung breitete sich aus. Er atmete nicht mehr durch die Nase, sein Mund war leicht geöffnet. Langsam stieg er die steile Treppe hinunter. An der Theke, die die Stirnseite des Gewölbes bildete, legte ein Mann seine Hand auf den entblößten Hintern eines anderen, der sich daraufhin in den Hüften wiegte. Heiner bestellte ein großes Wasser. Alkohol kam nicht in Frage, weil er noch fahren musste, und enthemmt war er jetzt schon. Als er das Wasser absetzte, stand ein drahtiger junger Adonis neben ihm.

»Kommst du mit ins Dunkel, ins Licht der Lust?«

Heiner war überrascht. Poeten traf er hier eher selten. Der Adonis hielt ihm ein Halsband hin, und Heiner führte den devoten jungen Mann einen Gang entlang, an dessen Ende eine schwere Tür mit schmiedeeisernen Beschlägen wartete. »Darkroom« war darauf zu lesen. Nach dem Treiben hinter dieser Tür hatte es Heiner Gierlich schon seit Tagen verlangt. Er platzte beinahe vor Geilheit und zog das Halsband ein bisschen straffer.

Nach vier Stunden fühlte er sich vollkommen leer. Er war körperlich erschöpft und wollte nur noch ins Bett. Der Kater nach dem Sex kam früher als sonst. Ob das am Alter lag? Heiner warf Kai an der Tür noch einen angedeuteten Kuss zu und verließ das »Blanker Hans« mit Kurs Ostsee. Die A 7 war wunderbar frei.

Sexualpartner zu finden war für einen gut aussehenden Schwulen wie ihn kein Problem. Aber einen Partner, eine Liebe fürs Leben? Während des Studiums hatte er beinahe anderthalb Jahre in einer Beziehung gelebt. Mit Rory, einem knapp fünf Jahre älteren Investmentbanker aus London, hatte er seine Liebe zu englischer Literatur und Barockmusik geteilt. Er hatte ihn auf einem Konzert kennengelernt. Eines der seltenen Konzerte, bei denen man Werke von Pieter Hellendaal hören konnte. Er kramte in der Mittelkonsole. Hier musste doch irgendwo eine Hellendaal-CD sein.

Als er wieder hochschaute, baute sich vor seinen weit aufgerissenen Augen eine Wand aus Blech und Stahl auf. Rote Rücklichter eines Lastwagens brannten sich auf die Netzhaut, und sein Adrenalinausstoß nahm ihm fast das Bewusstsein. Er kniff die Augen zusammen, spannte jeden Muskel seines Körpers an und stieg mit aller Kraft auf die Bremse.

Ab diesem Moment erinnerte er sich nur noch an Tosen und

Brausen, und ihm war so, als hätte er auch das Kreischen einer Säge gehört. Eine gefühlte Ewigkeit verging. Langsam öffneten sich seine Augen, und er verstand nicht, warum der Aufprall ausgeblieben war. Dann erkannte er wie in Zeitlupe, dass der Lkw klein und kleiner wurde und schließlich verschwand. Sein Wagen stand halb auf dem Standstreifen und halb auf der rechten Spur. Aber immer noch in Fahrtrichtung. Er hatte den Lkw um wenige Zentimeter verpasst. Heiner Gierlich zitterte am ganzen Körper.

Nach wenigen hundert Metern, ein Parkplatz. Er fuhr raus, hielt halb auf dem Gehweg stehend. Daumen und Zeigefinger seiner rechten Hand umfassten krampfhaft die CD, nach der er gesucht hatte. Ein Schauer durchfuhr ihn. Das war sehr knapp gewesen, und die Erkenntnis, dass er so sehr am Leben hing, überraschte und rührte ihn.

Er knipste das Abblendlicht aus und schob das »Concerto grosso« Nr. 5 in D-Dur von Hellendaal in den CD-Wechsler. Welch überirdische Musik.

Wäre Rory doch hier. Gierlich spürte große Liebe in sich, die keinen Adressaten hatte.

Als Dr. Heiner Gierlich erwachte, war es fünf Uhr siebzehn. Er orientierte sich. Er stand auf dem Parkplatz vor der Brücke über dem Nord-Ostsee-Kanal. Die Luft im Auto war stickig. Genug Zeit bis zum Dienstbeginn blieb ihm noch. So stieg er aus und ging zum Aussichtspunkt unter dem beeindruckenden Bauwerk. Wenige Meter über ihm rumpelte und rauschte der Verkehr über die A7. Unten verband der Kanal Nord- und Ostsee. Ein Tankschiff fuhr Richtung Kiel.

Gierlich überkam Fernweh. Vielleicht sollte er seine Reserven zu Geld machen und das Weite suchen. Er fuhr sich mit der linken Hand in den verspannten Nacken und spürte, dass er noch das Lederhalsband der letzten Nacht trug. Grinsend öffnete er den Verschluss und ging zum Auto zurück. Seine Seele war seltsam belebt. Geradezu beschwingt.

Er würde die nächsten Tage nutzen, um Probleme zu lösen. Das hatte er schon immer gut gekonnt.

Zwölfter Tag: Freitag

Nebenwirkungen

Zum dritten Mal las die Staatsanwältin das Fax, das sie zu handeln zwang. Absender war ein Anwalt aus Esbjerg, und Kopien des Schreibens waren an die Königlich Dänische Botschaft in Berlin, das Justizministerium in Kiel sowie die Bürgermeister auf Fanø und in Eckernförde gegangen. Der Kollege schoss scharf, und letztlich hatte er recht. Gegen Hanne Mogensen lagen keinerlei Beweise vor. Die Staatsanwältin sah keine Veranlassung, U-Haft zu beantragen. Der Richter hätte sie ausgelacht. Dennoch griff sie zum Telefon. Rasmussen war schließlich der Leiter der Ermittlungen, und vielleicht hatte er Neuigkeiten.

Hatte er nicht. Ganz im Gegenteil. Die Aussage einer Kellnerin hatte Hanne Mogensen entlastet. Durch eine Beobachtung, die Torsten Hoffmann gemacht hatte, war zudem Birte Martens belastet worden.

Die Staatsanwältin kniff die Lippen zusammen und rollte mit dem Stuhl ein Stück zurück. Dieser Fall war aber auch vertrackt. Für Martens' Tod war das Zusammenwirken zweier Präparate ursächlich gewesen. Die Viagratablette hatte Martens höchstselbst eingeworfen, aber noch hatten sie keinen Hinweis darauf, wer Martens Isosorbiddinitrat verabreicht hatte. Mogensen hatte entschieden vorgegeben, das Medikament nicht zu kennen, dabei hatte sie jedoch das klassische Motiv: Eifersucht, enttäuschte Liebe. Die Möglichkeit hatte sie auch gehabt. Vielleicht nicht in der »Fischdeel«, aber auf dem Kutter oder im Auto. Nachweisen musste man es ihr allerdings.

Als sich die Staatsanwältin, unter die Schreibtischplatte greifend, wieder an den Tisch heranzog, brach der Nagel des linken Ringfingers ab. Der Tag begann nicht vielversprechend. Die Staatsanwältin klickte, druckte und unterschrieb. Mogensen konnte gehen.

Zwanzig Minuten später öffnete Hanne Mogensen die Tür zu Rasmussens Büro. Sie trat ein, durchschritt das Büro, schaute aus den Fenstern, sprach kein Wort und setzte sich dann auf das kleine Sofa in der hinteren Ecke. Sie saß so, dass sie Rasmussen nicht anschauen konnte. Nun war er am Zug. Er musste zusehen, dass er sich an sie ranrobbte. Und zwar auf möglichst einfühlsame Weise. Hanne Mogensen und er hatten sich angenähert. Vertrauen war entstanden. Dann hatte er die Dänin festgesetzt, sie eines Mordes verdächtigt. Sie hatte ihre Töchter zurücklassen müssen, unangenehme Befragungen ertragen müssen, und es war nicht unwahrscheinlich, dass sie nun auf Fanø Gesprächsthema war. Sofern sie unschuldig war, und das war zumindest nicht auszuschließen, war sie sicher nicht besonders gut auf ihn zu sprechen.

Nicht zum ersten Mal wurde Rasmussen sich eines Dilemmas bewusst. Beschuldigte er einen Unschuldigen, hinterließ das tiefe Spuren in dessen Alltag. Aber deswegen konnte er sich mit seinen Beschuldigungen selbstverständlich nicht zurückhalten. Er war Polizist. Punkt. Vielleicht knackte er so daran, weil er genau wusste, dass er sich gegen Menschen, die ihm irgendwie nahestanden, besonders hart verhielt.

»Ich bedaure, dass wir dich festhalten mussten. Das ist Polizeiarbeit, und noch sind leider nicht alle Zweifel an deiner Unschuld ausgeräumt.« Rasmussen spürte, wie hölzern er sprach.

Mogensen schwieg.

Rasmussen spürte das Gewicht der Entscheidungen, die er getroffen hatte. Die Luft schien dichter. Das Atmen war mühsamer als wenige Minuten zuvor. »Es ist unsere wichtigste Aufgabe, das Verbrechen aufzuklären. Ich muss misstrauisch sein. Das gehört zu meinem Beruf.«

Hanne Mogensen drehte den Kopf langsam und ganz weit nach rechts und blickte ihm über ihre Schulter hinweg direkt in die Augen. »Ich – vertraue dir. Nimmst du mich mit zu Lars' Beerdigung?

Ab dafür

»Wie geht es eigentlich Jörn?«, fragte Fiete. Eben war er in seinem besten schwarzen Anzug und weißem Hemd in das Appartement der Brix eingetreten.

»Ich war gestern Abend noch auf einen Sprung im Krankenhaus. Die Ärzte haben ganz schnell herausgefunden, dass es kein Herzinfarkt war«, sagte die Brix und runzelte ein wenig die Stirn, als sie sah, dass der alte Krawattenmuffel nicht einmal zu diesem Anlass einen Binder trug. »Nun behalten sie ihn einfach noch ein paar Tage zur Beobachtung da. Er hat es in der letzten Zeit auch übertrieben mit den ganzen Doppelschichten auf der Fähre.«

Die Brix nahm Fiete an den Arm und führte ihn an den runden Tisch. Sie trug ein schwarzes Kostüm und eine schwarze Bluse. Sie hatte nur ganz dezent Parfüm und Schmuck aufgelegt. »Friedrich, das wird kein leichter Gang. Ich habe heute Morgen noch mal mit Birte telefoniert. Sie befürchtet, dass Helmut Siemsen sie auf der Beerdigung behelligen wird. Hans hat Birte wissen lassen, das sei ihr Problem. Darum hat sie mich gebeten, dass wir beide sie abschirmen. Ihr Schwiegervater sei ja auch noch da, aber den wolle sie eigentlich nicht ins Vertrauen ziehen.«

»Kein Thema, aber ich hätte gern Fritze dabei. Dann kannst du dich frei bewegen.« Schon hatte Fiete Burmester zum Mobiltelefon gegriffen. »Moin Fritze, ole Slopmütz, lass die Zeitung Zeitung sein, roll dich von der Couch und schmeiß dich in Totengräbermontur.« Fiete wartete auf die Antwort und nickte der Brix zu. »Jo, ich mach schon mal den MG B klar.«

»Bitte nicht das Coupé«, flehte die Brix. »Wir sind doch zu dritt, und ich muss dann wieder auf den Notsitz.«

»Maggie, bei diesem Bombenwetter gibt es keine Gnade. Mach das mit Fritze aus. Ich habe mich so darauf gefreut, den MG mal wieder spazieren zu fahren. Ich fahr den Wagen vor. Und du holst am besten Fritze aus seiner Zollbude.«

Die Brix nahm die Handtasche an den einen und Fiete an den anderen Arm. »Du mit deinem Bombenwetter. Weißt du eigentlich, dass das übelster Militaristen-, wenn nicht Nazi-Sprech ist?«

»Flieger, grüß mir die Sonne, grüß mir die Sterne und grüß mir das Meer«, summte Fiete vor sich hin, woraufhin die Brix ihm den Ellenbogen in die Seite rammte. Im Takt versteht sich. Im Flur schnappte sie sich das gedeckte graue Hütchen von der Garderobe.

»Attacke«, sagte die Brix.

»Attacke«, antwortete Fiete. »In zehn Minuten an der Vorfahrt.«

Als die Brix mit Fritze am Arm aus dem Ykaernehus trat, blendete die beiden die Sonne. Fiete kam sofort aus der Parklücke für Taxen herangefahren. Ihr Chauffeur trug Lederkäppi, Sonnenbrille und Autofahrerhandschuhe.

»Muss das sein?«, moppelte Fritze mit zitronensaurer Miene. Damit konnte sowohl Fietes Aufzug als auch die Wahl des Fortbewegungsmittels gemeint sein.

»Sag ich doch«, blitzte die Brix den Fahrer an.

»Komm steig ein, mein Holzpferdchen. Und du, Fritze, sortier mal deine alten Knochen in den Fond.«

Fiete hatte einen höchst ungeduldigen Gasfuß, und kaum saßen die beiden anderen, ging es auch schon los. Mittlerweile staute sich einiges an Ykaerne-Belegschaft im Eingangsbereich. Dieser satte Romromrom-Sound des MG erregte immer wieder Aufsehen, und nichts anderes bezweckte Fiete Burmester.

Sie kamen zügig durch den Verkehr, und Fiete bog rauf nach Borby ab. Auf dem Parkplatz vor dem Gasthof »Zur Linde« fanden sie eine Lücke. Der Brix sagte das sehr zu, denn hier würde ja auch der Leichenschmaus gehalten. Fiete und Fritze nahmen sie in die Mitte und gingen gemessenen Schrittes die Bergstraße zur Borbyer Kirche hoch. Sie waren gut in der Zeit. Um halb elf waren sie mit Birte Martens vor dem Portal verabredet, jetzt war es Viertel nach zehn.

»Wir sind früh dran, kommt, wir gehen noch mal zu Tante Metas Grab«, sagte die Brix. Die beiden Knilche folgten ihr wortlos.

Meta Brix hatte bis vor zehn Jahren hier in Eckernförde eine Hutmacherei auf dem Jungfernstieg betrieben. Bei ihrer Nichte Margarete hatte sie die Begeisterung für Hutmode geweckt. Die besten Stücke der Brix stammten aus Metas Manufaktur. Am Grab unterhalb des Portals angekommen, seufzte die Brix: »Der Krebs hat sie viel zu früh aus dem Leben gerissen. Aber wir konnten ja auf sie einreden wie auf einen lahmen Ackergaul, Meta musste den lieben langen Tag lang schmöken.«

»Das gibt es doch gar nicht, da kommt er, Siemsen, der alte Schnacker.« Fiete hatte das Portal nicht aus den Augen gelassen. Gleich setzte er sich mit Fritze in Bewegung.

Siemsen stand vor dem Portal. Er lächelte die beiden Herren, die da auf ihn zustrebten, verlegen an. Fiete Burmester und Fritze Köppen grüßten kurz und trocken. Gleichzeitig rückten sie Siemsen auf die Pelle. Der versuchte ihnen auszuweichen, Fiete und Fritze rückten auf. Sie hatten während der Fahrt zum Friedhof besprochen, dass sie keine großen Worte machen, sondern Siemsen durch körperliche Präsenz beeindrucken wollten. Die Choreografie der drei Herren in Schwarz vor dem Kirchenportal wirkte etwas absurd, und so trat Margarete Brix verschmitzt grinsend auf die Gruppe zu.

»Mein lieber Herr Siemsen, ich habe heute Morgen mit Frau Martens telefoniert. Sie hat mich über Ihre Absichten in Kenntnis gesetzt.« Die Brix fixierte den Taxifahrer. Die beiden Knilche guckten möglichst unbeteiligt. »Niemand hat etwas dagegen, wenn Sie an der Beerdigung teilnehmen. Wir …«, in diesem Moment blickte sie zu Fiete und Fritze, »möchten Sie aber inständig und nachdrücklich darum bitten, sich von Frau Martens fernzuhalten.«

»Ja, aber, man wird ja wohl noch …«

»Nein, wird man nicht. Ich gebe Sie jetzt in die Obhut dieser beiden Herren, die Ihnen nicht von der Seite weichen werden. Sie werden in der Kirche in der letzten Reihe Platz nehmen, und am Grab werden Sie nicht kondolieren.«

»Das ist nicht wahr. Sie wollen mich kaltstellen.«

»Ist Frau Martens gestern Abend nicht deutlich genug geworden?«, schloss die Brix das Gespräch und wandte sich abrupt der Trauergemeinde zu, die sich mittlerweile vor der Kirche versammelt hatte. Fiete und Fritze hatten Siemsen unterdessen in ihre Mitte genommen und machten einen stoischen Eindruck.

Rasmussen und Calloe kamen gerade den Sandweg vom Friedhofstor herauf. Sie hatten Hanne Mogensen im Schlepptau, die allein schon dadurch auffiel, dass sie in ihrem bunten Sommerkleid vollkommen unpassend angezogen war.

Das Trio wurde von der Brix mit der gebotenen Zurückhaltung begrüßt. Die alte Dame zog Rasmussen zur Seite und zischelte ihm zu: »Wo bleibt Birte?«

Rasmussen konnte nur mit den Achseln zucken, denn in diesem Moment kam Mangold vorbei und versuchte, sie beide zu fotografieren. »Mangold, machen Sie keinen Fehler«, fuhr er die Krallen aus.

»Herr Rasmussen, habe ich mich in den letzten zwei Wochen nicht zurückhaltend genug benommen?«

»Wir beide wissen ja auch ganz genau, warum. Ich könnte aber wetten, dass der Hamburger Shitstorm der letzten Tage auf Ihre Rechnung geht.«

»Herr Mangold, Sie sollten jetzt besser Ihrer Arbeit nachgehen«, beendete die Brix das Gespräch und zog Rasmussen ein Stück weiter. Beide ließen in den nächsten Minuten ihre Blicke schweifen.

Dr. Gierlich und Torsten Hoffmann traten, ob zufällig oder nicht, gemeinsam auf. »Der Geschniegelte und der Gestriegelte. Auch ein schönes Paar«, fühlte sich Margarete Brix zu bemerken veranlasst.

Die Strandherde hatte sich etwas abseits formiert. Zu ihr gesellte sich gerade Hanne Mogensen, nachdem sie sich bei Calloe entschuldigt hatte. Knapp hundert Menschen drängelten sich mittlerweile auf dem Weg zur Kirche und vor dem Portal. Unter die Eckernförder Fischerkompanie hatten sich eine Menge Sehestedter gemischt.

»Ganz schön viele Sehleute hier«, bemerkte die Brix, wobei sie die erste Silbe merkwürdig in die Länge zog und auf ihren Zehen wippte.

Rasmussen verstand das Wortspiel nicht und sah sie fragend an.

»Na«, sagte die Brix, »du warst auch schon mal heller.«

Die Glocken fingen an zu läuten, und die Menge bewegte sich in die Kirche.

»Weißt du eigentlich, dass Birte mittlerweile schwer verdächtig ist?«, fragte Rasmussen.

»Darüber reden wir später«, ordnete die Brix an.

Die Beerdigung verlief ohne weitere Vorkommnisse, sollte jedoch in den nächsten Tagen Stadtgespräch sein. Es wurde kolportiert, die Witwe habe einen vollkommen ungerührten Eindruck gemacht. Keine Träne habe sie vergossen, nicht einmal am Grab habe sie Emotionen gezeigt. Das schwarze Kostüm habe wie ein Panzer gesessen, und ihre Miene sei wie versteinert gewesen. Neben ihrem hinfälligen Schwiegervater habe sie wie die angriffsbereite schwarze Witwe gewirkt.

Birte war entgegen aller Verabredungen erst in der allerletzten Minute gekommen. Am Arm ihres Schwiegervaters hatte sie das Kirchenschiff durchschritten. Ludwig Martens war schon immer ein dünner Hering gewesen, aber heute schienen selbst seine Gräten zu klappern.

Die Predigt war einfach nur scheinheilig. Pastor Reimann hatte Martens' Vater besucht. Durfte man Ludwig Martens glauben, war er dem Pastor gegenüber offen und ehrlich gewesen und hatte auch nicht im Ansatz versucht, das Mäntelchen des Schweigens über die unchristlichen Züge seines Sohnes zu werfen. Nichts davon spiegelte sich in Reimanns Worten wider. Das mochte daran gelegen haben, dass der Pastor selbstverständlich auch mit der Witwe gesprochen hatte. Birtes Haltung war stadtbekannt – loyal bis zum letzten Büchsenschuss.

Rasmussen hatte neben Calloe Platz genommen, die Brix hatte sich in die Nähe von Hoffmann und Dr. Gierlich gemogelt. Rasmussen und die Brix tauschten während der Predigt immer wieder Blicke, was ihnen half, nicht in unermüdliches Kopfschütteln auszubrechen. Ein Satz des Pastors ließ die Trauergemeinde fast in eine Schockstarre fallen: »Lars war ein fürsorglicher Ehemann, und er wäre seinem Kind auch ein ebensolcher Vater gewesen.«

Rasmussen merkte, dass ein Würgereiz im Anzug war. »Reimann ist so ein bigottes Arschloch«, das war ein Satz, den Rasmussen selbst auf der Konfirmandenfahrt geprägt hatte; er bewahrheitete sich Jahrzehnte später zu hundert Prozent. Gleichzeitig spürte er den Blick der Brix, und er riss sich zusammen, während er auf Birtes Nacken starrte, die drei Reihen vor ihm saß.

Ludwig Martens' Körper neben ihr hatte unübersehbar Spannung aufgebaut. Wusste er von der Schwangerschaft und den

Verwicklungen? Hatten ihn die beiden eingeweiht, dass Siemsen der Vater seines Enkels sein würde? Wohl kaum, so resümierte Rasmussen im Stillen vor sich hin. Und was sollen wir bloß von Birtes Eskapaden halten? Sie hatte Kontakt zur Strandherde und war mit Martens und Hanne Mogensen gleichzeitig an Bord des Kutters gewesen.

»Sie hat bisher in ihrem ganzen Leben verdammt noch mal nur Pech gehabt«, raunzte Rasmussen dann Calloe zu.

Seine Assistentin war gerade dabei, ein wenig wegzudösen. »Na so was«, war das Einzige, das ihr zu der Bemerkung einfiel.

Birte Martens würde in den nächsten Tagen noch mehr polizeiliche Ermittlungen über sich ergehen lassen müssen. Das war Calloe genauso klar wie Rasmussen. Allerdings erfüllte diese Aussicht den Kriminalhauptkommissar mit Unbehagen, während er das Ende der Trauerliturgie gar nicht abwarten konnte.

»Jetzt müssen sie den neuen Eckernförder Säulenheiligen nur noch unter die Erde bringen. Ab dafür, Mademoiselle, wenn Sie mich fragen. Sie gehen ins Büro, ich zum Leichenschmaus«, flüsterte Rasmussen.

Ludwig Martens redet Tacheles

Kling. Kling. Kling. Das Geplapper und Gelächter im Saal der »Linde« erstarb von einem Moment auf den anderen. Es herrschte eine ausgelassene Stimmung wie sonst bei keinem Leichenschmaus.

Ludwig Martens hatte am Ende der langen Tafel mit einem Dessertlöffel gegen ein leeres Glas geschlagen. Nun stand er hinter seinem Stuhl. Er hielt sich an der Lehne fest. Stocksteif stand er da und räusperte sich. Birte schien aus ihrer Schockstarre, die sie während der Beerdigungszeremonie befallen hatte, aufzuwachen. Sie lehnte sich zurück und nickte ihm fast aufmunternd zu.

»Schön, dass ihr alle gekommen seid. Dass ihr mir und auch meiner Schwiegertochter in diesem schweren Moment beigestanden habt«, eröffnete Ludwig Martens seine Rede. Dann setzte er sich seine Lesebrille ganz vorn auf die Nase und holte drei Blätter aus der Innentasche seines Jacketts.

»Als Vater will ich ganz vorne anfangen. Mit Lars' Geburt. Er war von Anfang an ein schwieriges Kind. Nicht für mich, nein. Ich kümmerte mich um das Geschäft. Lars war voll und ganz Elsbeths Sache. Wenn ich nach Hause kam, schlief das Baby. Elsbeth sagte in dieser Zeit immer zu mir: ›Ich würde Lars um alles in der Welt gern lieben.‹« Martens räusperte sich wieder. »Aber dieser Junge ist so kalt, dass ich manchmal eine Gänsehaut bekomme, wenn er an meiner Brust liegt und saugt wie ein Wilder.‹ Das sagte sie, und das tat mir zwar sehr leid, aber ich als Sonntagsvater war meiner Frau überhaupt keine Hilfe bei der Aufzucht unseres Sohnes. Aufzucht durch die Mutter. Das mag in euren Ohren seltsam klingen, aber Elsbeth zog ihren Sohn so gut sie konnte auf, sie ließ es ihm niemals an Essen, Trinken und Kleidung fehlen. Sie las ihm eigentlich jeden Wunsch von den Lippen ab. Aber wenn Lars seinen Willen erfüllt bekommen hatte, dann war er sofort wieder kalt wie ein Fisch zu ihr. Der Sohn hatte Bedürfnisse, und diese versuchte er ohne Kompromisse umzusetzen. Wie sagt man immer so schön? Dieser Mensch kannte keine Verwandten. Elsbeth hat das nie verwunden, vielleicht hat sie das auch von innen her aufgefressen. Krebs soll ja viele Ursachen haben. Warum nicht auch seelische?«

Lars' Vater machte eine längere Räusperpause. Die meisten griffen zu ihren Gläsern. Es war fast so, als käme der Tisch ins Wanken durch das Gewippe der Oberkörper rechts und links entlang der Tischkanten. Birtes Miene verdüsterte sich zusehends.

»Ihr braucht keine Angst zu haben«, setzte Ludwig Martens wieder an und legte die Zettel aus der Hand. »Ich werde jetzt nicht meine vier Lebensjahrzehnte mit meinem Sohn durchkauen. Aber es gibt einen Gedanken, den ich mit euch teilen möchte. Meiner Schwiegertochter konnte ich diesen Ratschlag zum Start ihrer Ehe leider nicht geben, ich wusste es noch nicht besser. Birte, ich habe dich von Anfang an geschätzt. Und du weißt auch, dass Elsbeth und ich uns nichts mehr gewünscht haben, als dass Lars und du ein glückliches Ehepaar werdet und dass ihr beide uns Enkelkinder schenkt. All unsere Hoffnungen haben sich auf euch beide gespitzt und darauf, dass sich Lars endlich ändert. Da wir von Anfang an in Sehestedt Tür an Tür gewohnt haben, blieb uns nicht verborgen, dass es mit dem Glück nicht weit her war. Meine Frau ist daran zerbrochen zu sehen, wie ihr Sohn seine Frau runtermachte und misshandelte. Birte, es tut mir leid, dass ich das so drastisch und dazu noch halb öffentlich sage. Aber, Birte, es war genau so, und nun ist es vorbei. Auch für mich. Und, dies möchte ich auch noch sagen, ich bin untröstlich, dass ich bis zum Schluss dann doch und immer wieder an das Gute in meinem Sohn geglaubt habe.«

Sein Blick fiel auf Birte. Die funkelte ihn nun mit hasserfüllten Augen an. Er schluckte ein paarmal, dann aber fuhr er unbeirrt fort. »Ich habe Lars nie wirklich Grenzen gesetzt und Einhalt geboten. Ich fühle mich deswegen mitschuldig an dem, was du durchmachen musstest, Birte. Und dann habe ich euch auch noch in diese Schwangerschaft getrieben.«

Rasmussen und die Brix, auf deren Anwesenheit beim Leichenschmaus Birte bestanden hatte, schauten sich an. Aber in ihren Blicken spiegelte sich nicht der Argwohn der Kriminalisten wider, sondern zunächst einmal tiefer Respekt.

Ludwig Martens schwankte ein wenig, bevor er mit Tränen in den Augen fortfuhr. »Eins noch zum Schluss. Ich rate jeder Frau nur, wenn sie einen neuen Mann kennenlernt: Achte darauf, wie der Sohn seine Mutter behandelt. Das sagt viel darüber aus, wie du selbst in deiner Ehe behandelt werden wirst.«

Ludwig Martens stand immer noch stocksteif am Ende der Tafel. Seine Schwiegertochter stand abrupt auf. Jeder im Saal hätte sich wohl gewünscht, dass Birte nach diesen Worten ihrem Schwiegervater um den Hals gefallen wäre. Stattdessen war nur ein kurzes Getuschel zwischen den beiden zu hören. »Rest der Familie« und »Zusammenhalt«, diese Wortfetzen wollten die Personen in nächster Nähe von Ludwig Martens gehört haben. Birte gab ihrem Schwiegervater die Hand. Mehr nicht. Sie setzte an, den Saal zu verlassen.

Als sie den Platz von Pastor Reimann passierte, schmiss dieser fast seinen Stuhl um. Gottes Hirte fühlte sich wohl bemüßigt, sie hinauszubegleiten. Als Birte das merkte, trat sie fast nach Reimann aus und beschleunigte ihren Schritt. »Was glaubt ihr eigentlich alle?«, brüllte die Witwe in den Saal hinein. Sie riss die Flügeltür des Saals auf und knallte diese mit einer unglaublichen Wucht wieder zu.

Es dauerte keine Sekunde, da flog die Tür wieder auf. »Ihr … ihr … ihr«, stammelte Birte und holte dann noch einmal tief Luft. »Kapiert das endlich, ich habe diesen Menschen geliebt.«

Alle im Saal drehten sich erschrocken nach ihr um, aber da flog die Tür schon wieder zu.

»Sorry, ich verstehe diese Frau nicht«, flüsterte Rasmussen in das allgemeine Gemurmel.

»Das ist der komplett falsche Ansatz, Hans«, sagte die Brix.

»Vielleicht hast du recht, aber verrate mir mal bitte, warum der alte Martens der Auffassung ist, Birte und Lars in die Schwangerschaft getrieben zu haben? Wo doch sein Sohn zeugungsunfähig war.«

Die Brix beantwortete die Frage mit einem vielsagenden Schulterzucken.

Die Gesellschaft löste sich nun langsam auf. Die beiden schüttelten hier und da Hände.

»Zu verstehen ist das alles nicht. Du musst Birtes Verhalten auseinandernehmen«, nahm die Brix den Faden wieder auf. »Und vor allem musst du dein Bild von ihr auseinandernehmen.« Sie stupste Rasmussen in die Seite. »Aber Ludwig Martens, wer hätte ihm so viel Selbstkritik zugetraut? Das war doch immer so ein alter Stiesel.«

Rasmussen nickte. Und dann waren sie beide schon an der Reihe. Ludwig Martens stand in der Flügeltür und schüttelte Hände um Hände. »Moin.«

»Moin, moin.« So ging es in einer Tour. Sonst war ja auch alles gesagt.

Dreizehnter Tag: Samstag

Doch noch ein wunderbarer Samstag

»Da wären wir«, sagte Rasmussen und ließ den Volvo langsam auf den Parkplatz rollen.

Es war einer dieser schönen Sommertage, an denen ihm Eckernförde zu eng wurde. Nach ein paar Stunden Aktenstudium in der Zentralstation hatte er ohne Plan auf der Kieler Straße gestanden, die aus allen Nähten zu platzen schien. Also hatte er kurzerhand die Brix angerufen und sie zu einem Spaziergang an der Kieler Förde eingeladen.

»Eigentlich ein wunderbarer Samstag. Aber ich hatte bisher so gar keine Freude daran«, sagte Rasmussen und schlappte, wie immer in Sommerlederjacke, Jeans und Boots gekleidet, neben der Brix die Kiellinie in Richtung Hindenburgufer lang.

Die Abendsonne stand über der Stadt. Auf dem Kopf der Brix wippte ein keckes Sporthütchen in Mint in dem lauen Sommerlüftchen, dazu trug sie ein dunkelgrünes Kostüm.

»Diese Robben gehen mir vielleicht auf den Sack«, sagte Rasmussen.

»Das war nicht immer so.« Die Brix wählte bewusst einen leisen und leichten Ton. Sie merkte, Rasmussen stand auf der Kippe. Die letzte Woche, die Verhöre, die Beerdigung. Sie hoffte, ihn mit dieser kleinen Anspielung an seine wilden Zeiten, die ihn von Frau zu Frau auch mal nach Kiel und hier vor allem an das Robbenbecken des Instituts für Meeresbiologie geführt hatten, ein wenig aufzumuntern. »Hieß sie nicht Simone oder Almut?«

»Kann sein.«

»Wie, kann sein?«, blaffte die Brix ihn jetzt an. Das brachte ihn nun tatsächlich zum Lachen.

»Geh mir weg mit den Frauen.« Rasmussen grinste für einen Moment ziemlich breit. Es war schließlich noch nicht Sonntagmorgen. Denn das war für ihn der ideale Moment, seine verpassten Chancen im Geiste durchzugehen. Er überlegte kurz, ob er je mit jemand darüber gesprochen hatte. Margarete Brix war ganz bestimmt nicht die richtige Gesprächspartnerin für dieses Thema.

»Das, was ich diese Woche durchgemacht habe, hat mich arg ins Grübeln über meinen Job gebracht. Letzte Woche hatte ich ein wunderschönes Wochenende in Dänemark, und das Ende vom Lied ist, ich muss Hanne Mogensen einbuchten. Auch wenn ich ihre Vorlieben für besondere Sexualpraktiken überhaupt nicht teile, diese Frau hat echt Klasse. Sie kommt nach der Nacht in Haft gestern Morgen in mein Büro, ich stammel mir einen ab, und sie sagt: ›Ich vertrau dir.‹ Doch damit nicht genug. Jetzt rückt meine alte Jugendfreundin Birte immer mehr in den Fokus unserer Ermittlungen. Manchmal sehe ich Birte und mich in meinem alten R4 durch Schleswig-Holstein juckeln. Und Anfang der Woche steht das nächste Verhör mit ihr an. Ich muss endlich wissen, was an Bord des Kutters passiert ist, als Lars und Hanne sich für den Strand präpariert haben. Außerdem gibt es da noch die Aussage von Sportsfreund Siemsen, dass er Birte Kontakte zur Strandherde verschafft habe. Aber auf der anderen Seite gibt es so eine leise Stimme in mir. Will ich das wirklich alles wissen?«

Die Brix schaute Rasmussen mit krauser Stirn an.

»Ja, ich weiß schon. Das ist eine Berufskrankheit, gegen die es kein Gegenmittel gibt«, fuhr er jetzt schon fast trotzig fort. »Diese verschissene persönliche Betroffenheit schleicht sich ganz langsam von hinten an dich ran, und dann packt sie dich erst einmal im Nacken. Bist du fast schon drüber weg, geht die Tür auf, die Freundin oder der Freund guckt dich einfach nur an, und dann geht es von vorne los.«

Die Brix ließ das erst einmal so stehen. Auch weil sie wusste, dass sich die offenen sachlichen Fragen einfach durch ganz profane Ermittlungsarbeit beantworten ließen. Sie gingen schweigend nebeneinander her.

»Ich habe die Faxen total dicke«, schob Rasmussen noch nach.

»Da musst du einfach durch.« Für die wunde Seele hatte auch die Brix kein Rezept.

Sie gingen schnurstracks und Schulter an Schulter. Selbst die Radfahrer wichen ihnen aus. Mittlerweile waren sie auf Höhe des Landtages angekommen.

»Wie ich schon sagte: Du musst dein Bild von Birte revidieren. Du weißt genau, was sie für eine Kindheit gehabt hat. Die Schreiattacken ihres Vaters, das Wegsperren in der Hafenbude. Das war schwere Misshandlung an Mutter und Tochter. Die späten Jugendjahre, die ihr streunend verbracht habt, die haben diese Vorgeschichte nur übertüncht.« Die Brix schaute Rasmussen jetzt aus den Augenwinkeln an. Der schwieg und mahlte mit den Kiefern.

»Wie oft habe ich in meiner Praxis als Richterin erlebt, dass junge Frauen, die in ihrer Kindheit misshandelt wurden, sich Partner gesucht haben, die in die bereits vorhandenen Kerben gehauen haben. Ohne jedes Erbarmen.«

Mittlerweile hatten sich die beiden abseits vom Strom der Spaziergänger auf die Bänke am Jachthafen gesetzt.

»Ich hätte so gern etwas für Birte getan, ich hätte ihr gern die Tür zu einem anderen Leben aufgestoßen«, sagte Rasmussen. »Wir hatten eine so schöne, unbeschwerte Zeit. Ich musste erst kürzlich in den Dünen auf Fanø daran denken. Unsere gemeinsamen Pfingstwochenenden mit der Clique waren so ausgelassen. Ich habe regelmäßig geheult, wenn ich wieder bei meinen Eltern auf der Eckbank in der Küche saß. Meine Mutter fragte dann immer: ›Du hast wohl Liebeskummer?‹« Rasmussens Augen wurden ganz schmal. »Weit gefehlt. Ich liebe einfach das Leben. Und inwieweit soll ich jetzt an meiner Sicht von Birte arbeiten?«

»Du hast aus guten Gründen, die jeder mit einem gesunden Menschenverstand nachvollziehen kann, die Beziehung zwischen Lars Martens und Birte, sagen wir mal, nicht gutgeheißen. Aber im Prinzip hast du deine ehemalige Freundin verstoßen, du hast sie links liegen lassen.«

»Was soll das? Ich habe das getan, nachdem sie sich mit demjenigen eingelassen hat, der sie zwischen den Mülltonnen hinter dem ›Baumgarten‹ vergewaltigt hat.« Rasmussen war laut geworden, und ein paar Segler schauten irritiert herüber.

»Es sollen doch zwei Männer gewesen sein, die hinter der Disco bei Birte gesehen worden sind. Hat man jemals herausbekommen, wer der Zweite war?«, fragte die Brix.

Rasmussen schüttelte den Kopf.

»Hast du denn je mit ihr darüber gesprochen? Ich weiß, wie

gefährlich das ist, was ich jetzt sage. Aber ich als Frau darf das sagen. Vielleicht war es ja gar keine Vergewaltigung, sondern Birte und Martens haben auf irgendeine Art und Weise einvernehmlich gehandelt, und die ganze Sache ist dann aus dem Ruder gelaufen? Hattest du jemals mit Birte Sex? Habt ihr euch über eure Vorlieben unterhalten?«

»Du weißt, wir waren wie Bruder und Schwester. Wir haben über so etwas nie geredet. Und wenn dann nur in Andeutungen oder Frotzeleien.«

»Vielleicht war sie deine böse kleine Schwester, und du wolltest es einfach nicht wahrhaben. So was bekommt man doch mit, auch, oder gerade, wenn Mann und Frau so lange miteinander befreundet sind. Wenn sie es mit Lars diese lange Zeit mehr oder weniger klaglos ausgehalten hat, dann steht sie offensichtlich nicht auf Blümchensex, mein lieber Junge.« Die Brix lehnte jetzt den Kopf gegen Rasmussens Schulter.

»Ach, Margarete«, seufzte der nur.

Sie gingen weiter und kehrten in der »Seebar« ein. Die ehemalige Seebadeanstalt Düsternbrook ragte auf ein paar Stegen in die Förde hinein. Sie suchten sich einen Strandkorb, denn inzwischen war eine leichte Brise aufgekommen. Rasmussen hatte am Tresen ein großes Alsterwasser für die Brix besorgt, er nahm ein Bügelflaschenbier. Sie stießen an und genossen den herrlichen Seeblick.

»Was ist los, Hans?«

»Ach, ja.«

»Sag schon.«

»Dieser Blick, diese Nähe zu dir, da kann einem schon ganz schön melanklöterig werden«, sagte Rasmussen.

Dann gab es wieder eine ganze Weile nur Seeblick und Nähe.

»Du hast recht. Ich habe Birte nicht einfach verloren, sondern ich habe sie links liegen lassen. Sie war nicht von dieser meiner Welt. Aber heute ist mir eins noch mal klar geworden. Wahlverwandte suchen wir uns zwar aus, aber wenn wir es ernst miteinander meinen, dann müssen wir umeinander kämpfen. Das kann von Fall zu Fall sehr unbequem werden. Mit meiner kleinen Schwester steht mir noch einiges bevor.«

»Kann sein«, sagte die Brix und lächelte.

»Und mit meinem Bruder auch.«

»Eike?« Die Miene der Brix verfinsterte sich gleich etwas, und sie kramte in ihrer Handtasche nach ihrer Sonnenbrille.

Als die saß, sagte Rasmussen: »Keine schlechte Idee.« Er zog seine Ray Ban aus der Innentasche der Sommerlederjacke. »Ja. Ich habe mir als Einzelkind nichts sehnlicher als eine Schwester und einen Bruder gewünscht. Und dann hatte ich eine Schwester und einen Bruder, aber für wie lange? Als Eike nach Hamburg ging, da war mir, als sei mir die Zwillingshälfte abhandengekommen. Mir war, als sei ich in wer weiß wie viele Stücke gerissen worden. Ich denke immer noch jeden Tag an ihn, und das nicht nur einmal. Ich will wieder mit ihm zusammenarbeiten. In einem neuen Job, in einer neuen Stadt, unter ganz anderen Bedingungen.« Er wusste, das Thema Eike würde seiner mütterlichen Freundin mal wieder gegen den Strich gehen, aber er konnte es ihr nicht ersparen. Die letzten Tage waren so prekär für ihn gewesen. Er wollte diese Polizeitretmühle nicht mehr.

»Hast du nicht erzählt, dass er eine ziemlich eifersüchtige neue Partnerin hat, die zugleich sein Büro leitet?«, versuchte ihn die Brtix anzupiksen. Sie beschloss aber sogleich, jetzt einfach mal still zu sein. Harmonie ging heute vor.

»Du meinst Petra. Ja, das ist wohl so. Aber ich bin nicht so naiv zu glauben, dass wir die alten Zeiten aufleben lassen. Ich will das Neue. Der Job hat was Mondänes, und Hamburg auch.«

»Du kennst meine Meinung. Sicherheitsdienste haben immer etwas Halbseidenes. Ich mag Eike, diese Branche passt aber auch irgendwie zu ihm. Eike war nie von ganzem Herzen ein Hüter des Gesetzes, wie du einer bist. Eike schützt, wen er will. Denk nur an die Polen und die Autoschiebereien.«

»Hör auf mit den alten Kamellen.«

»Na gut, schauen wir mal nach vorne. Hamburg ist die schönste Großstadt der Welt. Wenn man denn Großstadt will.«

»Mich reizt Hamburg, mich reizt die Hanse-Security. Nach wie vor.« Rasmussen gab sich alle Mühe, alles Weitere nach letzten Worten klingen zu lassen. »Aber ich möchte vor allem wieder mit Eike zusammenkommen.«

Die beiden schoben noch eine ziemlich lange Runde Fernblick und Nähe ein.

»Doch noch ein wunderbarer Samstag. So zum Ende hin.« Mit diesen Worten legte Rasmussen den Arm um die Brix und drückte sie.

»Schön, dass du das so sagst.« Die Brix schmunzelte in sich hinein. »Aber diesen einen Fall bringen wir noch zu Ende, mein Junge. Heißt: Birte nehmen wir uns gemeinsam vor. Heißt: Hoffmann bohre ich mal ganz allein von der Seite an. Und irgendetwas müssen wir auch noch in Richtung Ludwig Martens unternehmen. Er machte mir gestern einen allzu aufgeräumten und entschlossenen Eindruck. Den kenne ich auch ganz anders. Grüblerisch und verbittert. Zumindest war das in den letzten Jahren so. Bei dem missratenden Sohn kein Wunder. Lars' Tod allein kann seinen Stimmungswandel nicht ausgelöst haben. Aber, sag mal, Hans …«

»Lass gut sein, Maggie«, schnurrte Rasmussen. Er rückte noch näher und drückte sie. Die Brix ließ es gut sein und schubberte sich ein wenig an seiner Seite.

Knipser Kasper

»Nachts sind alle Katzen grau, und der Zweck heiligt die Mittel.« Großzügig grinsend zählte der Fotograf der Hamburger Morgenzeitung vier Fünfzig-Euro-Scheine in Hausmeister Krauses klebrige Hand. Dann hob er sein Pilsglas mit der linken Hand Richtung Theke und orderte mit Ring- und Mittelfinger der rechten Hand eine neue Runde. »Krause, da brauchst du keine Gewissensbisse zu haben. Polizei ist doch eine öffentliche Sache, oder?«

Krause nickte.

»Siehst du. Und so eine Zeitung ist ja auch eine öffentliche Sache. Da muss man für die gute Sache zusammenarbeiten, und die Chefs, na ja, aber wem sage ich das!«

Krause hatte schon wieder das Glas am Hals. Zweihundert Euro und Freibier. Was interessierte ihn das Geschwurbel von der Öffentlichkeit. Blöder Schwätzer, dieses Hamburger Milchbrötchen. Die rückwärtige Tür der Zentralstation zu schließen, vergaß er sowieso ab und zu. Dafür nun auch noch bezahlt zu werden, garantierte eine abwechslungsreiche Nacht in Kiel. Das Taxi zum Bahnhof hatte Krause schon bestellt. Nun musste er sich nur noch den Hanswurst vom Hals schaffen. Und er hatte auch schon eine Idee, um wegzukommen. Er legte seinen Arm vertraulich um die schmale Schulter seines Gönners und blickte auf die Uhr.

»So, Meister, ich will dann mal los. Hier taucht nämlich in fünf Minuten der Polizei-Skat-Verein auf. Die müssen uns ja nicht zusammen sehen. Taxi kommt auch gleich.«

Der Hamburger Fotograf nickte. Das hatte er verstanden. Krause grinste zufrieden. »Noch ein Tipp: Wenn du gleich die Nackten knipst, nicht anfassen.« Krause prustete los, rutschte vom Barhocker und machte sich davon.

Der Fotograf ging an die Theke und konnte durch das Fenster noch erkennen, dass im nächsten Augenblick ein Wagen auf dem Jungfernstieg vorfuhr. »Zahlen.« In diesem Moment klingelte sein Handy.

»Kasper.«

Der Wirt trommelte schon mit den Fingern auf dem Tresen.

»Jo, mach ma sutsche. Ich muss erst mal meine Zeche bezahlen.«
Er legte sein Mobiltelefon auf den Tresen und warf fünfzig Euro
hin. Das Wechselgeld nahm er einfach, ohne hinzuschauen.

»Hör mir mal zu, Jens. Du stellst dir das einfacher vor, als es
wirklich ist. Und vor allem ihr immer mit eurer Knipserei. Das
geht mir mächtig auf den Sack. Ich bin *Fotograf*, kein *Knipser*.« Das
wollte er seinem Chef vom Dienst schon lange mal sagen. Wie gut,
dass er jetzt ohne Zeitdruck auf dem Jungfernstieg stand. »Knipsen
tut Mama bei der Einschulung. Ihr wisst doch gar nicht, wovon
ihr redet.« Erst der Dummbatz Krause. Jetzt der Jens Albrecht,
sein Chef vom Dienst. Alle brachten sie ihn mit diesem dämlichen
Begriff »Knipsen« auf die Palme.

Der Fotograf hatte die schwere Fototasche umhängen und
wusste noch nicht so genau, wie er die Zeit bis zu seinem Termin
totschlagen sollte. Er ging durch den Jungfernstieg und genoss die
abendliche Fischerhäuschen-Idylle. In viele Wohnungen konnte
man einfach hineinschauen. Da sah er auf einmal den »Wanderer
über dem Nebelmeer« über einem kleinen Biedermeier-Zweisitzer
hängen. Seine Mutter, er kam aus ganz kleinen Verhältnissen,
hatte sich wohl als junges Mädchen in die Kunsthalle verirrt und
in dieses Bild verliebt. Jedenfalls hatte sie von diesem Zeitpunkt
an für Casper David Friedrich geschwärmt, und so war er zu dem
Vornamen »Kasper« gekommen. Nur dumm, dass die Mutter es
nicht so mit der Rechtschreibung hatte. Er hatte allein aufgrund
seines Namens manche Steilvorlage für Schüler wie Lehrer geliefert
und war zur Zielscheibe für Gespött geworden. Außerdem war er
so zu einem Semester Kunstgeschichte gekommen – lange bevor
er mit dem Fotografieren für Tageszeitungen anfing. Ab und an
boten Ausflüge in die Welt der Reportage und Magazine jobmäßig
etwas Abwechslung, wahre Fotokunst aber genoss er allein auf den
Vernissagen in der Stadt an der Elbe.

Mittlerweile hatte er sich der Zentralstation auf Sichtweite
genähert. Die Laternen spendeten nur fahles Licht. Aber Kasper
wollte warten, bis der Wachtmeister richtig schön müde geworden
war. Er bog ab auf die Promenade und setzte sich auf eine Bank.
Dort hielt er ein Nickerchen. Um drei Uhr wurde Kasper von
seinem Handy geweckt.

Er ging zur Gerichtsstraße hinüber, überprüfte kurz den Ladezustand des Akkus seiner Kamera, dann schob er sich durch das Tor zum Parkplatz der Zentralstation Eckernförde. Routiniert hielt er nach Überwachungskameras Ausschau. Aber selbst wenn, die Kapuze und ein angetäuschtes Hinken würden seine Gestalt ausreichend verschleiern. Er hatte dunkelblaue OP-Handschuhe übergestreift, den Reißverschluss der billigen Regenjacke bis oben hin geschlossen und war sicher, keine Spuren zu hinterlassen. An den Füßen trug er nagelneue Schuhe vom Discounter. Er hatte sie eine Nummer zu groß gewählt.

Schon oft war Kasper in Häuser eingedrungen, um Fotos zu machen. Meist ging es um C-Promis, die beim Seitensprung oder Drogenkonsum ertappt werden sollten, und meist hatte er dann eine angenehme Dosis Adrenalin im Blut. Heute aber war er ziemlich aufgekratzt. Bei der Polizei stieg man nicht alle Tage ein. Kasper versuchte sich zu beruhigen. Er würde ein paarmal auf den Auslöser drücken, um Fotos an einer Bürowand zu schießen. Das war schließlich kein Kapitalverbrechen. Von diesen Fotos erhofften sich die jungen Kolleginnen aus der Redaktion ein paar bekanntere Gesichter. Und wenn nicht, dann konnten sie immer noch eine schräge Geschichte über die Porno-Polizei an der Ostsee basteln. Kaspers Puls beruhigte sich langsam.

Wie verabredet hatte Krause die Tür zum Keller nicht abgeschlossen. Geräuschlos ließ sie sich öffnen. Rasch schlüpfte Kasper in den schmalen Gang. Sofort sprangen an der Decke vom typischen Brummen und Klicken der Starter begleitet ein paar Neonröhren an. Kasper fuhr kurz zusammen, sah dann aber den Bewegungsmelder gleich neben der Eingangstür. Es roch nach altem, feuchtem Papier und nach Schimmel. Rechts und links führten je zwei niedrige Türen in Archivräume. Das zumindest war auf den sich in den Gang wellenden Pappschildchen zu lesen. Nach wenigen Schritten erreichte Kasper das Treppenhaus. Steinstufen, wie er erfreut feststellte. Kein Knarren oder Quietschen. Aus dem Erdgeschoss hörte er den bekannten Trailer von NDR 1 Welle Nord. Es lief das Nachtprogramm. Dann klingelte das Telefon, und Kasper hörte, dass sich der Polizist mit Polizeiobermeister Schrader meldete. Ein guter Augenblick, um den langen Flur zu überwinden. Zügig, aber ohne Hast nahm Kasper die Treppe nach oben.

Ebenfalls vollkommen ruhig zog POM Schrader seine Dienstwaffe aus dem Halfter. Als der Pizzaservice anrief, hatte er zufällig in den Spiegel geschaut, der dem Diensthabenden, außer- und oberhalb des Panzerglaskastens montiert, einen weiten Blick in den Flur erlaubte. Und was sah er da? Das Männlein, das er schon auf dem Monitor der Parkplatzkamera erspäht hatte. POM Schrader war gewieft. POM Schrader war kein Einzelkämpfer, aber er hatte eine Pistole. Er war auch kein Held, aber das Männlein würde er ratzfatz einbuchten und dann eine schöne Belobigung kassieren, vielleicht sogar ein oder zwei Tage Sonderurlaub. Mal raus hier. Eigentlich sah die Dienstvorschrift für solche Fälle den stillen Alarm vor, aber Schrader würde sagen, er habe gerade einen Rundgang gemacht. Nachts war immer nur ein Beamter in der Zentralstation. Die Kollegen vom Dauerdienst hatten einen neuen Aufenthaltsraum drüben im Amtsgericht.

Schrader schob sich an der Wand des Treppenhauses nach oben. Die Pistole im Anschlag. Überraschen lassen wollte er sich nicht. Auf dem Treppenabsatz angekommen, sah er, dass die bleiverglaste Schwingtür noch nachpendelte. Ein Profi war das Männlein nicht.

Kasper ging inzwischen, angestrengt nach der richtigen Tür Ausschau haltend, über den Flur, der ihm länger vorkam, als er tatsächlich war. Quietschten die Sohlen seiner neuen Schuhe nicht doch ein bisschen? Dann war er endlich angekommen. »PK Calloe/ POK Hinrichsen« las er auf dem Schildchen neben der grünen Holztür. Die Tür war nicht verschlossen. Geschmeidig schlüpfte er in einer fließenden Bewegung in das geräumige Büro.

Kasper versuchte sich einen Überblick zu verschaffen. Auf beiden Schreibtischen blinkten die LEDs der Telefone. Metallisch matt schimmerte die Oberfläche einer Kaffeemaschine im Widerschein der Laterne, und dann, als er sich nach links wandte, sah er die Hängung. Unglaublich. Ein Panoptikum sexueller Phantasien. Kasper trat näher, ging wieder einen Schritt zurück, legte den Kopf auf die Seite und staunte über den Einfallsreichtum der handelnden

Personen. Zwar konnte er sich nicht vorstellen, dass Sex in diesen Positionen und unter Zuhilfenahme dieser Instrumente lustvoll sein konnte, aber bitte. Ist ja ein freies Land. Beinahe hätte er den Grund seines Hierseins vergessen. Jetzt aber zückte er die Kamera, befestigte den Blitz und führte den Sucher ans Auge.

Polizeiobermeister Schrader war mittlerweile am Büro der Kollegen Calloe und Hinrichsen vorbeigegangen. Erst das Aufblitzen eines hellen Lichtes ließ ihn herumfahren. Schrader machte kehrt. Da war es wieder. Der kalte Lichtschein, der unter der Tür hindurchschoss und Teile der gegenüberliegenden Wand für Bruchteile einer Sekunde gespenstisch beleuchtete, ließ keinen Zweifel zu. Das Männlein machte Fotos. Schrader dachte nach und prüfte die Optionen. Tür aufreißen, das Überraschungsmoment nutzen, aber auch Gefahr laufen, in einen Kampf verwickelt zu werden? Nö. Warten, bis das Männlein rauskommt, Hände auf den Rücken und fertig? Jo.

Schrader setzte sich auf einen der drei Besucherstühle schräg gegenüber der Bürotür. Die Stühle standen so, dass das Männlein die Tür in Stuhlrichtung öffnen und ihn, Schrader, zunächst nicht würde sehen können. Guter Plan, dachte Schrader, setzte sich, legte das auf lautlos gestellte Mobilteil des Telefons auf den linken und seine Waffe auf den rechten Stuhl. Immer wieder blitzte es. Das Männlein war fleißig. Und Schrader geduldig. Den Sonderurlaub würde er vielleicht auf Mallorca verbringen. Schön all inclusive. Er sah sich schon am Strand liegen, in der Hand einen Cocktail und den Blick auf den Horizont gerichtet.

Jenseits der Bürotür hatte sich Kasper in einen wahren Rausch fotografiert. Anfänglich hatte er beinahe wahllos draufgehalten. Jetzt arbeitete er sich systematisch von links oben nach rechts unten vor. Nun, da er schon einmal hier war, wollte er auch sorgfältig sein. Man konnte nie wissen, gegen wen sich das ein oder andere Porträt noch verwenden ließ. Kurz bevor er das Ende der Hängung erreicht hatte, stutzte er. Den Typen kannte er doch. Kasper mochte es kaum glauben. Wie dämlich musste man sein? Das war Mangold, Uwe Mangold.

Er hatte den alten Schmierfink kennengelernt, als Henry Maske noch in den Ring stieg und sie gemeinsam eine Geschichte für »Sports Illustrated« produziert hatten. Das Magazin lasen wöchentlich dreiundzwanzig Millionen Menschen. Das waren gute Zeiten gewesen, und beide hatten auf Karriere gehofft. Tja, so konnte das enden.

Kasper war durch. Er machte noch ein paar Fotos des Büros, dann packte er seine Ausrüstung zusammen. Für Jobs wie diese nutzte er einen Kamerarucksack, damit er beide Hände freihatte. Zufrieden ging er zur Tür und öffnete sie vorsichtig. Er trat auf den Gang, drehte sich um, griff nach rechts zum Türblatt, drehte dabei den Kopf ein wenig und erschrak, wie er sich noch nie erschrocken hatte. Keine zwei Meter von ihm entfernt erkannte er im schummrigen Licht einen Polizisten. Man hatte ihn erwischt.

Kasper nahm vorsichtshalber die Hände nach oben. Aber nichts passierte. Wartete der Gesetzeshüter auf eine falsche Bewegung? Er schaute nun genauer hin. Der Polizist regte sich nicht. Langsam verstand Kasper. Der Typ schlief. Kasper konnte sein Glück nicht fassen. So leise wie nur möglich setzte er einen Fuß vor den anderen und schlich Richtung Treppenhaus. Nur noch ein paar Schritte. Kasper griff nach dem Knauf und zog. Die Tür bewegte sich nicht. Er drehte. Nichts geschah. Er zog erneut. Wieder nichts. Die Tür war abgeschlossen. Er saß in der Falle. Wie kam er nur hier raus?

Eine kreative Lösung war gefragt. Und Kasper hatte, wie oft in solch scheinbar aussichtslosen Situationen, einen Geistesblitz. Er würde den Polizisten weglocken. Gleich neben der Tür zum Treppenhaus sah er die Tür der Besuchertoilette. Kasper öffnete die Tür, zog sein Smartphone aus der Tasche, suchte die Telefonnummer der Zentralstation Eckernförde im Internet und wählte. Gleich würde es auf dem Flur klingeln, und dann würde er den Beamten auf Trab bringen. Kasper hörte das Freizeichen und räusperte sich. Nichts. Kein Klingeln. Nichts. Das durfte doch nicht wahr sein. Das Telefon war stumm geschaltet. So ein Mist.

Kasper ging zum Fenster. Vergittert und sowieso zu hoch. Er war ja kein Zirkusartist. Mit der rechten Hand fasste er in die linke Gesäßtasche und zählte die Fuffis. Er hatte noch zweihundertfünfzig Euro. Für einen kleinen Polizeibeamten eine Menge Geld. Er konnte auch warten, bis der Typ wach wurde, irgendwann feststellte, dass er weg war, und sich dann ein Leben lang fragen würde, ob er nicht nur geträumt hatte. Okay, das war naiv. Er würde nach ihm suchen und ihn binnen fünf Minuten finden. Das mit dem Geld war vielleicht doch nicht so blöd.

Kasper atmete tief durch und betrat erneut den Flur. Der Beamte schnarchte. Langsam ging Kasper auf ihn zu. Er musste vorsichtig sein. Der Mann war bewaffnet. Dann stoppte Kasper. Die Fotos. Die Speicherkarte würde man ihm garantiert abnehmen. Kasper ging zurück zur Toilette. Er wählte sich in seinen Rechner in der Redaktion ein und versuchte, eine gute Auswahl der gemachten Bilder zu senden. Die Verbindung war schlecht. Die Übertragung dauerte. Kasper schaute auf die Uhr. Jetzt war er schon eine gute Stunde im Gebäude. Dann musste er pinkeln. Kasper trat ans Pissoir, zog den Reißverschluss hinunter und atmete erleichtert aus. In diesem Moment öffnete sich die Tür, und Polizeiobermeister Schrader stand breit grinsend im Rahmen. Bei Kasper tröpfelte es nur noch.

»Na, Männlein, hasses schon an der Prostata? Bleib mal gleich da stehen. Die Hose kannst du lassen, wo sie ist. Hände schön weit nach links und rechts oben und zack die Patschehändchen an die Wand.«

Kasper tat, wie ihm geheißen. Er wusste nicht, was schlimmer war. Der Umstand, dass er ertappt wurde, oder die Art und Weise, wie er ertappt wurde.

Der Polizist trat hinter ihn, tastete ihn ab, fesselte seine Hände auf dem Rücken und deutete auf die Kloschüssel hinter der geöffneten Abteiltür. »Setz dich. Aber nicht kacken.«

Dann widmete sich Schrader der Fotoausrüstung. Er kannte sich aus, war ein ambitionierter Amateurfotograf. Schnell hatte er den Zusammenhang von Bluetooth, Kamera, Smartphone und der noch immer aufgebauten Verbindung erkannt. Mit einem Klick stoppte er den Datenstrom.

»Tja, hättest du mal komprimierte, kleine Vorschaupics geschickt. Die fetten Brummer von zehn MB gehen nicht durch. Scheiß Netz hier auffem Klo. Nun, dann wollen wir mal. Aufstehen und rückwärts rauskommen.« Schrader zog Kasper die Hose hoch, schloss den Gürtel, ließ den Reißverschluss aber offen.

Das war alles so erniedrigend. Kasper wusste, dass dieser Arbeitstag sein vorläufig letzter gewesen war.

Vierzehnter Tag: Sonntag

Gesellschaft mit unbeschränkten Möglichkeiten

Eines konnte Frauke Burmester überhaupt nicht leiden: ein elektrisches Verdeck, das Zicken machte. Auf der Autobahn war sie geschlossen gefahren, aber jetzt wollte sie Licht, Luft und gern auch den einen oder anderen begehrlichen Blick hereinlassen. Sie stand bei Rot an der Ikea-Kreuzung stadteinwärts, und das Dach hatte sich nur halb geöffnet. Die Ampel sprang auf Grün und Frauke fluchte.

Sie überquerte die Kreuzung und hielt auf dem Parkstreifen. Nun ging sie dem Dach, ganz Tochter eines vom Maurer zum Bauunternehmer gewordenen Vaters, mit Gewalt an den Kragen. Aber alles Ziehen und Zerren blieb ebenso erfolglos wie die erneut ausgestoßenen Flüche eines gestandenen Bauarbeiters. Erst das Klingeln ihres Handys bremste den Furor der Blondine.

Es war Torsten Hoffmann, der sich nach ihrem Verbleib erkundigte. Wie stets formvollendet und dennoch lässig und souverän.

Totti war ganz ihre Kragenweite, aber leider – zu jung. Man könnte auch sagen, sie sei zu alt, aber Selbstzweifel waren Frauke Burmester völlig fremd. »Ich kämpfe mit dem Verdeck, mein Lieber, und sollte ich das Problem nicht innerhalb der nächsten Minuten lösen können, komme ich halb offen. Bestell doch schon mal ein Fläschchen Schampus. Ich habe gute Nachrichten.«

Torsten Hoffmann orderte beim aufmerksamen Kellner eine Flasche Black Label Brut seiner Lieblingsmarke Lanson. Ein Champagner, wie er sein musste, fand Hoffmann, jung und spritzig wie er selbst. Gut gelaunt lehnte er sich zurück und betrachtete das Ballett der Schiffe auf der Kieler Förde. Die großen Fähren nach Skandinavien, die kleinen Schiffe des öffentlichen Personennahverkehrs, Schlepper, Segeljachten und die Forschungsschiffe des GEOMAR-Instituts für Meereswissenschaften gleich nebenan. Das Wasser sei das eigentliche Blut der Landeshauptstadt, sagte sein Vater, seines Zeichens Weinhändler, immer. Hoffmann war aufgewachsen, wo Politik gemacht wurde, der Landtag nur einen Steinwurf entfernt; hier wurde am GEOMAR geforscht, und hier bildeten sich kluge Betriebs- und Volkswirte am Institut für Weltwirtschaft eine wichtige Meinung zum Hin und Her der Geldströme. Womit Hoffmann auch schon bei seinem Lieblingsthema angekommen war. Des Geldes kompromisslose Vermehrung zu seinen Gunsten bestimmte das Denken und Handeln des Jungunternehmers.

Insgesamt hatte er einen blitzsauberen Start hingelegt. Vor allem auch, weil das, was vor Wochen noch ein riesiges Problem dargestellt hatte, nun zu kleineren Sorgen und Nöten zerbröselte. Die Wettbewerbssituation im Eckernförder Hafen hatte sich mit Lars Martens' Ableben deutlich entspannt. Er hatte nun freies Feld, um seine exklusiven Gruppenreisen in die Dänische Südsee zu entwickeln. Denn eins war klar: Wenn er dank der guten Kontakte von Frauke Burmester schon bald eine Rolle im Geschäft mit Luxusimmobilien spielen würde, dann hätte er überhaupt kein Problem, die »Sagaland« von Bendixen zu kaufen. Auch ohne dass dieser seinen leicht lädierten Katamaran zurücknähme, für den er, Glückes Geschick, mittlerweile einen solventen Anwalt interessieren konnte.

Überhaupt schien sich der maritime Freizeitstress langsam zu rechnen. Hoffmanns Segelaktivitäten öffneten Herzen und Brieftaschen diverser Investoren aus Skandinavien und den baltischen Staaten. Er nahm interessierte Anleger rund um die Ostsee an den Haken, Frauke Burmester zog die passenden Objekte und Grundstücke an Land.

Fraukes Kontakte waren Gold wert. Leider wusste sie das. Mittelfristig würde er ihr die Fäden aus der Hand nehmen, aber noch war es nicht so weit. Torsten Hoffmann bekannte sich bei passender Gelegenheit als unbekümmerter Opportunist. Immer schön nach seinem Lebensmotto: Alles hat seine Zeit.

Selbstzufrieden schaute er in die Runde und schickte den Kellner und den Champagner mit einer wegwischenden Geste und einem »Noch nicht« zurück. Es war ihm vollkommen egal, was seine Umwelt von ihm hielt. Moral, das war etwas, was einen teuer zu stehen kommen konnte. Eine Episode hatte noch gar nicht richtig angefangen, da dachte er bereits daran, wie er sie abschließen konnte. Und immer achtete er sorgfältig darauf, auf dem Weg wirklich alle sich ihm bietenden Möglichkeiten mitzunehmen. So verhielt es sich auch mit seinen Planungen für Fraukes Ende. Bevor er sie sich vom Hals schaffen würde, wollte er auf jeden Fall noch die ein oder andere saftige Provision einsacken. Sicher könnte er sie auch in eine sexuelle Abhängigkeit bringen. Das war immer gut. Hätte er sie dann zum geeigneten Zeitpunkt mit einer Bemerkung über ihr welkendes Fleisch erniedrigt, wäre sie ein leichtes Opfer.

So war der kalte Stratege noch in Gedanken, als Frauke ums Eck bog. Bereits von einem dienstbaren Geist begleitet, verstand sie eine simple Ankunft zu einem Auftritt zu machen. Das Hermès-Tuch hatte sie als Minirock gebunden. Die Schuhe von Escada, eine Oyster von Rolex. Machte schätzungsweise mindestens zehntausend Euro, die Handtasche nicht gerechnet. Frauke hatte keinen guten, aber einen teuren Geschmack, und Hoffmann hatte einen geschulten Blick. Zum Auftritt wurde ihre Ankunft aber erst durch den Umstand, dass sie den zeitgleich eintreffenden Fernsehmoderator einer Quizshow mit Küsschen begrüßte und dann quasi stehen ließ.

Hoffmann blieb demonstrativ sitzen und blickte erst von seiner Reclam-Ausgabe »Deutsche Gedichte« auf, als Frauke sich seufzend hinsetzte. Diese kleinen gelben Dinger waren eine günstige und verdammt praktische Methode, Geschäftspartner in dem Glauben zu wiegen, dass, wer schöngeistigen Dingen so zugewandt war, nicht so abgebrüht sein könne, wie sich alle erzählten.

»Frauke, habe dich gar nicht kommen sehen. Alles gut?«

»Torsten.«

Nur seine Mutter und Frauke nannten ihn Torsten.

»Wie ich schon sagte, es gibt was zu feiern.« Frauke lächelte, dass es Klaus Kinski zur Ehre gereicht hätte. Sie setzte sich ein wenig ungelenk hin, fast plump. Blitzte da einen Moment Lächerlichkeit in ihrem Getue auf, so hatte sie sich aber ganz schnell wieder sortiert. Nun streckte die große Dame konspirativ den Kopf vor. »Das Gelände auf dem Graswarder in Heiligenhafen – gehört uns.«

Jetzt war Hoffmann tatsächlich überrascht. »Das ist Naturschutzgebiet.«

Frauke zuckte mit den Schultern. »Wir wollen ja keine Müllverbrennungsanlage bauen.« Ihr Handy klingelte. Ganz banales Klingeln. Das passte gar nicht zu Frauke, die jetzt das Telefon, ein steinaltes Nokia 6310i, ans Ohr hielt und lauschte.

»Du bist ein kleines Trüffelschwein, Andreas, ein besonders süßes«, hauchte Frauke ins Telefon.

Der Anrufer war Fraukes Scout, dessen Beziehungen unglaublich gut und hilfreich waren. Andreas war früher bei Fraukes Vater angestellt gewesen. Aber zwei Alphamännchen waren selten gut für einen friedlichen Tagesablauf. Andreas war nach der Wende in die neuen Bundesländer gegangen und hatte mit den Hinterlassenschaften der Sowjetarmee gutes Geld gemacht. Warum er jetzt für Frauke arbeitete, wusste Hoffmann nicht. Er tat das, ohne direkt entlohnt zu werden, zumindest brüstete Frauke sich mit diesem Umstand. Befremdlich.

»Andreas, mein Bester, wir sehen uns nächste Woche in Berlin. Ich freue mich. Küsschen.« Dann steckte sie den Telefonknochen wieder weg.

»Ein Museumsstück?«, fragte Hoffmann.

»Nein, mein erstes Handy nach dem Studium. Es hat mir Glück gebracht, und so soll es bleiben. Das war übrigens Andreas. Er hat den Daumen auf einem Militärgelände auf Rügen. Alte Radarstation. Klasse Lage.«

»Und welche der beiden Nachrichten sollen wir nun zuerst feiern?«

»Heiligenhafen, das Geschäft ist jetzt zu machen. Vorausgesetzt, deine Finnen wollen noch.«

»Meine Finnen würden die ganze Landzunge kaufen. Wer macht die Verträge? Ich schlage Dr. Brehmer aus Lübeck vor. Er hat viel Erfahrung. Ich treffe ihn morgen in Strande.«

»Oh, schon wieder segeln?«

»Brehmer ist an meinem Katamaran interessiert. Also, Brehmer?«

»Einverstanden. Kriegen wir den Termin mit den Finnen und Anwalt nächste Woche über die Bühne?«

»Ich überführe Freitag den Katamaran nach Dänemark. Lass uns das auf übernächsten Montag oder Dienstag legen.« Hoffmann

beugte sich vor und legte beide Hände auf Fraukes perfekt mani-
kürte Linke. »Und das«, sagte er, »ist erst das Vorspiel.«

Als er sich wieder aufrichtete, fiel sein Blick auf ein bekanntes
Gesicht. In der hinteren Ecke saß mittlerweile Dr. Heiner Gierlich
über Papieren. Wo kam der denn auf einmal her, und warum
hatte der sich nicht gemeldet? Der sah ja fast aus, als hätte er sich
versteckt. Vornübergebeugt, mit hängenden Schultern. Er wirkte
angeschlagen. Hoffmann freute das.

Stets hatte er Gierlich als exzellenten Kenner seiner Materie, als
sachlichen, kühlen und souveränen Gesprächspartner erlebt. Ihn
hatte er fair, aber distanziert behandelt, war nie auch nur einen
Millimeter vom Pfad der Tugend abgewichen. Geradezu überkor-
rekt hatte er stets den leicht spießigen Sparkassenchef gegeben.
Scheinbar unantastbar. Insgeheim schaute Hoffmann zu Dr. Heiner
Gierlich auf. Nicht, weil Gierlich der Prototyp des Sparkassenlang-
weilers war, sondern weil er so sicher im Sattel saß. Nun war er ihm
aber dicht auf den Fersen. Auch er würde bald über weitestgehende
Unabhängigkeit verfügen. Ganz ohne die Sicherheit eines großen
Arbeitgebers würde er es ganz allein schaffen. Ehrgeiz, Talent und
Jugendlichkeit waren Torsten Hoffmanns Trümpfe, und er würde
ausgerechnet Gierlich ein unmoralisches Angebot machen. Das war
nicht ohne Ironie. In den nächsten Monaten und Jahren würde er
Gierlich jedenfalls hinter sich lassen. Weit hinter sich lassen.

Hoffmann stand auf. Er schaute Frauke an und deutete mit dem
Kinn Richtung Gierlich. Frauke verstand sofort.

Torsten Hoffmann trat von rechts hinten an den Sparkassenchef
heran und blickte über dessen Schulter. »Na, so fleißig. Insider-
handel, was?«

Gierlich zuckte heftig zusammen.

»Oh, Herr Doktor, jetzt habe ich Sie erwischt. Frau Burmester
und ich sitzen drüben und würden Sie gern auf ein Glas zu uns
an den Tisch bitten. Vielleicht haben wir Beratungsbedarf. Da
können Sie das Angenehme mit dem Angenehmen verbinden.«

Gierlich schob seine Papiere zusammen. Die Logos zeigten
Motorräder. Dann schaute er auf die Uhr. »Ich bin verabredet.«

»Kein Problem, sind ja nur ein paar Meter.«

245

Zwanzig Minuten später hatten sie Gierlich das Graswarder-Projekt in Lübeck haarklein erklärt. Er hätte die Transaktionen vorzubereiten. Er hätte im Vorfeld dafür zu sorgen, dass unversteuertes Geld zweier Investoren ohne Aufsehen auf verschiedenen Konten landete. Konten, über die Entscheider aus der kommunalen Verwaltung verfügten. Niemand käme zu Schaden.

Gierlich überlegte ernsthaft, als externer Berater in die Unternehmungen von Burmester und Hoffmann einzusteigen. Die Geschäfte entsprachen zwar nicht seinem privaten Ehrenkodex. Vorbei am Finanzamt! Aber da gab es ganz andere Deals, von denen er gehört hatte, zu spekulativ für die Investoren, aber es traf keine Armen. Und die Rendite hatte verlockende Dimensionen. Vielleicht lag hier die Lösung für das Problem in seiner Aktenmappe. Seine Hand hinterließ auf dem dunklen Leder einen feuchten Fleck, als er zum Champagnerglas griff.

Gierlich kam es vor, als sei dies wie ein Griff nach dem letzten Strohhalm. Die Revision bedrängte ihn, seine Eltern waren in Nöten, und das, Gierlich verdrängte schlimme Bilder, die wie ein schnell geschnittenes Musikvideo vor seinem inneren Auge aufblitzten, das war noch längst nicht alles. Seine Gefühle rissen ihn hin und her, und er spürte, wie seine Mimik außer Kontrolle geriet. Nur mühsam fasste sich der sonst so kontrollierte Mann.

»Frau Burmester, Herr Hoffmann, mir gefallen Ihre Pläne, sie sind wagemutig und gleichwohl durchdacht. Tatsächlich ist das projektierte Volumen für die Sparkasse Eckernförde eine Nummer zu groß. Ihnen beim Handling mit einer eidgenössischen Geschäftsbank zu helfen, interessiert mich. Ich rufe Sie dazu in den nächsten Tagen an.«

Über ihnen strahlte die Sonne aus einem makellos blauen Himmel. Im Westen türmte sich eine schwarze Wolkenfront. Der Wind frischte auf.

Nun klingelte Gierlichs Telefon. Er nickte stumm, er stimmte zu und legte auf. Sein Gesprächstermin war verlegt worden. Man hatte ihn sitzen lassen, das konnte er seinen Gesprächspartnern nicht verbergen. Gierlich verabschiedete sich von Frauke Burmester, reichte auch Torsten Hoffmann die Hand und ging zum Auto.

Hoffmann blickte ihm nach. Gierlichs Gang wirkte staksig.

Seine Gesichtsfarbe hatte in der letzten Viertelstunde zwischen gerötet und wachsweiß changiert.

»Mit dem stimmt doch was nicht. Ich habe ihn immer nur absolut souverän erlebt. Der Bursche zeigt Schwäche und scheint tatsächlich ein privates Interesse an Geld zu haben. Seltsam, sehr seltsam.«

Dr. Heiner Gierlich saß im Auto. Der Verkehr rauschte an ihm vorbei. Er war verwirrt und fühlte sich ausgelaugt. Es klopfte. Er drehte den Kopf, aber das Klopfen kam von oben. Er hörte den Regen, bevor er ihn sah. Gierlich tat einen ganz langen Seufzer. So wie er Hoffmann heute erlebt hatte, könnte man meinen, dass dieser in jeder Hinsicht abgebrühte Opportunist seinen Kontrahenten Martens zur Strecke gebracht hatte. Ob er der Polizei nicht doch mal einen Hinweis geben sollte?

Dann wollen wir mal wieder

»Nein, das glaub ich ja nicht«, begrüßte die Brix Erika im Krankenzimmer von Jörn. »Wer schmeißt denn das sonntägliche Kaffee-und Kuchengeschäft in den ›Schlei-Terrassen‹?«

»Hast du heute schon Fiete und Fritze gesehen?«, fragte Erika ganz keck und knuffte dabei Jörn in die Seite.

Der reagierte nur mit einem ganz leichten Hüsteln und schaute ansonsten sehr zufrieden in Richtung Besucher. Erika hockte auf dem Bettrand, hielt Jörns Hand ganz fest und zeigte auf die beiden Polsterstühle in der Sitzecke. Rasmussen und die Brix nahmen Platz.

»Die beiden anderen Knilche machen sich nützlich, das lob ich mir«, sagte die Brix. »Und ihr beiden Süßen, das sieht hier ja ganz gediegen aus. Fast schon gemütlich.«

Jörn lag auf dem Bett in seinem Tagesanzug, mit dessen braunem Oberteil und beiger Hose er die Belegschaft im Ykaernehus regelmäßig das Fürchten vor den modischen Verirrungen des Alters lehrte. Die Brix hatte ihm genau aus diesem Grund schon einmal den Zutritt zu ihrem Appartement verweigert, und zehn Minuten später war Jörn umgezogen erschienen.

»Im Dreibettzimmer mit Notbett habe ich es nicht ausgehalten, da habe ich mir das hier gegönnt.« Jörn blinzelte Erika zu.

Rasmussen meinte seinen Augen nicht zu trauen, aber die beiden führten sich auf wie zwei frisch verliebte Turteltäubchen. Jörn lehnte sich ganz entspannt zurück, Erika hatte Sonntagsstaat angelegt, türkise Zuchtperlenkette, weiße Trachtenbluse, schwarzer Glockenrock. Sie fummelte mal hier und mal da an Jörn herum. Und sie erzählte und erzählte. Über den besagten Donnerstagmorgen, was für Angst sie gehabt hatte und wie froh sie war, als endlich der Notarztwagen auf den Anleger gefahren war. Ansatzlos ging sie dazu über, das Gespräch mit Fährenbesitzer Behsen zu schildern. Dem habe sie die Meinung gegeigt. Unmöglich, wie der alte Sklaventreiber, das kenne sie ja aus der Beziehung mit ihm nur allzu gut, Jörn in der letzten Zeit ausgenutzt hatte.

Jörn nickte.

Sie hätte darauf schon lange ein Auge gehabt. Aber nun habe das ein Ende, womit Erika bei dem Thema angekommen war, das sie momentan am meisten umtrieb. Der Matjes-Contest. Dienstag Kiel. Mittwoch Recall in Neumünster. Donnerstag Finale in Glückstadt. Leider werde Jörn erst am Dienstagmittag entlassen, aber spätestens am Donnerstag beim Finale werde er ja dabei sein.

»Neumünster.« Jörn nickte eifrig und machte so seine kurze, knappe Ansage, dass er schon beim Recall dabei sein werde.

»Erika, meine Taube, du hast wohl nicht mal den Hauch eines Zweifels, dass du das Finale verpassen könntest?«, wunderte sich Rasmussen.

»I wo. Nachdem wir das am Donnerstag überstanden haben, was soll uns da noch passieren?« Erika riss dabei ganz weit die Augen auf. Jörn legte nun seinerseits Hand auf. Rasmussen und die Brix staunten nicht schlecht.

»Ja, gut. Dann wollen wir mal wieder.« Die Besucher standen fast gleichzeitig auf. »Wir drücken die Daumen.« Dann fiel auch Rasmussen in Margaretes lang gedehntes »Tschüss« ein, und die Tür fiel hinter ihnen zu.

»Hast du das gehört? Wir!« Die Brix klatschte in die Hände und machte einen kleinen Hüpfer.

»Ja, habe ich.« Rasmussen versuchte im Flur noch die Fassung zu wahren, lachte aber im Treppenhaus laut los. »Die beiden, ich glaub es nicht. Letzte Woche hätte Erika dem notorischen Schlei-Terrassen-Falschparker Jörn noch am liebsten die Luft aus den Reifen seiner BMW gelassen, jetzt weiß sie vor Verliebtheit nicht, wo sie den Knilch zuerst berühren möchte.«

Die Brix war schon wieder ein paar Schritte weiter. »Und nun?«, fragte sie auf dem Parkplatz. »Essen wir in der ›Linde‹ ein Schinkenbrot?«

»Attacke.«

»Attacke«, retournierte die Brix.

Rasmussen drehte den Schlüssel um, der Volvo sprang sofort an.

Wie der Zufall es wollte, trafen die beiden Ludwig Martens in der Gaststube der »Linde«. An diesem frühen Sonntagabend war

249

kaum etwas los. Sie konnten eigentlich gar nicht anders, als sich zu Lars' Vater an den Ecktisch mit der großen Bank zu setzen. Über Ludwig Martens waren alle Pokale der Fischergilde aufgereiht.

»Ich war eben auf dem Friedhof.« Martens ruderte mit den Armen und forderte sie nachdrücklich auf, Platz zu nehmen. Die Brix meinte hinterher, zu diesem Zeitpunkt ein leichtes Lallen gehört zu haben. Als sie die Hand zur Begrüßung ausstreckte, hob Martens sein Pils-Glas und prostete ihnen zu. Der Linden-Wirt nahm ihre Bestellung auf.

»Am Freitag haben wir Sie souveräner erlebt, Herr Martens«, sagte die Brix.

»Hören Sie mal, irgendwann knickt doch auch der stärkste Seebär ein«, entgegnete Martens. Dabei ließ er sich zurückfallen und krachte gegen die Rückenlehne der Sitzbank. Er verzog keine Miene.

»Als ich vorhin am Grab stand, da hätte ich mich am liebsten danebengelegt. Auch wenn ich jetzt Großvater werde. Sie haben es ja am Freitag erlebt, Birte und ich kommen einfach nicht klar. Ich finde jetzt schon keinen Zugang zu ihr, wie soll das erst werden, wenn Lars' Kind auf der Welt ist?«

»Herr Martens, es ist Sonntagabend. Darf ich trotzdem dienstlich werden?«, fragte Rasmussen.

»Nur zu«, guckte der ihn ganz gespannt an.

»Ich fackel nicht lange, Herr Martens. Wir wissen, dass Ihr Sohn zeugungsunfähig war.«

Martens schien mit einem Schlag stocknüchtern. »Nein.« Das war das Einzige, was Ludwig Martens dazu einfiel. »Nein, das glaube ich nicht.«

»Was haben Sie damit gemeint, als Sie in Ihrer Trauerrede davon sprachen, dass Sie Birte und Lars in die Schwangerschaft getrieben haben?«

Martens atmete hörbar, wischte sich mit der linken Hand übers Gesicht, presste Zeigefinger und Daumen auf die Nasenwurzel und verschränkte schließlich mit gesenktem Kopf die dürren Arme über dem viel zu weiten Pullover, der eher aus der Wintergarderobe zu stammen schien.

»Ich habe Anfang des Jahres Bedingungen gestellt. Lars kam

zum wiederholten Male zu mir, um einen Vorschuss auf sein Erbe zu fordern. Es kamen solche Sprüche wie: ›Mit warmen Händen gibt man doch wesentlich lieber‹. Mir war vollkommen klar, wie kaputt das Geschäft meines Sohnes war, außerdem hatte ich ja täglich vor Augen, wie zerrüttet die Ehe zwischen Birte und Lars war. Es musste sich etwas ändern, also habe ich verlangt, dass sie sich erst einmal zusammenraufen, ein Kind bekommen, und dann erst würde ich in die finanzielle Bresche springen. Wissen Sie, was meinem Sohn immer gefehlt hat?« Martens haute auf den Tisch. »Verantwortungsgefühl. Es gab niemanden, dem er sich verpflichtet fühlte. Er hat immer nur genommen. Meine allerletzte Hoffnung war, dass ihn sein eigen Fleisch und Blut zur Räson bringen würde.«

»Wir können zwar nicht von einer bewussten Täuschung ausgehen. Aber Ihre Schwiegertochter erwartet ein Kind von einem anderen Mann.«

Es entstand eine Pause, in der es schien, als könne der alte Mann die Botschaft nicht erfassen. Er machte ein paar fahrige Kopfbewegungen und atmete stoßweise. Mit der linken Hand verrieb er eine Bierpfütze auf dem Tisch, bis sich die Feuchtigkeit komplett verflüchtigt hatte. Rasmussen rückte unwillkürlich ein kleines Stück von Martens ab, als sich dieser plötzlich entspannte.

»Sie glauben ja nicht, wie glücklich ich war, als Lars mir verkündete, dass ich vielleicht schon Weihnachten Großvater sein würde. Wir haben dann den ganzen Abend gemeinsam am Kanal gesessen. Es war so harmonisch. Nur wir zwei. Ich kann mich nicht daran erinnern, je einen solchen Abend mit Lars gehabt zu haben.«

Hatte Ludwig Martens nicht zugehört? Auf seinem müden Gesicht war ein wehmütiges Lächeln erschienen. Die Erinnerung an die vertrauten Momente mit seinem Sohn hatte ihn glücklich gemacht. Umso härter traf ihn Lars' Betrug. Er verharrte nun beinahe regungslos – dann war sie angekommen, die Botschaft.

»Mein eigener Sohn. Wie kann ein Mensch so niederträchtig sein?«

Ludwig Martens brach in hysterisches Gelächter aus, sein schmaler Brustkorb bebte. Er hob und senkte sich fast gleichzeitig – noch war nicht entschieden, wie dieser Körper mit der ganzen seelischen Pein auf einmal umgehen würde. Dann aber sackte er mit Schluchzern am Tisch zusammen. Er weinte wie ein kleines Kind mit diesen tiefen Seufzern mittendrin. Das ergab so kleine Kiekser, die der Situation fast etwas Lächerliches verliehen, fand Rasmussen.

Die Brix stand auf und setzte sich neben Martens auf die Eckbank. Sie nahm seine rechte Hand und strich leicht darüber. Martens beruhigte sich etwas und weinte stumm. Tränen über Tränen liefen ihm die Wangen herunter.

Die Brix nahm einen ganz langen Anlauf und raffte sich dann auf: »Verfluchen Sie mich jetzt ruhig, Herr Martens. Damit könnte ich leben. Aber überlegen Sie sich ganz genau, was Ihnen noch geblieben ist!«

Martens hörte tatsächlich auf zu schluchzen.

»Sie müssen mehr auf Birte eingehen. Haben Sie nicht auch bis zum Schluss an Ihren Sohn geglaubt? Birte glaubt noch immer an ihn. Sie ist noch nicht reif für die Wahrheit und all die Abscheulichkeiten. Vielleicht wird sie es nie sein. Schaffen Sie Birte und ihrem Baby, Ihrem Enkelkind, einfach einen Schutzraum. Das hat sich Ihre Schwiegertochter nach all dem redlich verdient. Kennen Sie eigentlich Birtes Vorgeschichte?«

»Ja, die kenne ich«, sagte Ludwig Martens. Auf einmal kam der Souverän wieder zum Vorschein, den sie auf der Trauerfeier erlebt hatten, der Mann, der wusste, was Verantwortung bedeutet. »Schutzraum. Das finde ich gut«, sagte er und schluckte. Dann fuhr er sich mit der Hand über das Gesicht und stand auf. Er ging wie neu aufgezogen zur Tür, klaubte sich vorher noch seine Schiffermütze vom Haken. Ohne sich noch einmal umzudrehen, sagte er laut und deutlich: »Jo, dann wollen wir mal wieder.«

Unterdessen hatte der Wirt die Schinkenbrote und zwei kleine Pils gebracht.

»Der arme Kerl.« Mehr sagte die Brix nicht.

Rasmussen drehte nachdenklich sein Bierglas hin und her. »Du lehnst dich für Birte ganz weit aus dem Fenster, das weißt du schon, Margarete?« Er schaute sehr zerknittert.

Die Brix hatte sich rasch gefangen und kaute bereits genüsslich den Katenschinken. »Ich mag ihn so richtig schön dick geschnitten.«

»Mensch, du hast Nerven. Wir wissen ja noch nicht einmal, ob sie es nicht selbst war, die den eigenen Mann um die Ecke gebracht hat.« Rasmussen schob das Brett mit dem Schinkenbrot von sich weg und trank das Pils mit einem Zug.

»Hans, du musst als Reflex auf deine eigene Betroffenheit nicht immer mit dem Schlimmsten rechnen. Alles wird gut. Glaub es mir einfach.«

Fünfzehnter Tag: Montag

Marlene in Not

FünfUhrDreiundVierzig, also 5:43 Uhr. Marlene liebte Zahlen, und sie liebte es, mit ihnen zu spielen. Zahlenfolgen, Quersummen, ganz egal. Sie hatte neulich versucht, Hans Rasmussen das zu erklären. Von montags bis freitags stand ihr Wecker auf 5:43. Um die daraus resultierende Abfahrtszeit zur Schule irgendwann gegen acht Uhr zu ermitteln, hatte sie die Zahlen nach dem Komma – vier und drei – addiert, um dann den Wecker auf 7:52, fünf plus zwei gleich sieben, zu stellen. Rasmussen meinte, er müsse das nicht verstehen.

Es war Montagmorgen, Weckruf um 5:43, und nur ein paar Sekunden danach klingelte Marlenes Telefon. Drei Minuten später war sie vollkommen bedient. Die Woche fing sehr bescheiden an. Hoffentlich ging das nicht so weiter. Aber wie hatte Marlenes Oma aus dem Bergischen Land immer gesagt? »Dat größte Leid is, wat der Mensch sich selbst andeiht.« Oma wusste Bescheid. Die Revolution hatte ihre Kinder gefressen, und nun fraß Marlenes Realität gewordene Schnapsidee die Erfinderin.

Das erste Wochenende im Juli gehörte nämlich seit fünf Jahren den Gummibooten. Zunächst hatten einflussreiche Männer, die dem Segelsport verbunden waren, ein bisschen spröde auf Marlene Nissens Eingebung reagiert. Gummiboot-Geplantsche, das sei doch albern. Aber dann hatte sie den Eckernförder Ruderclub, dessen Jugendwartin sie war, hinter sich gebracht und auch Schüler, Eltern und Lehrer der Peter-Ustinov-Schule, wo Marlene Englisch und Sport unterrichtete, für ihre Idee begeistert.

Zur Premiere waren achtundfünfzig Boote gezählt worden, deren Kapitäne einigermaßen hemmungslos das Hafenbecken erobert hatten, um einfach nur Spaß zu haben. Inzwischen musste Marlene die Meldeliste schon im Herbst schließen. Mehr als eintausendfünfhundert Gummibootsportler in knapp zweihundert Booten konnte sie organisatorisch nicht in den Griff kriegen. Es gab mittlerweile nicht mehr nur das wilde Getümmel, das nach wie vor den fröhlichen Rahmen schuf, sondern es hatten sich verschiedene Bootsklassen etabliert, in denen durchaus ernst zu nehmende Rennen gestartet wurden. Es gab drei Distanzen: den Sprint über 200 Meter vom Ende des Hafenbeckens bis zur Klappbrücke, den Harbour-Turn über 400 Meter und den OIC-Duathlon, bei dem die Strecke Klappbrücke – Ostsee-Info-Center mit dem Boot und der Rückweg über 400 Meter zu Fuß bewältigt werden mussten.

Grundsätzlich waren nur Teams zugelassen. In den größeren Booten paddelten bis zu fünfzehn Enthusiasten. Im Sprint und beim Harbour-Turn waren nur Boote am Start, bei denen die Gummibootsportler nebeneinandersaßen. Auf der OIC-Duathlon-Distanz saß man hintereinander. Hier waren es meist schnelle Zweier-Kanadier, die das Rennen für sich entschieden. Einen Sonderpreis der Jury gab es für die originellste Eigenkonstruktion. Ein Eckernförder Reifenhändler hatte sich hier durch seine besonderen Kenntnisse des Vulkanisierens zum Papst der Selbstbauer entwickelt. Zwar gab es Teilnehmer, die das sportliche Tun besonders ernst nahmen und vor zwei Jahren gefordert hatten, nicht mehr von Gummi-, sondern von Schlauchbooten zu sprechen. Aber die Eiferer hatten sich gegen die Übermacht der Spaßwilligen nicht durchsetzen können.

Inzwischen war die Vorfreude auf den GUMM-PRIX, wie der Chef der »Eckernförde Touristik« die Veranstaltung nach ungefähr drei Bier getauft hatte, schon im Januar eines Jahres spürbar. Dann nämlich wurden die aktuellen Boote, Paddel und Techniken an fünf Abenden im Meerwasserwellenbad getestet. Manche fanden diese Testabende noch ein bisschen spritziger als den eigentlichen Renntag.

Bis zum Startschuss am Freitag blieben Marlene noch drei volle Tage, und gerade hatte sie erfahren, dass nach ihrem Rennleiter nun auch der Moderator ausgefallen war. Marlenes Kollege Moritz stand mit Bandscheibenvorfall vor seiner zweiten OP. Er unterrichtete wie sie Sport und wurde nicht selten Opfer seines unbändigen Ehrgeizes. Im Alter zwischen vierzehn und zwanzig war er auf nationaler Ebene ein aufstrebender Zehnkämpfer gewesen, hatte aber nie auf den Vereinsarzt gehört und trainiert, bis der Körper nachgab. Nun, mit Ende dreißig, mutete er sich immer noch zu viel zu. Im Kletterwald von Altenhof hatte er Tarzan spielen müssen und kassierte dafür nun die Quittung.

Marlene jedenfalls hatte ein Problem und hoffte, die Lösung zu kennen. Die Lösung hieß Hans Rasmussen. Der musste nun beide Jobs wuppen. Am Abend würde sie versuchen, ihn rumzukriegen.

Marlene betrat ihre Dusche und sang mit trotziger Zuversicht: »Er hat ein knallrotes Gummiboot, mit diesem Gummiboot, fahr'n wir hinaus …«

Ach Mutti, so geht das nicht

»Ich habe mir den Businessplan genau angeschaut, Mutti.«

»Ja und, Heiner?«

Gierlichs Mutter wollte eigentlich schon am Sonntag nach Kiel gekommen sein. Aber nun saß sie ihrem Sohn einen Tag später in der Eckernförder Sparkasse gegenüber, ganz gespannt. Schon lange hatten ihr Mann und der jüngere Sohn Svend ihr in den Ohren gelegen, sie möge mal nachfragen, ob Heiner endlich die Unterlagen geprüft habe, die sie ihm beim letzten Zusammentreffen in »Schlüters Gasthof« in Jübek übergeben hatten.

»Vati und Svend können es eben nicht besser.« Heiner Gierlich hatte auf den ersten Blick gesehen, dass die Geschäftspläne seiner Anverwandten, die eine Speedway GmbH gründen wollten, vor Fehlern und Ungenauigkeiten nur so strotzten. Das hatten die beiden einfach mal so hingerotzt in der Hoffnung, dass er als Profi schon die Kastanien aus dem Feuer holte. Und was hatte er getan? Blöd wie immer, wenn es um die missratene Familie ging, hatte er sich in der vergangenen Woche in ein Thema eingearbeitet, das ihm so gar nicht lag.

Im Prinzip waren die Überlegungen ja richtig. Es gab eine Sandrennbahn in Jübek, genau vor der Haustür der Gierlichs, die brachlag. Die großen Zeiten, als zumindest jeder Schuljunge den Namen des damaligen Weltmeisters Egon Müller kannte und schon einmal etwas von Speedway-Rennen gehört hatte, waren jedoch schon lange vorbei.

»Warum sind die beiden eigentlich nicht selbst gekommen?«

Seine Mutter und er hatten die Geschichte der Familie schon tausendmal durchgekaut. Der Abend, an dem der Pfarrer bei ihnen zu Hause aufgetaucht war und sein Anderssein ausgeplaudert hatte, der hatte dabei immer im Mittelpunkt gestanden. Aber Gierlich hatte sich auch sonst von den Gepflogenheiten der »richtigen Männer« auf dem Hof abgestoßen gefühlt. Am schlimmsten war deren Begeisterung für Motorräder.

Der Vater hatte Svend schon früh an seine Leidenschaft, das Speedway-Fahren, herangeführt. Sie schraubten zusammen, sie trainierten zusammen, sie gingen auf Tour, von Rennen zu Rennen. Die beiden ekelten sich vor Heiner, der so gar nicht ihren Vorstellungen von Männlichkeit entsprach. Sie triezten ihn, wo sie nur konnten. Die Knüffe gingen immer ein wenig über das normale Maß hinaus. Und später hatten sie ihn ewig mit heterosexistischem Gelaber provoziert. Wenn sie ihn wenigstens links liegen gelassen hätten.

Als er dann aus dem Haus war, war die Mutter unter die Herrschaft der Motorgang geraten und wurde zum Opfer all ihrer Launen. Wobei sich Gierlich eigentlich immer unsicher war, ob die beiden einfach nur rüde und unbedarft oder im Grunde ihres Herzens boshaft waren. Doch dann hatte Svend ihn eines Tages mit einem Schlachtermesser bedroht. »Ich bring dich um, du schwule Sau. Und diesen britischen Arschficker gleich mit.« Das war während eines Kurzbesuches mit Rory passiert, mit dem er für ein paar Tage nach Hamburg geflogen war. Wer will nicht seinem Partner sein Stückchen Heimat vorzeigen? Mutti hatte ein spätes Abendbrot auf den Tisch gebracht. Svend und sein Vater waren sturzbetrunken vom Gildeschießen gekommen, und dann gab ein Wort das andere. Seit diesem Vorfall hatte er sein Elternhaus nicht mehr betreten.

Auf die gemeinsamen Treffen mit Vater und Bruder in »Schlüters Gasthof« hatte er sich nur eingelassen, nachdem er sich versichert hatte, dass die Männer im Hause Gierlich seine Mutter schon länger in Frieden ließen.

Jedenfalls hatte sich Heiner Gierlich, nachdem er im Gasthof die Schmierzettel der beiden in Empfang genommen hatte, hingesetzt, um einen respektablen Geschäftsentwurf zu erstellen. Der Vorstoß von Vater und Bruder war in einer Phase gekommen, in der Gierlich keinen Plan hatte, wie er mit seiner Familie weiter umgehen sollte. Er wusste aber auch von Mutti, dass alle Konten überzogen waren. Die Männer hatten sich mit dem Motorsport verzockt, und jetzt gab es nur noch Land, das man entweder verkaufen oder anderweitig nutzen konnte. Obendrauf gab es ein paar fixe Ideen. Also tat er das, was er am besten konnte.

Den Business Case hatte er zugespitzt. Speedway und Rennen war das eine, aber ganz entscheidend war doch, welche Angebote über den Sport hinaus auf diesem Areal gemacht werden konnten. In seinem Plan stand ein Multifunktionsareal. Sport ja, aber auch Musik. Das Jübek-Festival war ja mittlerweile auch Geschichte, warum sollte man das nicht in abgewandelter Form wiederbeleben können?, hatte er sich gefragt. Dazu ein Hotel, aber nicht mit fünf Sternen, sondern dem rustikalen Publikum angepasst. Darüber hinaus ein Campingareal. Und da Touristen mit Schleswig und Umgebung auch immer Wasser verbinden, hatte er einen riesigen Spaßsee eingeplant. Baden, Angeln, Bootfahren, Wasserski – und als Clou einen Tauchturm. Das alles deutete er seiner Mutter an. Er ließ auch verlauten, dass er das auch durchgerechnet und schon die ersten Investorengespräche geführt habe.

»Junge«, seine Mutter stand auf und ging um den Schreibtisch, »dass du das alles für uns tust.«

»Für euch nicht. Ich tue das für dich, Mutti.«

In dem Moment legte seine Mutter ihre Arme auf seine Schultern. Sie beide hatten immer eine sehr leise Art gepflegt, sich ihre Zuneigung zu zeigen. Die natürliche Reaktion auf das laute und krachende Einverständnis von Svend und dem Vater.

»Ich möchte dir eine Zukunft bieten, die finanziell abgesichert ist und nicht von den Launen der Benzinfraktion abhängt. Die fahren den Karren doch sowieso an die Wand. Das heißt aber auch: Ich bin drin in diesem Geschäft. Die beiden müssen sich mir unterordnen.«

»Meinst du, dass das klappt?«

»Das muss klappen.« Damit schlug Heiner Gierlich den Ordner zu.

»Ich glaube, Vati und Svend haben sich das etwas anders vorgestellt. Zum Beispiel, dass du uns das Geld vorstreckst.«

»Das wird nicht passieren, so geht das auf gar keinen Fall. Sag ihnen, dass wir uns nächsten Samstag wieder treffen können. Ich habe am Freitag noch wichtige Gespräche in Kiel, danach habe ich den Kopf frei.«

»Mach ich, Heiner, aber ich muss jetzt los.«

»Klar doch, aber sag jetzt nicht, dass heute Mittag das Essen auf den Tisch muss.«

Frau Gierlich schüttelte entschieden den Kopf. »Nein, Vati und ich haben ein Gespräch mit einem Interessenten. Der will die zwei Hektar südwestlich von der Rennbahn pachten.«

»Das macht mal bloß nicht, das Gelände brauchen wir für den Campingplatz.«

»Gut, dass wir noch drüber gesprochen haben. War noch was, Heiner? Du siehst so mitgenommen aus?«

»Ach, Mutti …«

Gierlich wollte gerade ansetzen, sein Innenleben auszubreiten, da fuhr ihm seine Mutter in die Parade. »Ach, ich merk schon, der Stress, der Stress.«

Mutter Gierlich rüstete zum Aufbruch. Ihr aktuelles Problem war gelöst. Was sie jetzt gar nicht hören wollte, waren Heiners Befindlichkeiten. Womöglich Beziehungsprobleme mit irgendwelchen Männern.

»Nun gut. Ich wünsch dir eine gute Heimfahrt. Pass auf dich auf.«

»Du weißt ja, ich fahre nicht mehr so gern Auto. Aber was soll mir auf der Strecke nach Jübek schon groß passieren.«

»Gar nichts, Mutti. Gar nichts. Dein Polo kennt den Weg.«

Seine Bürotür fiel hinter ihr ins Schloss. Er war nicht einmal mehr aufgestanden und hatte seine Mutter zur Tür geleitet. Er war auf, wie man so sagte. Seine Akkus waren leer. Das fast schon euphorische Gefühl nach dem Beinahe-Unfall auf der Autobahn hatte nicht lange vorgehalten. Sein Schreibtisch war wie immer aufgeräumt. Persönliche Dinge musste man suchen in diesem Zimmer. Dieses Büro hätte jedem Möbelkatalog zur Ehre gereicht. Keiner hätte vermutet, dass hier seit vier Jahren jemand intensiv arbeitete und die Geschicke von sechzehn Angestellten leitete.

»Ach, Mutti. Jetzt hast du dich mal wieder aus dem Staub gemacht. Ich will mich nicht beklagen, du hast dich immer auf deine eigene Art und Weise für mich eingesetzt. Du hast mich aus den Feuerlinien geschafft, wenn es mit Svend und vor allem auch Vati mal besonders knallte. Du hast mich aber auf der anderen Seite auch für deine Zwecke eingesetzt. Es war nicht so, dass ich dir bei den Hausarbeiten nicht behilflich sein wollte. Aber du hast gedacht, wenn er so anders ist als die anderen Jungs, dann kann er mir wenigstens im Haushalt helfen. Du hast mich dadurch, ohne es zu wissen, in den Augen von Svend und Vati noch weiter herabgesetzt.«

Heiner Gierlich war mittlerweile aufgestanden und schaute aus dem Fenster. Wenn er dem Raum den Rücken zukehrte, konnte er sich besser vorstellen, seine Mutter säße immer noch da vor seinem Schreibtisch. Die Knie züchtig zusammengekniffen. Die Handtasche auf dem Schoß des blauen Kostüms, das seine besten Tage hinter sich hatte.

»Es war beileibe nicht so, dass ich mich nicht gegen die körperlichen Züchtigungen dieser beiden Schwachmaten hätte wehren können. Mutti, ich wollte das nicht. Und du kamst immer mit dem Argument: ›Junge, egal wie du so gestrickt bist, wehr dich doch‹. Die Züchtigung im Schweinestall, ja, es tut mir leid, dass ich immer wieder darauf zurückkomme. Lass mich dieses eine Mal ausreden, bitte. Es war genau dieser Abend, an dem mich Vati ausgepeitscht hat, der jeden Widerstand gegen meinen Vater und meinen Bruder in mir zusammenbrechen ließ. Ich habe zwischen zwei Schlägen kurz über die Schulter geschaut und habe Svend gesehen. Er hat breit und dreckig gegrinst. Und was hast du dazu gesagt? Wenn ich mich nicht sehr täusche, hast du vor der Scheune gestanden, denn dort hast du mich danach in Empfang genommen und in die Arme geschlossen. So wärest du wenigstens zur Stelle gewesen, wenn dein versoffener Ehemann sich nicht mehr hätte kontrollieren können und Gefahr gelaufen wäre, mich totzuschlagen. Ganz ehrlich Mutti, das ist ein sehr schwacher Trost. Aber mich habt ihr nicht kleingekriegt.«

Gierlich unterbrach sich selbst und drehte sich auf dem rechten Absatz einmal um die eigene Achse. Er stemmte die beiden Hände gegen die Glasscheibe und fing sich damit mitten in der Drehung ab. Er hauchte einen Kussmund auf die Scheibe.

»Jetzt weihe ich dich mal in ein Ritual ein, das ich jeden Mittag bei uns zu Haus gepflegt habe. Nach jedem Mittagessen bin ich in das große Bad gegangen, in dem all eure Zahnbürsten standen. Ich habe dann in das Waschbecken onaniert und habe eure Zahnbürsten kurz in mein Sperma eingetaucht. Nur ganz kurz und ganz leicht. Ach, Mutti, warum schreist du jetzt so? Na gut, nicht jeden Tag, aber fast jeden Tag. Ich wollte euch doch nur von meinem Anderssein kosten lassen. Macht man das mit Allergikern nicht auch so? Ich sag dir auch, wie sich diese Methode nennt: Desensibilisierung. Helmut hatte mir davon in der Schule erzählt, der war doch so stark allergisch gegen Gräser. Ich lache mich heute noch manchmal kringelig, wenn ich daran denke. Und in meinen schwulen Kreisen sorgt diese Anekdote für ganz viel Heiterkeit. Vor allem, weil meine Leidensgenossen genau wissen, wovon ich rede. Wer hatte es in seiner Jugend schon leicht, sich zum Schwulsein zu bekennen. Und dann noch auf dem Land. In einem Kuhdorf mit Sandrennbahn.«

Gierlich legte jetzt die Wange an die Scheibe, die angenehm kühl war. Er war dabei, sich ordentlich in Rage zu reden. »Ich werde mit Pauken und Trompeten wieder in eure Einöde ziehen und dem dahinsiechenden Kaff Leben einhauchen. Aber bevor ich das tue, muss ich mit dir über etwas sprechen, dass dir noch weniger gefallen wird als die Zahnbürsten-Episode. Dein Sohn hat nicht nur gegen die guten Sitten verstoßen, ich bewege mich nicht nur in der Lederszene in Hamburg, nein, ich bin leider in eine Sache hineingeraten, die ich bisher keinem Menschen erzählen konnte. Ich werde erpresst oder besser gesagt: Ich wurde erpresst. Und wie es mit Erpressern so ist, die geben erst Ruhe, wenn sie grüner Rasen deckt. Nicht, dass du jetzt glaubst, ich hätte jemanden umgebracht. Nein, vielleicht habe ich jemanden in eine Lage gebracht, in der er, sagen wir mal, etwas indisponiert war. Andere mögen dafür gesorgt haben, dass dieses Scheusal aus dem Leben scheidet. So war das. Und jetzt kommst du, Mutti.«

Da war es wieder, das Rauschen im Kopf. Es baute sich gerade wieder zu einem Orkan auf. Dr. Heiner Gierlich wusste auf einmal nicht, wohin mit sich. Das Spiel, das er gerade gespielt hatte, funktionierte nicht. Er brauchte ein Gegenüber und war wütend auf sich selbst. Er verzehrte sich nach Nähe und hätte sich nichts sehnlicher gewünscht, als mit einem vertrauten Menschen zu sprechen. Es hatte ihn unheimlich getroffen, dass seine Mutter sich dem Gespräch entzog, obwohl sie offenbar gemerkt hatte, dass etwas nicht mit ihm stimmte. Der Druck in seinem Kessel wuchs. Es war kaum auszuhalten. Rory konnte er nicht anrufen, sein Abgang war allzu schäbig gewesen. Wer auf so eine Schlampe

262

wie diesen brasilianischen Investmentbanker hereinfiel, der hatte es nicht verdient, jemals wieder angerufen zu werden.

Aber konnte er sich solche Auf- und Abrechnungen momentan erlauben? Er war in diesem Nest von Eckernförde gefangen, und er brauchte unbedingt eine Einschätzung von außen. Was würde Rory zu der Geschichte mit Lars Martens sagen?

Es klopfte. Frau Brodersen steckte ihren Kopf herein. »Darf ich?«

»Nun ja.«

»Frau Roland hat die Agenda für den Freitag gefaxt.«

»Ein Unglück kommt selten allein«, sagte Gierlich.

Frau Brodersen brachte nur noch ein »Herr Doktor« heraus und drehte sich auf dem Absatz um.

Gespräche über Gummi und Gummis

»So eine Scheiße, so eine elende, beschissene Kack-Scheiße!« Rasmussen hatte heute den halben Tag damit verbracht, mit Calloe nach Husum zu fahren und den Zeugen Sören Brauer aus der Strandherde noch einmal zu befragen. »Der Typ ist absolut amoralisch. Dem ist alles zuzutrauen, ein absolutes Arschloch. Aber leider unschuldig«, fasste Rasmussen die wichtigste Erkenntnis des Tages zusammen.

»Deine Fähigkeit, dich differenziert auszudrücken, hat mich schon immer begeistert, mein Held.« Marlene schob Rasmussen eine leuchtend orangefarbene Möhre in den Mund. Seine Möglichkeiten, sich zu wehren, waren beschränkt, denn er knetete mit beiden Händen einen Hefeteig für die Pizza.

»If doch wah, diewer scheif Fall mach mich noch pfertich.«

Und dann konnte er nicht mehr, entließ die kleine, glitschige Möhre wieder aus seinem Mund und prustete vor Lachen. Er schlang die Arme um Marlene und drückte sie mit aller Kraft an sich. »Danke, dass du meinen Kummer teilst. Vielleicht – liebe ich dich ein bisschen.«

Marlene löste sich aus seiner Umarmung, fischte das Gemüse aus dem Hefeteig und wandte sich wieder dem Salat zu. Ein »bisschen« würde ihr auf Dauer nicht reichen. Die Leichtigkeit war so schnell verflogen, wie sie gekommen war.

Rasmussen hatte Marlenes Verstimmung nicht wahrgenommen. Er bearbeitete nun mit neuer Energie den Teig und freute sich auf einen harmonischen Feierabend. Er musste den Kopf mal freikriegen.

Das sagte man so. Aber das war auch so.

Neulich noch beim Friseur hatte er in einer Frauenzeitschrift gelesen, man müsse achtsam mit sich umgehen, überhaupt achtsam sein, wahrnehmen, was man täte. Also atmete Rasmussen gleichmäßig ein und aus und spürte den inzwischen warmen und geschmeidigen Teig an seinen Handflächen. Er spürte, wie sich seine Hände schlossen, die Anspannung der Muskeln in den Unterarmen, im Schulterbereich und in der Brust. Er roch den süßlichen Duft der Hefe und formte nun sanft eine Kugel. Teig kneten hatte zweifellos eine erotische Komponente.

Außer dem zunächst trockenen, leicht reibenden, später, als das Mehl vollständig eingearbeitet war, feucht schmatzenden Knetgeräusch war in Rasmussens Küche das Schneiden von Paprika und das Hacken von Zwiebeln zu hören. Ansonsten war es ganz still. Minutenlang.

»Eine Stille, die nicht geräuschlos ist«, sagte Marlene.

Rasmussen brummte. »Hm, jede Stille hat doch ihre Geräusche und ihre Gerüche. Nebelstille ist anders als die Stille im hohen Gras an einem heißen Sommertag. Oder nimm mal die räuspernde und hüstelnde Stille in einer Kirche.«

Dann kneteten und schwiegen sie wieder.

Rasmussen rollte den Teig aus, legte ihn rüber aufs Backblech. Marlene hatte Speck in feine Scheiben geschnitten und frischen Gruyère geraspelt. Dazu Crème fraîche, und fertig war jene Pizza, die er allen anderen vorzog. Die korsische Variante. Er liebte Korsika und die Korsen, dieses freiheitsliebende, unbeugsame Volk. Es war hart, kantig und romantisch. Jedenfalls war das sein Bild, das er sich nicht nehmen ließ. Bei einem französischen Weinhändler in Hamburg kaufte er ab und an ein paar Flaschen Vin de Corse Patrimonio. Er hatte bereits eine der Flaschen geöffnet. In seiner Hosentasche vibrierte das Handy.

Die Brix. Schon das zweite Mal heute Abend. Rasmussen ahnte, worum es ging, dachte an die Tipps aus der Frauenzeitschrift und drückte sie weg. Er schob die Pizza in den Herd und kehrte mit zwei Gläsern an den Küchentisch zurück. Er schenkte sich einen Fingerbreit ein, kostete, und, wie erwartet, war der Wein wunderbar. Dann füllte er Marlenes Glas und reichte es ihr.

Marlene wirkte abwesend. Sie nahm das Glas und stellte es wieder ab. »Ich bin gekränkt.« Sie umfasste den Stiel des Glases und drehte es langsam. »Wir haben was miteinander. Seit zwanzig Jahren. Aber was haben wir? Du liebst mich vielleicht ein bisschen!? Das tut mir weh, Hans. Ich habe zu niemandem ein intimeres Verhältnis als zu dir. Du bist der wichtigste Mensch in meinem Leben, und du liebst mich ein *bisschen*?«

Rasmussen beugte sich vor, streckte seine Arme aus, nahm

Marlenes Glas zur Seite und ihre Hände in die seinen. Er hatte erwartet, dass es zu diesem Gespräch kommen würde. Früher oder später, und er hatte es gefürchtet. Nun zögerte er keine Sekunde. In ihm war alles ganz klar. Die komplizierte und leider sehr unklare Wahrheit gehörte auf den Tisch.

»Marlene, ich liebe dich nicht nur ein bisschen. Ich liebe dich von ganzem Herzen, aber ich habe Angst, von dir allein gelassen zu werden. Und ich habe Angst, dich allein zu lassen. Ich habe immer gefunden, dass wir wie die Pferde von Jensen sind. Die kamen manchmal an den Zaun. Nicht immer. Aber wenn sie kamen, ließen sie sich von mir streicheln, blähten ihre Nüstern und nahmen mit ihren weichen Mäulern ganz zart eine Handvoll Löwenzahn von mir. Und dann, ganz plötzlich, richteten sie sich auf, wendeten auf der Hinterhand und stoben davon. Ich habe dich und mich immer so gesehen.«

»Solange wir immer wieder zum Zaun kommen?« Marlenes Antwort klang fragend, hoffend. »Ich kann mit dem Risiko leben, aber nicht mit Halbheiten.«

Rasmussen stand auf, umrundete den Tisch, fasste unter Marlenes Oberschenkel und hinter ihren Rücken, hob sie zu sich auf den Arm. Marlene schlang ihre Arme um seinen Hals. Ein kurzer, intensiver Blick. Ernst und tief.

Rasmussen hatte wieder Mut geschöpft und wagte den jahrelang erprobten Ausflug auf Jensens Koppel. »Ich könnte dir den Hengst machen.«

Marlene schloss die Augen. Eine sehr kleine Träne erschien. Dann grinste sie breit. »Hat der Hengst denn auch Gummis in der Box?«

Nach zwanzig Minuten meldete sich der Backofen. Und gleichzeitig vibrierte erneut das Handy. Rasmussen nahm es mit zur Toilette. SMS nach dem Sex hätte Marlene sicher ziemlich unromantisch gefunden. Die Brix hatte wohl eingesehen, dass Rasmussen gerade nicht gesprächsbereit war. Sie hatte eine SMS geschickt, nein zwei. Was Längeres. Er gab sich einen Ruck und las.

»Moin Hans, was immer du gerade tust, genieße es. Aber: Nimm meinen dringenden Wunsch nach einem Termin zur Kenntnis! Weil: Wir müssen

Birte noch mal ins Gebet nehmen. Haben wir Samstag besprochen. Du erinnerst dich hoffentlich. Erwarte deinen Rückruf. Deine M.«

Rasmussen schaute in den Spiegel. Marlene hatte recht. Die Brix auch. Gut, ein paar kluge Frauen an seiner Seite zu haben. Er lächelte sein Spiegelbild an und fühlte sich glücklich.

Als er in die Küche kam, hatte Marlene die dampfende Pizza schon aufgeschnitten. Beide aßen mit großem Appetit.

»Apropos Gummi«, hob Marlene noch mit vollem Mund an.

»Schon wieder?«, entgegnete Rasmussen mit gespieltem Entsetzen. »Du hast es aber nötig.«

»Ja, ich habe es tatsächlich nötig. Wie du dich sicher erinnern kannst, brauche ich dich als Rennleiter beim GUMM-PRIX.«

Ächzend ließ Rasmussen seinen Kopf auf die Tischplatte sinken und begann zu schnarchen.

Marlene ließ sich nicht verunsichern. »Und weil ich um deine kommunikative Stärke weiß, kann ich dir heute mitteilen, dass ich dich außerdem zum Moderator auf der Holzbrücke befördert habe. Damit du im Bilde bist und wir keine unangenehmen Überraschungen erleben, habe ich dir hier mal den Ablaufplan mitgebracht.« Sie zog mehrere A4-Seiten aus ihrer Aktentasche.

Rasmussen kam mit dem Kopf wieder hoch, die Arme baumelten kraftlos unterhalb der massiven Eichenplatte. Er starrte Marlene an. »Lene, bist du verrückt geworden? Rennleiter, okay, weil du es bist und weil ich den GUMM-PRIX geil finde. Aber Moderator? Ich kann das nicht, und selbst wenn, würde mich hinterher niemand mehr ernst nehmen. Bei aller Liebe, das kannst du nicht von mir verlangen.«

»Ich verlange nichts von dir, ich gebe dir die Chance, deine Souveränität unter Beweis zu stellen. Alle werden sagen, schaut an, der Rasmussen, der hat es nicht nötig, immer nur den Harten zu machen.«

Das Perfide war, Marlene klang absolut überzeugend, glaubwürdig, und was sie sagte, war auf beinahe erleichternde Art zwingend. Sie sagte nicht, dass sein Auftritt alternativlos sei, sie sorgte durch sich selbst dafür, dass es tatsächlich so war.

Einen kürzeren Kampf hatte Rasmussen noch nie abgeliefert,

soweit er sich erinnerte. Marlene hatte recht. Seit Monaten nagte er an seinem Wunsch nach Erweiterung, nörgelte an Ecktown und seiner vermeintlichen Enge rum, beklagte die Gleichförmigkeit des Jobs, und sobald sich eine Änderung des Ablaufs ankündigte, sperrte er sich? Nö, er würde auf die verdammte Holzbrücke gehen, er würde da rausgehen und sich im schlimmsten Fall zum Affen machen. Aber er hätte nicht gekniffen. Vielleicht war das eine Art Generalprobe für den Start in eine neue Lebensphase. Vielleicht fand er endlich den Mut zu einer Entscheidung. Oder gleich zu mehr als nur einer Entscheidung.

»Zeig mal her.«

Marlene reichte ihm den Ablaufplan.

Eigentlich wusste er ja, wie es lief. Das mit der Akkreditierung, den Parkplätzen, Aufstellzonen und der – Eröffnung. Er stutzte. »Ihr holt Wencke Myhre?«

»Pssst«, machte Marlene. »Streng geheim.«

»Lene, du bist verrückter, als ich sowieso schon dachte. Ich liebe dich.«

Marlene schaute ihm ernst in die Augen. »Ein bisschen?«

»Wenn dir das reicht, auch ein bisschen. Ich hätte auch gegen ein bisschen mehr nichts einzuwenden.«

Der Abend ging in die zweite Runde.

Mal eben nach London

Er hätte sich selbst nicht so sehen wollen. Heiner Gierlich hockte schon seit Stunden im Treppenhaus vor Rorys Wohnung. Ein Häufchen Elend im besten Businessanzug. Wie gut, dass Rory allein unter dem Dach wohnte. Jetzt war es schon kurz nach halb eins.

Kurz entschlossen hatte er heute Morgen die Sparkasse verlassen, nicht ohne vorher alle Termine bis Donnerstagmorgen absagen zu lassen. Dann war er in sein Auto gesprungen und zum Hamburger Flughafen gedüst. Im Kofferraum hatte er seine frisch gepackte Saunatasche, damit hatte er zumindest alle Hygieneartikel, die er für ein paar Tage brauchte, an Bord. Es war kein Problem gewesen, einen Hin- und Rückflug zu buchen. Er hatte in Hamburg-Fuhlsbüttel nicht einmal zwei Stunden auf seinen Flug warten müssen.

Nach dem Gespräch mit seiner Mutter wollte er einfach nur noch weg. Der Impuls, zu seinem verflossenen Liebhaber nach London zu fliegen, war immer stärker geworden. Nun saß er hier seit zwei Stunden. Er fühlte sich vollkommen leer. Alle halbe Stunde ging er die halbe Treppe hinunter und schaute auf die Smithy Street hinunter. Gegenüber befand sich eine *primary school*. Tote Hose. Es passierte nichts im Haus. Und es passierte auch nichts auf der Straße. Er setzte sich wieder auf die oberste Stufe. Ab und an merkte er, wie ihm die Augen zufielen.

»Heiner.«

Er wachte auf und schaute schräg nach oben. Sein Kopf schmerzte, sein Hals war verrenkt. Offensichtlich war sein Oberkörper zur Seite gefallen und sein Kopf abgenickt.

»Heiner, *it's half past seven*. Was machst du hier?« Rory schaute Heiner Gierlich fassungslos an.

»Siehst du doch. Ich habe die Nacht vor deiner Tür gewartet und bin offensichtlich eingeschlafen. Oder fällt dir irgendetwas anderes zu dieser Situation ein, Schatz?« Gierlich biss sich fast auf die Zunge. Was er unbedingt vermeiden wollte, waren irgendwelche ironischen Untertöne oder Anspielungen. Und jetzt war er schon wieder mittendrin. Aber wer so hochschreckt, wer hat sich da denn schon im Griff!

Rory guckte entsprechend angesäuert, reichte ihm aber die Hand und sagte: »Hi, hier kannst auf keinen Fall bleiben. *Come on, come on.* Ich muss gleich. *Oh my dog, what are you doing?*«

Gierlich lächelte. »*Oh my dog*«, das war ihm vertraut, Rory liebte es, den »*God*« auf den Kopf zu stellen.

Rory hatte schnell zwei Espresso in der Küche gemacht. Sie lehnten beide nebeneinander am Küchentresen und frönten dem Blick über die Dächer im East End. Gierlichs gute Laune hielt nicht lange an.

»Hier kannst du auf gar keinen Fall bleiben.«

»Schon klar«, sagte Gierlich, auch wenn er seine Enttäuschung nicht ganz verbergen konnte.

»Ich muss mich jetzt umziehen, ich bin knapp dran.«

Als Rory aus dem Schlafzimmer wieder in die Küche kam, hätte Heiner auf die Knie sinken können. Der Mann sah unwiderstehlich gut aus. Er wollte ihn gerade fragen, ob sie sich heute Abend sehen können, da machte Rory ihm unmissverständlich klar, dass er ihn auf gar keinen Fall wiedersehen wollte.

»*It was a pleasure to see you. But, you know*, wir sind geschiedene Leute.« Die Silben der letzten beiden Worte zog er ganz lang. »*You got it?*«

Gierlich schaute Rory flehentlich an. Der sagte aber nur: »*Time to go*«.

Also gingen sie beide, und unten auf der Smithy Street landeten die ersten Schulkinder an. Rory ging in Richtung Underground-Station Whitechapel nach links. Gierlich wandte sich instinktiv nach rechts, ohne zu wissen, wohin er wollte. Nach fünfzig Metern drehte sich sein ehemaliger Lebenspartner um und rief: »*Bye, darling*«. Gierlich war sowieso schon stehen geblieben und hatte sich umgedreht. Er hob die Hand zum Gruß.

Sie hatten sich nicht umarmt. Sie hatten nicht miteinander geredet. Sie waren für ein paar Momente einfach nur nebeneinander gewesen. Was spielte es jetzt noch für eine Rolle, dass es sich für ihn gut angefühlt hatte? Keine.

Sechzehnter Tag: Dienstag

»Frühschoppen g'schpritzt«

Auch wenn der Brix heute nicht so danach war: Der Frühschoppen wurde nicht geschwänzt. Sie war früh dran und beschleunigte nun noch mal ihren Schritt. Sie hatte ein Treffen mit Dr. Amos Wiesel, dem Gerichtsmediziner aus Kiel, eingeschoben, denn sie schätzte nicht nur dessen pharmakologische Kenntnisse, sie wusste auch, dass er ein Psychologiestudium nachgelegt hatte. Gäbe es doch bloß mehr solcher interdisziplinär denkenden Menschen.

Die Brix seufzte in Gedanken und wäre beinahe Opfer eines dieser monströsen Schlepper geworden, die nicht nur unglaubliche Ausmaße hatten, sondern auch so schnell unterwegs waren wie ein normaler Pkw. Jedenfalls hatte sie den Zebrastreifen vom Friedhof hinüber zur Landratsvilla gut zur Hälfte überquert, als aus Richtung Borby ein Traktor heranrauschte und an ihr vorbeizog, dass es ihren bronzefarbenen Hut auf den gegenüberliegenden Bürgersteig wehte. Aber der Schrecken hielt nicht lange an. Die Brix war eine gefürchtete Tischtennisspielerin mit sehr guten Reflexen gewesen, und beeindrucken ließ sie sich nur von Schönem und Gutem.

Geistesgegenwärtig zückte sie ihr brandneues Smartphone und fotografierte den Killertrecker, der jetzt den Mühlenberg herabschoss. Ein Irrer. »Jungchen, dir werde ich helfen«, murmelte die Amtsrichterin im Ruhestand. Und wer Margarete Brix kannte, konnte schon jetzt Mitleid mit dem wild gewordenen Maisbauern haben. Dass es ein Maisbauer war, stand für sie außer Zweifel. Nur die konnten sich die neuesten Landmaschinen überhaupt leisten.

Sie angelte ihr Hütchen vom Bürgersteig, leitete das Foto mit Bitte um Kennzeichenüberprüfung an Hinrichsen und Schrader weiter, ging hinunter in den Bürgerpark und setzte sich auf eine Bank. Ihr morgendlicher Dreikampf: Bürgersteig, Bürgerpark, Bürgerbank. Wiesel würde sicher jeden Moment kommen. Sie wollte von den Knilchen nicht gesehen werden und hatte darum diesen nicht am Transitweg zwischen Ykaernehus und Rundsilo gelegenen Treffpunkt gewählt.

Nur wenig später hörte sie das unverkennbare Boxergeräusch, das Wiesels alter Porsche in die Welt trompetete, und dann kam er auch schon – in einer karierten Hose, die auf den äußerst gewöhnungsbedürftigen Geschmack des Trägers aufmerksam machte. Wiesel war diesbezüglich ein echter Grenzgänger.

»Herr Doktor, schön, dass Sie Zeit für mich finden.«

»Frau Richterin, für Sie erstens immer und zweitens muss ich gleich rauf zum Zahnarzt. Wegen der Leiche von gestern Morgen. Zahnstatus. Vermisstenabgleich. Sie wissen schon.«

»Eine Leiche? Gestern. Ich weiß von nichts.«

»Haben Bauarbeiter gestern im Noor gefunden. Ich schätze, dass sie dort seit über sechzig Jahren liegt. Vielleicht ein Soldat. Ich habe keine Ahnung. Das eilt jetzt auch nicht wirklich.«

»So, so. Nun, können Sie mir denn mit der Auskunft wegen des Chemiecocktails in Lars Martens' Körper mit ein paar Informationen dienen?«

Wiesel konnte, aber zu neuen Einsichten kam die Brix leider nicht. Zur tödlichen Dosis konnte Wiesel nicht viel sagen, und auch den Zeitraum konnte er nicht weiter eingrenzen. Allein interessant schien, dass Wiesel das Zusammentreffen unglücklicher Umstände bei der Einnahme der Substanzen nicht ausschließen wollte.

»Gewaltsam eingeflößt hat ihm das sicher niemand, und«, er hob den Zeigefinger, um das Folgende zu betonen, »es ist auch möglich, dass Martens die Substanzen an verschiedenen Orten zu sich genommen hat.«

»Wiesel, wo wir gerade so schön beeinandersitzen. Ich zerbreche mir den Kopf über die Rolle von Birte Martens. Könnte eine zweite Meinung gebrauchen.«

»Hm, Hans und ich haben uns im Auto ziemlich lange über Birte unterhalten.«

»Wie ist eigentlich die psychologische Situation von Birte einzuschätzen?« Die Brix machte eine Pause. »Was könnte sie zur Täterin gemacht haben?«

Wiesel spitzte den Mund. Dass Margarete Brix Birte so unverblümt als mögliche Mörderin zur Diskussion stellte, wunderte ihn zunächst, obwohl er um die analytische Veranlagung der erfahrenen

Juristin wusste. Bei Licht betrachtet, musste die Frage nach Birtes innerer Befindlichkeit allerdings gestellt werden, und ganz sicher rang auch Rasmussen schon im stillen Kämmerlein mit diesem Problem. Er versuchte ein kurzes Psychogramm.

Birte war sicher eine über Jahre hinweg erfolgreiche Verdrängerin. Mit Tabus belegte Geschehnisse konnte der Mensch durch Verdrängung abwehren. Vielleicht hatte Birte unbewusst Schuld empfunden. Hinzu kam dann der akute Druck der unheilvollen Schwangerschaft. Sie hatte womöglich erkannt, dass sie immer nur benutzt worden war. Die Vergewaltigung, die Erniedrigungen. Sie hatte es nicht mehr ausgehalten, hatte nach einer Lösung gesucht. Und auch jenseits psychologischer Überlegungen konnte Wiesel Birte Martens nicht entlasten. Sie war an Bord des Kutters gewesen, sie war von Helmut Siemsen über Lars' Angewohnheit, sich mit Viagra zu »dopen«, informiert gewesen, und sie versorgte ihren Schwiegervater mit Herzmedikamenten. Dass sie zudem um die Wirkkombination der Präparate wusste, war anzunehmen. Schließlich hatte sie eine Ausbildung als pharmazeutisch-technische Assistentin absolviert.

Wiesel fasste zusammen. »Birte stand zweifellos unter erheblichem Druck und war möglicherweise nur eingeschränkt zurechnungsfähig. Dass sie vom Fach ist und sich mit Medikamenten auskennt, kommt erschwerend hinzu. Ich würde sie in die Enge treiben.«

Gestern Abend hatte Rasmussen die Brix endlich zurückgerufen und sie über ein Treffen mit Birte informiert. Morgen auf dem Petersberg. Neutraler Boden. Die Brix konnte es kaum abwarten. Wiesel hatte sicher recht, aber sie hoffte, dass sich die Verdachtsmomente gegen Birte nicht weiter verdichten würden.

»Herr Doktor, ich danke Ihnen für das Gespräch.« Margarete Brix versuchte das ungute Gefühl, hinter Birtes Rücken zu agieren, abzuschütteln. Schwungvoll stand sie auf.

»Frau Gerichtspräsidentin, dafür nicht.« Wiesel nahm den jovialen Ton gern an. Er war froh, dass er nicht in Rasmussens Haut steckte, der gezwungen war, gegen seine alte Freundin zu ermitteln.

»Wiesel, ich muss jetzt zu meinen Knilchen. Wir haben wegen

Hans' Geburtstag noch dies und das zu regeln. Ach, die Leiche im Noor. Es wäre gut, wenn Hans damit jetzt nicht behelligt würde. Ich spreche mal mit der Staatsanwältin. Das hat doch sicher noch drei, vier Tage Zeit.«

Wiesel nickte.

»Wir sehen uns auf Hans' Party. Moin, moin.«

Mit zusammengekniffenen Lippen und strengem Blick wandte sich die Brix dem Hafen zu. Birte, eine Mörderin? Das konnte nicht sein. So sehr würde sie ihre Menschenkenntnis nicht täuschen. Oder war sie nur allzu voreingenommen?

Auf der Klappbrücke angekommen, musste sie dann doch lächeln. Seit einigen Wochen befestigten Verliebte Vorhängeschlösser am Geländer der Brücke und warfen den Schlüssel ins Hafenbecken. Als Zeichen für ihre Liebe. Das war ein bisschen kitschig, vor allem aber wärmte es das Herz. Den Glauben an die Liebe hatte die Brix auch nach zahlreichen Affären, die nicht selten unschön geendet hatten, nie verloren. Erika und Jörn waren das beste Beispiel dafür, dass es immer eine Chance gab. Vielleicht hängten die beiden ja auch bald ein Schloss an die Brücke.

Auf der anderen Seite angekommen, sah sie Fiete Burmester und Fritze Köppen an der Hafenpromenade sitzen. Die Brix nickte ihren Freunden zu. Dann ließ sie sich im Strandkorb neben Fritze nieder. Fiete beanspruchte ob seiner Leibesfülle einen Korb für sich allein und eröffnete das Gespräch.

»Wo warst du? Ich dachte, wir würden zusammen herkommen.«

»Büschen Recherche.« Mehr wollte die Brix nicht sagen.

Fiete machte kurz »Tss.« Damit war Tagesordnungspunkt eins vom Tisch.

Es näherte sich ihnen ein neues Gesicht, um nach den Wünschen der Stammkunden zu fragen. Die Brix bestellte »wie immer«. Die Bedienung schaute fragend. Sie war erst seit ein paar Tagen im Dienst.

»Sanddornsaft mit Schuss, bitte«, ergänzte die Brix.

Die Kellnerin antwortete in weichem Wiener Dialekt: »G'schpritzt, kommt sofoat, Gnädigste.«

Eckernförde bekam langsam eine beinahe polyglotte Note.

Die Brix freute sich über jede neue Sprache, die sie hörte. Eine wunderbare Bereicherung.

»So, dann mal los. Wie sieht die Örtlichkeit denn in der Feinplanung aus? Fiete …«

Burmester griff nach der blauen Mappe, die neben ihm im Strandkorb lag und reichte sie der Brix. Die schlug den abgenutzten Schnellhefter mit dem Burmester-Bau-Stempel auf dem Deckel auf. Ein Stadtplan, einige Skizzen, ein paar Fotos. Sie blätterte vor und zurück, war sichtlich zufrieden.

»Fiete, das ist wirklich schön so. Auch im Detail. Große Klasse. Hätte nicht gedacht, was da so möglich ist.«

»Maggie, ich bin ja Maurer, aber Hochbau bedeutet auch, dass man Überblick braucht, und ich habe doch gemerkt, dass Hans mal ein bisschen freie Sicht haben muss und irgendwie – ein anderes Lebensgefühl. So, wie es jetzt ist, wird es ihm bestimmt gefallen.«

Die Brix schlug die Mappe zu und schaute Fiete an. »So rumpelnd du ja auch meistens bist. Was Einfühlungsvermögen angeht, macht dir so leicht keiner was vor. Respekt.«

Fiete tat das gut, und das sah man. Ein Lob aus dem Mund seines Idols wurde ihm nicht alle Tage zuteil.

Die Getränke kamen, und die drei stießen an. Mit Pils für Fiete, Sanddornsaft für die Brix und Aperol für Fritze.

»Aperol, was ist das denn?« Fiete verzog das Gesicht.

»Ein Getränk für die Jüngeren unter uns«, erklärte Fritze und führte das Glas zum Mund.

Fiete brummte. »Ich höre schon, du hast dich ins Catering-Thema vertieft. Was erwartet uns denn an kulinarischen Offenbarungen?«

Fritze atmete tief ein und langsam wieder aus. »Ich möchte euch das heute noch nicht sagen. Nur so viel: Es wird karibisch. Vertraut mir.«

Die Brix schaute skeptisch. »Karibik in Eckernförde?«

»Wart's ab, es wird allen schmecken und, glaube mir, es passt.«

Die Brix war erstaunt und brachte das auch zum Ausdruck. »Ihr beiden legt ein Maß an Kreativität und Wagemut an den Tag, das ich euch nicht zugetraut hätte.«

Fiete und Fritze machten großen Augen.

»Das ist es, was ich früher an Mitarbeitern geschätzt habe. Das habt ihr übrigens mit dem Geburtstagskind gemeinsam. Auf der Basis solider Kenntnisse neue Wege zu finden. Das liebe ich.«

»Margarete, du beschämst uns mit so viel Lob«, sagte Fiete, und Fritze grinste.

»Aber die Bemerkung sei mir doch erlaubt.« Fritze konnte sich diese kleine Spitze nicht verkneifen. »Der junge Hüpfer, unser Hans, der muss sich ja wohl noch beweisen. Mag er noch so viel Talent haben.«

Fiete hatte inzwischen sein Telefon auf den Tisch gelegt und Jörns Nummer gewählt. Der war bester Laune, betonte, dass seine Pumpe vollkommen gesund sei, er sich nur ein bisschen zu sehr aufgeregt hätte und der Krankenhausaufenthalt ein Segen für die Musikauswahl gewesen wäre. Das Programm stünde wie eine Eins. Und dann erklangen, die Brix staunte erneut, Steeldrums und Reggaeklänge. Fiete orderte einen Bacardi, und gemeinsam freuten sie sich auf die Überraschungsparty.

Allerdings währte das karibische Gefühl nicht lange. Von Westen war eine Regenfront herangezogen und sorgte nun für ungemütliche Abkühlung von oben. Fiete zog einen Sonnenschirm näher an die beiden Strandkörbe. »Frühschoppen g'schpritzt.«

Witzig war er ja, der dicke Fiete. Die Brix schmunzelte. Witzige Männer hatten ihr immer gefallen. Dass ihr das bei Fiete bisher nie so richtig aufgefallen war! Versonnen rückte sie ihr Hütchen zurecht und nahm sicherheitshalber noch einen Schluck Sanddorn mit Schuss.

Verbrannte Erde

»Chef, erinnern Sie sich eigentlich an unsere Fahrt mit Siemsen von Sehestedt in die Zentralstation?«, fragte Hinrichsen, als das Team am Dienstagmorgen zusammensaß, um zum wiederholten Mal den Fall Martens aufzurollen.

»Sagen Sie mal, wie könnte ich diesen Abend vergessen?«

»Gut, erinnern Sie sich auch daran, dass Siemsen behauptet hat, er könne auf einen Schlag fünf Verdächtige nennen und wir sollten doch auch mal Martens' Ehefrau stärker unter die Lupe nehmen.«

»Dieser Schwätzer.«

»Chef, er kannte immerhin jedes Mitglied der Strandherde mit Decknamen.«

»Wir auch.«

Sie tagten im Gemeinschaftsbüro, und immer noch hing Hinrichsens Ausstellung »TagNachtAschau«. Unter diesem Titel machte das Ereignis in der Zentralstation die Runde. Rasmussen hatte den Kurator Hinrichsen noch einmal an den Auftrag der Staatsanwältin erinnert, die Fotos doch bitte wieder in den Kartons zu verstauen, als er seine berüchtigte Täterzielscheibe über die Swingerfotos hinter Calloes Schreibtisch gepinnt hatte. Nun stand er davor und kramte in seiner Jackentasche nach der Schachtel mit den Pins.

»Ich höre«, sagte Rasmussen ungeduldig und klaubte sich ein paar Nadeln aus der Schachtel.

»Blacky, Power Pony, Wendy und Steile Stute«, ratterte Hinrichsen runter.

»Hm, ja, Sie machen mir Spaß, Hinrichsen. Die stehen hier ja schon in Reih und Glied im … na? Im äußeren Kreis. Im äußeren Kreis, Herr Kollege.« Rasmussen zeigte auf die Täterzielscheibe. »Aber die Witwe, Hinrichsen, die Witwe ist eine unserer beiden Hauptverdächtigen. Und Rotkäppchen, Hinrichsen, die wollen wir ja auch nicht vergessen, oder?« Rasmussen zeigte auf den Zielkreis. Dort standen die Namen Hanne Mogensen und eben Birte Martens.

»Schon, aber ist denn gestern bei der Befragung von Power Pony nichts herausgekommen?« Irgendwie war Hinrichsen nörgelig davor.

»Power Pony alias Sören Brauer ist ein gewissenloses und gewaltbereites Arschloch mit gewissen masochistischen Anteilen, der Stein und Bein schwört, dass er keinen Kontakt zu Birte Martens hatte.« Rasmussen schaute Hinrichsen ganz gelassen an.

»Das hätte ich Ihnen auch so sagen können, dafür hätten Sie beide nicht nach Husum fahren müssen«, möppelte Hinrichsen weiter rum.

»Na, da haben Sie tatsächlich mal den Nagel auf den Kopf getroffen, aber dass es schon vor dem Treffen am Strand offenbar Absprachen zwischen Herbert Petersen und Brauer gegeben hat, das haben Sie mit Ihren Pol-Pot-Methoden leider nicht herausgefunden. Sportsfreund Brauer hat ausgesagt, Blacky hätte gestichelt und Stimmung gegen Martens gemacht. Es gab die Ansage an Power Pony: ›Lass dir nichts gefallen, wehr dich heute Abend endlich mal‹. Das hat Brauer schon verwundert, Blacky sei sonst so devot gewesen, auf einmal hätte er herumgetönt. So durchgedreht wie Martens in letzter Zeit gewesen sei, brauche dieser endlich mal eine Lektion. Interessant, nicht wahr? Uns hatte Petersen erzählt, Hanne Mogensen hätte Sören dazu angestachelt. Wir müssen noch mal an Petersen ran. Alles in allem war der Ausritt an die Westküste dann doch sehr erfolgreich.« Rasmussen grinste nun breit.

Hinrichsen stöhnte lauf auf. »Klingt wirklich höchst interessant. Aber hilft uns das irgendwie weiter? Wir sind doch gemeinsam zu der Auffassung gelangt, dass wir keinem von den vieren etwas nachweisen können. Bis auf die Körperverletzung, die Power Pony alias Sören Brauer an Martens begangen hat. Genauso strafrelevant dürfte die Unterstützung durch die restliche Strandherde sein. Wir sind also *kein Stück* weiter. Und Hanne Mogensen *ist* die eigentliche Anführerin, das sollten wir auf keinen Fall vergessen.«

Rasmussen verdrehte die Augen. »Das, Hinrichsen, habe ich vor etwa dreiundzwanzig Sekunden gesagt. Aber, bevor ich das vergesse, ich muss den Brauer und den Petersen noch umgruppieren.« Er steckte den Power-Pony-Zettel in den Mittelkreis um, tippte dann aber auf Mogensens Namen. »Die hier, die haben Sie so richtig auf dem Kieker, nicht wahr?« Rasmussen schüttelte missmutig die Schachtel mit den Pins in seiner linken Hand und klackerte herum.

Hinrichsen ließ sich nicht beirren. »Stimmt. Aber zählen Sie doch mal alles zusammen. Mogensen hat Martens seit ihrer Ankunft in Eckernförde die ganze Zeit begleitet, da gibt es keine Lücke. Er holt sie ab. Das Treffen nimmt seinen Gang. Sie lässt ihn dann am Abend liegen.«

»Moment mal, Sie vergessen diese halbe Stunde, in der Mogensen allein in der ›Fischdeel‹ saß«, warf Calloe ein und erntete ein Nicken von ihrem Chef.

»Sind wir da eigentlich weiter?«, fragte der.

»Alle Zeugenbefragungen haben nichts erbracht, auch die Verkehrsüberwachung hat nichts beobachtet. Ich bin ratlos.« Calloe unterstrich ihre Worte mit Kopfschütteln.

Jetzt war Hinrichsens Moment doch noch gekommen, jetzt wollte er den beiden Kollegen mal zeigen, wie Polizeiarbeit wirklich funktioniert. Als hätte er nur auf diese Frage gewartet, stand er selbstzufrieden und grinsend auf und hielt einen Google-Maps-Ausdruck in der Hand, den er mit Neonmarkern bearbeitet hatte.

»Darf ich mal«, sagte er keck, nahm Rasmussen einen Pin aus der Hand und fixierte den Plan neben der Zielscheibe. »Schaut mal alle beide her.« Den jovialen Plural verwendete er auch nur, wenn er auf Hundertachtzig war. »Ich habe mal einen Kreis um die ›Fischdeel‹ gezogen. Und ich habe mal alle öffentlichen Gebäude gekennzeichnet, in denen Martens verkehrte. Inklusive seiner Geschäftspartner.«

Hinrichsen schaute jetzt stolz in die Runde und schob die Prinz-Heinrich-Mütze in den Nacken. »Martens war pleite, und was liegt da näher als der Gang zur Bank? Zur Sparkasse sind es von der ›Fischdeel‹ bummelig drei Minuten Fußweg, einfach nur den Kattsund hoch und dann links in die Ottestraße.«

Hinrichsen wollte jetzt gerade ein Dauergrinsen auflegen, da fuhr ihm Rasmussen in die Parade. »Da haben Sie ja voll ins Schwarze getroffen, Hinrichsen! Martens marschiert am Sonntagnachmittag in die Bank? Schon klar.« Der Chef muffelte rum, aber auch Calloe schaute irritiert.

»Moment mal.« Hinrichsen ließ sich nicht aus der Ruhe bringen und fuhr ungerührt fort. »Ich bin gleich gestern Mittag nach dem ersten Ansturm hier in die Sparkasse und – Volltreffer. Frau Brodersen hat mir erzählt, dass Martens in der letzten Zeit verdächtig oft Gesprächstermine mit Gierlich gehabt hätte. Als er sich beim letzten Termin verabschiedete, sei ihr ein »Bis Sonntagnachmittag, Doktorchen« zu Ohren gekommen. Sie hätte sich zuerst gewundert, dass die beiden sich jetzt auch privat treffen, na ja, für alle Fälle hätte sie sich aber an dem besagten Sonntagnachmitag in der Nähe der Bank aufgehalten.«

»Ja, und?«, flöteten Calloe und Rasmussen im Chor, sein Vorgesetzter wippte dazu noch in den Knien.

»Ja, was wohl? Martens sei tatsächlich aufgetaucht. Sagt jedenfalls Frau Brodersen.«

Nun war alles wieder gut. Rasmussens Anflug von schlechter Laune war überstanden, die Stimmung hatte sich plötzlich entspannt. Hinrichsen hatte seine Karte angepinnt. Dazu hatte er sich recken müssen, und nun hing ihm sein Feinrippunterhemd wie ein Schlabberlatz über dem Gürtel. Die Kollegen hatten das beinahe gleichzeitig gesehen und verkniffen sich ein Lachen nur mühsam. Die Ungeduld, Wut und Frustration, die sich in den letzten Tagen im Team angestaut hatten, schienen kindlicher Belustigung zu weichen.

»Persönlich war Doktor Heiner Gierlich gestern nicht zu sprechen. Er hätte morgens zwar einen Termin gehabt, sei dann aber außer Haus gewesen, wir können ihn angeblich frühestens am Donnerstag befragen. Frau Brodersen, der Empfangsdrache, hält mich auf dem Laufenden. Darf ich fragen, was es da zu grinsen gibt?«

»Nichts, Hinrichsen, gaaar nichts.« Da war er wieder, der Chor.

»Nichts Hinrichsen, gaaar nichts«, pflegten die jüngeren Kollegen zu sagen, wenn sie wieder mal irgendeine Leckerei zu verbergen hatten, die sie mit dem gefräßigen Hinrichsen nicht teilen wollten.

»Wo ist denn der Herr Doktor?«, fragte Rasmussen nun aber in einem deutlich nüchterneren Ton, denn allen dreien war klar, dass Hinrichsen hier einen Big Point gemacht hatte.

»Die Brodersen wüsste das auch gern, machte sowieso nur

so komische Andeutungen. Ich kenne sie zwar schrill, stets zum Tratsch bereit, aber so illoyal habe ich sie noch nie erlebt.«

Rasmussen stand am Schreibtisch und notierte fein säuberlich auf einem weißen Blatt: »Gierlich, Dr. Heiner. Sparkassenchef«. Dann faltete er das Blatt zurecht und nahm einen Pin, um den neuen Verdächtigen auf der Zielscheibe zu fixieren. Im inneren Kreis befanden sich nach wie vor Birte und Hanne Mogensen. Torsten Hoffmann war in der Rangliste der Verdächtigen gesunken und befand sich nun in Nachbarschaft zu Sören Brauer und Herbert Petersen im Mittelkreis. Zack, der Pin saß.

»So, Gierlich, du wirst jetzt mal den Sportsfreunden Totti, Blacky und Power Pony Gesellschaft leisten. Prophylaktisch. Damit wir dich so schnell nicht vergessen. Aber mal ehrlich, Leute, der Mann ist zwar stockschwul, aber der hat sich doch nun wirklich in seinen vier Jahren Eckernförde nichts zuschulden kommen lassen. Stütze der Gesellschaft, und was, bitte sehr, sollte der von Martens' Ableben haben?«

Es entstand eine kleine Pause. Rasmussen klackerte wieder mit der Pin-Schachtel. Die drei ließen mal wieder die Blicke schweifen.

»Mich laust der Affe. Fährt der Doktor nicht einen roten Alfa?« Hinrichsen umrundete den Schreibtisch. »Ich hatte doch hier noch ein paar Parkplatzfotos hingehängt. Kiek an. Hier auf diesem Bild, zwar leicht angeschnitten, aber da steht doch so ein Ding. Der Banker. Sieh an. Auf dessen Erklärung für seinen Besuch am Swingerstrand freue ich mich schon.« Hinrichsen zog die Mütze in die Stirn und rieb sich die Hände. »Sind wir ja ein Stück weiter, nicht? Und jetzt machen wir Mittag?«, fragte er erwartungsvoll in die kleine Runde.

»Langsam, Sie kommen noch früh genug an die heiße Theke, Hinrichsen«, sagte Rasmussen. »Wir müssen die aktuellen Arbeiten verteilen. Wer geht der Sache Gierlich weiter nach? Hinrichsen, das machen Sie. Calloe, Sie rufen Mogensen an und fragen, ob die beiden im Lokal und auf dem Kutter die ganze Zeit allein waren oder ob Sie vielleicht nicht doch jemand auf dem Boot getroffen haben, nämlich Birte. Setzen Sie ihr ruhig noch mal ordentlich zu, dann verrät sie sich eventuell. Nicht so unwahrscheinlich, dass eine der beiden Herzdamen auch die Täterin war. Jede hat ein ganz starkes Motiv. Da wir es aber mit keiner Tat im Affekt zu tun haben, tippe ich auf Mogensen, die ist ausgekochter. Eigentlich auch schade, dass wir sie laufen lassen mussten. Aber wer weiß?«

Nun zeigte Rasmussen auf die Namen im äußeren Kreis der Zielscheibe. »Vielleicht hat Birte auch eine dieser Randfiguren beauftragt, ihrem Mann einen Isodingsda-Cocktail unterzujubeln. Wenn man bedenkt, mit welcher Kaltschnäuzigkeit die Strandherde sich an Martens zu schaffen gemacht hat. Vielleicht steckt ja System dahinter, Birte lässt ihren Mann in einen, sagen wir mal, hilfsbedürftigen Zustand versetzen, dann wird er vergewaltigt und sich selbst überlassen. Wenn ich es richtig mitbekommen habe, dann hat sich nach der Extrabehandlung von Martens niemand aus der Gruppe mehr um ihn gekümmert.«

»Und Mogensen behauptet, einen Filmriss gehabt zu haben«, warf Calloe ein.

»Was sagen wir denn dazu, dass Frau Martens den Mörder gedungen haben könnte, Hinrichsen? Vielleicht hat sie Blacky oder doch Power Pony angeheuert?«

Hinrichsen rang sich nur ein trockenes »Hmm« ab.

Calloe sprang ein: »Ich check die Mogensen noch mal und klemme mich hinter die Auswertung der Handyverbindungen von Frau Martens, sicherheitshalber nehme ich mir auch die von Brauer und Petersen vor. Das ist leider liegen geblieben.« Calloe stand damit auf und ging zur Tür. »Sie, Chef, kümmern sich dann morgen persönlich und gemeinsam mit Frau Brix um Birte Martens?«

Rasmussen nickte und spürte ein flaues Gefühl.

»Und was ich noch mal sagen wollte – das mit dem Wochenende und vor allem gestern, das fand ich überhaupt nicht nett von Ihnen beiden. Sie haben mich echt hängen lassen.« Hinrichsen ließ jetzt die Katze aus dem Sack. Sein Tagesdienst am Wochenende sei die Hölle gewesen, Journalisten mit Ü-Wagen, Kameras, Fotoapparaten und Mikrofonen hätten Aschau geradezu überrollt. Zunächst hätte er ja noch seine Zwillinge Finn und Tom am Samstag nach Aschau geschickt. Nachdem die Jungs ihm per Handy das Chaos geschildert hätten, sei er sofort mit zwei Wagen nach Aschau gefahren. Einen Wagen hätte er auch vor Ort gelassen. »Was ich also noch fragen wollte: Sie haben doch am Sonntag sicherlich alle beide eine SMS von Schrader bekommen, dass hier in die Zentralstation ein Fotograf eingedrungen war?« Hinrichsen guckte von Calloe zu Rasmussen.

»Hinrichsen, Asche über mein Haupt. Ich habe Sie alleingelassen. Und vielleicht hätten wir nicht unbedingt am Montag nach Husum gemusst. Calloe hatte das schon im Gefühl. Sie hat mich auf der Fahrt so'n büschen getriezt. Von wegen, ich solle mich mal kümmern. Also, an der Kollegin lag's nicht. Ich war eigentlich ziemlich sicher, dass Sie den Medienansturm hier voll im Griff haben würden. Und den Medienfuzzi sah ich schon bei Frau Staatsanwältin im Schwitzkasten. War ja dann auch so. Trotzdem, ich sehe ein, beim nächsten Mal bin ich aufmerksamer auf der Brücke.«

Hinrichsen hatte sich inzwischen gesetzt. Sein Unterhemd hing nun über die Stuhlkante hinaus. »Hut ab, so viel Selbsterkenntnis hätte ich Ihnen gar nicht zugetraut, Chef.«

»Nun, Hinrichsen, das ist das Schicksal verkannter Genies. Ich lebe schon lange damit.« Rasmussen wollte sein Team jetzt wieder unter gemeinsamer Fahne vereinen. »Wissen Sie was, ich lade Sie nicht nur zu Schorle oder Alsterwasser beim Italiener um die Ecke ein, heute zahle ich auch das Essen.«

Beim Italiener hatten sich die drei dann wieder vollständig eingekriegt. Sie unterhielten sich bis zum Espresso auch nicht über den Fall oder andere Dienstgeschichten. Sie machten tatsächlich eine richtige gemeinsame Pause. Abschließend hatten Rasmussen und Calloe dann beschlossen, am frühen Abend kurz nach Aschau rüberzuschauen. Hinrichsen wollte auf die Suche nach Gierlich gehen.

Als Rasmussen und Calloe später am Tag mit dem Volvo in Aschau einfuhren, hatten sie das Gefühl, in ein Katastrophengebiet einzureisen. Überall lag Müll am Straßenrand. Die Journaille musste das Dorf geradezu überschwemmt haben. An jedem Haus hatten sie geklingelt.

Hinrichsens Schilderungen zufolge hatten die Aschauer Fenster, Türen und Tore verrammelt. Iversen war im Vierundzwanzig-

Stunden-Dienst gewesen – Interview um Interview. Auf dem Strandparkplatz hätten sich die Ü-Wagen fast gestapelt. Die Straßenränder zugeparkt. Denn mit jedem Bericht, der rausging und publiziert wurde, waren auch mehr und mehr Voyeure gekommen. Der Streifenwagen, den Hinrichsen vor Ort postiert hatte, nachdem er sich selbst ein Bild gemacht hatte, war vollkommen überfordert gewesen. Iversen selbst hatte nicht daran gedacht, einen Notruf in Richtung Hinrichsen oder Rasmussen abzusetzen und Verstärkung anzufordern. Irgendwie sei das Ganze ja auch ein Riesenspektakel gewesen, das ganz im Sinne der Aschauer war, weil es die Swingerfreunde in Zukunft vom Strand fernhalten würde. Mit der Abgeschiedenheit und Anonymität war es vorbei. Richtig Freude hatte aber keiner der Einwohner an diesem Belagerungszustand gehabt.

Die dänischen Dösbaddel im Strandhaus, die sollten den Rummel als Einzige wirklich genossen haben. Torsten Hoffmann hatte zugesehen, dass er bei den ersten Anzeichen der Medienlawine wegkam, und seine Angestellten konnten ihre Restbestände an Amphetaminen und was sonst noch so auf Lager war, ungestört loswerden. Sie hatten auch angefangen, die Vorratskammern von Hoffmann auszuräumen. Die beiden betrieben einen schwunghaften Handel mit Bier, Wein und Schnaps. Als die Vorräte zur Neige gingen, war am späten Samstagnachmittag einer von ihnen zum Discounter in Surendorf gefahren, um die Bestände aufzufüllen. So weit die Kriegsberichterstattung Hinrichsens, der mit den Zwillingen sogar seine Korrespondenten vor Ort gehabt hatte.

Rasmussen und Calloe parkten den Volvo auf dem Parkplatz am Strandhaus. Der Platz war unvorstellbar vermüllt. Komisch war, dass die Strandhaustür sperrangelweit offen stand. Diese Einladung ließen sich die beiden Ermittler nicht entgehen. Sie arbeiteten sich ganz langsam vor in den großen Arbeitsraum unter dem Dach. Gerufen hatten sie auch. Leise, aber immerhin. Es konnte bei offen stehender Tür ja auch jemand in unangenehmer Lage sein. Als Freund und Helfer hatte man da so seine Verpflichtungen.

Oben liefen drei Computer gleichzeitig. Alles auf Sendung, nur die Dänen waren weit und breit nicht zu sehen und zu hören. Dass hier sämtliche Swingerfotos auf den Festplatten zu finden waren, war zu erwarten gewesen. Interessierter waren Rasmussen und Calloe daran, bei dieser günstigen Gelegenheit an belastendes Material für den Handel mit Dopingmitteln und Drogen heranzukommen. In Windeseile kämmten sie die Verzeichnisse der einzelnen Computer durch. Sie fanden keine weiteren Hinweise. Nur Fotos. Immerhin.

»Weg damit«, ordnete Rasmussen im Flüsterton an.

Er und Calloe handelten nun in stillem Einverständnis. Wo sie jetzt den einmaligen Zugriff auf die Originaldateien hatten, wollten sie sich bei den Dänen herzlich für die Amtshilfe bedanken. Sie löschten alle Fotos von deren Festplatten, zerstörten einfach das Material, um die beiden Dänen und Hoffmann nicht in Versuchung zu führen, damit in Zukunft irgendwelches Unheil anzurichten. Nach getaner Arbeit scannten sie den Raum nach externen Festplatten oder Sicherheitskopien. Fehlanzeige. Nur, wo waren die beiden Dösbaddel?

Calloe und Rasmussen verließen leise und unauffällig das Strandhaus. Die Tür ließen sie einfach offen stehen. Aha, dort lagen Hoffmanns Gehilfen am Strand und machten dem Anschein nach einfach mal Pause. Die orangenen Hummel-Jacken leuchteten schon von Weitem.

»Guten Tag, die Herren. Wir kennen uns doch«, begrüßte Rasmussen die beiden. Keine nennenswerte Reaktion. Nur weite Pupillen und glasige Augen.

»Keinen Bock mehr auf Eck«, lallte ihnen der Kleinere entgegen. »Freitag ssind wir weg. Ssegeltörn mit dem Ssef.«

Hoffmann hatte die Überführung des Katamarans nach Dänemark um zwei Tage vorgezogen, so erfuhren sie.

»Freitag«, sagte jetzt auch der andere.

»Mast- und Schotbruch«, sagte Rasmussen, und Calloe wiederholte das. Die Polizisten machten auf dem Absatz kehrt.

»Unsere beiden Dänen hatten hier wohl eine richtig gute Zeit«, meinte Rasmussen. Calloe nickte.

Siebzehnter Tag: Mittwoch

Und raus bist du

»Birte, komm mal her, mien Deern.« Es war die Brix, die die Aussichtsplattform auf dem Petersberg in Borby vorgeschlagen hatte und die Birte Martens nun herzlich in die Arme schloss.

Rasmussen stand etwas hilflos daneben und dachte: Gut, dass ich dieses Gespräch nicht allein führen werde. Er war froh, dass sie hier ungestört sein würden. So früh kämen noch keine Touristen, um diesen Ausblick auf Eckernförde und den Hafen zu genießen.

Birte sah erholt aus. Und wieder hatte sie den Retro-Dress an, den sie bereits vor zwei Wochen auf dem Revier getragen hatte: blaue Jeans und fliederfarbene Chucks, neu war ein knallbuntes Desigual-Shirt. Rasmussen ging auf sie zu und nahm sie nur ganz leicht in den Arm. Dann nahmen sie Platz auf der Aussichtsbank. Die Brix rechts und Rasmussen links von Birte. Das Ganze bekam nun doch noch etwas von einem Verhör. Vor allem weil Rasmussen eine einigermaßen ungelenke Eröffnung hinlegte.

»Birte, wir müssen drei Dinge unbedingt klären.« Rasmussen stockte ein wenig. »Ich will gar nicht lange drum herum reden. Was hast du auf dem Kutter gemacht, während dein Mann und Hanne Mogensen sich dort aufhielten? Und mit wem von Lars' Strandclique hattest du Kontakt? Dein Mann war an seinem Todestag in keiner guten Verfassung. Er hatte Viagra und Alkohol im Blut. Beides hat er sich wahrscheinlich ganz allein einverleibt. Aber wir konnten auch ein Herzmittel …«, er zog jetzt einen kleinen Zettel aus der Innentasche seiner Lederjacke, »ich kann mir einfach den Namen nicht merken, Isosorbiddinitrat … nachweisen. Kannst du uns zu all dem etwas sagen?«

Alle drei schauten angestrengt geradeaus. Es vergingen nur Sekunden, die sich aber unangenehm zu dehnen schienen. Dann endlich räusperte sich Birte.

»Ja, kann ich. Das Herzmittel kenne ich, das habe ich schon mehrmals für Ludwig besorgt. Wie ihr vielleicht wisst, ist mein Schwiegervater herzkrank. Aber wer Lars dieses Zeug verabreicht haben soll – ich habe keine Ahnung. Er ist morgens um sieben aus dem Haus an dem Tag, ich habe ihn gar nicht mehr gesehen. Er rief nur noch hoch, dass er schnell in den Hafen müsse und dass es spät werden würde am Abend.«

»Aber auf dem Boot musst du ihn doch gesehen haben!«, hakte die Brix ein.

»Nun ja, gesehen habe ich ihn schon, aber nur durch eine Ritze in der Besenkammer.«

»Besenkammer?«, mischte sich Rasmussen ein.

»Ja, ich hatte mich in die Besenkammer gedrückt, als die beiden kamen. Ich war ja nur auf dem Boot, um die Unterlagen für ein Schwarzkonto zu suchen. Lars musste irgendwo noch Geld gebunkert haben, denn all unsere Konten standen auf Rot und waren bis zum Anschlag ausgeschöpft. Ich suche also Unterlagen für ein Schwarzkonto und finde in Lars' Materialkammer eine Kiste mit den SM-Utensilien. Lars hat ja versucht, mit mir das gesamte Kamasutra nachzuturnen, ab und an gab es auch mal leichte Fesselspiele und leichte Schläge. Lars wollte gern mehr in dieser Richtung. Aber ich habe ihm klargemacht: Peitsche, Lack und Leder in meinem Schlafzimmer, niemals, ich liebe dich so, wie du bist, dafür brauche ich keine Hilfsmittel. Geahnt habe ich schon lange, dass Lars seine Gelüste woanders auslebt, aber richtig schlimm wurde es mit dieser Swingerszene am Strand. Zu guter Letzt hat Helmut Siemsen dafür gesorgt, dass ich mit derartigen Informationen versorgt wurde.«

»Das besprechen wir gleich, aber hast du auf dem Kutter Bankunterlagen gefunden?«, fragte die Brix.

»Nein. Ich hatte seit geraumer Zeit den Verdacht, dass Lars irgendwo noch Geld für seine ganz privaten Aktivitäten versteckte. Ab und an hatte er mir sogar ein Zückerchen in Form von großen Scheinen gegeben: ›Hier, nur Bares ist Wahres‹, hat er immer getönt und ganz souverän getan. Ach. Ich war öfter gezwungen gewesen, Marlene und Frauke um Geld anzugehen, immer mit dem Versprechen, dass sie euch nichts sagen. Nachdem ich Sehestedt schon mehrmals auf den Kopf gestellt hatte, war ich gerade dabei, in der Kombüse die Holzverkleidung aufzuhebeln. Da höre ich Lars und diese … Person kommen. Mit dem Schraubenzieher in der Hand habe ich mich in die Besenkammer gequetscht und dort eine halbe Ewigkeit verbracht. Da war ich zumindest vor Lars sicher. Putzen, das war Sache des Personals.«

»Haben die beiden miteinander geredet?«, fragte Rasmussen.

»Kaum. Wobei ... Moment, da war was. Lars berichtete über einen Besuch in der Sparkasse, ohne aber einen Namen zu nennen. Sinngemäß war das so: Ich bin ja mal gespannt, ob sich der Sparkassenheini in den Dünen auf die Lauer legt. Der war vorhin so angespitzt. Na, kein Wunder, wenn man so gemolken wird.«

»Verstehst du das?«, fragte Rasmussen.

»Also ich kann das nur so verstehen, dass es jemand in der Sparkasse gab, der auch am Swingerstrand zugange war und den Lars erpresst hat.«

»So kann man das verstehen« sagte Rasmussen und schaute über Birte hinweg zur Brix. »Ansonsten entspricht deine Aussage zu der Situation auf dem Kutter den Angaben, die Hanne Mogensen gemacht hat«, stellte er mit hörbarer Erleichterung fest.

»Tja, so war das«, seufzte Birte. Man spürte, dass sie froh war, reinen Tisch gemacht zu haben. »Und was diese Baggerluden vom Strand angeht, ich habe mal mit einem Petersen, Herbert mit Vornamen, telefoniert.«

Rasmussen musste über den mittlerweile historischen Begriff Baggerluden lachen, Birte auch. Das Wort gebrauchte heute keiner mehr, das war ganz Achtziger.

»Aber sagt mir mal bitte, was ich von denen gewollt haben sollte?«

»Birte, das möchten wir von dir wissen«, warf die Brix jetzt ein. »Wir wissen, dass du mit Petersen telefoniert hast. Wir wissen auch, dass das kein Fünf-Minuten-Gespräch war. Also komm, mien Deern, einfach raus mit der Sprache.«

»Ich wollte mir den Typen kaufen und habe nicht lockergelassen. Ich habe ihn mit Vorwürfen bombardiert. Insgeheim hatte ich wohl die Hoffnung, dass Lars sich da hatte anstecken lassen, verführen lassen. Aber das war natürlich total naiv. Jedenfalls dachte ich schon, warum legt der nicht einfach auf? Aber dann kippte das Gespräch. Petersen sagte ganz laut, so als solle es noch jemand anderer hören, er ginge mal eben ins Lager. Und dann hat er mir sein Herz ausgeschüttet. Das war ergreifend und ehrlich. Vielleicht ist das auch nur ein armes Schwein, das mit sich nichts anfangen kann. Aber weitergebracht hat mich das nicht. Ich hatte zwar noch die anderen Nummern, aber ich habe es einfach gelassen. Geschweige denn, dass ich mich mit einem der Mädels und Jungs getroffen hätte. Mir ist diese Szene so zuwider.«

Es war, als hätte Birte Martens drei Pflöcke in den Boden hier oben über Eckernförde gerammt. Der Himmel war blau mit ein paar Schäfchenwolken, die Sonne schwang sich weiter auf.

Fast gleichzeitig nahmen Rasmussen und die Brix die Hände von Birte. Alle drei schauten geradeaus und lächelten zufrieden in sich hinein. Alle Anstrengung war von ihnen abgefallen. Die Szenerie war über jeden Verdacht erhaben. Und die Person in ihrer Mitte war es jetzt auch. Rasmussen und die Brix hatten keinen Zweifel. Der Kreis der Verdächtigen wurde kleiner. Aber einen Mörder hatten sie damit noch immer nicht.

Der eine oder andere Einfall

»Amos, nun sei doch bloß nicht so eingeschnappt. Du bist doch kein Mädchen«, sagte Rasmussen zu Wiesel. Ihr letztes Treffen war ziemlich unglücklich ausgegangen.

»Aaamos, jetzt hör doch endlich auf, ich muss dir unbedingt etwas erzählen.«

Rasmussen hatte die Füße auf dem Tisch. Er wippte mit den Stiefeln im wilden Viervierteltakt. Er musste dringend seine große Erleichterung darüber rauslassen, dass Birte Martens jetzt aus dem Fall raus war.

»Später? … Gut, dann machen wir das so.«

Wiesel steckte mit beiden Händen in einem Brustkorb. Da konnte man nichts machen.

Vor einer Viertelstunde war gerade ein kurzes Meeting zu Ende gegangen. Die Brix war nach dem Gespräch mit Birte auf dem Petersberg mit in die Zentralstation gekommen. Hinrichsen und Calloe waren sowieso vor Ort, und auch die Staatsanwältin war dazugestoßen. Gemeinsam hatten sie eine knappe Bestandsaufnahme gemacht und die Aufgaben der nächsten Tage verteilt.

Hinrichsen bekam den Auftrag, Gierlich ausfindig zu machen. Das Verhalten des Direktors der Sparkasse gab zumindest Rätsel auf. Er war derjenige, der aller Wahrscheinlichkeit nach mit Martens zuletzt geschäftlichen Kontakt gehabt hatte. Welcher Natur dieser Kontakt war, wurde insbesondere von Hinrichsen hinterfragt. Er verwies auf Gierlichs Alfa, den er selbst auf einem Foto entdeckt hatte, das den Parkplatz am Swingerstrand zeigte. Sollte die alte Spürnase mal auf Tour nach Jübek gehen, nachdem er sich die Schrapnelle Brodersen zur Brust genommen hatte.

Als die Sprache auf Mogensen kam, sagte die Staatsanwältin zu Calloe, dass sie sich mal etwas Kreatives einfallen lassen könnte, um die Dänin aus ihrer Deckung zu holen. Die Staatsanwältin zwinkerte ihr aufmunternd zu. Es sei doch wohl keiner im Raum, der Rotkäppchen nicht für eine der Hauptverdächtigen halte.

Calloe sah daraufhin sehr unglücklich aus, nickte aber dienstbeflissen. Der Staatsanwältin ein weiteres Zeichen ihrer Flexibilität zu geben, würde ihrer Karriere sicher nicht schaden. Aber Mogensen als Täterin? Ihr Problem war, sie hatten niemand anderen als sie in Verdacht. Wirklich daran glauben mochten aber weder Calloe noch Rasmussen oder Hinrichsen. Aber gut. Bisschen piksen konnte man ja mal.

Calloe und Hinrichsen waren damit erst einmal beschäftigt, die Staatsanwältin würde tun, was sie immer tat: unermüdliches Aktenstudium. So war einer nach dem anderen aus Rasmussens Büro verschwunden.

Als die Reihe an der Brix war, hatte er sie konspirativ für einen Moment zurückgehalten »Frau Amtsrichterin a. D, für Sie habe ich einen Spezialauftrag. Mach dich doch bitte an Gierlich ran, du hast als Mitglied des Aufsichtsrates ganz andere Möglichkeiten als wir hier.«

»Genau das wollte ich dir auch vorschlagen«, hatte die Brix gejuchzt und mal wieder eine Anleihe beim Ohnsorg-Theater gemacht. »Junge, wir leben noch ein Jahr zusammen.«

»Maggie, was hält dich noch auf?«, hatte Rasmussen gefragt, aber da war die Tür auch schon hinter ihr zugeklappt. Woher nahm sie nur diese unerschöpfliche Begeisterungsfähigkeit, diese Neugier, diese Energie?

Rasmussen stand auf, trat an das hohe Fenster und schaute in Richtung Wasserkante. Über die Stadthalle hinweg sah er einen schmalen Streifen Ostsee. Ob er bald den Absprung schaffen würde, fragte er sich ernsthaft. Demnächst ein Büro in der Hamburger HafenCity zu haben, wäre schon schön. Vielleicht war das ja seine Kraftquelle. Die neue Herausforderung. Er ließ seine Gedanken in Richtung Hamburg schweifen.

Und dann hörte er wieder dieses Kratzen an der Tür, das ihn an schlechten Tagen auf die Palme brachte. Heute blieb er ganz kühl und forderte Amos Wiesel auf, doch bitte ohne Umschweife sein Büro zu betreten. Sie begrüßten sich ganz unbefangen. Rasmussens Bedenken waren unbegründet gewesen. Wiesel hatte den kleinen Rempler locker weggesteckt. Es war alles in bester Ordnung.

Rasmussen ließ noch einmal die ganze Geschichte der beiden besten Jugendfreunde Birte und Hans heraus, die einander in platonischen Gefühlen verbunden die Diskotheken und Musikklubs in Norddeutschland unsicher gemacht hatten. Er ließ keine Höhen und keine Tiefen aus. Er sprach gern von der Roten-R4-Zeit, und kein Mensch hätte das genauso an seinem damaligen Fahrzeug festgemacht wie Wiesel. Sie erinnerten sich, dass Wiesel um die Zeit auch einen Franzosen, einen Peugeot 504, gefahren hatte, eine bordellrote Immobilie, unter der er mehr Zeit schraubend als in ihr fahrend verbracht hatte.

Nun klopfte es. Aber richtig. Calloe stand auf einmal im Türrahmen, sichtlich aufgeregt. »Chef, ich glaube, ich habe eine Riesendummheit gemacht.«

Wiesel schickte sich an zu gehen. »Bis Samstag.«

»Bis Samstag?«, fragte Rasmussen und wandte sich dann seiner Mitarbeiterin zu. »Mademoiselle Calloe, isch öhre.«

Calloe wischte seinen französelnden Einstieg unwillig beiseite und erzählte atemlos. Zunächst habe sie mit dem dänischen Kollegen Vendelhaven telefoniert. Der müsse schon gedacht haben, sie hätte nicht alle Nadeln am Baum, denn sie hätte sich immer nur wiederholt: Hanne Mogensen sei die einzige Hauptverdächtige. Das sei der Stand der Dinge. Vendelhaven hatte im Wesentlichen nichts dazu gesagt.

Dann hätte sie Mogensen angerufen und spontan phantasiert. Was sie denn dazu sage, dass Birte in der Besenkammer des Kutters Hackgeräusche wie von einem Messer auf einem Holzbrett gehört habe? Und wie es sein könne, dass es danach geklungen habe, als habe Mogensen eine Flüssigkeit mit einem Löffel umgerührt. Calloe setzte sich auf die Fensterbank.

»Dann habe ich Birte in den Mund gelegt, sie hätte gehört, wie Mogensen zu Martens gesagt hat: ›Lars, ich habe dir eine Erfrischung hingestellt.‹« Es sei ja wohl klar, was das bedeute. Sie, Hanne Mogensen, hätte die Isosorbiddinitrat-Tabletten fein gehackt und dann in irgendeiner Flüssigkeit aufgelöst. Und wer sonst hätte gewusst, dass Martens Viagrapillen wie saure Drops einwerfe? Die Mischung mache es ja wohl. Isosorbiddinitrat und Viagra, das sei in jedem Falle tödlich.

Calloe stand auf und lief nervös durch das Büro. Die Mogensen, erzählte sie, hätte daraufhin ein Riesentheater gemacht. Sie werde ihren Anwalt von dem Gespräch informieren. Was ein Leichtes sei, denn, und jetzt komme der Hammer, die Dänin habe das Gespräch einfach ohne ihre Einwilligung mitgeschnitten.

»Ach Calloe, Sie wissen selbst, dass das Band nicht gegen Sie verwendet werden kann«, versuchte Rasmussen sie zu beruhigen. »Sie haben geblufft, na und?«

»Aber wissen Sie, ob das Richter in Dänemark nicht vielleicht ganz anders sehen? Jedenfalls hat mich Frau Mogensen wissen lassen, dass wir noch von ihr hören werden.«

»Calloe, nun mal langsam. Das haben Sie richtig gut gemacht. Das war kreativ. Wollte die Staatsanwältin doch.« Rasmussen legte wieder die Stiefel auf die Schreibtischplatte. Er fing an, die Bob-Marley-Nummer »*No woman, no cry*« zu pfeifen und bewegte die Stiefelspitzen in einem leichten Reggae-Rhythmus hin und her. Der Anblick der beiden Ikea-Palmen trug sein Übriges zu seiner Stimmung bei.

Calloe atmete jetzt wieder ruhiger. Der Hinweis auf Rückendeckung von oben war Balsam für ihre Seele, und so fand sie überraschend schnell in einen entspannteren Modus zurück. »Chef, was darf ich Ihnen bringen? Einen Caipi, Rauchwerk oder doch lieber ein kühles Bügelflaschenbier?«

»Yvonne, lassen Sie sich was einfallen.« Rasmussen griff zum Telefon. »Gut ist, dass Sie Mogensen aufgeschreckt haben. Wäre an Ihrem Märchen was dran gewesen, hätte sie sich nicht so aufgeregt. Vielleicht finden wir unseren Täter diesmal nach dem Ausschlussverfahren.«

Konferenzschaltungen

Von seinem leicht erhöhten Standort in den Dünen hatte Torsten Hoffmann freie Sicht auf die Ostsee, Fehmarn am Horizont und Heiligenhafen, wenn er den Kopf nach links drehte, vor allem aber auf Graswarder, die schmale Landzunge mit jenem Filetstück, das er schon sehr bald an einen der wohlhabendsten Industriellen Finnlands veräußern würde.

Der Papierhersteller aus Tampere war bereit, einen Preis zu zahlen, den selbst Totti für beinahe unanständig hielt. Der Finne hatte offenbar Druck. Und seit gestern hatten Frauke und er die Baugenehmigung in der Tasche. Das war nicht billig gewesen, aber günstig. Tief atmete Hoffmann die salzige, leicht brackige Brise ein, nahm das Telefon zur Hand, wandte sich nach Lee, um die Windgeräusche zu minimieren. Er wählte die Handynummer des neuen Geschäftspartners.

»Gierlich«, meldete sich Gierlich.

Hoffmann verstand ihn schlecht. »Herr Doktor, hier ist Hoffmann. Wo sind Sie? Ich höre fast nur Rauschen.«

Eine Pause entstand.

»Ich bin auf dem Bahnhof, bringe einen Kunden zum Zug. Können wir später noch mal telefonieren?«

»Wann?«

»Am späten Abend, ich habe jetzt Termine. Ich melde mich.«

Hoffmann kam das komisch vor, und er brauchte Gierlich jetzt. »Sorry, aber wir stehen unmittelbar vor dem Abschluss. Wir müssen die Transaktion spätestens morgen Vormittag durchführen. Unser Kunde drängt.« Konkreter wollte er am Telefon nicht werden. »Können wir uns denn am Abend noch sehen? Das wäre wirklich nützlich.«

Erneut nur Rauschen und Geräusche, die Hoffmann nicht zuordnen konnte. Dann brach die Verbindung ab. Er wählte neu.

»*The person you have called is tempora…*« Er legte auf. »Arschloch, elendes. Du willst den Preis treiben«, brüllte er über den Strand und fügte leise hinzu: »Wenn du wüsstest! Eine Marge wie diese kannst du dir gar nicht vorstellen. Kein Problem, Doktorchen, legen wir eben was drauf. Den Finnen kratzt das nicht und mich erst recht nicht.«

Etwa achthundert Kilometer weiter westlich lehnte Heiner Gierlich die Stirn an das kühlende Fensterglas des Taxis, das ihn zum Flughafen Heathrow bringen sollte. Die Zeit nach dem Zusammentreffen mit Rory hatte er in einer Art Dämmerzustand verbracht. Seit ihn Rory gestern vor die Tür gesetzt hatte, war Gierlich in London umhergeirrt, hatte Plätze aufgesucht, an denen er einst glückliche Stunden hatte verbringen dürfen. Morgens um drei hatte man ihn dann freundlich, aber bestimmt aus einer Hamburger-Braterei verwiesen, wo er ein kurzes Nickerchen gemacht hatte.

Jetzt kratzte er versonnen an undefinierbaren Rückständen auf der Armlehne aus schwarzem Kunstleder. Etwas Beiges, Klebriges blieb unter dem Fingernagel seines linken Zeigefingers hängen. Waren die guten Zeiten ein für alle Male vorbei, oder konnte er seinem Geschick noch eine Wende geben? Mit aller Kraft versuchte er, seine auseinanderstiebenden Gedanken zu ordnen. Konnten ihm diese Immobiliengeschäfte helfen, einen neuen Anlauf zu nehmen? Würde er Muttis Probleme lösen können, wäre Geld der Schlüssel zu Rory? Die Antwort kam rasch. Sie war entmutigend. Die Aufgaben der nächsten Tage verlangten Zuversicht und Selbstvertrauen. Doch nichts lag ihm momentan ferner.

Das Taxi bog auf die Bath Road ab, und Gierlich nahm aus dem Augenwinkel die lang gestreckte Front des »Renaissance«-Hotels wahr.

»Drop me at the Renaissance, please«, bat er den Taxifahrer aus einer spontanen Eingebung heraus. Er kannte das Hotel gut. Hier hatte er sich oft mit Rory getroffen, als er während des Studiums einige Praktika an der London Stock Exchange absolvierte. Das Hotel war anonym, und Rory hatte es sich schon damals leisten können. Gierlich zahlte das Taxi, und wenig später hatte er ein Zimmer mit Blick auf die Landebahn. Er zog die Gardine zur Seite und setzte sich in den mit hellgrünem Samt bezogenen Clubsessel.

Vor ihm lag der dicht besetzte Parkplatz, an ihn grenzte die Straße, dann der Stacheldrahtzaun und dahinter schon die nördliche Start- und Landebahn. Eben kam eine Maschine der Air New Zealand rein. Gierlich hatte gehört, dass es an Bord neuerdings »richtige« Betten gab. An das andere Ende der Welt. Einfach neu anfangen. Mit dem Geld, das Torsten Hoffmann ihm in Aussicht gestellt hatte, wäre das vielleicht sogar möglich. Die Gedanken blieben kraus und widersprüchlich. Unterbewusst träumte er sich in einen Zustand eingeschränkter Wahrnehmung. Als er, nur wenig erholt, aus seinem Tagtraum erwachte, war es bereits dunkel. Das Handy signalisierte, dass sein Bruder Svend anrief. Mit einem Seufzen, das klang, als habe er starke Schmerzen, nahm Gierlich den Anruf an.

»Hast du Geld?« Svend kam gern direkt zur Sache, und der Eloquenteste war er nie gewesen.

»Nein, habe ich nicht. So was dauert.« Gierlichs Stimme war belegt.

»Erzähl keinen Scheiß. Du bist doch so 'ne Bankschwuchtel. Da wirst du ja wohl an die Kohle kommen.«

Gierlich war viel zu erschöpft, um dagegenzuhalten. »Nächsten Montag erhält Speedway eine Einlage.«

»Eine Einlage?« Svend sprach Einlage mit »o«. »Eine Einloge, klingt ja wie Einlauf. Das gefällt dir bestimmt, ne!«

»Das Geld ist zweckgebunden. Mutti und ich werden notariell festgelegen, wie es weitergeht. Doktor Berndsen wird dich und Vati informieren.«

»Ey, glaubst du, du bist der Chef, du Schwuchtel? Du kannst ja nicht mal Motorradfahren. Was hier gemacht wird, das bestimmen immer noch wir.«

Gierlich legte auf. Sinnlos. Das war wirklich sinnlos. Er schaute auf die Uhr. Seinen Flug hatte er umgebucht. Morgen um kurz vor acht würde er fliegen, gegen halb zehn in Hamburg und um elf zu Hause sein. Gierlich duschte kalt. Danach könnte er schlafen. Vielleicht.

Als er im Bademantel, noch mit nassen Haaren, aus alter Gewohnheit die Börsenkurse bei Bloomberg checkte, meldete sich sein Handy erneut. Eine Nachricht auf der Mailbox.

»Guten Abend, Herr Doktor Gierlich«, meldete sich eine wohlbekannte Frauenstimme. Eine Stimme, die Gierlich immer an Edith Piaf erinnerte. *Non, je ne regrette rien.* Wie gern würde er das auch sagen können. »Verzeihen Sie die späte Störung, aber mir scheint, dass wir miteinander sprechen müssen. Heute erfuhr ich von befremdlichen Gerüchten, die in der Kieler Zentrale der Sparkasse die Runde machen. Wie auch immer deren Wahrheitsgehalt zu bewerten ist, wir sollten gewappnet sein. Ich bin sicher, dass ich helfen kann. Rufen Sie mich an. Auch des Nachts. Ich schlafe nicht mehr viel. Tschüüs.«

Es war Margarete Brix, eine Frau, zu der Heiner Gierlich aufschaute, eine Frau, deren Nähe er in den letzten Jahren bei Gelegenheit gesucht hatte. Ihr Rat war begehrt. Vielleicht sollte er sich ihre Meinung einholen, bevor er unüberlegt eine Dummheit beging.

Wenige Minuten später hatte er sich mit der Brix, wie sie in Eckernförde mit großem Respekt genannt wurde, verabredet. Freitag, nach seinem Gespräch in Kiel. Das war gut. Sie würde Rat wissen. Gierlich dachte an die Zeitverschiebung, stellte den Wecker entsprechend und schlief binnen Sekunden ein. Alpträume rissen ihn durch die Nacht. Immer wieder sah er den kleinen Heiner im Schweinestall. Es stank stechend nach Ammoniak.

Als ihn der Flieger am Morgen durch die dichte Wolkendecke trug, schöpfte er aus der schieren Kraft der Beschleunigung neue Hoffnung. Und als er nach einer lang gezogenen Kurve dann ins gleißende Licht der Sonne blickte, spürte er, wie die lang geübte Bereitschaft zum Widerstand noch immer lebendig war. Er würde nicht davonlaufen.

Hinrichsen auf Hausbesuch

Die Bahnschranke am Jübeker Bahnhof schloss sich, als Hinrichsen noch gerade mal fünfzig Meter hatte. Ausgerechnet. Er musste pinkeln wie der Teufel. Es war kaum zum Aushalten. Mütter mit Kinderwagen auf dem Bürgersteig und ein Opa mit Rollator. Kein Gebüsch, das ihm Deckung geboten hätte, und die Bahn nach Flensburg ließ auf sich warten. Wäre er doch auf der Zentralstation noch gegangen, aber da hatte die Staatsanwältin vor dem Herrenklo gestanden, und das wäre ihm irgendwie unangenehm gewesen, sich in so klarer Absicht an ihr vorbeizudrücken. So ein Quatsch. Jetzt hatte er den Salat. Zwei Kaffee und, na ja, man wurde nicht jünger. Sein Hausarzt hatte ihn schon mehrfach aufgefordert, mal einen Vorsorgetermin beim Urologen zu machen. Da hätte sich eine junge Kollegin in Gettorf niedergelassen. Allein schon der Gedanke. Hinrichsen rutschte auf dem Fahrersitz hin und her, quetschte die Beine zusammen, spannte die Muskeln. Hoffentlich ging das gut.

Zum Erstaunen aller Kollegen war plötzlich das Interesse am Chef der Eckernförder Sparkasse entstanden. Darum war er jetzt hier. Martens hatte Kontakt zu ihm gehabt, sein Auto hatte am Swingerstrand gestanden, und nun war er nicht greifbar. Ob Margarete Brix ihn mittlerweile ans Telefon bekommen und sich mit ihm verabredet hatte, wusste das Team nicht. Sie hatten noch nicht herausgefunden, wo er sich aufhielt. In der Sparkasse war er nicht und zu Hause war er nicht. Der Hausdrachen in der Sparkasse hatte auch keinen Dunst. Nur rumgelästert hatte die Brodersen, als Hinrichsen sie vorhin aufgesucht hatte. Er hatte sich das Gesülze eine Weile angehört und war grußlos gegangen. Vielleicht hatte Gierlich sich bei seinen Eltern verkrochen. Kleiner Überraschungsbesuch konnte nicht schaden. Und sicher konnte er da endlich seine Blase entleeren.

Die Schranke öffnete sich, und Hinrichsen gab Gas. Immerhin hatte er keinen Bummler vor sich. Am Ortsende bog er links ab, warf einen kurzen Blick auf das Sandbahnstadion, das verlassen dalag, und bog wenig später auf den Hof der Gierlichs ein.

Vorm Schweinestall stand Bauer Gierlich in Stiefeln, grüner Arbeitskluft und einer ehemals blauen, jetzt ziemlich verschossenen Kappe, auf der in Gelb das Jawa-Logo zu erahnen war. Hinrichsen kannte den Schriftzug des tschechischen Motorradbauers noch aus der Jugend, da war er ein paarmal hier gewesen und hatte dem Weltmeister Egon Müller beim Driften zugeschaut.

»Moin. Hinrichsen, Kripo Eckernförde. Kann ich mal auf Ihr Klo?«

Wortlos deutete der alte Gierlich auf den Schweinestall. Hinrichsen ging zügig los. Tatsächlich stieß er gleich links auf eine Tür. Jemand hatte mit einem schwarzen Edding ungelenk »Scheißhaus – nur für Männer« auf das Türblatt geschrieben. Hinrichsen war aufs Schlimmste vorbereitet … und hatte sich nicht getäuscht. Immerhin, die Brille war schon hochgeklappt. Hinrichsen atmete durch den Mund ein und aus. Mit dem letzten Tropfen wandte er den Kopf nach rechts zum Fenster. Auf der Fensterbank ein abgegrabbelter »Playboy«. Sah aus, als hätte der schon einiges gesehen. Auf das Bedienen des Wasserhahns verzichtete Hinrichsen. Da konnte man sich ja sonst was holen. Mit dem Knie drückte er die Klinke herunter. Quietschend öffnete sich die verzogene Holztür.

Jetzt stand der Alte im Stall, neben ihm sein vierschrötiger Sohn. Beide schauten misstrauisch zu ihm herüber. Hinrichsen fackelte nicht lange. Diesen Menschenschlag kannte er nur zu gut. Er nickte dem Sohn zu und sprach den Alten an. »Ist Ihr anderer Sohn hier?«

»Wer?« Der Alte stellte sich blöd, war es vermutlich auch.

»Doktor Heiner Gierlich.«

Der Schwergewichtsboxer assistierte seinem Vater. »Der meint die Schwuchtel.«

Langsam schaute der Alte von seinem Sohn zu Hinrichsen und wieder retour. »Das wollen wir nicht hoffen.«

»Also nein?«

»Das hören Sie doch«, mischte sich wieder der Blondschopf ein.

»Das Vorlaute sollten Sie Ihrem Kleinen abgewöhnen. Das kann nicht jeder ab.« Hinrichsen trat einen Schritt auf den Altbauern zu und ignorierte den Sohn. »Wissen Sie, wo er ist?«

Schulterzucken.

»Wann war es zum letzten Mal hier?«

Schulterzucken.

»Wo ist Ihre Frau?«

»Wo schon?« Der alte Gierlich reckte das Kinn Richtung Haupthaus.

Hinrichsen drehte um und ab. Mutti stand schon am Küchenfenster. Als Hinrichsen über den Hof ging, öffnete sich die Tür.

»Hinrichsen, Kripo Eckernförde. Moin, Frau Gierlich. Ich müsste mal mit Ihrem Sohn sprechen.«

»Och, der ist doch bestimmt in der Bank, Herr Kommissar.«

»Nö.«

»Och, ich war Montag noch bei ihm.«

»Hm, heute ist Mittwoch, und in Eckernföör ist er nicht. Wissen Sie, wo ich ihn erreichen könnte?«

»Rufen Sie doch mal an.«

»Hab ich. Er geht nicht ans Handy. Was hatten Sie denn am Montag Wichtiges zu besprechen?«

»Ach, das war rein familiär.«

»Und so was machen Sie nicht am Wochenende? Aber sagen Sie mal, war er Montag wie immer, oder hatte er Sorgen? Ist Ihnen was aufgefallen?« Hinrichsen hatte keine rechte Lust mehr. Das war doch eine Sackgasse.

»Och, der Heiner lebt ja in gesicherten Verhältnissen. Der hat keine Sorgen. Nur hier auf dem Hof ist er nicht besonders willkommen. Aber das haben Sie vielleicht ja schon mitbekommen.«

»Ja, gut, äh. Dann will ich mal wieder.« Hinrichsen legte die Hand an die Prinz-Heinrich Mütze und schickte sich an, den Hof zu verlassen.

Mutti Gierlich hielt ihn am Ärmel zurück. »Vati und Svend sind nur auf Heiners Geld aus.« Ängstlich schaute sie zum Schweinestall hinüber, dann drückte sie Hinrichsen einen knittrigen Zettel in die Hand. »Das ist eine Telefonnummer in England. Da hat Heiner einen Kollegen, den er manchmal besucht hat. Vielleicht ...« In ihrer Stimme lagen Sorge und Hoffnung.

»Stimmt vielleicht doch irgendwas nicht? Sollen wir woanders sprechen?«

Heiner Gierlichs Mutter schüttelte den Kopf und machte einen kleinen Schritt rückwärts.

»Danke, Frau Gierlich. Machen Sie sich mal keine Sorgen. Ihr Sohn macht bestimmt nur einen kleinen Urlaub. Ist ja ein stressiger Job.«

Jetzt lächelte der Polizist, und die Mutter lächelte auch. Ein bisschen jedenfalls.

Achtzehnter Tag: Donnerstag

Weckruf am Morgen

»Es tut mir leid, aber ich bin unpässlich, Frau Brodersen.«

Heiner Gierlichs Nacht war von Dämonen und Höllengetöse beherrscht gewesen. Auf dem Rückflug war ihm, als wäre ein Hoffnungsschimmer aufgekeimt. Die Fahrt nach Eckernförde war von dem Gedanken beseelt gewesen, dass die Nacht ihn auch ruhig verschlucken könnte. Wen würde es kümmern? Kein Wunder also, dass er kein Auge zugetan hatte. »Gab es wichtige Anrufe oder Besuche?«

»Das kann man wohl sagen. Allein Polizeioberkommissar Hinrichsen war zweimal hier. Außerdem habe ich Frau Roland beinahe stündlich in der Leitung. Ihre plötzliche Abwesenheit hat, ich sag mal, große Verwirrung in der Zentrale in Kiel ausgelöst. Den Termin morgen, den halten Sie aber?«

Frau Brodersen widerte Gierlich an. In den letzten vier Jahren war es ihm nicht gelungen, diese intrigante Nervensäge zu isolieren. Ihm schwante auch, dass die Brodersen mit der Roland unter einer Decke steckte. Und das hatte nichts Gutes für seinen Termin morgen in Kiel zu bedeuten.

»Frau Brodersen, wo denken Sie hin? Natürlich fahre ich nach Kiel. Adieu dann.« Ohne auf eine Antwort zu warten, legte Gierlich auf.

Das Einzige, was er gestern Abend im Hotel noch geschafft hatte, war, sich bei Hoffmann zu melden. Der war stinksauer wegen des Graswarder-Geschäftes gewesen und hatte ihm die Order gegeben, sich heute Morgen unbedingt um die Finanzierung in der Schweiz zu kümmern. Noch ein Grund, wenigstens den Vormittag zu Hause zu verbringen.

In London hatte er sich gefühlt, als ob er statt seines Kopfes einen Luftballon auf den Schultern tragen würde. Das Gute war, dort hatte ihm das nichts ausgemacht, und es hatte ihm auch nicht zum Nachteil gereicht. Das war in Eckernförde anders. Auf der Fahrt von Hamburg nach Hause hatte ihn die Angst eingeholt.

Seine Gefühle fuhren Achterbahn. Er musste sich dringend sortieren. Hier in seiner Wohnung hatte er seine Ruhe. So dachte er zumindest.

Es klingelte einmal. Es klingelte zweimal. Gerade hatte er alle Unterlagen für den Transfer des Geldes aus Finnland vor sich ausgebreitet. Gierlich stemmte sich aus seinem Eames-Chair und ging zur Tür. Auf Besuch war er ganz und gar nicht eingerichtet. Er trug Lederschlappen und einen Trainingsanzug, den er sich in seinen frühen Zwanzigern mal bei Woolworth gekauft hatte. Dieser scheußliche Zweiteiler in Blau und Rot war sein textiler Seelentröster, den er brauchte, wenn er aus dem mentalen Gleichgewicht geriet oder Krankheiten ausschwitzen wollte. Für Rory war das fast ein Trennungsgrund gewesen, und heute dachte er, hätten sie sich in der Frühphase ihrer Beziehung bloß getrennt, dann hätte er jetzt ein großes Stück Seelenpein weniger zu ertragen. Es klingelte ein drittes Mal.

Gierlich riss die Tür auf, ohne durch den Spion zu schauen.

»Wer hat Sie beiden denn ins Haus gelassen?« Der Hausherr musterte Rasmussen und Hinrichsen von oben bis unten und zog verächtlich die Mundwinkel nach unten. Dieser Typ in Lederjacke und wirrem Haar gefiel ihm genauso wenig wie die Figur in Parka und Prinz-Heinrich-Mütze.

»Sind Sie hier der Hausmeister?« Das musste man Hinrichsen lassen. Er war schlagfertig.

»Was fällt Ihnen ein, ich bin der Eigentümer dieser Wohnung.« Da blickte Gierlich aber schon auf die zwei Polizeimarken und nahm gleich Haltung an.

»Das ist ja eigentümlich«, fiel Hinrichsen dazu noch ein.

»Sie sind nicht zufällig der Hauptkommissar Hinrichsen?« Gierlich wollte ein wenig beschwichtigen und hatte noch den Namen aus dem Gespräch mit der Brodersen im Kopf.

»Na, geht doch«, sagte Hinrichsen, streckte die Hand aus und trat über die Schwelle. »Für mich reicht aber der Kommissar, für meinen Chef Hans Rasmussen dagegen sollten sie den Hauptkommissar auspacken.« Hinrichsen schüttelte Gierlich die Hand.

Das ist ja alles wie in Watte gepackt hier, dachte Rasmussen, als er in den langen Flur eintrat. Weiße Wände mit Fotografien in

Schwarz-Weiß. Die Motive sagten ihm nichts, alles sehr abstrakt. Eine weiße Klarlackkommode. Kein Staubkrümel war auf ihr zu sehen, geschweige denn irgendwelche abgelegten Alltagsgegenstände.

Hinrichsen und er liefen Heiner Gierlich hinterher, der in seinem Aufzug eher in eine Eckkneipe an den Tresen als in dieses edle bis sterile Ambiente gepasst hätte. Auch das Wohnzimmer war durch und durch in Weiß gehalten, durchbrochen von einem Designerstuhl in schwarzem Leder und ein paar schwarzen Beistelltischen und anderen Kleinmöbeln. Selbst die Sofas trugen weißes Leder.

Gierlich drehte sich zu seinen Gästen um und zeigte auf das Sofa in der Ecke. »Bitte nehmen Sie Platz.«

»Och, wir wollen uns hier erst gar nicht häuslich einrichten«, sagte Rasmussen. »Wir haben nur ein paar kurze Fragen.«

Hinrichsen ratterte seinen Fragenkatalog herunter. Gierlich antwortete aber weder auf die Frage, ob Martens ihn an seinem Todestag besucht hatte, noch äußerte er sich zu der Tatsache, dass es Fotos von seinem Auto auf dem Parkplatz in Aschau gegeben hatte. Er tat das in seinem Sinne einzig Richtige: Er bat um Verständnis, dass er sich ohne seinen Anwalt nicht äußern wolle.

»Ist es so schlimm?«, quengelte Hinrichsen, Rasmussen dagegen hielt sich ganz vornehm zurück.

»Überhaupt nicht, Herr Kommissar. Ich bin einfach nur vorsichtig.« Gierlich fand langsam Gefallen an der Situation.

»Ja, dann, was halten Sie denn von einer Vorladung für heute Nachmittag? Sie brauchen ja sicherlich noch etwas, um sich frisch zu machen, sagen wir, so gegen siebzehn Uhr dreißig? Gern auch mit Ihrem Anwalt.« Hinrichsen legte ein richtig dreckiges Grinsen auf.

»Dann ist das wohl so. Ich werde mich dann mal *frisch* machen. Sie wissen, wo die Tür ist, meine Herren«, sagte Gierlich.

Die Tür klappte. Gierlich war zufrieden mit sich. Der Besuch war wie ein Weckruf für ihn. Jetzt geht es wieder los, dachte er und freute sich auf eine kurze, aber intensive Morgentoilette. Danach die Anrufe in der Schweiz und dann die Sparkasse wieder zurückerobern. Da war wohl einiges ins Rutschen geraten in den letzten Tagen.

Damensolo

Margarete Brix war ärgerlich. »Ich pflege Probleme zu lösen, anstatt mich mit ihnen herumzuplagen.« Das war ihr Credo. Aber im Augenblick gab es einen deutlichen Problemüberhang. Eben hatte sie erfahren, dass der Halter des Killertreckers ermittelt worden, der Fahrer aber ein Saisonarbeiter war, der sich bereits auf dem Rückweg in die Heimat befand. Ärgerlich. Der Altstadtverein fand keinen neuen Vorsitzenden, sie würde wohl noch ein Jahr weitermachen müssen. Ärgerlich. Der Tod von Lars Martens war noch immer nicht aufgeklärt, den Verdächtigen, deren Zahl beständig schrumpfte, war nichts nachzuweisen. Ärgerlich. Mit Dr. Gierlich hatte sie sich leichtsinnigerweise auf einen kleinen Segeltörn verabredet. Das würde sie mindestens drei Stunden kosten. Sehr ärgerlich, denn noch immer hatte sie mit den Vorbereitungen für Rasmussens Geburtstagsparty zu tun.

Und jetzt tat sie, was sie eigentlich hatte vermeiden wollen. Sie mischte sich in Rasmussens Leben ein. Das war riskant, weil er in dieser Hinsicht ziemlich empfindlich sein konnte. Aber als mütterliche Freundin fühlte sie sich verantwortlich. Rasmussen war unzufrieden. Sein Leben füllte ihn nicht aus, keine Frau, vor allem nervte ihn der bürokratische Moloch der Behörde. Sie würde an ein paar Schrauben drehen müssen.

An den Schrauben drehen, darauf habe ich jetzt richtig Lust, aber ich brauche noch ein wenig Schmierstoff, dachte sie. In der Bonbonkocherei erstand sie einen Beutel Karamellbonbons, »Kokos-Krokant«. Sie wusste, dass die Staatsanwältin dahinschmelzen würde. Gerade, als sie die Ottestraße überqueren wollte, sah sie die Innenrevisorin Anne Roland mit Dr. Hubert Stensen aus der Sparkasse kommen. Stensen gehörte dem Verwaltungsrat an. So wie auch Margarete Brix dem Verwaltungsrat angehörte. Was tat er hier? Warum hatte man sie nicht informiert? Zügig ging die Brix auf die beiden zu.

»Guten Morgen zusammen. Eine Krise, von der ich nichts weiß?«

Stensen zuckte ein wenig zusammen. Gerade er fürchtete die

Brix wegen ihrer Scharfzüngigkeit und ihrer juristischen Schach-
züge. »Guten Morgen, Frau Brix.«

Anne Roland nickte nur, machte eine fahrige Bewegung und
zückte einen Autoschlüssel.

Stensen drehte sich Richtung Fassade. »Eine unschöne Geschichte. Unter der Gürtellinie. Gierlich wird von Brodersen und
Roland als Gefahr für die Grundschulkinder verleumdet. Unangenehme Fotos.« Stensen wand sich. »Gierlich ist, wie wir ja alle
wissen, homosexuell, und nun haben diese Damen eine regelrechte
Kampagne losgetreten. Frau Brix, lassen Sie uns einen Augenblick
reingehen, sofern Ihre Zeit das erlaubt.«

Im leeren Konferenzraum setzten sich Stensen und die Brix
übereck an den langen Tisch. Eine provisorische Zusammenkunft.
Das Thema unangenehm. Insbesondere Stensen war deutlich an-
zumerken, dass ihn die »Affäre Gierlich« belastete. Seine Hände
kneteten wie die eines Politikers, der ungeliebte Wahrheiten
kundtun muss.

Er berichtete von unvorteilhaften Fotografien. Wörtlich sagte
er: »Die Fotos zeigen Herrn Doktor Gierlich in Ausübung sexuell
ungewöhnlicher Praktiken mit einem anderen Mann.« Gierlich
sei erpressbar. Allein dieser Umstand sei höchst alarmierend. Brodersen hätte geschnüffelt, Fotos gefunden, diese höchstselbst mit
dem Smartphone dokumentiert, und nun wisse man nicht, wo der
digitale Müll sonst noch gespeichert sei. »Frau Roland hat dann
Tag und Nacht Akten gefressen. Über ihre Motivation lässt sich
trefflich spekulieren. Aber sie ist fündig geworden. Leider.«

Fünf Minuten später war die Brix im Bilde. Gierlich hatte
Regeln verletzt. Kreditsuchenden, deren Anliegen ihm »förde-
rungswürdig« erschienen, hatte er Darlehen ohne Sicherheiten in
ausreichender Höhe gewährt. Bisher war alles gut gegangen. Aber
es ruhte eine millionenschwere Zeitbombe in den Büchern der
Sparkasse. Was passieren konnte, wenn Kredite nicht mehr bedient
werden können, hatte die Welt in den letzten Jahren schmerzhaft
erfahren müssen.

So sympathisch der Brix der Ansatz war, so klar war, dass Gierlich eine Grenze überschritten hatte. Er war nicht mehr tragbar,
und das würde man ihm morgen sagen. Eine Nachfolgerin war

bereits bestimmt. Die Öffentlichkeit würde man über Gierlichs Wunsch, sich beruflich neu zu orientieren, informieren. Und auch für die intriganten Eiferer Roland und Brodersen hatte man nach Rücksprache mit dem Betriebsrat eine Lösung gefunden. Homophobe Tendenzen konnte und wollte man sich in den eigenen Reihen nicht leisten. Den Damen würde man ein Angebot machen, das sie nicht ablehnen konnten.

Der Frage der Brix nach der internen Informationspolitik kam Stensen zuvor. Man habe gestern nach Kenntnisnahme durch den Vorstandsvorsitzenden am späten Nachmittag noch am Abend eine Zusammenkunft im kleinen Kreis, Vorstandsvorsitzender, Betriebsrat und er, Stensen, als Personalvorstand, gehabt und sei der Überzeugung gewesen, rasch und eindeutig handeln zu müssen. Dem Verwaltungsrat würde man noch heute detailliert berichten. Morgen Mittag hätte man zumindest nach außen reinen Tisch, und wie wichtig das Vertrauen in eine Bank sei, müsse er ihr ja nicht erklären.

»Sagen Sie, ist außer Herrn Doktor Gierlich noch jemand auf den Fotos zu erkennen?«

»Nein, einer trägt eine Maske, einen anderen sieht man nur von – ja – von hinten. Lassen wir das.«

»Wissen Sie, wer die Fotos gemacht hat?«

»Nein.«

Das Treffen war beendet. Sie traten vor die Tür, reichten sich die Hände. Stensen ging Richtung Tiefgarage, die Brix die Kieler Straße hinunter. Jetzt war sie noch ärgerlicher. Da versuchten diese fundamentalistischen Flintenweiber, Gierlich ans Zeug zu flicken. Diese Ewiggestrigen waren Gift für eine offene Gesellschaft. Aber gut, Gierlichs freihändige Kreditvergabe war selbstverständlich nicht zu tolerieren. Klarer Fall von gut gemeint und schlecht gemacht.

Ihr Treffen mit Dr. Gierlich würde diffizil werden. Die Brix setzte sich auf eine der Bänke am Kirchplatz. Die Turmuhr schlug. Seit zwei Wochen schon war sie nicht mehr in der Kirche gewesen. Spontan stand sie wieder auf und rutschte wenig später in die hintere Bank von St. Nicolai. Kühl und ruhig war es hier. Es gab keinen Ort, an dem sie sich sicherer fühlte. Unter dem Eindruck der Neuigkeiten rund um Gierlich würde es ihr schwerfallen, gleich bei der Staatsanwältin nicht mit der Tür ins Haus zu fallen. Sie stellte ihre Handtasche neben sich ab und senkte den Kopf. »Das jüngste Gericht des kleinen Mannes«, nannte sie das, wenn sie so innere Zwiesprache hielt.

Sie würde morgen Gelegenheit haben, in Ruhe mit Gierlich zu sprechen. Ihn weiter unter Druck zu setzen, wäre für das Ergebnis der Ermittlungen nicht hilfreich. Gierlich war ein sensibler Mensch und stünde nicht erst morgen, aber morgen noch ein wenig dichter mit dem Rücken zu Wand.

Wenn Hinrichsens These stimmte, dass Martens bei Gierlich war, während Hanne Mogensen in der »Fischdeel« auf ihn wartete, war nach wie vor vollkommen unklar, worum es dabei ging und was während der halben Stunde zwischen den beiden passiert war. Mogensen hatte lediglich ausgesagt, dass Lars nach dem Termin »erhitzt« gewesen sei. Die Brix würde das ins Gespräch mit Gierlich einflechten, vorsichtig und geschickt einflechten. Konnte er irgendetwas zu der entscheidenden Frage beitragen? Trotz allem war sie zuversichtlich, dass sie in vierundzwanzig Stunden Klarheit haben würde. Und dann erst würde sie Rasmussen informieren.

Die Staatsanwältin wäre in Sachen Gierlich jetzt keine Hilfe. Die Brix entschied, gleich im Gespräch den Mund zu halten.

Was die Gesprächsbereitschaft der Staatsanwältin betraf, hatte die Brix genau richtig gelegen. Wie zufällig hatte sie das Tütchen mit den Bonbons auf den Besprechungstisch gestellt, scheinbar selbstvergessen zugegriffen und der Staatanwältin dann höflicherweise den Rest überlassen. Das Gespräch hatte sie mit einem Halbsatz begonnen, den die Staatsanwältin prompt vervollständigte.

»Ihr bestes Pferd im Stall ...«

»Rasmussen.«

»Hm. Da muss man mal was machen.«

Die Brix erklärte der Staatsanwältin, wie hemmend der bürokratische Aufwand für die Entfaltung des gesamten kriminalistischen Talents des besten Pferdes war und dass man den Abnutzungserscheinungen begegnen müsse. Eine Staatsanwaltschaft stünde auch nach außen immer nur so gut dar, wie die Ermittler es durch ihre

Arbeit ermöglichten. Im Grunde genommen sei sie ja so eine Art Trainer, und manchmal bräuchte ein Spieler, sofern er auf hohem Niveau spielte, auch eine kleine Pause. Dann käme es drauf an, eine gut besetzte Bank zu haben. Junge, hungrige Nachwuchskräfte könnten wachsen, wenn der Trainer, also in diesem Fall, die Trainerin, ihnen das Vertrauen schenkte.

Die Staatsanwältin schien verwirrt, hatte aber im Wesentlichen genickt.

Auf dem Rückweg entschied die Brix sich für den Weg über den Strand. Sie dachte über das Ergebnis ihrer kleinen Intervention nach und war sehr zufrieden. Die Bonbons und ihre blumige Ansprache hatten gewirkt.

Nun stand sie an der Hafenspitze und hoffte, dass sie bei ihrer Verabredung mit Gierlich ähnlich talentiert lavieren würde.

Termindruck hier wie dort

Heiner Gierlich schnappte sich das Fax von seinem Schreibtisch. Das Dokument belegte, dass er das Konto für die Graswarder-Transaktion klargemacht hatte. Eben gerade war es ihm gelungen, den Kurier in die Schweiz zu organisieren. Kai, der Türsteher aus seinem Hamburger Club, würde die Tour nach Zürich übernehmen. Samstag über die Grenze und am Montag das Geld des finnischen Investors einzahlen, das war eine sichere Sache. Am Wochenende war die Grenze durchlässiger.

Als Gierlich die Schalterhalle durchquerte, waren alle Angestellten seltsam beschäftigt, nur Frau Brodersen hatte wie immer einen giftigen Blick für ihn.

»Sehen wir uns morgen früh noch? Ansonsten viel Glück, Herr Doktor.«

Gierlich wurde ob so viel Gehässigkeit schlecht. Wenn er denn noch irgendwie die Gelegenheit haben sollte, diese Heuchlerin aus seinem Umfeld zu entfernen, würde er das tun. Wortlos verließ er die Sparkasse.

Noch einmal tief durchatmen, dann stieß Dr. Heiner Gierlich die Tür zum »Papillon« in der Kieler Straße auf. Sein Blick ging einmal hin und einmal her, dann schritt er zielstrebig auf den finnischen Investor und Torsten Hoffmann zu. Die plauderten angeregt. Eigentlich ging es für ihn nur darum, kurz Gesicht zu zeigen, denn das Geld würde ihm in bar übergeben werden. Er musste Vertrauen erwecken, nicht zuletzt durch formvollendetes Auftreten. Er als Bankmensch sollte diesen inoffiziellen Geschäftsabschluss gegenüber dem Finnen gewissermaßen besiegeln. Schwarzgeld aus Finnland würde zur blütenweißen Anlage in der Schweiz. Das war zwar keine seiner alltäglichen Übungen, er wusste aber, wie es ging. Nur kostete ihn alles, was er heute anpackte, nach den Ereignissen der letzten Tage doppelt so viel Kraft.

Herrn Pohjola begrüßte Gierlich mit großer Geste. Dann legte er das Fax auf den Tisch. Der Finne war ein kleiner Dicker mit schütterem rotblondem Haar. Seine rosigen Wangen glänzten. Er schmatzte ein paarmal bei der Begrüßung, am Tisch herrschte eine konspirative und dennoch entspannte Stimmung. Sie nahmen einen Schluck Champagner zur Besiegelung des Kontraktes. Ansonsten blieb es beim Austausch von Belanglosigkeiten. Gierlich ließ einfließen, dass er in den letzten Tagen sehr im Stress gewesen sei und unbedingt nach London gemusst hätte. Ein paar Dinge klären. Was hätte das sein können außer etwas Geschäftlichem? Der Eckernförder Sparkassendirektor machte auf weltläufig, und Torsten Hoffmann assistierte ihm dabei.

»Wo sind Sie eigentlich nächste Woche?«

»Barcelona«, fiel Gierlich spontan ein.

»Ach, deswegen schicken Sie auch Ihren Vertrauensmann Herrn Krüger nach Zürich.«

Gierlich nickte bestätigend, der Finne grinste.

»Meine Herren, ich bin untröstlich. Aber ich muss. Der nächste Termin ruft.«

Gierlich musste zum Verhör. Wie gern wäre er hier am Tisch sitzen geblieben und hätte weiter dem Schampus zugesprochen.

»Wann machen wir die Übergabe? Heute oder morgen Abend?«

»Besser morgen. Wann geht denn der Kurier in die Schweiz?«, fragte Hoffmann.

»Im Laufe des Samstags«, antwortete Gierlich.

Herr Pohjola lächelte in einem fort, er hatte sich schnell und wirksam betrunken. Seine Wangen glühten jetzt. Die Komplizen vertagten sich auf den Abend des nächsten Tages. Gierlich entfernte sich möglichst zackig.

Draußen vor der Tür musste er sich aber einen Moment in das Portal des »Papillon« lehnen, erschöpft an die Wand gepresst, so, dass man ihn von der Straße aus nicht sehen konnte. Der Gang in die Zentralstation war eine echte Hürde. Da musste er sich noch auf die Schnelle etwas einfallen lassen.

Den halben Tag war er um das Telefon gekreist und hatte überlegt, ob er nun Ludger Kulik anrufen sollte. Sein Studienfreund hatte eine Kanzlei in Kiel und Hamburg. Es wäre ein Leichtes gewesen, ihn zu der Vorladung zu bitten. Aber Gierlich war sich nicht sicher, ob er das wirklich wollte. Denn – was hatte er zu befürchten? Er war sich keiner Schuld bewusst, wenn man von der Tatsache absah, dass Martens versehentlich seinen Drink geleert hatte. Das könnte ja schlimmstenfalls als fahrlässige Körperverletzung gewertet werden.

Oder wusste die Polizei etwa, dass Martens ihn erpresst hatte? Das allerdings würde die Lage aus Sicht der Ermittler dramatisch verschärfen. Dabei war er doch nur ein Opfer dieses skrupellosen Raffzahns geworden. Gierlichs Überlegungen wogten hin, sie wogten her. Einen wirklich klaren Gedanken fasste er nicht.

Als er auf die Kieler Straße trat, erfasste ihn eine beruhigende Egal-Stimmung. Der Alkohol begann zu wirken. Er würde das irgendwie schaffen, so, wie er bisher alles geschafft hatte. Ein »Was ist, wenn nicht?« schloss er in diesem Moment aus. Mit trotziger Miene und erhobenen Hauptes schritt Gierlich durch die Einkaufsstraße. Die Menschen machten ihm schon Meter vorher Platz. Manchmal sah er sich so auch selbst gern. Vorn sein, Erster sein. Das gab ihm Sicherheit.

Gierlich bog um die Ecke der Gerichtsstraße, als ein Wagen mit Blaulicht und Martinshorn den Hof der Zentralstation verließ. Als er gerade das Treppenhaus betrat, kamen ihm im Laufschritt Rasmussen, Hinrichsen und Calloe entgegen. Alle drei blieben kurz stehen.

»Tut uns leid, Doktor. Das wird heute nichts mit unserem Termin«, sagte Rasmussen gehetzt.

»Wo haben Sie denn Ihren Anwalt?«, konnte sich Hinrichsen nicht verkneifen.

»Was ist denn los? Wo wollen Sie denn hin?«, fragte Gierlich.

»Birte Martens steht auf der Levensauer Hochbrücke.« Das war mal wieder aus der jungen Calloe einfach so herausgesprudelt.

Wirklich jeder im Umkreis von Kiel wusste, was das bedeutete. Hier standen im Monat mehrmals Lebensmüde, um aus vierzig Metern Höhe in den Nord-Ostsee-Kanal zu springen. Überlebt hatte bisher kein Mensch. Gierlich blickte erschreckt.

»Doktor, Sie machten ja heute Morgen schon einen angeschlagenen Eindruck«, versuchte Rasmussen von Calloes Fauxpas abzulenken. »Ruhen Sie sich doch einfach mal aus. Morgen ist leider keine Zeit. Wir sehen uns also Montag, neun Uhr.« Er wartete erst gar nicht auf die Antwort. »Aber nun Leute, *allez hopp*.«

Im Nu waren die drei weg. Das Martinshorn des zweiten Wagens ging bereits an, da steckte Hinrichsen noch einmal den Kopf durch die Eingangstür.

»Nur dass Sie es wissen. Ich war heute Mittag in der Möwen-Apotheke. Sie holen dort regelmäßig Isosorbiddinitrat für Ihre Tante.«

Da fiel die Tür auch schon wieder zu. Momente später hörte Gierlich ein Geräusch von durchdrehenden Reifen auf dem Hof. Dann war Ruhe.

»Es reicht. Was wollt ihr eigentlich alle von mir? Lasst mich doch endlich in Ruhe!« Gierlich war im Treppenhaus ziemlich laut geworden, und oben ging die Tür auf. POM Schrader guckte über das Geländer, sah ihn und schüttelte verständnislos den Kopf.

»Nur dass Sie es wissen.« Hinrichsens Satz wollte ihm nicht mehr aus dem Kopf. Aber die Polizei wusste doch auch, dass man mit Isosorbiddinitrat niemanden umbringen kann? Er war ratlos. Was wollten Rasmussen und Hinrichsen von ihm? Was sollten diese Andeutungen? Er hatte den Mistkerl doch nicht umgebracht, das mussten offensichtlich andere besorgt haben.

Gierlich machte sich ohne Umschweife auf den Weg in die Bank. Er musste auf Nummer sicher gehen, dass er alle Spuren beseitigt hatte, die darauf hinwiesen, dass Martens ihn erpresst hatte. Auch wenn er nicht der gesuchte Täter war, seine saubere Weste wollte er behalten.

Neunzehnter Tag: Freitag

Konsequenzen

10:34 Uhr, Kiel, Lehmberg, Ecke Holtenauer stadteinwärts. Dr. Heiner Gierlich biegt rechts ab. Er ist angespannt. Er übersieht den Radfahrer. Es gibt scheppernde Geräusche. Jemand brüllt. Das Auto steht.

Gierlich ist wie gelähmt, hat beide Hände am Lenkrad. Die Zeit vergeht nicht mehr. Menschen laufen zusammen, und dann kommt er hoch, direkt vor der Motorhaube, ein Bulle von Kerl. Aus seiner Nase tropft Blut. Er grinst, stützt sich mit beiden Händen auf der Motorhaube ab. Dann kommt er rum zum Seitenfenster.

»Siehst du das?« Er wischt sich mit dem Ärmel seiner Jacke das Blut von der Nase. »Ui, das kostet. Schmerzensgeld.«

11:25 Uhr, Kiel, Lorentzendamm, das Büro von Dr. Hubert Stensen. Die Polizei hatte den Unfall aufgenommen, eine Anzeige geschrieben. Gierlich war zehn Minuten zu spät gekommen. Sein Händedruck war fest gewesen. Nun waren fünfzehn Minuten vergangen.

Er krallt sich in die Lehnen des Sessels. Weiß treten die Knöchel hervor.

Was sollte er auch sagen?

Dass er in den letzten Jahren immer wieder mal Kredite an Handwerker und Landwirte vergeben hatte, deren Sicherheiten nicht unbedingt den Vorgaben entsprachen, hatte er erfolgreich verdrängt. Nein, nicht verdrängt, eher vor sich selbst gerechtfertigt. Jedenfalls empfand er keine Schuld. Die Leute hatten das verdient. Sie arbeiteten hart und waren immer ehrlich gewesen. Jetzt hatte man ihn deswegen entlassen. Eine großzügige Abfindung und das Angebot, bei der Wissenschaftsförderung der Sparkasse in Bonn anzufangen. Man wolle keinen Staub aufwirbeln.

Die beiden stehen auf. Gierlich ist schwindelig. Der Boden unter ihm scheint zu wanken.

Jetzt gibt ihm Stensen die Hand und schaut ihn ernst an. »Es tut mir wirklich leid.«

Gierlich hält Stensens Hand umklammert. Er glaubt ihm.

11:36 Uhr. Gierlich ist wieder in seinem Auto. Sein Kopf ist wie in Watte gepackt. Dann lässt er den Motor an. Das Geräusch knallt ihm in den Kopf wie ein Düsenjet. Die Gedanken lassen sich nicht festhalten. Er hat es vermasselt. Sein Vater, sein Bruder, Rory, sein Job. Alles Geschichte. Er würde jetzt gern jemanden anrufen. Aber wen?

11:47 Uhr. »Die Brix«.

»Guten Tag, Frau Brix, hier spricht Gierlich. Wäre es Ihnen möglich, schon so gegen dreizehn Uhr dreißig zu mir aufs Boot zu kommen? Sicher wissen Sie, dass ich in Kiel bin. Es ging alles ganz schnell. Man hat mich entlassen. Können wir darüber sprechen?«

Die Brix sagt zu. Sie legen beide auf.

Eckernförde gibt Gummi

13:13 Uhr, Eckernförde, Hafen.

»Der GUMM-PRIX folgt durch wundersame Eigendynamik mittlerweile einer ausgefeilten Liturgie. Tatsächlich ist der Besuch des Gummibootrennens einem Kirchgang nicht unähnlich. Im Laufe der Jahre haben sich ein paar Gewohnheiten vergesellschaftet, die man im Kreis der aktiven und passiven Teilnehmer nicht mehr missen möchte. Gewohnheiten, die aus Neugier Interesse und aus Interesse Leidenschaft haben entstehen lassen.« So war es im Vorwort des Programmheftes zu lesen. Der Verfasser war nicht nur Fan, sondern auch Germanist der alten Schule.

Zu den unumgänglichen Vorbereitungen der Fans gehörte es, bereits Tage zuvor Badekappen so kreativ zu gestalten, dass ihnen die regen Einzelhändler eine eigene »Ausstellung« spendiert hatten. Die schönsten Kappen schmückten im Folgejahr die Schaufenster und warben erfolgreich für die tollen Gummitage in Ecktown. Tatsächlich trugen beinahe alle Besucher Badekappen. Die kindliche Freude an der kollektiven Hässlichkeit triumphierte über die Lust an der individuellen Eitelkeit. Das Gemeinschaftserlebnis ersetze den Drang, sich selbst zu inszenieren. So war es auch Usus, nicht nur sein Lieblingsteam anzufeuern. Mannschaften, die den Anschluss verloren, erfuhren die besondere Unterstützung des fachkundigen Publikums.

Mit dem Anfeuern begann das Volk auf der Borby-Seite, indem es wie aus einer Kehle »Giiieeb« schrie. Die Innenstadtseite des Hafens antwortete darauf »Gummi«. Gegenseitig schaukelten sich die Massen zu einem Wechselgesang auf, an dessen Ende man sich die Badekappen vom verschwitzten Kopf riss und in der Luft umherwirbelte wie Schals in einem Fußballstadion. Das Umherwirbeln wurde schließlich zur Freude aller Beteiligten von einem gemeinschaftlichen »Ziiiieeh« begleitet – ein Spektakel, das alljährlich mehr Zuschauer anzog. Das quietschbunte Durcheinander der ersten Jahre war erhalten geblieben. Parallel war der sportliche Zweig gewachsen, und beides fügte sich harmonisch zu einem Hafen-Sommertag, der wie Erdbeereis war. Unwiderstehlich.

Beim GUMM-PRIX gab es keinen Startschuss, es gab eine
Zeremonie. Und der diesjährige Zeremonienmeister war Hans
Rasmussen. Natürlich hatte er Marlene nicht widerstehen können,
und so stand er mit der blau-gelben Badekappe des Rennleiters auf
der Klappbrücke. Alle Augen waren auf ihn gerichtet. Er spürte
nun kein Lampenfieber mehr. Es war wie bei den Auftritten der
Schülerband vor fünfundzwanzig Jahren: Ein köstliches Kribbeln
breitete sich von der Lendenwirbelsäule nach oben aus, lief den
Nacken entlang und flutete mit Botenstoffen, die Rasmussen sofort
in der Apotheke seines Vertrauens gekauft hätte, würden sie denn
angeboten, sein Gehirn. Er spürte die euphorisierend wirkende
Live-Welle. Er legte die Hand auf den Regler, führte das Mikrofon
an die Lippen, und dann sprach er zu seinem Volk.

»Moin, Ecktown.«

»Moin, moin«, schallte es zurück.

»Seit vier Jahren gibt es ihn jetzt, unseren GUMM-PRIX, und
immer hat Moritz hier den Vorturner gemacht. Aber Moritz kann
heute nicht. Also hat Marlene Nissen mich von der Bank geholt.
Den Urlaubern unter euch möchte ich mich kurz vorstellen. Ich
heiße Hans Rasmussen, habe den Frei- und Fahrtenschwimmer,
mit zwölf Jahren hier in der Bucht segeln gelernt, und als Polizist
kann ich den Verkehr regeln. Ihr merkt schon, ich mache mir Mut.
Auch deshalb, weil ich die Gelegenheit nutzen möchte, meiner
Heimatstadt ein Ständchen zu bringen.«

Marlene stand auf der Borbyer Seite, blinzelte in die Sonne,
sah ihren Hans mehr als Schattenriss und bekam den Mund im
Wortsinne nicht mehr zu.

Rasmussen griff sich die Gitarre, und erstmals erklang »Hans
sein Lied«.

Das Leben an der Förde
Ist jetzt gänseblümchenleicht ...

Rasmussen sang, und Marlene schmolz dahin. Als der letzte Akkord
mit »Ecktown« als letztem Wort verklang, brandete Applaus auf.
Rasmussen hatte den Hafen gerockt.

»Und jetzt«, brüllte er sichtlich euphorisiert ins Mikrofon, »und jetzt, wie ihr es gewohnt seid.« Mit Zeige- und Mittelfinger der rechten Hand schob er zwei Regler hoch und fuhr sie ab, die Hymne des GUMM-PRIX.

»Er hat ein knall…« Nach »knall…« riss Rasmussen den Regler runter und das Volk brüllte, gröhlte, sang und jubilierte »… rotes Gummiboot«, und die Boote setzten sich mehr oder weniger schnell in Bewegung. Das absolut textsichere Publikum sang Wencke Myhres Hit unterdessen mit großer Hingabe weiter.

Den Veranstaltern war es in diesem Jahr endlich gelungen, die norwegische Schlagerikone zum fünfjährigen Jubiläum des GUMM-PRIX als Stargast zu verpflichten. Beim Promi-Rennen würde sie auf die Klappbrücke kommen und die Startzeremonie mit einer Liveeinlage adeln. Rasmussen hatte sie bei der Vorbesprechung kurz kennengelernt, und Marlene hatte recht: Wencke Myhre war zum Verlieben.

Jetzt aber musste sich Rasmussen auf den Einlauf des ersten Sprintrennens konzentrieren. Dessen Kommentierung gehörte nämlich ebenfalls zu seinen umfangreichen Pflichten. Wie immer lag das Team der Taucher vom Marinestützpunkt in Führung. Die Jungs waren jung, sehr gut trainiert und quasi unschlagbar. Dicht dahinter aber die Eckernförder Fischer. Erstmals ohne Lars Martens. Die komplette Crew trat in Schwarz an. Nur Hoffmann konnte er nirgends entdecken.

Rasmussen hatte plötzlich den toten Körper von Lars vor Augen. Er ist doch erst ein paar Tage unter Erde, dachte er, und wir tun hier, als sei nichts gewesen. Wie es Birte wohl ging? Er musste sie anrufen. Heute Abend noch. Und wo war eigentlich Margarete? Seine Gedanken gingen im rhythmischen »Wie immer, wie immer« der Marinefans unter. Der GUMM-PRIX kochte.

Vor Gericht und auf hoher See

13:20 Uhr, Eckernförde, Jachthafen.

Margarete Brix hatte sich gegen das Sporthütchen entschieden. Sie trug eine eng anliegende Mütze, die sie vor Jahren mit sehr dünnen Nadeln gestrickt hatte. Die Mütze war blau-weiß geringelt. Merinowolle. Sie hatte ihr bei kleinen Regatten immer Glück gebracht.

Es war laut im Hafen. Der GUMM-PRIX entließ eine Wolke unterschiedlicher Geräusche, die man bei konzentriertem Hören zuordnen konnte: die Musik einzelner Fahrgeschäfte, die den Kai säumten, das nahe Lachen junger Mädchen und das Johlen der Zuschauer, die rund um das Hafenbecken ihre Mannschaften anfeuerten.

Als die Brix eben an der Klappbrücke vorbeigegangen war, hatte sie einen Blick auf Rasmussen erhascht, der mit gerötetem Gesicht und ausholenden Bewegungen wie ein Dirigent gewirkt hatte. Wüsste er, was sie jetzt tun wollte, hätte er sie vielleicht aufgehalten. Aber nun hatte sie freie Bahn. Sie spürte, dass Heiner Gierlich seinem Herzen Luft machen wollte.

Vor der Eisdiele am OIC weinte ein kleiner Junge. Er hatte eine Kugel Eis aus seinem Hörnchen verloren. Die Brix war konzentriert, achtete auf Details. So war es immer gewesen, wenn sie hinter dem Richtertisch Platz genommen hatte. Nun betrat sie den Steg direkt neben dem Häuschen des Hafenmeisters, dessen Holzfassade man nach schwedischer Tradition in Ochsenblut-Rot gestrichen hatte. Beinahe wäre sie gestürzt. Die Sohle am linken ihrer alten Bootsschuhe hatte sich gelöst und an einer hochstehenden Holzdiele verfangen, aber reaktionsschnell hatte sie nach dem Handlauf des Geländers gegriffen und das Gleichgewicht zurückgewonnen.

Sie schaute auf die Nummern der Liegeplätze. Siebenundsechzig, achtundsechzig. Gierlichs Boot, die »Blue Ship« lag auf neunundsechzig, und Gierlich stand schon am Bug, eine Hand an der Rollfock, die andere hielt eine Sonnenbrille. Er erwartete die Brix, schaute aber gedankenverloren durch sie hindurch. Erst als sie unmittelbar vor ihm stehen blieb, löste er sich aus seiner Erstarrung.

»Frau Brix, danke, dass Sie gekommen sind, dass Sie zu mir gekommen sind.« Beinahe schüchtern deutete er eine einladende Geste an. »Bitte.« Er reichte ihr die Hand, und die Brix machte einen großen Schritt.

»Sie segeln?«

Margarete Brix nickte. Gierlich sprang auf den Steg, löste die Bugleine und warf sie ihr zu.

Sie fuhren ein Ablegemanöver, als seien sie ein eingespieltes Team. Backbord der Marinehafen, Wind drei bis vier aus Südwest, die Ostsee voraus.

»Sagen Sie mal, wie geht es eigentlich Frau Martens? Ich war gestern auf der Zentralstation ...«

»Ach, Sie meinen den Fehlalarm. Birte Martens ist zumindest physisch wohlauf.«

Gierlich saß an der Pinne, griff ins Schapp unter sich und holte eine Flasche hervor. Das Etikett war abgenutzt. Es war Rum aus Flensburg. In der Rechten hielt er nun zwei Schnapsgläser, die er der Brix reichte.

»Auf gute Seemannschaft.«

»Margarete«, sagte Margarete Brix.

»Heiner«, sagte Heiner Gierlich.

Sie segelten zwei Schläge und schwiegen. Die Strandhütten von Surendorf verschwanden an Steuerbord aus ihrem Blickfeld. Die Brix ertappte sich beim Träumen. Kurz hatte sie sich als Teenager gesehen: Bademode der Fünfziger, amerikanische Zigaretten und Bernhard Rasmussen, der neben ihr am Lagerfeuer saß. Sie reckte sich. Gierlich hatte eine Sonnenbrille aufgesetzt. Er öffnete ein paarmal den Mund. Was er sagen wollte, konnte er nicht aussprechen. Er wirkte wie jemand, der den Schritt in den Beichtstuhl nicht wagte.

»Es ist jetzt über dreißig Jahre her.« Die Brix machte eine kurze Pause. Sie brauchte Anlauf. »Da habe ich einen Mann wegen häuslicher Gewalt verurteilt.«

Gierlich nickte und zuckte mit den Schultern.

»Der Mann hatte nicht getan, was die Staatsanwaltschaft ihm

vorwarf. Es war ein abgekartetes Spiel zwischen dem Staatsanwalt, der Ehefrau und mir. Wir wollten ihn aus dem Verkehr ziehen. Er hatte sich an seinem Sohn zu schaffen gemacht, aber das konnten wir nicht beweisen. Wir haben es gut gemeint.« Sie machte noch eine Pause. »Wir haben alle unsere Leichen im Keller.«

Zehn Minuten später hatte Gierlich seinem Herzen Luft gemacht. Er hatte der Brix berichtet, wie seine Kindheit als schwuler Sohn einer kleinbürgerlichen Familie in einem von Schützentradition geprägten und zumindest latent homophoben Umfeld verlaufen war. Er war gebrandmarkt, verhöhnt und ins Abseits gestellt worden. Er hatte von Rory, seiner einzigen großen Liebe, erzählt, von den finanziellen Problemen seiner Familie und schließlich auch von der verdeckten Schwarzgeldtransaktion, zu der ihn Hoffmann veranlasst hatte.

»Ich konnte in meinem Kern nur überleben, meine Seele hatte nur eine Chance, wenn ich der Beste war. Schule, Uni, Sport, Job. Der Beste. Als schwuler Bauernsohn reichte Platz zwei nicht. Anerkennung gab es nur für Gold. Ich habe mit harten Bandagen gekämpft, aber es lag mir fern, anderen zu schaden.«

»Und Martens, was hattest du mit Martens zu tun?«

Martens, den hatte Heiner Gierlich fast vergessen. »Woran ist Martens eigentlich gestorben?«, wollte er nach einem langen Blick auf den Horizont wissen.

»Die kombinierte Wirkung von Isosorbiddinitrat und Viagra hat den Tod von Lars Martens verursacht. Blutdruckabfall, Exitus.«

Gierlich erstarrte. Augenblicklich. Seine Augen wurden ganz weit, sein Gesicht fahl. Er nahm die Sonnenbrille ab, legte sie auf das Tischchen, umfasste mit beiden Händen sein Gesicht, presste die Mittelfinger links und rechts der Nasenwurzel in die Augenwinkel und flüsterte: »Oh, mein Gott.«

»Heiner, was ist?«

»Ich, ich habe ihn umgebracht. Ich habe Lars Martens getötet.«

Und dann schrie er so laut, dass die Adern an seinem Hals deutlich sichtbar hervortraten. Nein, er schrie nicht, er brüllte: »Ich bin ein Mörder!« Und noch mal: »Ich bin ein Mörder!«

Die Brix legte ihre rechte Hand auf seinen linken Oberschenkel. »Warum glaubst du das?«

»Martens war an dem Sonntag in meinem Büro. Ich hatte ein paar Tabletten aus der Packung für meine Tante in einem Glas mit Apfelschorle aufgelöst. Ich hatte Herzstiche, ich hatte Angst vor einem Herzinfarkt, und ich wusste, dass das Medikament die Gefäße erweitert. Dann wollte Martens auch ein Glas Apfelschorle. Ich bin aufgestanden, habe die Flasche aus dem Kühlschrank geholt, und als ich mit einem Glas und der Flasche zurückkam, hatte Martens mein Glas schon in einem Zug geleert. Er wollte gleich noch eins. Ich konnte nichts mehr machen. Aber ich hätte ihn warnen sollen. Ich hätte ihm das Leben retten können. Ich weiß noch genau, wie ich dachte: Hoffentlich wird dir gleich schlecht, du Mistkerl.«

»Warum hast du das gedacht?«

»Er hat mich unter Druck gesetzt, hatte Fotos vom Swingerstrand. Fünfzigtausend Euro hatte ich ihm schon gegeben. Er wollte mehr Geld. Ich habe ihn gefragt, wann das aufhören würde. Er hat gelacht und gesagt: ›Das hört nie auf, Doktorchen, das hört nie auf. Ich habe die Fotos, du das Geld.‹ Und gelacht hat er. Mich ausgelacht.«

»Du konntest nicht wissen, dass er Viagra nehmen würde oder schon genommen hatte. Das war kein Mord.«

»Und das alles nur, weil ich einmal an diesen Swingerstrand gegangen bin. Es pressierte, tja, und dann …« Gierlich nahm die Flasche mit Rum und setzte sie an. Er trank und verschluckte sich. Er hustete, dass ihm die Tränen die Wangen runterliefen, dann brüllte er wieder. »Ich kann nicht mal richtig saufen. Mein Bruder hatte recht. Ich bin eine unnütze Schwuchtel. Was ich anfasse, geht schief. Rory hat mich verlassen, heute Morgen bin ich rausgeflogen, und ein Mörder bin ich auch. Ein Mörder.«

Er hustete noch immer und begann jetzt hysterisch zu lachen. Die Brix spürte, dass er die Kontrolle über sich verlor. Die Flasche kippte um, und der Rum ergoss sich in die Plicht. Gierlich bückte sich. Im offen stehenden Schapp entdeckte er die Signalpistole. Erst im letzten Sommer hatten sie im Jachtclub geübt, damit zu schießen. Er entnahm der wasserdichten Verpackung eine Signalpatrone, lud die Pistole und setzte sie sich an die Schläfe.

14:36 Uhr, eine halbe Seemeile südöstlich der »Blue Ship«.

Torsten Hoffmann steht an Deck seines Katamarans, auf dem

Weg in die Werft, den satten Gewinn aus dem Deal mit dem Finnen in Aussicht. Totti ist bester Laune. Die kommenden Monate würden ertragreich sein. Aus alter Gewohnheit schaut er durchs Fernglas. Er stutzt. Die »Blue Ship« erkennt er sofort am Jolly Roger, dem Totenkopf, den Gierlich sich hat auf den Bug sprayen lassen. Gierlich ist St.-Pauli-Fan. Für Totti kaum zu glauben, aber tatsächlich steht Gierlich bei Heimspielen mitten unter den Ultras. Vielleicht hat das was mit der Vereinsführung zu tun. Man weiß es nicht. Wo will der denn hin? So mitten am Tag.

Totti sieht zwei Personen an Bord. Gierlich ist nicht allein. Interessant. Alles, was Totti an der zweiten Person erkennen kann, ist eine blau-weiße Mütze. Er stellt eine stärkere Vergrößerung ein, dann wird er plötzlich geblendet. Ein weißer Lichtblitz löst sich von der »Blue Ship«. Als Totti wieder hinsieht, sind beide Personen verschwunden. Sofort befiehlt er den Dösbaddeln, Kurs auf das Boot querab zu nehmen.

14:37 Uhr auf der »Blue Ship«.

Die Brix sieht, was Gierlich tun will. Der Schrei bleibt ihr im Halse stecken, denn im selben Augenblick drückt Gierlich ab. Es klickt. Nichts passiert. Er schaut auf die Pistole, erkennt, dass er den Hahn noch nicht gespannt hat, und holt das nach.

Margarete Brix springt auf, bleibt mit der Sohle ihres Schuhs unter dem Holzgitter hängen, das auf dem Boden der Plicht liegt. Ihre Arme schießen nach vorn, um sich abzustützen, ihre rechte Hand klatscht Gierlich ins Gesicht. Gleichzeitig reißt der die Pistole wieder hoch an seinen Kopf und drückt ab. Der Schuss löst sich.

14:39 Uhr auf Hoffmanns Katamaran.

Hoffmann setzt einen Funkspruch ab und ruft Hilfe.

14:45 Uhr. Der Katamaran erreicht die »Blue Ship«.

Hoffmann springt an Bord. In der Plicht liegt blutüberströmt Heiner Gierlich. Neben ihm eine zierliche Frau, die sich nicht rührt. Hoffmann dreht Gierlichs Kopf. Gierlich stöhnt. Er lebt. Dann sieht er nach der Frau. Es ist Margarete Brix. Sie ist bewusstlos, aber sie atmet.

Er pfeift einen seiner dänischen Mitarbeiter zu sich heran. Gemeinsam lagern sie Gierlich um, versuchen, die immer noch starke Blutung zu stoppen. Der ganze Boden ist rot. Nur langsam gelingt es ihnen, einen Druckverband anzulegen. Das Schiff liegt im Wind und schwankt. Mit einem Eimer schöpft Hoffmann Wasser aus der Bucht und gießt es der Brix über den Kopf. Nach Luft schnappend kommt sie zu sich.

15:17 Uhr. Ein Schiff der Küstenwache geht längsseits.

Ein Arzt kümmert sich um die Verletzten. Die Kopfwunde bei Gierlich verlangt nach einer schnellen Notoperation. Er hat schwerste Verbrennungen erlitten. Ob das Hirn Schaden genommen hat, wird erst der Neurochirurg feststellen können. Es gelingt, Gierlich zu stabilisieren. Dann holt ihn ein Hubschrauber ab. Margarete Brix fährt mit der Bundespolizei zurück nach Eckernförde. Die »Blue Ship« übernehmen zwei Besatzungsmitglieder.

16:45 Uhr. Das Schiff legt in Eckernförde an.

Inzwischen hat Rasmussen erfahren, welches Drama sich auf der Ostsee abgespielt hat. Ungeduldig hat er am Kai gewartet. Jetzt geht er rasch an Bord, fragt nach der Brix und entdeckt seine mütterliche Freundin auf dem Vorderdeck. Schon aus fünf Metern Entfernung entschärft sie seinen sorgenvollen Blick mit einer wegwerfenden Handbewegung. Demonstrativ rappelt sie sich auf, nur um gleich wieder in die Arme des Notarztes zu sinken.

»Hans, mein Junge. Mir ist noch ein büschen blümerant.«

»Maggie, ich hatte dich gebeten, bei Gierlich zu schnüffeln. Von einem James-Bond-Einsatz war nicht die Rede.«

»Tscha, so hatte ich mir das auch nicht vorgestellt.«

Kurz schildert die Brix das Geschehen der letzten zwei Stunden. Detailliert gibt sie wieder, wie Gierlich die Situation im Büro dargestellt hatte.

Und dann stellt Rasmussen die entscheidende Frage. »War er es?«

»Er hat gestanden.«

»Maggie! War er es?«

»Sagen wir mal so: Als Richterin hätte ich den Staatsanwalt mit

Gierlich als Angeklagtem nach Hause geschickt. Als Mensch fällt es mir schwer, ihm etwas vorzuwerfen. Aber unschuldig? Unschuldig ist er nicht.«

»Mord aus Versehen?«, fragt Rasmussen.

Die Brix nickt. »So zumindest versucht Gierlich es aussehen zu lassen. Aber so was gibt es nicht.«

»So oder so, wir stehen mit leeren Händen da.« Zufrieden wirkt Hauptkommissar Rasmussen nicht.

Und dann sitzen sie auch schon im Krankenwagen. Die Mütze der Brix hat einen feuchten Fleck auf Rasmussens Hemd hinterlassen.

»Die schenk ich dir, mein Junge. Die bringt Glück.«

Zwanzigster Tag: Samstag

Geburtstag

Auf seinen Geburtstag hatte Rasmussen nie viel gegeben. Jedenfalls nicht, seit er keine weißen Rennräder mehr von Mama und Papa bekam. Einfach mal in Ruhe gelassen zu werden, das war doch eigentlich das schönste Geschenk. Ausschlafen, Zeitung lesen, gemütlich frühstücken. Eine lange Dusche und einen ausgedehnten Spaziergang nach Weseby zum Naschikönig auf einen kleinen Schnack. Was konnte es Schöneres geben?

Aber jetzt, Rasmussen sah auf die Uhr, jetzt war es schon nach vier. Niemand hatte ihm gratuliert. Nicht mal die Brix – und die hatte, seit sein Vater gestorben war, immer zumindest angerufen. Was war mit Marlene? Kurz dachte Rasmussen an seine Mutter. Ob die auf ihrem Campingplatz in Spanien an ihn dachte? Eher nicht. Warum auch?

Rasmussen schaltete den Fernseher ein. Snooker. Das beruhigte so schön. Schon wegen der Geräusche. Dieses Klacken. Das konnte er gut haben. Obwohl, das war doch eher ein Klopfen als ein Klacken. Er stand auf, ging rüber zur Tür, öffnete und stand Jörn gegenüber.

»Eh, na denn mal – Glückwunsch.«

»Danke.«

»Hier.« Jörn hielt ihm einen Helm hin. »Lass uns mal los.«

»Wie los?«

»Siehst du dann ja.« Jörn machte auf dem Absatz kehrt und ging die Treppe hinunter.

Rasmussen war nicht blöd. Natürlich steckte die Brix dahinter. Geburtstagskaffee im Ykaernehus. Er freute sich richtig. Er angelte die Lederjacke von der Garderobe und klopfte auf die Taschen. Handy, Brieftasche – und das, was war das denn? Rasmussen griff in die rechte Innentasche und förderte ein Paket Kondome ans Tageslicht. Darauf ein gelbes Post-it: »Weil Sie sich bestimmt wieder nicht entscheiden können. Ihre Staatsanwältin«. Humor hatte sie ja, und irgendwie war sie auch – ja, wie eigentlich?

Vor dem Haus sprang der BMW an. Rasmussen warf die Kondome auf den Tisch, die Tür zu, und bei dreiundzwanzig saß er in Jörns Beiwagen. Manchmal zählte Rasmussen, wie lange er für dies und das so brauchte. Dreiundzwanzig war okay für sein Alter.

Zügig ging es über die kurvige Strecke nach Kosel. Hier fiel Rasmussen die Entscheidung immer schwer. Geradeaus an den Kiesgruben vorbei oder doch rechts auf die B 76? Geradeaus konnte es eng werden, wenn Trecker entgegenkamen. Rechts hoch musste man oben links abbiegen, und das konnte manchmal dauern. Sein Fahrer wählte die Strecke »über Land«. Rasmussen hielt die Hand in den Wind und ließ sie auf der Luftströmung surfen. Das hatte er schon als Kind gern gemacht.

An der Kaserne nahm Jörn nun die B 76. Auf Höhe des Baumarkts Siemsen ließ er das Gespann aber geradeaus laufen. Grund genug für Rasmussen, etwas stutzig zu werden. Zum Ykaernehus hätte er links abbiegen müssen. Jörn folgte der B 76 Richtung Kiel und reagierte nicht auf die schrägen Blicke seines Beifahrers. Am Südstrand schaltete er runter, setzte den Blinker links und parkte schließlich direkt am Grillplatz.

Da hatte Rasmussen verstanden – und dann sah er sie: Vor der Hütte stand seine »Familie«. Marlene, die Brix, Frauke, Birte, Eike, Amos, Erika, Fiete und Fritze. Das Team war da. Calloe in Begleitung eines Hünen, der wie die Kreuzung aus dem jungen George Clooney mit Air Jordan aussah. Die Staatsanwältin. Hinrichsen, selbstverständlich in Parka und mit Prinz-Heinrich-Mütze. Schrader. Carsten und Hinnerk. Sogar Iversen war gekommen. Rasmussen war gerührt. Als dann noch der gesamte Abiturjahrgang 1986 hinter der Grillhütte hervorkroch, dachte er nur: Marlene, du bekommst auch alles hin.

Er kletterte aus dem Beiwagen, ging zu Marlene und der Brix hinüber und schloss sie beide in die Arme. Er klatschte Fiete und Fritze ab.

»Mein kleiner grüner Kaktus steht draußen am Balkon, holari, holari, holaro …«

Als die ganze Bande auch noch anfing, ein Geburtstagsständchen anzustimmen, war es um Rasmussens Beherrschung geschehen.

Um zwei zusammenhängende Sätze des Dankes herauszubringen, musste er einige Male sehr tief durchatmen. Aber wo war Jörn? Da dröhnten schon die Bässe los. Punky Reggae-Party. Er schaute zum DLRG-Turm hinüber und sah Erika und Jörn dort oben im Bob-Marley-Wiegeschritt. Die Krone der Matjeskönigin leuchtete in der Abendsonne.

»No boring old farts, no boring old farts, no boring old farts will be there!« Und bei der Zeile: *»It's a punky reggae party, and it's alrite«*, stimmten fast alle Gäste in den Refrain ein.

Rasmussen war völlig perplex. »Wer hat die Musik ausgesucht?«, fragte er die Brix.

»Jörn.«

»Nein.«

»Doch, Jörn der alte U-Boot-Fahrer war der Standort-DJ, und dass du ein Kind der Achtziger bist, ist kein Geheimnis.«

Die alten Männer – Rasmussen konnte es kaum glauben. War es Selbstironie, oder waren die Knilche einfach nur cool?

Scheinwerfer flammten auf. Es war erst fünf Uhr nachmittags. Am Strand erstreckte sich eine dreißig Meter lange Tafel. Tapeziertische mit weißen Papiertischdecken und eine Wundertüte Gartenstühle. Gesäumt von einer Reihe Palmen. Auf dem Grill lag frischer Fisch. Frauke Burmester hatte ihre eigene Strandbude und zauberte unglaubliche karibische Cocktails. Alles war bestens, und die Party nahm ihren Lauf.

Als die Sonne unterging, lagen Rasmussen und Marlene eng aneinandergekuschelt im Sand. So konnte das Leben weitergehen.

Da hörte Rasmussen das altbekannte Ächzen seines alten Kumpels Eike, der sich nicht neben ihn, sondern neben Marlene legte. Sofort regten sich in Rasmussen Gefühle, die etwas mit Eifersucht zu tun hatten. Schon auf Fanø hatte er den Eindruck gehabt, sein Hormonhaushalt geriete langsam aus den Fugen.

»Hans, ich habe mit Margarete gesprochen, wegen des Jobs bei mir.«

»Mit Margarete, wie bitte? Was hat Margarete damit zu tun?«

»Ganz ruhig, Alter, niemand will dir was. Du sollst nur wissen, dass mein Angebot steht, und zwar nicht nur jetzt, sondern auch in Zukunft. Nimm es einfach als eine Art Fluchtweg.« Er küsste

Marlene, rappelte sich auf, hob die rechte Hand, und im Gehen sagte er: »Danke, dass du mein Freund bist.«

Kurz nach Mitternacht suchte Rasmussen die Nähe der Brix. Die saß in einer Hängematte mit Iversen und tauschte alte Geschichten aus.

»Na, Bürgermeister, schmeißt du dich an die attraktivste Junggesellin der Stadt ran? Mach mal Platz, ich muss was mit der Dame besprechen. Geheim.«

Iversen murmelte was von »immer die Lütten« und »ausnahmsweise«, dann trollte er sich rüber zu Fiete – paar Schwarzbauten planen.

Rasmussen kuschelte sich an die Brix ran. »Erinnerst du dich an den Rochenflügel, den ich letztens in Lübeck hatte?«

»Sicher.«

»Hat mir nicht geschmeckt.«

Die Brix zuckte mit den Schultern. »Du warst nicht in Stimmung.«

Rasmussen machte eine Arm- und Kopfbewegung, deren Bedeutung Auslegungssache war, aber eine verborgene Botschaft in sich trug. Einen zarten Hinweis auf die Zukunft. Die Brix dachte an ihren Vater, der einen ähnlichen Eindruck bei ihr hinterlassen hatte, wenn er zu Weihnachten kurz vor der Bescherung spekulierte, ob das Christkind schon da gewesen sei oder nicht. Sie war von einem Augenblick zum anderen freudig erregt und neugierig gewesen. Rasmussen schaute in die Flammen des Lagerfeuers.

»Hans!«

»Margarete?«

»Sprich zu mir, Hans.«

Rasmussen spürte ein warmes Gefühl der Zufriedenheit in sich aufsteigen. Er schmunzelte. »Du und ich und Marlene, wir machen am nächsten Freitag einen Ausflug.«

Die Brix bedeutete Rasmussen, fortzufahren.

»Eine kleine Reise.«

»Hans, ich bin zweiundsiebzig, und wenn du so weitermachst, erreicht mich deine Botschaft postum.«

»Warst du je auf Fanø?«

»Mehrmals.«

»Und?«

»Schöne Insel.«

»Gut, dann kannst du dich ja schon mal ein bisschen freuen. Ich lade dich und Marlene nämlich ein.«

»Nur so?« Die Brix schaute skeptisch. »Aber nur, wenn Fiete fährt.«

Rasmussen lehnte sich zurück, lauschte dem Knistern der Holzscheite und dem sanften Rauschen der Wellen, blickte versonnen auf das Schwarz der Ostsee und verschränkte die Hände hinter seinem Kopf. »Allein schon die Aussicht.« Dann sagte er nichts mehr.

Letzte Ausfahrt Sehestedt

Helmut Siemsen wurde gesehen, als er das Ortschild Sehestedt passierte. Er wollte auch gesehen werden. Schwarzer Mantel. Schwarzer Anzug. Aber heute ohne Krawatte. Und ohne S-Klasse. In der rechten Hand hatte er einen kleinen Koffer. In der linken Hand hatte er einen großen Koffer. Siemsen hatte Schlagseite nach links.

Er wählte den Weg am Denkmal vorbei und ging dann erst Richtung Wasser, um am Kirchenweg runter zum Martens-Gehöft abzubiegen. Er klingelte an Birtes Haustür.

Ludwig Martens machte Helmut Siemsen die Tür auf.

»Ich glaube es nicht«, sagte Martens.

Ecktown (»Hans sein Lied«)

Die Sonne steht tief,
komm lass uns promeniern.
Unter den Masten im Hafen
kann man herrlich flaniern.
Der Blick auf das Blaue
dringt tiefer, als du glaubst.
Der Sound der Wellen
klingt länger, als du den Ohren traust.

Was bist du für 'ne Perle, was gibst du alles her,
es ist nicht immer Liebe, du meine Stadt am Meer.

Ecktown, Ecktown, Ecktown

Die Tage werden kürzer,
du schlägst den Kragen hoch.
Wind pfeift um die Ecken,
die Kamine rauchen schon.
Die Möwen an der Mole
gehn einfach früher schlafen.
Du gehst die Schiffe zählen,
bist allein verloren am Hafen

Was bist du für 'ne Perle, was gibst du alles her,
es ist nicht immer Liebe, du meine Stadt am Meer.

Ecktown, Ecktown, Ecktown

Das Packeis stapelt Schollen,
komm lass uns an den Strand.
Die Kälte packt dich hart an,
der Horizont steht fast in Brand.
Die Lichter in der Altstadt
versprechen heißen steifen Tee.

Raureif säumt das Pflaster,
das Silo umfängt der erste Schnee.

Was bist du für 'ne Perle, was gibst du alles her,
es ist nicht immer Liebe, du meine Stadt am Meer.

Ecktown, Ecktown, Ecktown

Der Frühling ist wieder spät dran,
dafür immer schneller immer mehr.
Der Himmel sperrt das Grau aus,
die Schiffe tänzeln übers Meer.
Das Leben an der Förde
ist jetzt gänseblümchenleicht,
wenn sich das wahre Leben
langsam wieder in die Gassen schleicht.

Was bist du für 'ne Perle, was gibst du alles her,
es ist nicht immer Liebe, du meine Stadt am Meer.

Ecktown, Ecktown, Ecktown

Text und Musik: Hendrik Neubauer

»Hör mol noch 'n beten to ...«

Das kannst haben, so lautet ein beliebter Schnack im Norden. Das bedeutet nichts anderes als: schon schön. Und: So hättest du das wohl gern. Es geht aber auch ein wenig verstiegener: Das muss nicht so sein, aber es kann durchaus angehen, dass es so passiert sein mag. Für unseren Roman gelten hoffentlich auch viele Lesarten. Das kannst haben.

Unser Personal ist natürlich frei erfunden und uns Autoren mittlerweile so ans Herz gewachsen, dass wir selbst die Gangster nicht mehr missen möchten. Nicht alles ist echt, aber es ist auch nicht alles erfunden. Denn das alles passiert in der schönen Stadt Eckernförde, und Margarete Brix sowie Rasmussen und Konsorten reisen kreuz und quer durch den Norden. Dabei scheuen sie auch vor Ausflügen nach Dänemark nicht zurück. »Tod am Strand« ist eben ein echter Küsten Krimi geworden. Sollte Ihnen mal etwas komisch vorkommen, dann schieben Sie es einfach auf den Umstand, dass letzten Endes alles Fiktion ist. Genauso freuen wir uns über Lob, Kritik und sachdienliche Hinweise. Wir sind mit unserer Webseite mitten in Ihrer Netzwelt erreichbar (www.rasmussen-und-die-brix.de). Sollten Sie nach der Lektüre des Romans Sehnsucht nach Margarete Brix und Hans Rasmussen verspüren, kein Problem, steuern Sie einfach deren Facebookseite an. Die beiden sind dort mitunter tag- und nachtaktiv (www.facebook.com/rasmussenunddiebrix).

War es das jetzt? Nee, nee. Wir Autoren mussten erfahren, dass um uns herum wundersame Dingen passiert sind, nachdem wir unseren Roman in die Welt gesetzt haben. Sie möchten ein Beispiel? Dann müssen wir unbedingt vom GUMM-PRIX erzählen. Dieses Gummibootrennen haben wir uns ausgedacht. Wir haben Stefan Borgmann, dem Geschäftsführer der Eckernförde Touristik & Marketing GmbH (www.ostseebad-eckernfoerde.de), und der Betreiberin des Hafens, den Eckernförder Stadtwerken, von unserer fixen Idee erzählt (danke, Andreas). Im Sommer 2013 wird der GUMM-PRIX zum ersten Mal stattfinden. Wer weiß, vielleicht haben Sie ja Lust, mit in »See« zu stechen. Wie Sie uns am besten erreichen, wissen Sie ja jetzt.

Ahoi

Arnd Rüskamp und Hendrik Neubauer (Januar 2013)

P.S. Während Ihrer Lektüre unseres Romans sind in Eckernförde schon wieder einigermaßen beunruhigende Dinge geschehen. Rasmussen und die Brix stecken jedenfalls bis über beide Ohren in ungewöhnlich komplizierten Ermittlungen.

Danksagung

Für uns Autoren ist es ganz einfach, einander Dank zu sagen. Jeder hat dem anderen zu danken. Wir schütteln uns jetzt die Hand und klopfen uns rustikal auf die Schulter. Sicher werden wir bei Tapas und Rotwein noch mal wieder melancholisch, wenn wir an die drei Tage mit Blick auf den Alexanderplatz denken, in denen wir den Roman zu Ende gebracht haben. Wir haben gemeinsam etwas versucht, ohne zu wissen, was dabei herauskommt, und es ist gut gegangen.

Aber was machen wir mit den vielen, die jeden Einzelnen von uns unterstützt haben. Das erledigt jetzt jeder für sich.

Danke …

… an meine Eltern, die mir die Lust am Lesen schenkten. An meine Frau, der ich jedes neue Kapitel vorlesen durfte, an unsere Töchter, die so tun, als glaubten sie, ich sei ein Schriftsteller, und an Dagmar M. Toschka, ohne die ich nicht zum Schreiben gefunden hätte.
Arnd Rüskamp

… an meine drei Freimersdorfer Frauen Lynn, Nora und Regina. An meine Hamburger Familie, insbesondere Brigitte Neubauer und die Poppenbüttler. An die Altenholzer, die inzwischen Dänischenhagener sind. An die Rosenfelder Edith und Claus Berkowitz. An die Bremer. An Heiko Kügler. An Waldemar Carl. An die Wellingtons. An Dr. Pop. An alle meine Freundinnen und Freunde, die mir das Exil im Rheinischen so leicht machen.
Hendrik Neubauer